트랜스크리틱

TORANSUKURITIKU

by Kojin Karatani

ⓒ 2001, 2004 by Kojin Karatani

Originally published in Japanese by Iwanami Shoten, Publishers. Tokyo, 2004.
This Korean language edition Published in 2013 by b-books, Seoul
by arrangement with the author c/o Iwanami Shoten, Publishers, Tokyo.

트랜스크리틱

—칸트와 맑스

가라타니 고진 | 이신철 옮김

도서출판 b

| 일러두기 |

1. 이 책은 柄谷行人의 『トランスクリティーク―カントとマルクス』(岩波書店, 2010)을 완역한 것이다.

2. 원서에서 미주로 놓인 저자의 주들을 이 책에서는 각주로 처리했다. 다만 각주에서 맨 앞에 [옮긴이]가 표시된 것들은 옮긴이의 것이다.

| 차 례 |

제2부 맑스

서문

　이 책은 두 부분, 즉 칸트에 관한 고찰과 맑스에 관한 고찰로 이루어진다. 이 두 부분은 분리된 듯이 보이지만 실제로는 분리될 수 없으며, 상호작용적으로 존재한다. 내가 트랜스크리틱이라고 부르는 것은 윤리성과 정치경제학 영역 사이에서의, 즉 칸트적 비판과 맑스적 비판 사이에서의 코드 변환(transcoding), 요컨대 칸트로부터 맑스를 읽고 맑스로부터 칸트를 읽는 시도이다. 내가 이루고자 한 것은 칸트와 맑스에게 공통된 '비판(비평)'의 의미를 되찾는 일이다. 말할 것도 없이 '비판'이란 상대를 비난하는 일이 아니라 음미이며 오히려 자기 음미이다. 칸트와 맑스를 결부시키는 사상가는 19세기 이래로 적지 않았다. 그것은 일반적으로 맑스주의라고 불리는 유물론에 결여된 주체적·윤리적 계기를 찾아내고자 하는 것이다. 실제로 칸트는 결코 부르주아적인 철학자가 아니었다. 도덕적=실천적이란 칸트에게 있어 선악의 문제가 아니라 '자유'(자기 원인적)인 것, 또한 타자를 '자유'로서 대하는 것을 의미한다. 도덕 법칙이란 '너의 인격과 모든 타자의 인격에서의 인간성을 결코 수단으로서만이 아니라 언제나 동시에

9

목적으로서 대하도록 행위하라'라는 것이다. 하지만 이것은 그저 추상적인 것이 아니다. 칸트는 그것을 역사적인 사회 속에서 점진적으로 실현해야 할 과제로서 생각하고 있었다. 그것은 구체적으로는 상인 자본주의적인 시민 사회에 맞서 독립 소생산자들의 어소시에이션(association, 연합)을 지향하는 것이었다고 할 수 있다. 물론 이것은 독일에서 아직 산업 자본주의가 일어나지 않은 시기에 생각된 이념이며, 산업 자본의 융성과 함께 독립 소생산자들이 분해될 수밖에 없었음은 말할 것도 없다. 그러나 칸트의 생각은 추상적이긴 하지만 나중의 유토피아적 사회주의자나 프루동(Pierre-Joseph Proudon, 1809~65)과 같은 아나키스트의 생각을 선취하는 것이었다고 할 수 있다. 그래서 헤르만 코헨(Hermann Cohen, 1842~1918)은 칸트를 '독일 사회주의의 진정한 창시자'라고 불렀던 것이다. 타자를 단지 '수단'으로서만 다루는 자본제 경제에서 칸트가 말하는 '자유의 왕국'이나 '목적의 나라'가 코뮤니즘을 의미하는 것은 분명하며, 역으로 코뮤니즘은 그와 같은 도덕적인 계기가 없이는 있을 수 없다. 역사적으로 칸트학파 맑스주의자는 지워져 버렸지만, 이는 부당한 취급이다.

그러나 내가 칸트와 맑스를 결부시키게 된 것은 이와 같은 신칸트학파와는 아무런 관계도 없다. 나는 오히려 칸트학파 맑스주의자들 가운데서 자본주의에 관한 인식의 모자람을 발견하지 않을 수 없었다. 마찬가지 것을 아나키스트(어소시에이셔니스트)에 대해서도 말할 수 있다. 그들의 자유에 대한 감각이나 윤리성은 칭찬할 만하다. 하지만 거기에 인간을 강제하는 사회적 관계의 힘에 대한 이론적인 파악이 결여되어 있었다는 점은 부정할 수 없다. 그 때문에 그들의 시도는 언제나 무력하고 비극적으로 끝났다. 나는 정치적으로는 오히려 아나키스트이며, 맑스주의적인 정당이나 국가에 공감을 지닌 적은 한 번도 없었다. 그럼에도 불구하고 나는 맑스에게 깊은 경의를 품고 있었다. 내가 젊었을 때 읽은 '국민경제학 비판'이라는 부제가 달린 『자본』이라는 책에 품었던 경탄은 해를 거듭하면서 사라지기는커녕 점점 더 깊어지고 있다. 경제학부 학생으로서 『자본』을 정밀하게 읽었기 때문에, 나는 루카치(György Lukács, 1885~1971)로부터 알튀세르(Louis Althusser, 1918~90)에 이르는 맑스주의 철학자들이 사실상 그것을 읽지 않고서 다만 그것을 그들의 철학적 관심으로 환원하고 있을 뿐이라는 점에 대해 불만이었다. 그와 동시에 경제학자가 『자본』을 단지 경제학 책으로만 보고 있다는 점에 대해서도 불만이었다. 나는 이 '비판'이 자본주의나 고전 경제학의 비판 등등이라기보다 자본의 충동과 한계를 밝히는 것이며, 나아가 그 근저에서 인간의 교환(=커뮤니케이션)이라는 행위에 불가피하게 따라다니는 어려움들을 발견하는 것이라는 점을 서서히 인식하기 시작했다. 『자본』은 손쉽게 자본주의로부터 벗어나는 출구를 보여주지 않는다. 오히려 손쉬운 출구가 어째서 있을 수 없는지를 보여줌으로써만 그에 대한 실천적 개입의 가능성을 시사하고 있다. 그와 더불어 나는 형이상학의 비판 등등이라기보다 인간적 이성의 한계를 가차 없이 조명함으로써 실천적 가능성을 시사하고자 한 또 한 사람의 사상가를 의식하게 되었다. 『자본』은 헤겔과의 관계에서 읽히는 것이 보통이지만, 나는 『자본』에 비견되는 책은 하나밖에 없으며, 그것은 바로 칸트의 『순수이성비판』이라고 생각하게 되었다. 그것이 내가 맑스와 칸트를 결부시키게 된 이유들 가운데 하나이다.

맑스는 코뮤니즘에 관한 다른 사람의 이야기를 비판하는 경우를 약간의 예외로 한다면 그에 대해 거의 말하지 않는다. 그는 어딘가에서 미래에 대해 말하는 것은 반동적이라고까지 말하고 있다. 1989년에 이르기까지 나는 미래의 이념을 경멸하고 있었다. 자본과 국가에 대한 투쟁은 미래의 이념 없이도 가능하며, 현실에서 생겨나는 모순에 입각하여 투쟁을 끊임없이 계속해 나갈 수밖에 없다고 생각했던 것이다. 그러나 89년 이후에 나는 변했다. 그때까지 나는 종래의 맑스주의적인 정당이나 국가에 대해 비판적이었지만, 그 비판은 그들이 강고하게 계속해서 존재할 것이라는 점을 전제하고 있었다. 그들이 존속하는 한에서 단지 부정적이라고 하는 것만으로도 무언가를 한 것 같은 기분이 들었던 것이다. 그들이 붕괴했을 때 나는 나 자신이 역설적으로 그들에게 의존하고 있었다는 것을 깨달았다. 나는 무언가 적극적인 것을 말하지 않으면 안 된다고 느끼기 시작했다. 내가 칸트에 대해 생각하기 시작한 것은 본래 그때부터이다.

칸트는 통상적으로 형이상학 비판자로서 알려져 있다. 이 통념은 그다지 틀린 것이 아니다. 그는 형이상학 비판이 흄(David Hume, 1711~76)의 회의에 의해 일깨워졌음을 강조하고 있다. 그러나 일반적으로 보지 못하고 있는 것은 그가 『순수이성비판』을 쓴 시점時點에는 이미 형이상학이 인기가 없고 비웃음의 대상이 되어 있었다는 점이다. "일찍이 형이상학이 학문들의 여왕으로 일컬어진 시대가 있었다. 만약 그 의지를 그대로 행위로 이해한다면, 형이상학은 그 대상이 두드러지게 중요하다는 점에서 이러한 존칭을 받기에 어울리는 것이었다. 그러나 오늘날에는 형이상학에 대해 온갖 경멸을 노골적으로 드러내는 것이 시대의 유행이 되어버렸다."(『순수이성비판純粹理性批判』 상, 시노다 히데오篠田英雄 옮김, 岩波文庫) 따라서 칸트에게 있어 '비판'의 일은 오히려 형이상학을 그것에 어울리는 형태로 되돌리는 것을 의미했던 것이다. 구체적으로 말하면, 그것은 흄에 대한 비판이다.

1980년대에는 칸트로의 회귀가 눈에 띄는 현상이었다. 한나 아렌트(Hannah Arendt, 1906~75)의 선구적인 작업(『칸트 정치철학 강의

Lectures on Kant's Political Philosophy』, 1982)이나 리오타르(Jean-François Lyotard, 1924~98)의 작업(『열광*L'enthousiasme: La critique kantienne de l'histoire*』, 1986)에서 보이듯이, 칸트를『판단력비판』에서 읽는 것이었다. 취미 판단에서는 보편적일 것이 요구됨에도 불구하고 다수의 주관들 사이에서는 보편성이 없으며, 기껏해야 공통 감각에 의해 규제될 뿐이다. 그것은 초월론적 주체를 상정한『순수이성비판』과는 이질적인 것으로 보인다. 그러나 칸트에 대해 이성을 '공공적 이성'으로서 다시 파악하고자 한 하버마스도 포함하여 이러한 칸트 재평가의 정치적 함의는 명백하다. 그것은 '형이상학'으로서의 코뮤니즘에 대한 비판인 것이며, 그것은 사회 민주주의로 귀결된다.

맑스주의는 합리주의적이고 목적론적인 사고(큰 이야기)로서 비판받아 왔다. 실제로 스탈린주의는 그와 같은 사고의 귀결이었다. 역사의 법칙을 파악한 이성에 의해 사람들을 지도하는 지식인의 당. 그것에 맞서 이성의 권력을 비판하고 지식인의 우위를 부정하며 역사의 목적론을 부정하는 것이 이루어져 왔다. 그것은 중심적인 이성의 관리에 맞서 다수의 언어게임들 사이의 '조정'이나 '공공적 합의'를 세우고, 또한 합리주의(형이상학)적인 역사에 맞서 경험의 다양성과 복잡한 인과성을 세우며, 다른 한편으로 목적을 위해 언제나 희생되어온 '현재'를 그것의 질적인 다양성(지속)에서 긍정하는 것이다. 그러나 내가 깨달은 것은 탈구축(deconstruction)이라든가 앎의 고고학이라든가 하는 다양한 호칭으로 불려온 사고——나 자신이 그에 가담했다고 할 수 있다——가 기본적으로 맑스주의가 많은 사람들과 국가를 지배하고 있는 동안에만 의미를 지니고 있었던 데 지나지 않는다는 점이다. 90년대에 그것은 임팩트를 상실하고, 단지 자본주의 그 자체의 탈구축적인 운동을 대변하는 것이 되었을 뿐이다. 회의주의적 상대주의,

다수의 언어게임(공공적 합의), 미학적인 '현재 긍정', 경험주의적 역사주의, 하위문화 중시(문화 연구 등)가 당초 지니고 있던 파괴성을 잃어버리고, 바로 그 점에 의해 '지배적 사상＝지배 계급의 사상'이 되었다. 오늘날 그것들은 경제적 선진국들에서는 가장 보수적인 제도 속에서 공인되고 있다. 이것들은 합리주의에 대한 경험주의적 사고의 우위——미학적인 것을 포함한다——이다. 80년대의 칸트로의 회귀란 실제로는 '흄으로의 회귀'이다.

한편 내가 칸트를 읽기 시작한 것은 이를테면 '흄에 대한 비판'이라는 맥락에서이다. 그것은 노골적으로 말하자면 코뮤니즘이라는 형이상학을 어떻게 재건할 수 있을까 하는 문제이다. 칸트는 다음과 같이 말한다. "그러므로 나는 신앙을 받아들일 장소를 얻기 위해 지식을 제거해야만 했다. 형이상학의 교조주의——다시 말하면 순수 이성에 비판을 가하지 않고서, 그럼에도 이 학문에서 한 단계의 진보를 이루고자 하는 편견은 도덕성에 반발하는 모든 불신의 원천이며, 또한 실제로도 이러한 불신은 언제나 지극히 교조주의적이다."(『순수이성비판』 상, 앞의 책) 본래 칸트는 종교를 회복하고자 한 것이 아니다. 그가 승인하는 것은 도덕적인 한에서의, 또한 도덕적이고자 하는 것에 대한 용기를 부여하는 한에서의 종교이다.

맑스는 코뮤니즘을 '구성적 이념'(이성의 구성적 사용)으로서 생각하는 것을 일관되게 거부했다. 따라서 그는 미래에 대해 말하지 않았다. 맑스는 『독일 이데올로기』에서 엥겔스가 쓴 문장에 다음과 같이 덧붙여 쓰고 있다. "공산주의란 우리에게 있어 성취되어야 할 무언가의 상태, 현실이 그것을 향해 형성되어야 할 무언가의 이상이 아니다. 우리는 현 상태를 지양해 나가는 현실의 운동을 공산주의라고 부른다. 이 운동의 조건들은 지금 실제로 존재하는 전제로부터 생겨난다."(하

나자키 고헤이花崎皐平 옮김, 合同出版) 그러나 그것은 그가 코뮤니즘을 '규제적 이념'(이성의 규제적 사용)으로서 지니고 있었다는 것과 전혀 모순되지 않는다.[1] 그것을 '과학적 사회주의' 따위로 이론화하여 말하는 것이 형이상학이며, 맑스는 그것을 물리쳤던 것이다. 그는 젊은 시절에 다음과 같이 썼다. "종교 비판의 마지막은 인간이 인간에게 있어 최고의 존재라고 하는 교의이다. 요컨대 인간이 경멸당하고 노예의 신분으로 전락되며 버림받고 멸시당하는 존재로서 존재하는 관계를 모두 전복시키라고 하는 무조건적인 명령이다."(『헤겔 법철학 비판 서설ヘーゲル法哲學批判序說』, 하나다 게이스케花田圭介 옮김, 「맑스-엥겔

• • • •

1_ [옮긴이] 이성의 구성적 사용과 규제적 사용과 관련해서는 『순수이성비판』에서의 칸트의 구별을 떠올려야 한다. 칸트는 거기서 인식 능력으로서 경험 대상에 관계하는 지성과 경험적인 것에 관계하는 이성의 사용과 관련하여 '구성적'과 '규제적'을 구별한다. 첫째, 지성의 구성적 사용과 규제적 사용과 관련해서 칸트는 우리의 경험적 인식이 감성과 지성의 결합에서, 즉 감성적 직관에 주어지는 다양한 것을 선험적 범주에 의해 종합적으로 통일하는 데서 성립한다고 설명한다. 이러한 범주를 대상에 적용하는 규칙이 '순수 지성의 원칙'인데, 이 원칙은 크게 양, 질, 관계, 양상의 범주표에 대응하여 네 가지로 나누어진다. 그 가운데서 수학적 원칙인 최초의 '직관의 공리'와 '지각의 선취적 인식'이 구성적이라고 말해지는데, 여기서 구성적이란 경험적 대상을 선험적으로 구성 또는 산출할 수 있다는 것을 의미한다. 한편 역학적 원칙이라고 말해지는 '경험의 유추'와 '경험적 사유 일반의 공준'은 규제적이라고 말해지는데, 여기서 규제적 원리란 우리가 경험 속에서 찾아내는 것을 안내하는 규칙이다. 둘째, 이성 개념의 구성적 사용과 규제적 사용과 관련하여, 먼저 이성은 순수 이성 개념, 요컨대 이념에 의해서 다양한 지성 인식에 체계적 통일을 부여하는 것으로, 지성의 규칙을 원리 아래서 통일하는 능력이다. 칸트에 의하면, 이러한 이성 개념은 규제적 원리로서 규제적 사용에만 한정된다. 그러나 이 이념을 구성적으로 사용하여 직접 대상으로서 주어진다고 하는 것은 경험을 넘어서는 것이기 때문에, 결국 이성 개념의 오용이 되어 초월론적 가상(착각)으로 이끌리게 된다. 『칸트사전』, 이신철 옮김, 도서출판 b, 2009, 「구성적/규제적」 참조.

스 전집マルクス=エンゲルス全集」 제1권, 大月書店) 맑스에게 있어 코뮤니즘은 칸트적인 '지상 명령', 요컨대 실천적(도덕적)인 문제이다. 이 점에서 맑스는 평생 변하지 않았다. 나중에 그것이 실현되어야 할 역사적이고 물질적인 조건을 중시했다고 하더라도 말이다. 하지만 많은 맑스주의자들은 이러한 도덕성을 바보 취급하고 역사적 필연이나 '과학적 사회주의'를 표방한 결과 바로 노예적 사회를 '구성'하고 말았다. 그것은 '이성의 월권행위' 이외에 아무것도 아니다. 만약 코뮤니즘에 대한 불신이 만연했다고 한다면, 그 '모든 불신의 원천'은 이런 종류의 교조주의적 맑스주의자들에게 있었다고 해야만 한다. 우리는 20세기에 코뮤니즘이 초래한 비참한 귀결을 잊어서는 안 되며, 그 오류를 그저 우연적인 것으로 간주해서도 안 된다. 우리는 결코 순진하게 적극적으로 이념을 말하도록 허락받지 않았다. 그것은 스탈린주의를 부정해 온 신좌익에 대해서도 들어맞는다. 그러나 그 결과 코뮤니즘을 비웃는 것이 '시대의 유행'이 된 오늘날, 또 다른, 그렇지만 마찬가지로 '지극히 교조주의적'인 사고가 번성하고 있다. 또한 지식인이 '도덕성에 대한 불신'을 표명하고 있는 사이에 세계적으로 그야말로 다양한 '종교'가 융성하기 시작했다. 우리는 그것을 그저 웃어넘길 수 없다.

이리하여 나는 90년대에 들어서서, 특별히 생각이 변한 것은 아니지만, 입장(stance)이 근본적으로 변해 왔다. 나는 이론이란 단지 현 상태의 비판적 해명에 그치는 것이 아니라 현실을 변화시키는 무언가 적극적인 것을 제출하지 않으면 안 된다고 생각하게 되었다. 동시에 그것이 얼마나 어려운 일인지를 새삼스럽게 깨닫게 되었다. 말할 것도 없지만, 사회 민주주의는 내게 있어 전혀 적극적인 전망일 수 없다. 내 속에서 갑자기 밝은 빛이 보이기 시작한 것은 20세기 말에 이르러서부터였다. 그리고 이 책의 마지막에 적은 것과 같은 전망이 보이고서부터 나는 일본에서 새로운 어소시에이셔니스트 운동(New Associationist Movement, NAM)을 시작했다. 물론 전 지구적인 세계 자본주의가 진행되는 상황에서 '현 상태를 지양해 나가는 현실의 운동'이 세계 각지에서 불가피하게 생겨나고 있다. 그러나 이론을 경시해서는 안 된다. 이론, 아니 그보다는 트랜스크리티컬한 인식이 없다면 과거의 잘못을 다른 형태로 반복하게 될 뿐이기 때문이다.

새로운 실천은 그때까지의 이론을 총체로서 검증하지 않고서는 있을 수 없다. 그리고 그 이론은 반드시 정치적인 것에 한정되지 않는다. 내 생각에는 칸트나 맑스의 '비판'의 권역 외부에 존재하는 것 따위란 있을 수 없다. 그러므로 이 책에서 나는 아무리 우회하는 것으로 보일지라도 수학 기초론으로부터 언어학, 예술, 실존주의에 이르기까지 모든 영역에 발을 들여놓기를 마다하지 않았다. 그로 인해 곳곳에서 거의 각 영역의 전문가들밖에 관여하지 않는 문제들을 논의하고 있다. 또한 제1부의 칸트론과 제2부의 맑스론은 각각 독립된 것으로서 쓰였기 때문에 그 둘의 연결을 이해하기가 어려울지도 모른다. 그래서 설명적인 '서론'을 덧붙여 놓았다. 물론 이것이 이 책 전체를 요약하는 것은 아니다.

그렇지만 나로서는 이 책이 독자에게 이해될 수 있는 것이라고 믿고 있다. 사실 이 책은 1992년부터 일본의 월간 문예지 『군조群像』에 쓰기 시작한 연재 에세이에 기초한 것인데, 그것은 소설과 나란히 게재되었다. 요컨대 나는 이것을 아카데미즘의 닫힌 영역에서 쓴 것이 아니라 오히려 전문적인 지식 등을 지니지 않는 공중公衆을 향해 썼던 것이다. 그런 의미에서 이 책은 아카데믹한 책이 아니다. 학문적인 글쓰기 방식으로서, 예를 들어 맑스나 칸트에 대해서라면, 그 역사적

의의를 인정하는 동시에 그 한계를 지적하고 자기의 학설을 이야기하는 방식이 있다. 그러나 나는 그러한 것을 위해 새삼스레 책을 쓸 마음이 없다. 나는 칭찬하기 위해서만, 또는 칭찬할 수 있는 것을 위해서만 쓰고 싶다. 이 책에서 나는 칸트나 맑스에 대해 그들의 하찮은 흠을 들추어내는 일 따위는 전혀 하지 않았으며, 할 수 있는 한에서 그들을 '가능성의 중심'에서 읽고자 했다. 그러나 사실 어떤 의미에서는 지금 이 책 이상으로 그들을 비판한 책도 없다고 생각한다.

이 책에서 나는 자본=네이션=스테이트의 삼위일체적인 구조에 대해 서술했다. 그러나 국가에 대해서뿐만 아니라 네이션에 대한 고찰이 불충분하다는 점을 인정한다. 또한 농업이나 발전도상국의 경제와 혁명의 문제에 관한 고찰이 불충분하다는 점도 인정하지 않을 수 없다. 나아가 이 책에서 나는 내가 그 속에서 자라고 또 생각해 온 일본의 역사적 맥락에 대해 거의 언급하지 않았다. 사실 나는 그 고찰의 많은 것을 일본의 맑스주의 '전통'과 그에 대한 비판적 검토로부터 얻었다. 내가 말하는 '트랜스크리틱'은 그것 없이는 성립하지 않는다. 즉 일본과 서양의 나라들, 또는 아시아 나라들 사이의 '차이'와 '횡단적' 이동의 체험 없이는 성립하지 않는 것이다. 하지만 여기서 그러한 논고를 생략한 것은 그것을 다른 책으로 쓰고 있기 때문이다. 나는 이 책에서는 그것들에 대해 거의 언급하지 않고서 칸트와 맑스의 텍스트에 입각해서만 말하고자 했다.

감사의 말

이 책을 저술함에 있어 많은 사람들의 도움과 조언을 얻었지만, 먼저 번역자인 고소 이와사부로高祖岩三郎와 주디 가이브Judy Geib에게 감사드린다. 나아가 영어 번역을 검토하고 많은 조언을 주신 제프 웨이트, 일관되게 이론적 시사와 정신적 지원을 제공해 주신 프레더릭 제임슨Frederic Jameson과 마사오 미요시에게 감사드린다. 그리고 실제적으로 다양한 도움을 주신 아사다 아키라淺田彰, 세키이 미쓰오關井光男, 폴 안드라, 인드라 레비, 나이토 유지內藤裕治, 가라타니 린柄谷凜에게 깊이 감사드린다.

2001년 5월, 뉴욕에서
가라타니 고진

서론 트랜스크리틱이란 무엇인가?

    칸트 철학은 초월론적—이는 초월적과 구별된다—이라고 불린다. 초월론적 태도란 알기 쉽게 말하자면 우리가 의식하지 않는, 경험에 선행하는 형식을 밝은 곳으로 드러내는 일이다. 하지만 철학이란 그것이 시작된 이래로 그와 같은 반성적 태도가 아니었을까? 그리고 철학이란 그와 같은 반성에 의해 오류나 가상을 물리치는 것이 아니었을까? 그렇다면 칸트는 어떤 점에서 다른 것일까? 칸트 이전에는 가상은 감각에 기초하는 것이며, 그것을 바로 잡는 것이 이성이라고 생각되고 있었다. 그럼에도 불구하고 칸트가 문제로 삼은 것은 이성 자신의 충동에 의해 생겨나고, 따라서 단순한 반성에 의해서는 제거할 수 없는 가상, 즉 초월론적 가상이다. 그러므로 칸트의 반성은 프로이트(Sigmund Freud, 1856~1939)가 철학적 반성에 관해 지적한 것과 같은 표층적인 것일 수 없다. 프로이트의 생각에 '무의식'은 분석자와 피분석자의 관계, 특히 후자의 저항에서만 존재한다. 타자가 없는 한 사람만의 내성에서는 이와 같은 무의식은 개시되지 않는 것이다. 하지만 오히려 주관성의 철학자로서 비판되어 왔음에도 불구하고, 칸트의 반성에는 '타자'가 개재되어 있다.

칸트의 특유한 반성 방식은 초기의 작품인 『형이상학의 꿈에 의해 해명된 시령자의 꿈』에 나타나 있다. "이전에 나는 일반적 인간 지성을 단지 나의 지성의 입장에서 고찰했다. 지금 나는 자신을 자신의 것이 아닌 외적인 이성의 위치에서, 자신의 판단을 그것의 가장 은밀한 동기와 함께 타인의 시점視點에서 고찰한다. 이 두 고찰의 비교는 확실히 강한 시차視差를 낳기는 하지만, 그것은 광학적 기만을 피해 개념들을 그것들이 인간성의 인식 능력에 관해 서 있는 참된 위치에 두기 위한 유일한 수단이기도 하다."(가와도 요시타케川戶好武 옮김, 「전집全集」 제3권, 理想社) 여기서 칸트가 말하는 것은 자신의 시점에서 볼 뿐만 아니라 '타인의 시점'에서도 보라고 하는 그러한 흔해빠진 것이 아니다. 칸트가 말하는 것은 오히려 그 역이다. 만약 우리의 주관적 시점이 광학적 기만이라면, 타인의 시점이나 객관적 시점도 그렇지 않을 수 없다. 그렇다면 반성으로서의 철학의 역사는 그저 '광학적 기만'의 역사일 뿐이다. 칸트가 가져온 반성이란 그와 같은 반성이 광학적 기만일 뿐이라는 것을 폭로하는 종류의 반성이다. 반성의 비판으로서의 이러한 반성은 나의 시점과 타인의 시점의 '강한 시차'에서만 발생된다. 이 점을 설명하기 위해 나는 칸트 시대에는 아직 없었던 어떤 테크놀로지를 예로 들고자 한다.

반성은 언제나 거울에 자기를 비춘다고 하는 메타포로 말해진다. 거울은 '타인의 시점'에서 자신의 얼굴을 보는 것이다. 그런데 우리는 그것과 사진을 비교해 보아야 한다. 거울에 의한 반성에서는 아무리 '타인의 시점'에 서고자 해도 공범성이 존재한다. 우리는 자기 좋을 대로만 자신의 얼굴을 본다. 그런데 사진에는 가차 없는 '객관성'이 존재한다. 누가 그것을 찍었든지 간에, 초상화의 경우와는 달리, 그 주관성을 말할 수 없기 때문이다. 물론 사진도 상像(광학적 기만)에 지나지 않는다. 중요한 것은 거울의 상과 사진의 상의 차이가 초래하는 '강한 시차'이다. 사진이 발명된 당시에 자신의 얼굴을 본 사람들은 녹음기로 처음 자신의 목소리를 들은 사람들과 마찬가지로 불쾌함을 금할 수 없었다고 한다. 이것은 자신의 얼굴(목소리)이 아니라고 사람들은 생각한다. 그것은 프로이트가 말하는 저항과 동일한 것이다. 그러나 사람들은 곧바로 사진에 익숙해진다. 요컨대 이번에는 사진에 찍힌 것을 자신의 얼굴로 간주하게 되는 것이다. 그러나 중요한 것은 사람들이 처음 사진을 보고 그렇게 느낀 '강한 시차'이다.

철학은 내성=거울에 의해 시작되고 거기에 머문다. 아무리 '타인의 시점'을 도입하더라도 그것은 동일하다. 본래 철학은 소크라테스의 '대화'에서 시작되었다. 대화 그 자체가 거울 속에 있는 것이다. 사람들은 칸트가 주관적인 자기 음미에 머무른 것을 비판하고, 또한 그로부터 나올 수 있는 가능성을 다수의 주관을 도입한 『판단력비판』에서 찾고자 한다. 그러나 철학사에서의 결정적인 사건은 내성에 머무르면서도 동시에 내성이 지니는 공범성을 파괴하고자 한 칸트의 『순수이성비판』에 놓여 있다. 우리는 거기서 종래의 내성=거울과는 다른 어떤 객관성=타자성의 도입을 발견할 수 있다. 칸트의 방법은 주관적이며 유아론적이라고 비난받는다. 그러나 그것은 언제나 '타인의 시점'에 따라다니는 것이다. 『순수이성비판』은 『시령자의 꿈』처럼 자기 비평적으로 쓰이지 않았다. 그러나 '강한 시차'는 사라지지 않는다. 그것은 안티노미(이율배반)[1]라는 형태로 나타났다. 그것은 테제와 안티테제

·····
1_ [옮긴이] 안티노미, 즉 이율배반은 똑같은 근거에 의해 두 개의 상반된 명제가 동시에 성립하는 사태를 말한다. 동일한 이율배반을 이루는 긍정 명제를 테제(정

모두가 '광학적 기만'에 지나지 않는다는 것을 드러내 보이는 것이다.

제1부에서 나는 이러한 관점에서 칸트를 다시 읽었다. 제2부의 맑스론에 대해서도 마찬가지다. 예를 들어 맑스는 『독일 이데올로기』 시기에 자신이 그 직전까지 그 속에 있었던 헤겔 좌파를 비판했다. 엥겔스에게 있어 이것은 관념론을 대신해 경제적 관점을 도입하여 역사를 보는 시점을 제시하는 것이었다. 독일의 이데올로기란 선진국 영국에서 실현된 것을 관념적으로 실현하고자 하는 후진국의 담론에 불과하다. 그러나 맑스에게 있어 그것은 그 자신이 처음으로 독일의 담론 외부로 나옴으로써 얻은, 어떤 충격을 수반하는 각성의 체험이었다. 그것은 자신의 시점에서 보는 것이나 타인의 시점에서 보는 것이 아니라, 그것들의 차이(시차)로부터 드러나는 '현실'에 직면하는 일이다. 영국으로 건너간 맑스는 고전 경제학 비판에 몰두했다. 맑스는 독일에서 이미 자본주의에 대한 비판과 고전 경제학에 대한 비판을 모두 완수하고 있었다. 도대체 맑스에게 『자본』으로 열매 맺는 새로운 비판의 시점을 제공한 것은 무엇일까? 그것은 고전 경제학의 담론에서는 사고나 잘못으로밖에 파악될 수 없었던 사건, 즉 경제 공황이 제공한 '강한 시차'라고 하더라도 지나친 말이 아니다.

중요한 것은 맑스의 비판이 언제나 '이동'과 그 결과로서의 '강한

••••

립), 그 반대 명제를 안티테제(반정립)라고 한다. 칸트의 이성 비판은 이성 능력 전체의 한계를 규정하려는 시도이다. 그리하여 칸트는 이성이 전통적 형이상학의 주제에 직면하여 언뜻 보아 자기모순에 빠지는 것, 즉 이율배반에 빠지는 것을 명확히 했다. 『순수이성비판』은 인식 능력으로서의 이성을, 『실천이성비판』은 행위 능력으로서의 이성을, 『판단력비판』은 미학적 판단력과 목적론적 판단력으로서의 넓은 의미에서의 이성을 각각 비판적으로 음미하는데, 그리하여 이들 세 비판서 모두에서 이율배반론이 나타난다.

시차'에서 생겨난다는 점이다. 칸트가 발견한 '강한 시차'는 칸트의 주관주의를 비판하고 객관성을 강조한 헤겔에게서 사라져 버렸다. 마찬가지로 맑스가 발견한 '강한 시차'는 엥겔스나 맑스주의자들에 의해 사라져 버렸다. 그 결과 강고한 체계를 구축한 칸트 또는 맑스라는 이미지가 확립되었던 것이다. 그러나 주의 깊게 읽으면 이와 같은 이미지가 전적으로 잘못이라는 점을 알 수 있다.

칸트와 맑스는 끊임없이 '이동'을 반복한다. 그리고 다른 담론 체계로의 이동이야말로 '강한 시차'를 가져온다. 망명자 맑스와 관련하여 그것은 말할 것도 없다. 사실 칸트에 관해서도 똑같은 것을 말할 수 있다. 그는 공간적으로는 전혀 이동하지 않았지만, 이동에의 유혹을 거부한 점에서, 그리고 계속해서 코즈모폴리턴이었다는 점에서 일종의 망명자였다. 일반적으로 칸트는 합리주의와 경험주의 '사이'에 있고, 초월론적 비판을 행한 사람이라고 간주된다. 그러나 『시령자의 꿈』과 같은 기묘하게 자학적인 에세이를 보면, 칸트가 단지 '사이'에서 생각했다는 따위의 말은 할 수 없다. 그도 역시 교조적인 합리주의에 대해 경험주의로 대항하고, 교조적인 경험주의에 대해 합리주의적으로 맞서는 것을 반복하고 있다. 그와 같은 이동에 칸트의 '비판'이 존재한다. '초월론적 비판'은 무언가 안정된 제3의 입장이 아니다. 그것은 횡단적(transversal)이거나 전위적(轉位的, transpositional)인 이동 없이 있을 수 없다. 그래서 나는 칸트와 맑스의 초월론적(transcendental)인 동시에 전위적인 비판을 '트랜스크리틱'이라 부르기로 했던 것이다.

알튀세르는 맑스가 『독일 이데올로기』에서 '인식론적 단절'을 이루었다고 말한다. 그러나 그것은 단 한 번만이 아니며, 또한 그것이 최대의 것도 아니다. 일반적으로 『독일 이데올로기』에서의 맑스의 전회란 역사적 유물론의 확립이라고 간주된다. 그러나 실제로 그것은 엥겔스가 선도한 것이며,『독일 이데올로기』의 그 부분도 실질적으로는 그가 쓴 것이다. 오히려 우리는 맑스가 그와 같은 견해에 도달하는 데서 늦었다는 점에 주목해야 한다. 맑스가 늦은 것은 그가 엥겔스가 일찍이 벗어난 '종교 비판' 문제에 깊이 관계하고 있었기 때문이다. 맑스는 다음과 같이 말한다. "독일에서 종교 비판은 끝났다. 그리고 종교의 비판은 모든 비판의 기초이다."(『헤겔 법철학 비판 서설』, 하나다 게이스케 옮김, 앞의 책) 그가 국가나 자본을 '종교 비판'의 변형으로서 생각한 것은 단지 머지않아 방기되어야 할, 포이어바흐(Ludwig Feuerbach, 1804~72)의 자기소외론의 응용에 지나지 않는 것이 아니다. 그는 오히려 집요하게 자본과 국가라는 형태를 취한 '종교'의 비판을 계속했던 것이다.

산업 자본주의의 발전은 그때까지의 역사를 생산의 관점에서 보는 것을 가능하게 한다. 그러므로 애덤 스미스(Adam Smith, 1723~90)는 이미 18세기 중반에 역사적 유물론적인 시점을 제기하고 있었다. 그러나 그 역으로 역사적 유물론이 자본제 경제를 밝혀주는 일은 있을 수 없다. 자본주의는 경제적 하부 구조와 같은 것이 아니다. 그것은 인간의 의지를 넘어서서 인간을 규제하는, 또는 사람들을 서로 분리시키는 동시에 결합하는 어떤 '힘'이거니와, 그것은 오히려 종교적인 것이다. 맑스가 전 생애에 걸쳐 해명하고자 한 것이 그것임은 말할 것도 없다. "상품은 언뜻 보아 자명하고 평범한 것으로 보인다. 하지만 이것을 분석해 보면, 대단히 성가신 것, 형이상학적인 그럴싸함이나 신학적인 비뚤어짐으로 가득 찬 것임을 알 수 있다."(『자본』 제1권, 제1편 제1장 제4절, 스즈키 고이치로鈴木鴻一郎 외 옮김, 「세계의 명저 54」, 中央公論新社) 맑스는 이미 좁은 의미의 '형이상학'이나 '신학'을 문제로 삼고 있지 않다. 그러나 그는 다름 아닌 '자명하고 평범한 것' 안에서 그것을 찾아낸다. 이것은 참된 사상가만이 지니는 그러한 인식이다. 아마도 역사적 유물론은——그것이 만약 맑스주의라면 맑스주의는——맑스 없이 가능했다고 하더라도 지나친 말이 아니다. 그러나 『자본』과 같은 책은 맑스 없이는 결코 존재하지 않을 것이다.

맑스에 관해 간과해서는 안 되는 커다란 '전회'는 중기의 작업인 『정치경제학 비판 요강』(*Grundrisse*, 1857~58)에서 후기의 『자본』에로의 이행에 놓여 있다. 그것은 구체적으로는 '가치 형태론'의 도입이다. 그 계기를 이룬 것은 그가 『정치경제학 비판 요강』 이후 하나의 회의주의에 직면한 일이다. 그것은 새뮤얼 베일리(Samuel Bailey, 1791~1870)에 의한 리카도(David Ricardo, 1772~1823)의 노동가치설 비판이다. 리카도의 생각으로는 상품에는 교환 가치가 내재하고, 화폐는 그것을 표시한다. 요컨대 화폐란 가상에 지나지 않는다는 것이다. 이러한 생각에 기초하여 리카도 좌파나 프루동 등은 화폐를 폐기하고 노동 증표나 교환 은행을 만들 것을 구상했다. 맑스는 그것들을 비판하면서도 기본적으로 노동가치설에 기초하고 있었다. 그러나 베일리는 상품의 가치는 다른 상품과의 관계에 지나지 않으며, 그런 까닭에 상품에 내재하는 노동 가치라는 것은 환상이라고 비판했다.

베일리의 이러한 회의주의는 예를 들어 데카르트(René Descartes, 1596~1650)가 말하는 자기라는 것은 존재하지 않으며, 다수의 자기가 있을 뿐이라는 흄의 비판과 유사하다. 칸트는 그에 대해 자기는 가상이지만, 초월론적 통각 X가 있다고 했다. 이 X를 무언가의 실체로 삼아버리는 것이 형이상학이다. 그렇지만 우리는 그와 같은 X를 경험적인 실체로서 파악하고자 하는 충동에서 벗어날 수 없다. 따라서 자기란 단순한 가상이 아니라 초월론적인 가상이다. 물론 칸트가 그렇게 생각하게 된 것은 나중의 일이며, 처음에는 흄의 회의에 의해 '교조주의의 꿈에서 깨어난' 것이다. 그와 마찬가지로 맑스가 베일리의 회의를 심각하게 받아들인 것은 의심할 수 없다. 그러나 칸트와 마찬가지로 맑스는 리카도뿐만 아니라 베일리도 비판했던 것이다. 리카도는 노동 가치설에 의해 화폐를 경시했다. 그러나 베일리도 화폐를 경시했다. 왜냐하면 그는 상품의 가치가 다른 상품과의 관계에 의해 결정된다고 하면서, 상품이 서로 직접 관계할 수 없고 오로지 하나의 상품(화폐)과의 관계를 통해서만 관계할 수 있다는 사실을 경시했기 때문이다.

맑스가 말하듯이 공황에서 사람들은 갑자기 화폐를 찾고 중금주의자로 되돌아온다. 『자본』의 맑스는 리카도나 베일리보다도 오히려 중상주의로 거슬러 올라가 생각하고 있다. 물론 그의 '비판'은 그 모두를 다 비판하는 것이며, 그것을 통해 그것들이 보지 못하고 있는 '형식'——상품 경제를 성립시키는 초월론적인 형식——을 밝은 곳으로 내오는 것이다. 다른 관점에서 말하자면 그것은 사물이 아니라 사물이 놓이는 관계의 장을 우위에 두는 일이다. 맑스는 리카도처럼 노동가치설을 가지고 들어오지 않고서 화폐의 근거를 찾아내고 있다. 상품은 자기의 가치를 다른 상품(사용 가치)에 의해 나타낸다. 그 경우 전자는 상대적 가치 형태에 있고, 후자는 등가 형태에 있다. 그리고 모든 상품이 자기의 가치를 배타적으로 하나의 상품에 의해 보이게 되었을 때, 후자는 일반적 등가물, 즉 화폐가 되는 것이다.

맑스의 생각으로는 금이 화폐가 되는 것은 그것이 금이기 때문이 아니라 일반적 등가 형태에 놓였기 때문이다. 그가 보고자 한 것은 거기에 위치하는 생산물을 상품이게 한다든지 화폐이게 하는 '가치 형식'——상대적 가치 형태와 등가 형태——이다. 그것이 소재적으로 무엇이든 간에 배타적으로 일반적 등가 형태에 놓인 것은 화폐이다.

일반적 등가 형태에 놓인 물건(그리고 그 소유자)은 다른 무엇과도 교환될 수 있는 '권리'를 가진다. 사람들이 어떤 것, 예를 들어 금을 숭고하다고 간주하는 것은 그것이 금이기 때문이 아니라 그것이 일반적 등가 형태에 놓여 있기 때문이다. 맑스가 자본에 대한 고찰을 수전노에서 시작한 것에 주의해야 한다. 수전노가 지니는 것은 물건(사용가치)에 대한 욕망이 아니라 등가 형태에 있는 사물에 대한 충동──나는 그것을 욕망과 구별하기 위해 프로이트를 따라서 그렇게 부르고자 한다──인 것이다. 다르게 표현하자면, 수전노의 충동은 사물에 대한 욕망이 아니라 그것을 희생시켜서라도 등가 형태라는 '장'(position)에 서고자 하는 충동이다. 이 충동은 맑스가 말했듯이 신학적 · 형이상학적인 것을 내포한다. 수전노는 이를테면 '천국에 보물을 쌓기' 때문이다.

그러나 그것을 비웃었다고 하더라도 자본의 축적 충동은 기본적으로 그것과 동일하다. 자본가란 맑스가 말했듯이 '합리적인 수전노'에 다름 아니다. 그는 일단 상품을 사서 그것을 파는 것에 의해 직접적인 교환 가능성의 권리 증대를 꾀한다. 그러나 그 목적은 사용하는 것이 아니다. 그러므로 자본주의의 원동력을 사람들의 욕망에서 찾을 수는 없다. 오히려 그 역이다. 자본의 충동은 '권리'(position)를 획득하는 것에 있으며, 그것을 위해 사람들의 욕망을 환기하고 창출할 뿐인 것이다. 그리고 이 교환 가능성의 권리를 축적하고자 하는 충동은 본래적으로 교환이라는 것에 내재하는 어려움과 위험에서 온다.

역사적 유물론자는 자연과 인간의 관계, 인간과 인간의 관계가 역사적으로 어떻게 변천해 왔는지를 생각한다. 그러나 거기서 빠져 있는 것은 그것들을 조직하는 자본제 경제에 대한 고찰이다. 그것을 위해 우리는 '교환'의 차원, 그리고 그것이 가치 형태를 취하는 것의 불가피성을 보지 않으면 안 된다. 중농주의자나 고전 경제학자는 '생산'에서 출발하여 모든 사회적 관계를 꿰뚫어 보는 시점을 취했다. 그러나 사회적 교환은 우리에게 있어 언제나 꿰뚫어 보이지 않는, 그런 까닭에 자립적인 힘으로서 나타나며, 그것을 폐기하는 것은 쉽게 이루어질 수 없다. 자본주의적 생산은 무정부적이기 때문에 그것을 의식적으로 제어하면 좋을 거라는 엥겔스의 생각—이것이 집권적 코뮤니즘을 산출했다—은 실제로는 고전 경제학의 연장에 지나지 않는 것이다.

가치 형태론에서의 맑스의 중요한 이동 가운데 하나는 사용 가치 또는 유통 과정을 중시한 데 있다. 어떤 물건은 타인에게 있어 사용 가치를 갖지 않으면 가치가 아니다. 요컨대 그 생산에 노동 시간이 얼마나 걸렸든지 간에 그것은 팔리지 않으면 가치가 아니다. 맑스는 교환 가치와 사용 가치라는 종래의 구별을 폐기한다. 상품에는 교환 가치 따위는 포함되어 있지 않다. 타자와 관계하지 않는다면, 상품은 '죽음에 이르는 병'(키르케고르)에 놓여 있다. 상품은 사용 가치와 교환 가치의 종합이라고 고전 경제학은 생각한다. 그러나 그것은 사후적인 견해에 지나지 않는다. 이 종합에는 '목숨을 건 비약'이 숨어 있다. 키르케고르(Søren Aabye Kierkegaard, 1813~55)는 인간을 유한과 무한의 '종합'이라고 말했지만, 이 종합은 '신앙'에 달려 있다. 상품에서 그것은 이를테면 '신용'의 문제이다. 우선 매매가 이루어진 것으로 생각하는 것이 신용이며, 그것은 매매 관계를 채권과 채무 관계로 전화시킨다. 요컨대 교환의 위험은 결제라는 형태로 나타난다. 신용은 그렇지 않으면 성립하기 어려운 교환을 가능하게 하고 확대시킨다. 맑스의 생각으로는 은행권은 국가의 지폐와는 달리 약속 어음의 일종이다. 그러나 상품 경제는 신용 위에 구축되는 까닭에 위기를 다른 형태로 지닐 수밖에 없는 것이다.

고전 경제학자는 생산 과정을 중시하는 입장을 취하고 그 밖의 모든 것을 이차적이고 환상적인 것으로서 비신비화했다. 실제로는 그들은 자신들이 비신비화했을 유통과 신용 기구에 휘둘리고 있다. 다시 말하면 그들은 공황이 왜 일어나는지를 해명할 수 없는 것이다. 공황=위기는 상품 경제가 본래적으로 지니는 위기성의 출현이다. 그것은 그 자체가 경제학의 '비판=위기'이다. 맑스에게『자본——국민경제학 비판』을 가져다준 것은 공황이 제공한 '강한 시차'라고 하더라도 지나친 말이 아니다.

　　『자본』서문에서 맑스는 '헤겔의 제자'임을 공언하고 있다. 실제로 그는 자본제 경제를 마치 자본(=정신)의 자기실현처럼 기술하고자 했다. 그러나 헤겔적인 서술 체재를 취하면서도 이 책은 헤겔과 근본적으로 그 동기를 달리한다. 그것은 결코 '절대 정신'으로 끝나지 않는다. 『자본』은 자본이 세계를 조직하면서 동시에 결코 자기의 한계를 넘어설 수 없다는 것을 밝혀낸다. 그것은 자기의 한계를 넘어서까지 실현하고자 하는 자본=이성의 그치기 어려운 '충동'에 대한 칸트적인 비판인 것이다. 그리고 그 모든 비밀이 가치 형태에 놓여 있다. 가치 형태론은 물물 교환으로부터 화폐 형성에 이르는 역사적 과정의 고찰이 아니다. 그것은 사람들이 화폐 경제 안에 있을 때 이미 의식하지 않는 형태이며, 초월론적으로 발견되는 '형식'이다. 가치 형태로부터 화폐 형태, 수전노, 상인 자본, 산업 자본으로 나아가는 그 서술 순서와는 역으로 맑스는 후자로부터 전자를 향해 거슬러 올라갔던 것이다. 고전 경제학자는 전대의 중금주의자·중상주의자 또는 상인 자본을 부정했다. 그들이 부등가 교환에서의 차액에서 이윤을 얻는 데 반해, 산업 자본주의는 공정한 등가 교환에 의한 것이며, 이윤은 생산에서의 분업과 협업의 성과로서 얻어진다는 것이다. 그러나 맑스는 그에 반해 오히려 상인 자본으로 거슬러 올라가 자본을 생각했다. 그는 자본을 화폐-상품-화폐라는 '일반적 정식'에서 본다. 그것은 자본을 근본적으로 상인 자본으로서 보는 것이다.

자본이란 자기 증식하는 화폐이며, G-W-G′(화폐-상품-화폐)라는 운동 과정으로서 존재한다. 산업 자본에서는 이 W 부분이 원료·생산 수단 및 노동력 상품이 된다. 그리고 노동력 상품이야말로 산업 자본에 고유한 것이다. 산업 자본의 잉여 가치는 단지 노동자를 일하게 함으로써가 아니라 (총체로서의) 노동자가 만든 것을 노동자 자신이 되사는 것에서 발생하는 차액으로부터 얻어진다. 그렇지만 원리적으로는 상인 자본과 동일한 것이다. 고전파 경제학은 상인 자본주의(중상주의)를 공격하고, 그것을 사기(부등가 교환)로 간주했다. 하지만 상인 자본은 다른 가치 체계들 사이에서 이루어지는 교환으로부터 잉여 가치를 얻는다 하더라도 각각의 가치 체계 내부에서의 등가 교환에 기초한다. 상인 자본이 공간적인 차이로부터 잉여 가치를 얻는다고 한다면, 산업 자본은 기술 혁신에 의해 끊임없이 다른 가치 체계를 시간적으로 만들어냄으로써 잉여 가치를 얻는 것이다. 물론 그것은 산업 자본이 상인 자본적인 활동에서 잉여 가치를 얻는 것을 방해하지 않는다. 자본에게 있어 잉여 가치는 어디서 얻어지든 상관없다. 중요한 것은 자본이 가치 체계의 차이로부터, 그래서 그 자체는 등가 교환에 의해 잉여 가치를 얻는다는 점이다. 따라서 잉여 가치는 이윤과 달리 비가시적이며, 그것이 얻어지는 과정은 블랙박스 안에 놓여 있다.

여기서 주의해야 할 것은 맑스주의자들 사이에서는 잉여 가치를 가치 체계들 간의 차이에서 찾아내는 대신 그것을 생산 과정에서의 '착취'에서만 찾아내는 생각이 지배적이라는 점이다. 그들은 자본가와 임노동자의 관계를 봉건적인 영주와 농노 관계의 위장된 연장으로서 바라보았다. 그리고 그것을 맑스의 생각이라고 간주한다. 그러나 그것은 리카도의 이윤 이론에 포함되어 있던 가능성, 요컨대 이윤이란 잉여 노동의 착취라고 하는 생각을 이끌어낸 리카도학파 사회주의자들의 생각이다. 그것은 1848년까지 영국의 노동 운동을 지탱한 이론이었다. 맑스 자신이 이와 같은 견해를 여러 차례 제시한 것은 사실이지만, 그것은 세상 사람들의 귀에 들어가기 쉽다 할지라도 자본제에서의 잉여 가치의 비밀을 밝혀주는 것은 아니다. 그에 의해 설명할 수 있는 것은 기껏해야 절대적 잉여 가치이지 산업 자본주의의 특징인 상대적 잉여 가치가 아니다. 뿐만 아니라, 나중에 이야기하게 되듯이, 자본가와 임노동자의 관계를 봉건적인 영주와 농노의 관계와의 비교에서 바라보는 것은 많은 오류를 낳고 있다. 첫째로 그것은 자본제 경제의 지양을 '주인과 노예의 변증법'에서 보는 것이며, 둘째로 생산 과정에서의 투쟁을 중심으로 삼는 것이다.

한편 맑스는 『자본』에서 고전 경제학에 반대하여 유통 과정을 중시한다. 그는 칸트적인 표현으로 다음과 같은 이율배반(안티노미)을 지적했다. 잉여 가치는 생산 과정 자체로부터는 나오지 않으며, 유통 과정 자체로부터도 나오지 않는다. 그리고 그는 다음과 같이 말한다. '여기가 로도스다, 여기서 뛰어라.'[2] 그러나 이 이율배반은 다음과

· · · ·

2_ [옮긴이] 『자본』 제1권, 제2편 제5장의 마지막 문장이다. 헤겔도 『법권리의 철학』 서문에서 철학의 과제를 존재하는 것의 개념 파악으로 제시하는 가운데 이 말을 인용하고 있다. 널리 알려진 말이 된 이 격언은 본래 『이솝 우화』에서 유래한다. 그 우화는 로도스 섬에서 엄청나게 뛰어 올랐다고 떠벌이며 그것을 봤다고 하는 증인들을 내세우는 한 허풍선이에 대해 이야기한다. 그에 대해 주위에 있던 한 사람이 대답했다. "친구여, 만약 그게 참이라면, 너는 증인이 필요 없다. 여기가 로도스다, 여기서 뛰어라."

같이 생각함으로써만 해결될 수 있다. 산업 자본에서의 잉여 가치는 유통 과정에서의 가치 체계의 차이로부터 오는 것이며, 그것을 가져오는 것은 생산 과정에서의 기술 혁신이다. 자본은 끊임없이 차이를 찾아내고 계속해서 차이를 창출하지 않으면 안 된다. 그것이 산업 자본에서의 끊임없는 기술 혁신의 원동력이다. 그것은 결코 사람들이 '문명'의 진보를 바라기 때문이 아니다. 많은 사람들은 자본주의 경제의 발전에 대해 그것이 물질적 욕망이나 진보에 대한 신앙에 의한 것처럼 생각한다. 그러므로 그러한 생각을 고치고 합리적으로 그것을 제어할 수 있는 것처럼, 또는 자본주의를 언제라도 폐기할 수 있는 것처럼 생각한다. 그러나 그것은 자본의 '충동'이 얼마나 뿌리 깊은 것인지를 이해하지 못하는 것이다. 그것은 결코 자동적으로 그치지 않는다. 또한 이성적 제어, 국가적 강제에 의해 그치는 일도 없다.『자본』에 혁명의 필연성은 쓰여 있지 않다. 우노 고조(宇野弘藏, 1897~1977)[3]가 올바르게 지적했듯이 그것은 공황의 필연성을 보여줄 뿐이다. 그리고 공황은 자본제 경제에 고유한 질병이긴 하지만, 그것을 통해 자본제 경제가 영속적으로 발전해 가는 메커니즘의 일환이다. 자본제 경제는 그것을 제거할 수 없지만, 그것으로 소멸하는 것도 아니다. 자본제 경제는 환경론자들이 말하듯이 장래에 비참한 귀결을 초래할 것이다. 그러나 그것으로 자본제 경제가 끝나는 것은 아니다. 나아가 이후 상품화가 한층 더 철저하게 되었을 때 그 극한에서 그것이 반전되어

• • • •

3_ [옮긴이] 일본을 대표하는 맑스 경제학자로, 맑스 가치론에 대한 연구에서 이데올로기의 배제를 주장하고, 객관적 법칙에 근거한 과학적 방법을 도입했다. 그를 중심으로 우노학파가 형성되었으며, 이들의 논의는 신좌익이나 사회주의 협회에 큰 영향을 끼쳤다. 주요 저서로『경제원론』(1950-1952),『공황론』(1953),『자본론의 경제학』(1969) 등이 있다.

자본제 경제가 끝나는 일도 있을 수 없다.

그 경우 많은 사람들이 생각하는 것은 그것을 국가에 의해 규제하는 것이다. 그러나 자본과 마찬가지로 국가도 어떤 자율적인 힘을 지닌다는 점에 주의해야만 한다. 그 점은, 역사적 유물론의 공식에 있듯이, 경제적인 하부 구조에 대해 국가나 네이션은 상부 구조이고, 전자에게 규정되기는 하지만 상대적인 자율성을 지닌다고 하는 의미에서가 아니다. 도대체 자본주의적 경제는 하부 구조인 것일까? 우리가 지적해 왔듯이, 화폐나 신용의 세계는 경제적이라기보다 종교적이고 환상적인 세계가 아닐까? 역으로 말하면, 국가나 네이션이 비록 공동 환상이라고 하더라도 불가피하게 존재하는 것은 자본과 마찬가지로 그것들에게도 현실적으로 불가피한 기반이 있기 때문이다. 국가나 네이션은 상품 교환과는 다르다고 하더라도 역시 '교환'에 뿌리박고 있다. 따라서 그것들이 '상상의 공동체'라는 점을 강조하더라도 그와 같은 계몽으로는 결코 해소될 수 없다. 그것들은 단순한 가상이 아니라 초월론적 가상인 것이다.

맑스는 '가치 형태'를 고찰한 후 '교환 과정'이라는 절에서 상품 교환의 발생을 역사적으로 고찰하고 있는 것으로 보인다. 거기서 그가 말하는 것은 그것이 공동체와 공동체 사이에서 시작된다는 것이다. "상품 교환은 공동체가 끝나는 곳에서, 즉 공동체가 다른 공동체 또는 그 구성원과 접촉하는 지점에서 시작된다. 그러나 물건은 일단 공동체의 대외 생활에서 상품이 되면 곧바로 반작용하여 공동체의 대내 생활에서도 상품이 된다."(『자본』 제1권, 제1편 제2장, 스즈키 외 옮김, 앞의 책) 그러나 이것은 역사학적으로 거슬러 올라감으로써가 아니라 화폐 경제에 고유한 성격을 초월론적으로 밝혀내는 것에서 발견되는 '기원'이다. 맑스는 위와 같이 말할 때 다른 교환 형태가 존재한다는 것을 전제하고 있다. 상품 경제로서의 교환은 '교환' 일반 가운데서 오히려 특수한 형태인 것이다. 첫째로, 공동체 안에서도 '교환'이 존재한다. 그것은 증여-답례라는 호수제互酬制이다. 이것은 상호 부조적이지만, 답례로 응하지 않으면 따돌림을 당하는 식으로 공동체의 구속이 강하게 존재하며, 또한 배타적이다. 둘째로, 공동체와 공동체 사이에는 강탈이 존재한다. 오히려 그것이 기본적이어서 상품 교환은 서로 강탈하는 것을 단념하는 곳에서만 시작된다. 그럼에도 불구하고 강탈도 교환의 일종으로 간주될 수 있다. 왜냐하면 지속적으로 강탈하기 위해서는 강탈당하는 자를 다른 강탈자로부터 보호한다든지 산업을 육성한다든지 할 필요가 있기 때문이다. 그것이 국가의 원형이다. 국가는 계속하여 좀 더 많이 수탈하기 위해 재분배에 의해 그 토지와 노동력의 재생산을 보증하고, 관개 등의 공공사업에 의해 농업적 생산력을 높이고자 한다. 그 결과 국가는 수탈의 기관으로 보이지 않으며, 오히려 농민은 영주의 보호에 대한 답례(의무)로서 연공年貢을 치르는 것으로 생각하고, 상인도 교환의 보호에 대한 답례로서 세금을 낸다. 그 때문에 국가는 초계급적이고 '이성적'인 것으로 표상된다. 따라서 수탈과 재분배도 '교환'의 일종이라고 할 수 있다. 인간의 사회적 관계에 폭력의 가능성이 있는 한에서, 이와 같은 형태는 불가피하다. 나아가 제3의 유형이 맑스가 말하는 공동체와 공동체 사이에서의 상품 교환이다. 이 교역은 상호간의 합의에 의한 것이지만, 이미 말했듯이 이 교환으로부터 잉여 가치, 즉 자본이 발생한다. 그렇지만 그것은 강탈-재분배라는 교환 관계와는 결정적으로 다르다. 여기서 덧붙여 두고 싶은 것은 제4의 교환 유형, 즉 어소시에이션이다. 그것은 상호 부조적이지만, 공동체와 같은 구속은 없으며 배타적이지도 않다. 어소시에이션은 자본주의적 시장 경제를 일단 통과한 후에만 나타나는,

윤리적-경제적인 교환 관계 형태이다. 어소시에이션 원리를 이론화한 것은 프루동이지만, 이미 칸트의 윤리학에 그것이 포함되어 있다.

베네딕트 앤더슨[4]은 네이션=스테이트가 본래 이질적인 네이션과 스테이트의 '결혼'이었다고 하고 있다. 이것은 중요한 지적이지만, 그 전에 역시 근본적으로 이질적인 두 가지 것의 '결혼'이 있었던 것을 잊어서는 안 된다. 국가와 자본의 '결혼'이 그것이다. 국가, 자본, 네이션은 봉건 시대에는 명료하게 구별되어 있었다. 즉 봉건 국가(영주, 왕, 황제), 도시, 그리고 농업 공동체로 명확히 구별되어 있었던 것이다. 그것들은 서로 다른 '교환' 원리에 기초한다. 이미 말했듯이 국가는 수탈과 재분배 원리에 기초한다. 둘째로, 그와 같은 국가 기구에 의해 지배되고 상호적으로 고립된 농업 공동체는 그 내부에서 자율적이며, 상호 부조적이고 호수적인 교환을 원리로 하고 있다. 셋째로, 그러한 공동체와 공동체 '사이'에서 시장, 즉 도시가 성립한다. 그것은 상호적 합의에 의한 화폐적 교환이다. 봉건적 체제를 붕괴시킨 것은 이 자본주의적 시장 경제의 전반적 침투이다. 하지만 이러한 경제 과정은 정치적으로 절대주의적 왕권 국가라는 형태를 취함으로써만 실현된다. 절대주의적 왕권은 상인 계급과 결탁하여 다수의 봉건

••••

4_ [옮긴이] 베네딕트 리처드 오고먼 앤더슨(Benedict Richard O'Gorman Anderson, 1936년 8월 26일~)은 코넬 대학교 국제학과 명예교수이다. 그의 대표작인 『상상의 공동체——민족주의의 기원과 전파에 대한 성찰』(1983), 윤형숙 옮김, 나남, 2004에서 그는 지난 3세기 사이에 세계에 내셔널리즘이 출현하게 된 요인들을 분석한다. 여기서 '상상의 공동체imagined community'란 네이션을 의미한다. 앤더슨은 내셔널리즘의 출현과 상상의 공동체 창출의 주된 원인을 특정한 문자 언어에 대한 접근이 특권층에 제한되던 양상의 감퇴, '신의 지배'와 왕정 등의 정치 개념을 폐지하려는 운동 그리고 자본주의 체제 아래에서의 인쇄기의 출현을 꼽았다.

국가(귀족)를 무너뜨림으로써 폭력을 독점하고, 봉건적 지배(경제외적 지배)를 폐기한다. 그것이야말로 국가와 자본의 '결혼'에 다름 아니다. 상인 자본(부르주아지)은 이 절대주의적 왕권 국가 안에서 성장하며, 또한 통일적인 시장 형성을 위해 국민의 동일성을 형성했다고 할 수 있다. 그러나 그것만으로 네이션은 성립하지 않는다. 네이션의 기반에는 시장 경제의 침투와 함께, 그리고 또한 도시적인 계몽주의와 함께 해체되어 간 농업 공동체가 있다. 그때까지 자율적이고 자급자족적이었던 각각의 농업 공동체는 화폐 경제의 침투에 의해 해체됨과 동시에 그 공동성(상호 부조나 호수제)을 네이션(민족) 안에서 상상적으로 회복했던 것이다. 네이션은 지성적인(홉스적인) 국가와 달리 농업 공동체에 뿌리박고 있는 상호 부조적인 '감정'에 기반을 두고 있다. 그리고 이 감정은 증여에 대해 가지는 부채와 같은 것이어서 근본적으로 교환 관계를 내포한다.

그러나 그것들이 정말로 '결혼'하는 것은 부르주아 혁명에서이다. 프랑스 혁명에서 자유, 평등, 우애라는 삼위일체(trinity)가 주창되었듯이, 자본, 국가, 네이션은 분리될 수 없는 것으로 통합된다. 그러므로 근대 국가는 자본=네이션=스테이트(capitalist-nation-state)라고 불려야 한다. 그것들은 상호적으로 보완하고 보강하도록 되어 있다. 예를 들어 경제적으로 자유롭게 행동하고 그것이 계급적 대립으로 귀결되었다고 하면, 그것을 국민의 상호 부조적인 감정에 의해 해소하고, 국가에 의해 규제하여 부를 재분배하는 식이다. 그 경우 자본주의만을 타도하고자 한다면, 국가주의적인 형태로 되거나 네이션의 감정에 발이 걸리게 된다. 전자가 스탈린주의이며, 후자가 파시즘이다. 이와 같이 자본뿐만 아니라 네이션과 국가도 교환의 형태들로서 보는 것은 이를테면 '경제적' 시점이다. 그리고 만약 경제적 하부 구조라는 개념이 중요한 의의를 지닌다고 한다면, 이러한 의미에서만이다.

이 세 가지 '교환' 원리 가운데 근대에 상품 교환이 확대되어 다른 것들을 타도했다고 할 수 있다. 그러나 그것이 전면화 되는 일은 없다. 자본은 인간과 자연의 생산에 관해서는 가족이나 농업 공동체에 의거할 수밖에 없으며, 근본적으로 비자본제 생산을 전제한다. 네이션의 기반은 거기에 놓여 있다. 한편 절대주의적인 왕(주권자)은 부르주아 혁명에 의해 사라져도 국가 그 자체는 남는다. 그것은 국민 주권에 의한 대표자=정부로 해소되어 버리는 것이 아니다. 국가는 언제나 다른 국가에 대해 주권자로서 존재하는 것이며, 따라서 그 위기(전쟁)에서는 강력한 지도자(결단하는 주체)가 요청되는데, 이 점은 보나파르티즘[5]이나 파시즘에서 보이는 그대로이다. 현재 자본주의의 전 지구화(globalization)에 의해 국민 국가가 해체될 거라는 전망이 이야기되는 경우가 있다. 그러나 스테이트나 네이션이 그에 의해 소멸되는

• • • •

5_ [옮긴이] 샤를 루이 나폴레옹 보나파르트가 프랑스의 제2공화정에서 대통령으로 선출되고 나서 나폴레옹 3세로서 황제로 등극하기까지 내세운 정치 형태나 현상을 가리킨다. 그것은 민주주의를 내세워 농민층을 기반으로 구축된 절대주의적 독재 체제이다. 일반적으로 보나파르티즘은 혁명에 의해 시민 계급이 집권했으나 지배 체제가 견고하지 못할 경우, 군부 등이 사회 체제 안정을 이유로 권력을 찬탈하는 것을 말한다. 그러므로 보나파르티즘은 개인의 독재 체제이지만 군사적 및 경제적인 국민적 영광을 목표로 인민 투표와 보통 선거를 지주로 하여 정보와 상징 조작을 통치의 수법으로 한 점에 특징이 있다. 맑스는 『루이 보나파르트의 브뤼메르 18일』에서 분할지 소농민의 루이 보나파르트 지지에 초점을 맞추어 나폴레옹 3세의 권력 획득의 비밀을 분석한다. 분할지 소농민은 그 생활 양식으로 인해 전국적인 정치 조직을 가질 수 없으며 자신의 계급적 이해관계를 자신의 이름으로 주장할 수 없었다. 그들은 자신을 대표할 수 없기 때문에 누군가 대표가 필요했다. 그것이 루이 나폴레옹이 그들의 대표자고 주인이 된 비밀이다. 그 후 보나파르티즘은 위기적 상황 하에서 성립한 계급 균형에 기초한 예외 국가라고 하는 논의가 전개되었다.

일은 없다. 예를 들어 자본주의의 전 지구화(신자유주의)에 의해 각국의 경제가 압박당하면, 국가에 의한 보호(재분배)를 요구하고, 또한 내셔널한 문화적 동일성이나 지역 경제의 보호와 같은 것으로 향하게 된다. 자본에 대한 대항이 동시에 국가와 네이션(공동체)에 대한 대항이어야만 하는 이유가 여기에 있다. 자본=네이션=스테이트는 삼위일체인 까닭에 강력한 것이다. 그 가운데 어느 것을 부정하고자 하더라도 결국 이 고리 안으로 회수되어 버릴 수밖에 없다. 자본의 운동을 제어하고자 하는 코포라티즘(corporatism)[6], 복지 국가, 사회 민주주의와 같은 것들은 오히려 그와 같은 고리의 완성태이지 그것들을 지양하는 것이 결코 아니다.

맑스는 가장 선진국인 영국에서야말로 코뮤니즘이 가능하다고 생각했다. 왜냐하면 그것은 부르주아 사회가 발전한 '단계'에서만 가능하기 때문이다. 그럼에도 불구하고 그것은 일어날 것 같지 않았다. 보통 선거제가 확립되고 노동조합이 강한 곳에서 도리어 혁명은 멀어진 듯이 보였다. 그러나 이때 정치적 혁명(부르주아 혁명)과는 이질적인 '사회 혁명' 개념이 필요하게 되었던 것이다. 맑스가『자본』에 몰두한 것이 그와 같은 상황에서였다는 점을 잊어서는 안 된다. 맑스 사후에 엥겔스는 독일에서의 사회민주당의 약진과 더불어 고전적인 혁명 개념을 버리고 의회에 의한 혁명이 가능하다고 생각하게 되었다. 그리고 엥겔스의 제자였던 베른슈타인(Eduard Bernstein, 1850~1932)

● ● ● ●

6_ [옮긴이] 코포라티즘이란 국가와 사회의 여러 집단이 협력하여 경쟁을 제한하고 보다 강력하고 통제된 국민 경제를 실현하고자 하는 체제이다. 경영 단체나 노동조합은 집권적으로 조직화되어 각각의 범위에서 독점적인 위치를 누리고 정부는 이들 집단과 협조 체제를 구축함으로써 원활한 정책 결정과 수행을 도모한다.

은 엥겔스에게 아직 남아 있던 '혁명' 환상의 잔재를 제거했다. 레닌 (Vladimir Ilich Lenin, 1870~1924)이나 그 밖의 맑스주의자들이 그것을 비판해 온 것은 말할 것도 없지만, 베른슈타인의 생각에는 그 나름의 근거가 있다. 실제로 그로부터 한 세기를 거쳐 좌익은 결국 그의 관점으로 되돌아갔기 때문이다. 그러나 1848년 이후 고전적 혁명이 먼 과거가 되는 정세 속에서『자본』을 쓰고 있던 맑스가 그러한 사태를 인식하면서도 그와 같은 방향으로 나아가지 않았던 것은 확실하다. 그러면 그는 무엇에서 가능성을 발견했던 것일까? 이미 시사했듯이 자본=네이션=스테이트는 인간의 '교환'이 취하는 필연적인 형태에 뿌리박고 있다. 쉽사리 이 고리를 벗어날 수는 없다. 맑스가 그 출구를 찾아낸 것은 제4의 교환 유형, 즉 어소시에이션에서이다.

일반적으로 유포되어 있는 생각과는 반대로 후기의 맑스는 코뮤니즘을 '어소시에이션의 어소시에이션'이 자본 · 국가 · 공동체를 대신하는 것에서 찾아내고 있었다. 그는 이렇게 쓰고 있다. "만약 연합한 협동조합 조직 단체들(united co-operative societies)이 공동의 계획에 기초하여 전국적 생산을 조정하고, 이리하여 그것을 단체들의 통제하에 두어 자본제 생산의 숙명인 부단한 무정부와 주기적 변동을 끝나게 한다면, 여러분, 그것이 공산주의, '가능한' 공산주의가 아니고 무엇이겠는가!"(『프랑스 내전』) 이러한 협동조합의 어소시에이션은 오언(Robert Owen, 1771~1858) 이래의 유토피아주의자나 아나키스트들에 의해 제창되고 있었다.『자본』에서도 맑스는 그것을 주식회사와 나란히 고찰하고 높이 평가한다. 주식회사가 자본제 내부에서의 '소극적 지양'이라고 한다면, 그것은 '적극적 지양'이라는 것이다. 이러한 의미에서 맑스의 코뮤니즘이란 근본적으로 어소시에이셔니즘이라고 할 수 있을 것이다. 그러나 맑스는 그 '한계'도 보고 있었다. 그것은 자본과의 경쟁에 노출되어 패하든가 아니면 스스로 주식회사로 전화되어 버리는 운명에 놓여 있다. 자본제 경제 안에서 그것에 대항하는 비자본제적인 생산과 소비의 형태를 만들어내는 것은 쉬운 일이 아니다. 실제로 엥겔스나 레닌도 이를 경시하고, 기껏해야 노동 운동에 부차적인 것으로만 여겼을 뿐이다. 하지만 맑스는 오로지 거기서만 코뮤니즘의 가능성을 보고 있었다.

한편 바쿠닌(Mikhail Aleksandrovich Bakunin, 1814~76)은 맑스를 국가 사회주의자인 라살레(Ferdinand Gottlieb Lassalle 1825~64)와 동일시하여 집권주의자로서 비판했다. 그러나 그는 맑스가 라살레가 말하는 것과 같은, 즉 국가에 의해 생산 협동조합을 보호, 육성한다는 생각을 비판한 사실을 단적으로 알지 못했거나 그저 모르는 척했던 것이다. "노동자들이 협동조합적인 생산을 사회적 규모에서, 처음에는 자국에서, 따라서 국민적 규모에서 산출하고자 하는 것은 그들이 오늘날의 생산 조건들의 변혁을 위해 노력하고 있다는 것에 다름 아니며, 국가 원조에 의한 협동조합 단체들의 설립과는 아무런 공통성도 없다. 현행 협동조합 단체들에 대해 말하자면, 그것들이 정부로부터나 부르주아로부터 후원을 받지 않는 노동자의 독립적인 창설물인 한에서 가치를 지닌다."(『고타 강령 비판』, 1875) 맑스는 국가에 의해 협동조합을 육성하는 것이 아니라 협동조합의 어소시에이션이야말로 국가를 대신해야 한다고 말하는 것이다. 그때 자본과 국가는 지양될 것이다. 그리고 그와 같은 원리적 고찰 이외에 그는 미래에 대해 아무것도 말하지 않는다.

요컨대 맑스에게 있어 코뮤니즘은 어소시에이셔니즘 이외의 것이 아니다. 하지만 그러한 까닭에 그는 그것을 '비판'했다. 다시 말하면 맑스는 라살레와 바쿠닌 '사이'에서 생각했던 것이다. 이와 같은 '비판적' 자세가 나중에 맑스의 텍스트로부터 그 어느 쪽의 입장도 끌어낼 수 있게 했다. 그러나 거기서 맑스의 모순이나 양의성이 아니라 트랜스크리틱을 보아야 한다. 맑스에게 명백했던 것은 단지 자본이나 국가를 부정하는 것만으로는 충분하지 않다는 것이다. 자본과 국가는 그것들이 어떤 필연성에 뿌리박고 있는 까닭에 자율적인 힘을 지닌다. 다시 말하면 그것들은 초월론적인 가상인 까닭에 단순한 부정에 의해서는 사라질 수 없을 뿐만 아니라 오히려 좀 더 강력하게 부활하는 것이다. 자본=네이션=스테이트를 지양하기 위해서는 그것들에 관한 깊은 통찰(비판)이 필요하다.

그러면 자본과 국가에 대한 대항 운동의 열쇠는 어디서 찾아질 수 있을 것인가? 그것은 『자본』의 가치 형태론 이외에는 없다. 맑스는 다음과 같이 말하고 있다.

> 어쩌면 오해할지도 모르기 때문에 한마디 해두기로 하자. 나는 자본가나 토지 소유자의 모습을 결코 장밋빛으로 그리지 않는다. 그리고 여기서 문제가 되는 것은 경제적 범주(카테고리)의 인격화인 한에서의, 일정한 계급 관계와 이해관계의 담지자인 한에서의 인간에 지나지 않는다. 경제적 사회 구성의 발전을 자연사적 과정으로서 파악하는 나의 입장은 다른 어떤 입장보다도 더 개인을 관계들에 책임이 있다고 생각하지 않는다. 개인은 주관적으로는 어느 정도 관계들을 초월하고자 하더라도 사회적으로는 역시 관계들의 산물이다. (『자본』 제1권, 「제1판 서문」, 스즈키 외 옮김, 앞의 책)

여기서 맑스가 말하는 '경제적 카테고리'란 상품이나 화폐와 같은 것이 아니라 무언가를 상품과 화폐이게끔 하는 가치 형태를 의미한다. 『정치경제학 비판 요강』에서도 맑스는 상품이나 화폐라는 카테고리를 다루고 있었다. 『자본』에서 그는 그것들 이전에 무언가를 상품이나 화폐이게끔 하는 형식으로 거슬러 올라가고 있는 것이다. 상품이란 상대적 가치 형태에 놓이는 것(물건, 서비스, 노동력 등)을 가리키며, 화폐란 등가 형태에 놓이는 것을 말한다. 마찬가지로 이러한 카테고리의 담지자인 '자본가'나 '노동자'는 개인들이 어디에 놓여 있는지(상대적 가치 형태인지 등가 형태인지)에 의해 규정된다. 그것은 그들이 주관적으로 무엇을 생각하고 있는지와 관계가 없다.

여기서 말하는 계급은 경험적인 사회학적 의미에서의 계급이 아니다. 그러므로 현재의 사회에 『자본』과 같은 계급 관계는 존재하지 않는다고 하는 비판은 과녁을 벗어나 있다. 현재뿐만 아니라 과거에도, 그리고 그 어디에도 그와 같은 단순한 계급 관계는 존재하지 않았다. 그리고 맑스가 구체적인 계급 관계를 고찰할 때 계급들의 다양성, 그리고 담론이나 문화의 다양성에 대해 대단히 민감했다는 것은 『루이 보나파르트의 브뤼메르 18일』(1852)과 같은 작업을 보면 분명히 드러난다. 다른 한편 『자본』에서 맑스는 자본제 경제에 고유한 계급 관계를 가치 형태라는 장에서 보고 있다. 그런 의미에서 『자본』의 인식은 오히려 오늘날의 상황에 좀 더 타당하다고 말할 수 있을 것이다. 예를 들어 오늘날에는 노동자 연금이 기관 투자가에 의해 운용된다. 요컨대 노동자 연금은 그 자신이 자본으로서 활동하는 것이다. 그 결과 그것이 기업을 융합하여 구조 조정을 압박하게 되고 노동자 자신을 괴롭히게 된다. 이와 같이 자본가와 노동자의 계급 관계는 대단히 착종되어 있다. 그리고 그것은 이미 실체적인 계급 관계라는 생각으로는 파악될 수 없는 것으로 보인다. 그러나 상품과 화폐, 아니 그보다는 상대적 가치 형태와 등가 형태라는 비대칭적인 관계는 적어도 사라지지 않았다. 『자본』이 고찰하는 것은 그와 같은 관계의 구조이며, 그것은 그 장에 놓인 사람들의 의식에 어떻게 비춰 보이든지 간에 존재하는 것이다.

이러한 구조주의적인 견해는 불가결하다. 맑스는 손쉬운 형태로 자본주의에 대한 도덕적 비난을 하지 않았다. 오히려 바로 거기서 맑스의 윤리학을 보아야 한다. 자본가도 노동자도 거기서는 주체가 아니며, 이를테면 그들이 놓이는 장에 의해 규정되어 있다. 그러나 이와 같은 견해는 독자로 하여금 어찌할 바 모르게 만든다. 그 때문에 사람들은 『자본』을 자본주의가 공산주의로 이행하는 것을 '자연사적인' 역사적 법칙으로서 보여준 것으로 읽거나, 『자본』 이전의 텍스트에서 그 '주체적' 계기를 찾아내고자 해 왔다. 전자가 잘못이라는 점은 말할 것도 없다. 후자에 관해 말하자면, 그것은 대체로 헤겔의 '주인과 노예'의 변증법으로 집약될 수 있을 것이다. 요컨대 노예로서의 프롤레타리아트가 그 소외와 궁핍의 극한에서 주인에 반항한다는 것이다. 그것은 또한 생산 과정에서의 노동자의 총파업, 국가 권력의 장악이라는 생각으로 이끌린다. 그러나 영국에서 『자본』을 쓰고 있던 시기의 맑스가 그와 같은 것이 가능하다고 생각했을 리가 없다. 오히려 『자본』이 사실상 맑스주의자들에 의해 경원시되어 온 것은 거기서 혁명의 전망이 찾아질 수 없기 때문이다. 그러면 주체가 출현할 계기가 전혀 없어 보이는 세계에서 어떻게 '혁명'이 가능한 것일까?

가치 형태에서 장이 주체를 규정한다는 것은, 그러나 자본가가 주체적이라고 하는 것을 배척하는 것이 아니다. '자본' 그 자체가 자기 증식 운동의 주체인 까닭에, 자본가는 능동적이다. 그것은 화폐, 요컨대 '사는 입장'(등가 형태)이 지니는 능동성이다. 노동력 상품을 파는

인간은 수동적일 수밖에 없다. 그러므로 그 관계에서 노동자가 자기의 상품 가치를 둘러싸고 홍정하는 '경제주의'적 투쟁밖에 수행할 수 없다 하더라도 당연하다. 여기서 노동자가 일어서기를 기대할 수 없다. 그러나 그 점은 자본에 대한 노동자의 대항이 불가능하다는 것을 의미하지 않는다. 자본의 운동 G-W-G′, 요컨대 잉여 가치의 실현은 마지막에 그 생산물이 팔리느냐 마느냐에 달려 있다. 잉여 가치는 총체로서 노동자가 스스로 만든 것을 되사는 것에서만 존재한다. 생산 과정에서 자본가와 노동자의 관계는 확실히 '주인과 노예'이다. 그러나 자본의 '변태' 과정은 그와 같이 일면적인 것일 수 없다. 자본은 이 과정에서 한 번은 파는 입장(상대적 가치 형태)에 설 수밖에 없는 것이다. 그리고 여기에 노동자가 유일하게 주체로서 나타나는 장(position)이 존재한다. 그것은 자본제 생산에 의한 생산물이 팔리는 장, 요컨대 '소비'의 장이다. 그것은 노동자가 화폐를 가지고 '사는 입장'에 설 수 있는 유일한 장이다. "자본을 지배(예속) 관계로부터 구별하는 것은 바로 노동자가 소비자 및 교환 가치 정립자로서 자본을 상대하는 것이자 화폐 소지자의 형태, 즉 화폐의 형태로 유통의 단순한 기점 ─ 유통의 무한히 많은 기점들 가운데 하나 ─ 이 된다고 하는 것인바, 여기서는 노동자의 노동자로서의 규정성이 사라져 버린다." (『맑스 자본론 초고집マルクス資本論草稿集』 제2권, 資本論草稿集飜譯委員會 譯, 大月書店) 자본에게 있어 소비는 잉여 가치가 최종적으로 실현되는 장이자 소비자(노동자)의 의지에 종속당하게 되는 유일한 장이다.

팔기와 사기, 또는 생산과 소비는 화폐 경제에서 분리되어 있다. 이 분리가 노동자와 소비자를 떼어놓고, 마치 기업과 소비자가 경제 주체인 것처럼 보이게 한다. 또한 그것은 노동 운동과 소비자 운동을 분리시킨다. 노동 운동이 형해화함에 따라 소비자 운동은 다양한 형태로 고조되어 왔다. 그것은 환경 보호, 페미니즘, 마이너리티(minority) 등의 운동을 포함한다. 일반적으로 그것들은 '시민운동'이라는 형태를 취하며, 노동 운동과의 연결을 갖지 않든가 그에 대해 부정적이다. 그러나 소비자 운동은 실은 입장을 바꾼 노동자 운동이며, 또한 그런 한에서 중요하다. 역으로 노동 운동은 소비자 운동인 한에서 그 국지적인 한계를 넘어서서 보편적으로 될 수 있다. 노동력의 재생산으로서의 소비 과정은 육아·교육·오락·지역 활동을 포함하여 광범위한 영역에 미치기 때문이다. 그러나 내가 그것을 중시하는 것은 예를 들어 그람시가 노동력 재생산 과정에 주목하고 가정, 학교, 교회와 같은 문화적 이데올로기 형성 장치를 중시한 것과는 비슷하지만 다른 것이다. 그람시는 생산 과정에서의 노동자의 계급적 봉기를 기대하고 있으며, 그것을 방해하는 것으로서 다양한 문화적 헤게모니를 찾아냈다. 그러나 내가 말하고 싶은 것은 노동력의 재생산 과정을 자본이 자기실현하기 위해 통과해야만 하는 유통 과정으로서, 그리고 거기에서 노동자가 주체적인 그러한 '장'으로서 다시 파악하는 것이다.

그래서 우리는 한편으로 생산 과정에서의 '주인과 노예'의 변증법으로 생각해 온 맑스주의자――사실은 그에 대립한 아나르코-생디칼리스트[7]도 마찬가지였다――의 사고를 비판하지 않으면 안 된다. 그것은 자본제 경제에서의 계급 관계(자본가와 임노동자)를 영주와 농노관계의 변형으로서 바라보는 것이다. 이러한 사고에서는 봉건제에서

••••
7_ [옮긴이] Anarco-syndicalist, 급진적 노동조합주의자를 말한다. 생디칼리슴은 1920
    년대에 에스파냐, 프랑스, 이탈리아 등지에서 잠시 융성했던 노동 운동 이론으로,
    모든 정치권력을 부정하고 노동조합을 핵심으로 하는 무정부 사회를 목표로
    했다.

명료했던 것이 은폐되어 있지만, 머지않아 '주인과 노예의 변증법'에
의해 프롤레타리아트가 자본제를 타도하게 될 것이다. 그럼에도 불구
하고 노동자가 전혀 일어서지 않는 것은 그들의 의식이 상품 경제에
의해 '물상화'되었기 때문이며, 따라서 그들을 그로부터 각성시키는
것이 맑스주의자의 임무이게 된다. 이러한 물상화는 문화적 헤게모니
에 의한 조작이나 소비 사회의 유혹에 의해 생겨난다. 그런 까닭에
그것을 비판적으로 해명하는 것이 필요하게 된다. 아니 그보다는 그것
말고는 아무것도 할 수 없는 것이다. 그러나 근본적인 전제에 오류가
있는 이상, 그것은 불모의 것을 약속하고 있다.

　우리는 여기서 『자본』이 제공하는 통찰로 되돌아가야 한다. 즉
중요한 것은 자본제 경제가 근본적으로 유통 과정에서 발생했다고
하는 것이다. 맑스는 생산 과정을 중시하긴 했지만, 자본에게 있어
잉여 가치가 최종적으로 실현되는 것은 유통 과정에서라는 점을 한시
도 잊지 않고 있다. 총체로서의 노동자가 생산한 것을 되사는 형태로
비로소 잉여 가치가 실현되는 것이다. 그 관점에서 보면, 자본의 운동
G-W-G′에서 자본이 만나는 두 개의 위기적 순간이 '유통 과정'에
존재한다. 그것은 자본이 노동력 상품을 살 때(노동 시장)와, 노동자에
게 생산물을 팔 때(시장)이다. 만약 이 가운데 어디서든 실패하게 되면,
자본은 잉여 가치를 획득할 수 없으며, 다시 말하면 자본일 수 없는
것이다.

　이리하여 노동자가 자본에 대항할 수 있는 지점은 둘이 있다. 하나
는 안토니오 네그리(Antonio Negri, 1933~)가 말했듯이 '일하지 말라'
는 것이다. 물론 그것은 '노동력을 팔지 말라(자본제 하에서 임노동을
하지 말라)'는 것이 아니라면 의미를 이루지 못한다. 또 하나는 마하트
마 간디(Mahatma Gandhi, 1869~1948)가 말했듯이 '자본제 생산물을

사지 말라'는 것이다. 그것들은 노동자가 '주체'가 될 수 있는 장에서 이루어진다. 그렇지만 노동자＝소비자에게 있어 '일하지 않는 것'과 '사지 않는 것'을 가능하게 하기 위해서는 동시에 일하고 구매할 수 있는 밑받침이 없으면 안 된다. 말할 것도 없이 그것은 비자본제적인 생산－소비 협동조합과 같은 어소시에이션이다. 하지만 그와 같은 어소시에이션이 자본제 경제 속에서 성립하여 확대해 가기 위해서는 대안 통화, 그리고 그에 기초하는 금융 시스템의 발달이 필요 불가결하다.

맑스는 프루동의 인민 은행이나 노동 증표(통화)를 비판했다. 그 이래로 맑스주의자들은 그와 같은 생각에 부정적이었다. 『자본』은 고전파 경제학에 대한 비판이지만, 실천적으로는 오히려 프루동의 통화론에 대한 비판을 의미하고 있었다. 후자에게는 근본적인 무지가 있었다. 노동 가치는 화폐에 의한 교환을 통해 사후적으로 사회적으로 규제된다. 즉 가치 실체로서의 사회적 노동 시간은 화폐를 통해 형성되는 것인바, 프루동의 노동 증표는 그가 폐지하고자 한 화폐에 암묵적으로 의거하는 것이다. 하지만 그와 같은 비판은 대안 통화의 가능성을 부정하는 것이 아니다. 실제로 맑스 자신이 『고타 강령 비판』에서 노동 증표라는 생각을 제시하고 있다. 하지만 그것이 프루동의 노동 증표와 결정적으로 다른 것으로는 보이지 않는다. 오히려 우리는 『자본』에서의 비판에 기초하여 대안 통화의 가능성을 탐구해야 한다.

자본제 경제가 근본적으로 유통 과정에 뿌리박고 있다면, 그에 대항하는 운동도 근본적으로 유통 과정에서 이루어져야만 한다. 화폐의 자기 증식 운동으로서 시작되는 동시에 그와 같이 계속될 수밖에 없는 운명을 지니고 있는 자본제 경제를 지양하기 위해서는 그 내부에 자본제 경제와 이질적인 시장 경제를 만들어낼 필요가 있다. 칼 폴라니

(Karl Polanyi, 1886~1964)는 자본주의(시장 경제)를 암에 비유했다. 그것은 농업적 공동체나 봉건적 국가 '사이'에서 시작되어 머지않아 내부로 침입해 그것들을 자기에게 맞춰 변화시켰지만, 여전히 기생적 존재이다. 그것을 수술에 의해 제거하고자 한다면 국가를 강화하게 된다. 그러면 사회 민주주의적인 화학 요법에 희망을 거는 것밖에 없을 것인가? 그러나 다른 방법이 있다. 자본주의 경제가 암이라고 한다면, 그 암 자체에 대한 '대항 암'(counter-cancer)과 같은 운동을 만들어내면 좋은 것이다. 자본을 제거하고자 한다면, 자본 그 자신을 가능하게 한 조건을 제거할 수밖에 없다. 유통 과정을 중심으로 한 대항 운동은 완전히 합법적이고 비폭력적이며, 어떠한 자본=네이션= 스테이트도 손을 댈 수가 없다. 『자본』은 그것에 논리적 근거를 부여 한다. 그것은 가치 형태에서의 비대칭적 관계(상품과 화폐)가 자본을 산출하지만, 동시에 거기에 자본을 종식시키는 '전위적'(transposi-tional)인 모멘트가 있다고 하는 것이다. 그리고 그것을 활용하는 것이 야말로 자본주의에 대한 트랜스크리틱에 다름 아니다.

제1부

칸트

제1장 칸트적 전회

1. 코페르니쿠스적 전회

칸트는 『순수이성비판』에서의 새로운 기획을 '코페르니쿠스적 전회'라고 불렀다. 이 비유는 그때까지의 형이상학이 주관이 외적인 대상을 '모사'한다고 생각했던 것에 반해, '대상'을 주관이 외계에 '투입'한 형식에 의해 '구성'한다는 식으로 역전시킨 것을 의미한다. 어떤 의미에서 이것은 주관(인간) 중심주의로의 전회이다. 그러나 코페르니쿠스(Nicolaus Copernicus, 1473~1543)에 관해 누구나 알고 있는 '전회'란 무엇보다도 천동설로부터 지동설로의 전회이다. 요컨대 그 것은 지구(주관)를 중심으로 하는 사고의 부정인 것이다. 그렇다면 칸트는 이와 같은 '전회'를 무시했던 것일까? 아니다. 내 생각으로는 칸트의 '사물 자체'라는 생각에서야말로 이러한 의미에서의 '코페르니쿠스적 전회'가 나타난다. 예를 들어 그는 다음과 같이 말하고 있다.

감성적 직관 능력은 본래 수용성에 다름 아니거니와,——다시 말하면 표상에 의해 어떤 방식으로 촉발되는 능력이다. 그리고 이들 표상 사이의 상호 관계가 바로 공간 및 시간이라는 순수 직관(우리의 감성의 순수 형식)이다. 또한 이들 표상은 그것들이 이러한 관계(공간 및 시간의 관계)에서 경험 통일의 법칙에 따라 결합되고 규정되는 한에서 대상이라고 명명된다. 이러한 표상을 생겨나게 하는 비감성적 원인은 우리에게는 전혀 알려져 있지 않으며, 따라서 우리는 이 비감성적 원인을 대상으로서 직관할 수 없다. 이와 같은 대상[자체]은 (감성적 표상의 단순한 조건으로서의) 공간에서나 시간에서 표상될 수 없겠지만, 우리는 이러한 감성적 조건 없이는 직관이라는 것을 전혀 생각할 수 없다. 그럼에도 불구하고 우리는 현상 일반의 생각 가능한 원인을 초월론적 대상이라고 명명하더라도 별 지장이 없다. 그러나 그것은 우리가 이러한 대상에 의해 수용성으로서의 감성에 대응하는 무언가 어떤 것을 갖기 위한 것에 지나지 않는다. 우리는 우리의 가능적 지각의 범위와 연관을 모두 이 초월론적 대상에 돌리고, 이러한 초월론적 대상은 일체의 경험에 앞서 그 자체가 주어져 있다고 하더라도 별 지장이 없다. 그러나 이 초월론적 대상에 대응하는 바의 현상은 그 자체가 주어지는 것이 아니고 경험에서만 주어지는 것이다. (『순수이성비판純粹理性批判』 중, 시노다 히데오篠田英雄 옮김, 岩波文庫)

여기서는 인간이 능동적으로 대상을 구성하기 전에 감성을 통해 주관을 촉발하고 내용을 주는 사물 자체가 중심으로서 찾아지고 있다. 다시 말하면 칸트는 주관의 수동성·피투성(Geworfenheit)을 강조하는 것이다. 하이데거를 예외로 하여 칸트 이후의 철학자들은——쇼펜하우어(Arthur Schopenhauer, 1788~1860)와 같은 칸트주의자조차——모두 사물 자체라는 개념을 거부했다. 그 결과 칸트는 세계를 능동적으로 구성하는 주관성의 철학의 시조로서 간주되게 된다. 그것은 그가 말하는 '코페르니쿠스적 전회'의 방향을 따르는 것으로 보인다. 그러나 칸트 자신이 곧바로 그와 같은 관념론을 부정하고 있다. 그러면 칸트는 무엇을 하려고 했던 것일까? 그는 단지 합리주의와 경험주의를 비판적으로 절충하고자 했을 뿐인가?

칸트의 '코페르니쿠스적 전회'를 정확히 이해하기 위해서는 오히려 코페르니쿠스 자신의 전회를 검토해 보아야만 한다. 지동설은 고대부터 있었던 생각이지 그의 독창적인 것이 아니다. 그것은 당시 금지되어 있었다. 따라서 코페르니쿠스는 지동설을 마음에 품으면서도 생존 시에는 지동설을 주창하기를 피했다. 토머스 쿤(Thomas Kuhn, 1922~96)에 따르면, 코페르니쿠스는 그가 죽은 1543년에 출판된『천체의 회전에 관하여De Revolutionibus Orbium Coelestium』에서도 프톨레마이오스의 우주론을 따르고 있는데, 다만 그 뒤에 덧붙여진, 천문학자들밖에 읽을 수 없는 부분만이 후세에 영향을 주었다. 코페르니쿠스가 가져다준 것은 그때까지 프톨레마이오스 이래의 천동설에 따라다니는 천체의 회전 운동의 어긋남이 지구가 태양 주위를 회전한다고 보는 경우에 해소된다고 하는 것이다. 이것은 지동설을 증명하는 것이 아니며, 사실 그것이 받아들여지기까지는 한 세기가 필요했다. 그러나 천동설을 지지하는 사람들도 코페르니쿠스의 계산 체계를 이용할 수밖에 없었다. 그들은 사실은 태양이 지구 주위를 돌고 있지만, 계산에 있어 그 역인 '것처럼' 생각할 수 있었던 것이다. 하지만 '코페르니쿠스 혁명'은 오히려 거기에 있었다고 해야 한다. 중요한 것은 지동설인가 천동설인가가 아니라 코페르니쿠스가 지구나 태양을 경험적으로 관찰되는 사물과는 별도로 어떤 관계 구조의 항으로서 파악했다는 점이다. 하지만 바로 그 점이야말로 지동설로의 '전회'를 초래한다. 즉 코페르니쿠스의 전회 그 자체가 이중의 의미를 지니고 있었던 것이다.

마찬가지로 칸트는 경험주의처럼 감각으로부터 출발할 것인지, 합리주의처럼 사유로부터 출발할 것인지 하는 대립을 빠져나간다. 그가 가져온 것은 감성의 형식이나 지성의 카테고리와 같이 의식되지 않는, 칸트의 말로 하자면 초월론적인 구조이다. 감성이나 지성이라는 말은 옛날부터 존재했다. 그것은 '느끼다'나 '생각하다'라는 활동을 개념으로 만든 것이다. 그러나 칸트는 그것들의 의미를 완전히 변화시킨다. 그것은 코페르니쿠스에게서 지구나 태양이라고 불리는 것이 어떤 구조 안의 항으로서 발견된 것과 마찬가지다. 우리가 굳이 칸트가 말하는 감성이나 지성과 같은 말들을 그대로 사용할 필요는 없다. 중요한 것은 칸트가 제시한 초월론적인 구조이다. 그리고 그것은 칸트의 말을 놓아 버리더라도 다른 형태로 발견될 것이다. 그 하나의 예를 우리는 정신 분석에서 찾아볼 수 있다. 그런데 토머스 쿤은 '코페르니쿠스 혁명'과 관련해 다음과 같이 정신 분석에 대해 언급하고 있다.

코페르니쿠스의 이론은 많은 점에서 전형적인 과학 이론이기 때문에, 그 역사는 과학에서의 개념 발전 및 그 이전의 것을 대신하는 과정의 몇 가지를 보여줄 수 있다. 그러나 과학 외부의 그 결과에서 코페르니쿠스의 이론은 전형적인 것이 아니다. 비-과학적인 사상에서 그 정도로 커다란 역할을 수행한 과학 이론이라는 것은 정말 조금밖에 없다. 그러나 그러한 예가 유일한 것도

아니다. 19세기에는 다윈의 진화론이 마찬가지의 과학 외부의 문제를 제기했다. 금세기에는 아인슈타인의 상대론과 프로이트의 정신 분석 이론이 서양 사상의 또 한 층의 근본적 재편성을 가져올 가능성이 있는 논쟁의 핵심을 제공하고 있다. 프로이트 자신이 지구는 단순한 행성에 지나지 않는다는 코페르니쿠스의 발견과 무의식이 인간 행동의 많은 것을 제어한다는 그의 발견과의 병행적 효과를 강조했다. (『코페르니쿠스 혁명コペルニクス革命』, 쓰네이시 게이이치常石敬一 옮김, 講談社學術文庫)

그러나 프로이트의 정신 분석이 획기적인 것은 '무의식이 인간 행동의 많은 것을 제어한다'는 생각 자체——그것은 낭만주의 이래로 상식이었다——에 있었던 것이 아니다. 그것은 초기의『꿈의 해석』—이것도 옛날부터 존재한다—이 보여주듯이, 의식과 무의식의 어긋남을 초래하는 것을 언어적 형식에서 보고자 한 데 있었다. 그리고 그것으로부터 무의식의 '초월론적' 구조가 발견되어 갔던 것이다. 쿤이 '코페르니쿠스 혁명'이 과학 외부에 준 영향에 대해 말하면서도 칸트의 유명한 비유를 전적으로 무시하는 것은 그 역시 칸트에 관한 통념에 지배되고 있기 때문일 것이다. 이 통념이란 칸트가 말하는 형식이나 카테고리가 유클리드 기하학과 뉴턴 물리학에 기초한다는 오해이다. 나중에 말하게 되듯이, 칸트가 감성의 '형식'을 생각한 것은 오히려 비유클리드 기하학의 가능성을 상정하고 있었기 때문이다. 애당초 칸트가 말한 것은 과학적 인식이 열린 시스템이고, 과학적 진리는 가설(현상)에 머문다고 하는 것이다. 그러나 아무래도 통념에 따르는 한에서는 칸트는 인간(이성) 중심주의로 보이고, 그에 반해 프로이트는 그러한 자기=지구를 중심으로 하는 생각을 역전시켜 '무의식'을 태양으로 삼은 것이 될 것이다. 데카르트나 칸트에게서 그러한 주관성의 우위를 발견하여 비판하는 측에 서는 사람들은 칸트에게서 이를테면 천동설을 발견한다. 그렇다면 그들은 참다운 '코페르니쿠스적 전회'란 프로이트와 같은 전회라고 말하는 셈이 될 것이다. 그러나 쿤과 같은 견해에서는 프로이트와 융(Carl Jung, 1875~1961)의 구별도 가능하지 않다. 사실 쿤에게 있어서는 그들은 동일하다. 예를 들어 융은 아직 프로이트와 협력하고 있던 초기에 오이디푸스 콤플렉스 개념을 코페르니쿠스적 전회에 비유하여 다음과 같이 쓰고 있다.

이러한 통찰은 인간의 근본적인 갈등이 시공을 넘어서서 동일하다는 것을 가르친다. 그리스인을 덮쳐 전율케 한 것은 지금도 변함없이 실재하지만, 우리는 고대인과 다르고, 예를 들어 더욱 도덕적이라고 하는 후대의 공허한 환상을 버릴 때에야 비로소 우리는 그 실재를 깨닫는 것이다. 그때까지는 고대인과 우리를 사라지지 않는 공통성이 결합하고 있다는 것을 자기 좋을 대로 잊고 있는 데 지나지 않는다. 이 점을 깨달으면 그때까지 존재하지 않았던 고대 정신에 대한 이해에의 길이 열린다. 그것은 내적 공감의 길과 지적 이해의 길이다. 자신의 마음이 묻혀 있는 기초 부분을 빠져나가는 우회로를 거쳐 고대 문화의 살아 있는 의미가 포착된다. 또한 바로 이 우회로에 의해서야말로 자신이 거주하는 천체 외부의 확고한 점을 손에 넣고, 그로부터 자신의 천체의 움직임을 객관적으로 이해할 수 있게 된다. 적어도 이것이 오이디푸스 문제의 불멸성을 다시 발견한 것에서 우리가 길어 올리는 희망이다. (『변용의 상징變容の象徵』, 노무라 미키코野村美紀子 옮김, 筑摩書房)

그러나 이러한 '무의식'에 대한 강조는 낭만파 이래로 널리 보이는 것으로, 프로이트에게 고유한 것이 아니다. 실제로 융은 낭만파적인 시인과 사상가의 문헌을 이것저것 인용하고 있다. 말할 것도 없지만, 프로이트는 이러한 일반적인 '집합 무의식'에 반대했다. 그는 무의식을 분석적 대화에서의 환자의 저항에서 발견한다. 저항과 부인이 없다면 '무의식'은 없다고까지 말할 수 있다. 또한 그는 자아, 초자아, 이드와 같은 심적인 구조를 생각하고 있는데, 그것은 어디에도 실재하지 않는다. 그것은 이러한 저항(부인)에서 상정되는 어떤 구조적인 기구機構를 가리킨다. 그것은 초자아의 검열이라는 비유가 보여주듯이, 법정과 유사한 구조를 하고 있다(내친김에 말하자면, 칸트는 언제나 법정의 비유로 말했다).

융이 프로이트로부터 이반해 간 것은 헤르더(Johann Gottfried von Herder, 1744~1803), 피히테(Johann Gottlieb Fichte, 1762~1814), 나아가 셸링(Friedrich Wilhelm Joseph von Schelling, 1775~1854)이 칸트로부터 이반해 간 것과 동일하다. 아니 그보다는 융 자신이 분명히 후자와 같은 낭만파 계보에 속한다. 융과 같이 이성 중심주의를 부정하는 것은 확실히 전회이며 눈부신 역전이다. 그에 반해 프로이트는 어디까지나 계몽주의적이자 이성주의를 간직하고 있다고 해야만 한다. 하지만 프로이트야말로 흔해빠진 낭만파와는 전혀 다른 결정적인 전회를 이루었던 것이다. 프로이트의 정신 분석은 경험적 심리학이 아니다. 그것은 그 자신이 말하듯이 '메타심리학'이며, 다시 말하면 초월론적 심리학이다. 그러한 관점에서 보면, 칸트가 초월론적으로 발견하는 감성이나 지성의 작용이 프로이트가 말하는 심적인 구조와 동형이며, 그 어느 쪽도 '비유'로서밖에 말할 수 없는, 그것도 있다고밖에 말할 수 없는 그러한 작용이라는 것은 명백하다. 그리고 프로이트의 초월론적 심리학의 의미를 회복하고자 한 라캉이 상정한 구조는 좀 더 칸트적이다. 가상(상상적인 것), 형식(상징적인 것), 사물 자체(실재적인 것). 물론 내가 말하고 싶은 것은 칸트를 프로이트 측에서 해석하는 것이 아니다. 오히려 그 역이다.

칸트는 언제나 주관성의 철학을 연 사람으로 비판의 과녁이 되고 있다. 그러나 칸트가 이룩한 것은 인간의 주관적인 능력의 한계를 보이고, 형이상학을 그 범위를 넘어선 '월권'행위로서 보는 것이었다. 그것은 개개인이 어떻게 생각할까, 어떠한 입장에 서는가가 아니라 그들을 규정하는 능력들의 구조에서 보는 것이다. 칸트에게서 감성, 지성, 이성과 같은 것은 프로이트의 이드, 자아, 초자아와 마찬가지로 경험적으로 존재하는 것이 아니다. 그런 의미에서 그것들은 무이다. 그러나 그것들은 어떤 작용으로서 존재한다. 초월론적 통각(주관)도 마찬가지여서, 그것들을 하나의 체계이게끔 하는 작용으로서 존재한다. 초월론적이란 무로서의 작용(존재)을 찾아낸다는 의미에서 존재론적(하이데거)이다. 동시에 그것은 '의식되지 않는' 구조를 본다는 의미에서는 정신 분석적이거나 구조주의적이다. 하지만 그와 같이 바꿔 말함으로써 반드시 무언가 새로운 인식이 얻어지는 것은 아니다. 오히려 그렇게 함으로써 잃어버리는 것이 있다. 그러므로 우리는 군이 칸트가 말하는 '초월론적'이라는 말을 버리려고 하지 않는다. 다만 그 의미를 명확히 하기 위해 트랜스크리틱이라는 말을 사용하는 것이다.

되풀이해서 말하자면 칸트가 말하는 '코페르니쿠스적 전회'는 주관성 철학으로의 전회가 아니라 오히려 그것을 통해 이루어진 '사물 자체'를 중심으로 하는 사고로의 전회이다. 칸트가 주관성으로 간주되는 초월론적인 구조를 해명하고자 한 것은 바로 그 때문이다. 그러면 '사물 자체'란 무엇인가? 그것은 『실천이성비판』에서 직접적으로 이야기되기 이전에 기본적으로 윤리적인 문제에 관계된다. 다시 말하면 그것은 '타자'의 문제이다. 물론 그는 그로부터 시작하지 않았고, 나도 그로부터 시작하지 않는다. 그러나 내가 이 책에서 말하고자 하는 것은 칸트의 '전회'가 '타자'를 중심으로 하는 사고로의 전회에 놓여 있다는 것, 그리고 그것이 칸트 이후 호언장담해 온 어떠한 사상적 전회보다도 더 근원적이라는 것이다.

2. 문예 비평과 초월론적 비판

칸트의 세 비판은 각각 과학 인식, 도덕, 예술(및 생물학)을 대상으로 한다. 그리고 칸트는 각 영역의 특이성과 그것들의 관계 구조를 밝히고 있다. 그러나 칸트 이후의 사람들이 잊어버린 것은 그것들의 구분이 본래 있었던 것과는 다르며, 칸트의 '비판'에 의해 발견된 것이라는 점이다. 예를 들어 코페르니쿠스 이전에나 또 그 이후에도 태양은 존재한다. 그것은 동쪽에서 떠서 서쪽으로 진다. 그러나 코페르니쿠스 이후의 태양은 계산 체계로부터 상정된 것이다. 요컨대 동일한 태양이면서도 우리는 다른 '대상'을 가지는 것이다. 칸트 이전과 이후에 과학 인식, 도덕, 예술과 같은 구분은 근본적으로 변한다. 따라서 우리는 그것들의 구분에 기초하여 칸트의 책을 읽는 것이 아니라 그것들의 구분 그 자체를 초래한 칸트의 '비판'을 읽지 않으면 안 된다.

칸트의 『판단력비판』은 세 개의 '비판'의 마지막에 와서 앞의 두 개의 비판에 놓여 있던 문제를 해결하는 것, 즉 예술을 인식과 도덕, 자연과 자유를 매개하는 것으로서 자리매김하는 것으로 간주된다. 이러한 판단력은 인식에서 감성과 지성을 매개하는 상상력과 서로 같다고 할 수 있다. 칸트의 생각으로는 예술은 개념에서 출발하지 않지만 잠재적으로 개념을 실현한다. 다시 말하면 예술은 인식 또는 도덕이 달성해야 할 것을 직관적(감성적)으로 실현하는 것이다. 이러한 예술의 자리매김은 낭만주의 이후의 철학자들에게 중대한 암시를 주었다. 그들은 예술이야말로 본래의 '앎'이며, 과학과 도덕도 모두 거기서 파생하는 것이라고 생각한다. 예술에서 '종합'이 이미 이루어져 있다. 헤겔은 철학을 예술 위에 두지만, 그것은 철학이 이미 미학화되어 있기 때문이다. 하이데거도 '존재와 시간'으로부터 '시간과 존재'로의 전회에서 예술(시詩)을 근원에 자리매김한다.

칸트가 과학, 도덕, 예술의 관계를 명시한 것은 확실하다. 그러나 칸트가 제1비판과 제2비판에서 보여준 '한계'를 제3비판에서 해결했다고 생각하는 것은 잘못이다. 그가 보여준 것은 이들 셋이 구조적인 고리를 이루고 있다는 것이다. 그것은 현상, 사물 자체, 초월론적 가상이 어느 하나를 제외하더라도 성립하지 않는, 요컨대 라캉의 메타포로 말하자면 '보로메오의 매듭'을 이룬다고 하는 것에 대응한다. 하지만 이러한 구조를 찾아내는 칸트의 '비판'은 제3비판에서 예술 또는 취미판단을 논의하는 것에서 완성된 것이 아니다. 칸트의 '비판'은 애초에 예술 문제로부터 왔다고 해도 좋은 것이다. 칸트의 비판이 어디서 왔는지에 대해서는 그리스로 거슬러 올라가는 다양한 어원적인 탐색이 있다. 그러나 어원적인 소급은 자주 가까운 기원을 은폐한다. 나는 오히려 칸트의 비판이 문자 그대로 비평으로부터, 요컨대 아리스토텔레스에 기초하는 고전적 미학이 통용되지 않는 상업적 저널리즘에서 성립하는 비평, 다시 말해 누구도 결말을 지을 수 없는 평가를 둘러싼 '아레나'(투기장)에서 왔다고 생각한다.

칸트는 라이프니츠(Gottfried Wilhelm Leibniz, 1646-1716)와 볼프(Christian Freiherr von Wolff, 1679~1754)의 형이상학 하에 있던 자신을 '교조주의의 선잠에서 깨어나게' 한 것은 『인간 본성에 관한 논고』의 흄이라고 쓰고 있다(『프롤레고메나』). 그것은 사실일 것이다. 그러나 그것이 반드시 칸트에게 '비판'의 태도를 가져다준 것은 아니다. 하마다 요시후미浜田義文에 따르면 한스 바이힝거(Hans Vaihinger, 1852~1933)는, 칸트 자신이 언급하고 있지 않음에도 불구하고, 칸트를 '깨어나게' 한 것은 스코틀랜드의 사상가 헨리 홈(Henry Home, 1696~1782)의 『비평의 원리Elements of Criticism』라고 말하고 있다(하마다 요시후미, 『칸트 윤리학의 성립ヵント倫理學の成立』, 勁草書房, 1981). 바이힝거의 생각으로는 칸트가 이 책을 흥미를 가지고서 읽은 것은 1782년경의 강의 노트를 토대로 출판된 『논리학』「서론」에서의 다음의 말로부터 알 수 있다. "홈이 미학을 비판으로 명명한 것은 올바르다. 미학은 판단을 충분하게 규정하는 선험적 규칙을 주지 않기 때문이다." 이 부분은 칸트의 '비판'이라는 용어가 홈의 앞의 책에서 유래한다는 것을 보여준다. '이성 비판'이라는 말이 칸트의 저작 가운데 처음으로 나타나는 것은 『1765년 · 1766년 겨울 학기 강의 안내』에서이다. 거기서 그것은 넓은 의미의 논리학을 의미하는 것으로서, 미학을 의미하는 '취미 판단'과 '소재가 대단히 가까운 유사성'을 지니는 것으로 여겨져 병렬되고 있다. 이로부터도 칸트의 '비판'이라는 용어가 홈의 책과의 관련을 지닌다고 추정할 수 있다.

칸트가 홈에게서 배운 것은 '취미 판단', 즉 미학적 취미 판단의 가능성에 대한 반성과 그 근거에 대한 연구였다. 흄은 취미 판단의 보편성, 요컨대 미와 추의 기준을 찾아 그것을 인간 본성에 내재하는 원리로부터 도출하고자 노력하고, 미와 추에 관한 인간의 감수성의 선험성을 주장하는 입장에 있었지만, 동시에 그는 예와 지금의 문예의 모든 영역으로부터 여러 종류의 광범위한 소재를 수집하고 정리함으로써 경험적이고 귀납적으로 취미의 일반 규칙을 발견하는 방법도 병용했다. 흄은 비평에 종사함에 있어 어떠한 특정 원리도 무반성적으로 전제하지 않고, 비평의 근본 원리 내지 확실한 기준 그 자체를 묻는 것을 자기의 일로 삼았다. 하마다 요시후미에 따르면, 칸트는 그 '비평'이라는 말을 인간의 이성 능력 자체에 대한 근본적 음미를 의미하는 독자적인 '비판' 개념으로 다시 파악하여 자기의 용어로서 사용했다(하마다 요시후미, 『칸트 윤리학의 성립』, 앞의 책).

영국에서 흄이 '비평의 원리'를 생각해야만 했던 것은 두 개의 원리가 충돌했기 때문이다. 하나는 고전주의적인 생각인데, 문학예술에 일정한 경험적 규범을 가지고 오는 것이다. 다른 하나는 이를테면 낭만주의적인 생각인데, 각자의 자유로운 감정 표출을 우선시하는 것이다. 흄은 기본적으로 후자의 태도에 서면서도 또한 왜 그것이 '보편적'일 수 있는지 그 까닭을 찾고자 했다. 칸트가 그것에 감명을 받았다는 것은 분명하다. 『판단력비판』에서 칸트는 암묵적으로 이 테제와 안티테제에 대처하고 있다. 그 역시 기본적으로 취미 판단이 한편으로 주관적(개인적)이어야만 한다는 것을 인정하면서도 또한 그것이 보편적이어야만 한다고 생각한다. 그 경우 그는 보편성과 일반성을 구별한다.

어떤 사람이 온갖 감관적 향락을 제공하는 쾌적한 사물을 자신의 손님들에게 공급하여 모든 사람들이 기분 좋아하도록 대접하는 법을 알고 있다면, 우리는 그를 평가하여 '저 사람은 취미가 있다'고 말한다. 그러나 이 경우에서의 [마음에 드는] 보편성이라는 것은 비교적인 의미밖에 지니지 않거니와, 요컨대 거기에 있는 것은 일반적(general) 규칙(경험적 규칙은 모두 이와 같은 것이다)에 지나지 않으며, 보편적(universal)[즉 선험적] 규칙이 아니다. 그러나 미에 관한 취미 판단이 확립하고자 하거나 요구하는 바의 것은 바로 이 보편적 규칙인 것이다. (『판단력비판判斷力批判』 상, 시노다 히데오篠田英雄 옮김, 岩波文庫)

경험에서 귀납되는 일반적 규칙은 보편적일 수 없다. 아리스토텔레스 이래의 미학은 그의 자연학(physics)과 마찬가지로 '일반적'이지 '보편적'이 아니다. 예를 들어 고전주의는 지금까지 걸작으로 여겨져 온 것들로부터 그 규칙을 발견하여 그것을 규범으로 삼는다. 칸트는 다음과 같이 말한다. "무언가 어떤 것을 미로 인정할 것을 강요하는 규범은 있을 수 없다."(같은 책) 그러나 단순한 쾌적과 구별되는 취미 판단은 보편적이어야만 한다. 요컨대 '모든 사람의 동의를 요구하는 (ansinnen)' 것이다.

취미 판단 자체는 모든 사람의 동의를 요청할[postulieren] 수 없으며(이것을 행할 수 있는 것은 이유를 들어 보일 수 있는 논리적-전칭적 판단뿐이기 때문이다), 다만 이 동의를 취미 판단의 규칙에 따르는 사례로서 모든 사람에게 요구할[ansinnen] 뿐이다. 그리고 이와 같은 사례에 관해서는 판단의 확증을 개념에서 찾는 것이 아니라 다른 모든 사람의 찬동에서 기대하는

것이다. 그러므로 보편적 찬성은 하나의 이념 외에 다른 것이 아니다. (같은 책)

주의해 두기 위해 말하자면, '요청'(postulieren)이란 자명한 것으로서 가정한다는 의미이고, '요구'(ansinnen)란 오히려 부당하게 요구한다는 의미이다. 취미 판단에서 사람들을 강요하는 규칙은 없다. 여기서 칸트는 '공통 감각'을 들고 나온다. 그것은 역사적·사회적으로 형성되는 관습이다. 예를 들어 비코(Giambattista Vico, 1668~1744)는 공통 감각(senso commune)을 어떤 계급·어떤 민족·어떤 국가·인류 전원이 공유하는, 조금의 반성도 수반하지 않는 판단력이라고 간주한다 (『비코ヴィーコ』, 시미즈 쥰이치淸水純一·요네야마 요시아키米山喜晟 옮김, 「세계의 명저 33」, 中央公論社). 공통 감각은 규범적(normal)이며, 그에 기초하여 많은 범용한 작품이 만들어진다. 공통 감각은 역사적으로 변화하지만, 단지 연속적으로만 변하는 것이 아니다. 그것을 변하게 하는 것은 이 공통 감각에 대립하여 그로부터 일탈하는 개인들——천재들——이다. 그러나 칸트는 그것을 취미 판단-예술에만 한정한다. "학문에서 가장 위대한 발견자와 오로지 고심참담하는 모방자나 학습자와의 다름은 결국 정도의 차이에 지나지 않는다. 이에 반해 이러한 발견자와 자연에 의해 예술적 재능을 부여받은 자는 종적種的으로 다르다(『판단력비판』 상, 앞의 책).

하지만 여기에는 아직 문제가 남아 있다. 공통 감각이 역사적으로 변해가는 사회적 관습이라면, 그것은 취미 판단의 보편성을 보증하는 것이 아니다. 공통 감각은 역사적으로도 현재적으로도 복수적이다. 만약 보편성이 존재한다면, 그와 같은 다수의 공통 감각을 넘어서는 것이어야만 한다. 그렇다면 칸트는 보편성의 요구를 단념한 것일까?

보편성은 다른 영역에서 발견되기 때문에, 예술에서는 공통 감각으로 만족해야 한다는 것일까? 물론 이와 같은 견해는 잘못이다. 확실히 칸트는 자연과학·도덕성·예술을 구별한다. 하지만 그는 그 어디에 서거나 보편성을 '요구'한다. 예를 들면 『순수이성비판』이나 『실천이성비판』에서 그는 경험적인 것에 기초하는 '일반적인' 규칙에 맞서 보편적인 법칙을 추구하고 있다. 그렇다면 과학 인식이나 도덕에는 그것이 있지만 예술에는 없다고 하는 것이 될 것인가? 아니다. 미적 판단에서 보편성이 의심스럽다고 한다면, 다른 영역에서도 그러한 것이다. 적어도 칸트는 그로부터 출발했다. 그의 '비판'이 철저한 (radical) 것은 무엇보다도 우선 모든 것을 취미 판단에서 만나는 문제로부터 다시 생각했다고 하는 점에 있었던 것이다.

『순수이성비판』에서 칸트는 주관성을 지성의 자발적 능동성에서 찾아낸다. 그러나 『판단력비판』에서 그는 지극히 일상적인 의미에서 주관적·객관적이라는 말을 사용한다. 오히려 감성적인 것이 주관적인 것으로 간주된다. 그런 까닭에 다수의 개별적인 주관은 쾌와 불쾌의 감정 차원에서 나타난다. 지성으로서의 주관성은 개인적인 것이 아닌 선험적인(a priori) 능력——사실상 언어적인 능력——으로서 생각되고 있는 까닭에, 개개의 주관은 나오지 않기 때문이다. 하지만 칸트가 쾌와 불쾌의 감정에서 출발하여 다수의 개별적 주관을 논의한다 하더라도, 그것이 반드시 취미 판단에 한정되는 문제는 아니다. 예를 들어 취미 판단의 장에서는 누구나 자신의 판단의 보편성을 주장하지만, 그것을 증명할 수는 없다. 역으로 말해 사람들이 인식에서 그 진리성을 증명할 수 없을 때 그것은 자주 취미 판단에 견주어진다. 결국 그것은 선호의 문제라고 사람들은 말할 것이다. 분석적 판단을 제외하면, 모든 판단은 궁극적으로 거기로 귀착된다.

그러나 칸트는 취미 판단을 쾌와 불쾌 또는 쾌적으로부터 구별한다. 쾌적은 개별적이지만, 취미 판단은 보편적일 것을 '요구'받는다. 요컨 대 다른 사람들이 그 판단을 받아들이는 그런 것이어야만 하는 것이다. 비트겐슈타인(Ludwig Josef Johann Wittgenstein, 1889~1951)의 말을 빌리자면 쾌적은 '사적 언어'이지만, 취미 판단은 이미 공동의 언어게 임에 속한다. 칸트가 공통 감각이라고 하는 것은 바로 그것이다. 하지 만 문제는 이들 언어게임이 다수라는 점이다. 따라서 취미 판단에서의 보편성은 서로 다른 규칙 체계를 소유하는 자들 사이에서의 커뮤니케 이션(communication, 의사소통) 문제이다. 취미 판단에 관해 보편성을 '요구'하는 것은 모든 종합적 판단의 근저에 공통적으로 놓여 있는 문제이다. 따라서 칸트가 예술에게만 고유한 특수한 문제를 발견했다 고 하는 것은 있을 수 없다. 오히려 그는 취미 판단에서의 '비평'으로부 터 모든 문제를 보고자 한 것이다.

더 나아가 칸트는 미가 대상에 대한 몰관심성에서 발견된다고 하고 있다. 그것은 이를테면 관심을 괄호에 넣는 일이다. 어떠한 관심인가? 그것은 바로 지적·도덕적 관심이다. 우리는 어떤 대상에 대해 참인가 거짓인가, 선인가 악인가, 쾌인가 불쾌인가라는 적어도 세 가지 영역에 서 동시에 그것을 받아들인다. 통상적으로 그것들은 서로 뒤섞여 착종 되어 있다. 어떤 것이 예술 작품이 되는 것은 다른 관심을 괄호에 넣고 그것을 향유함으로써 이루어진다. 그러나 칸트가 취미 판단의 특성으로 삼은 것은 인식에 관해서나 도덕에 관해서도 들어맞는다. 근대 과학에서는 대상 인식에 있어 도덕적·미적 판단을 괄호에 넣어 야만 한다. 마찬가지로 칸트는 도덕에 관해서도 '순수화'를 시도한다. 도덕적 영역은 쾌나 행복을 괄호에 넣음으로써 존재하는 것이다. 물론 그것들을 괄호에 넣는 것이 그것들을 부정하는 것은 아니다.

그렇다고 한다면 칸트가 제3이율배반[1]을 양립 가능하다고 보는 해결은 그리 놀랄 만한 것이 아니다. 모든 사항이 자연 원인에 의해 결정된다고 하는 생각은 자유를 괄호에 넣는 태도에 의해 초래된다. 역으로 자연 원인에 의한 결정을 괄호에 넣을 때 자유라는 것이 생겨난다. 어느 쪽이 옳은 것인지는 문제가 아니다. 문제는 우리가 도덕적·미적 차원을 괄호에 넣음으로써 인식적 영역을 획득하지만, 그 괄호는 언제라도 벗겨져야만 한다는 점에 있다. 동일한 것을 도덕적 영역이나 미적 영역에 관해서도 말할 수 있다. 하나의 입장에서 모든 것을 설명하고자 할 때, 이율배반에 마주치는 것이다. 나는 마지막에서 칸트의 윤리학에 대해 말할 것이다. 그러나 하나만큼은 여기서 말해 두고 싶은데, 그것은 인식적·도덕적·미적 영역이란 어떤 태도 변경(초월

1_ [옮긴이] 『순수이성비판』에서 칸트는 네 개의 이율배반을 제시한다. 제1이율배반. 테제: 세계는 공간·시간적으로 유한하다. 안티테제: 세계는 공간·시간적으로 무한하다. 제2이율배반. 테제: 세계에서의 모든 것은 단순한 요소로 이루어진다. 안티테제: 세계에서의 합성된 것은 단순한 요소로 이루어지지 않는다. 제3이율배반. 테제: 세계에는 자유에 의한 인과성도 있다. 안티테제: 세계에는 자유는 존재하지 않으며, 모든 것이 자연 필연성의 법칙에 의해 생긴다. 제4이율배반. 테제: 세계의 인과성 계열에는 절대적인 필연적 존재자가 있다. 안티테제: 이 계열 속에 절대적인 필연적 존재자는 있지 않으며, 거기에서는 모든 것이 우연적이다. 여기서 제1과 제2는 수학적 이율배반, 제3과 제4는 역학적 이율배반이라고 불린다. 그러나 모순이란 실제로는 불가능한 사태를 의미하기 때문에, 이들 대립은 모두 외관상으로만 모순을 이룬다. 그러므로 이율배반으로 보이는 대립은 단순한 모순적 대립이 아니라 '변증적 대립'이라고 불린다. 그 해결은 모두 공간과 시간이 주관(감성)의 형식이지 객관 그 자체(사물 자체)의 형식은 아니라고 하는 '초월론적 관념론'에 기초한다. 그 결과 수학적 이율배반의 두 명제는 동시에 거짓, 역학적 이율배반의 두 명제는 동시에 참인 것으로 해결된다. 이러한 해결들 가운데 특히 제3이율배반의 그것은 자유의 가능성을 보증하고 도덕의 기반을 확보한다는 의미에서 중요하다.

론적 환원)에 의해 확정되는 것이지 그것들이 미리 존재하는 것은 아니라는 점이다. 그러므로 또한 어느 영역에서도 동일한 문제가 출현한다. 예를 들어 『실천이성비판』에서는 '타자' 문제가 나타난다. 하지만 그것은 실은 『순수이성비판』에서도 나타나 있다. 나중에 서술하게 되듯이 '사물 자체'란 '타자'를 말한다. 그러나 그 점을 밝히기 위해서는 다름 아닌 미적 판단에서 시작하지 않으면 안 된다.

새삼스럽게 말하자면, 『판단력비판』이 『순수이성비판』이나 『실천이성비판』과 다른 것은 거기에 복수의 주관이 나타난다는 점이다. 칸트는 여기서는 의식 일반이나 일반적 주관과 같은 것을 상정하지 않는다. 복수의 주관들 사이에서, 그것도 '무언가 어떤 것을 미로 인정할 것을 강요하는 규칙'이 없는 데서 어떠한 합의가 성립하는지를 논의한다고 할 수도 있을 것이다. 이 점에 주목한 한나 아렌트는 『판단력비판』을 정치학의 원리로서 읽고자 했으며(『칸트 정치철학 강의』), 또한 리오타르는 거기서 '메타언어의 설정이 없는 언어게임들 사이의 조정'을 보고자 했다(『열광』). 그것은 사실상 흄으로 회귀하는 것이며, 보편성을 기껏해야 '공통 감각'에 지나지 않는 것으로 간주하는 것이다. 하지만 칸트에게서 『순수이성비판』으로부터 『판단력비판』에로의 이행을 찾아내는 것은 올바르지 않다. 『순수이성비판』은 이미 문예비평이 준 어려움을 토대로 해서 쓰였기 때문이다. 우리가 이루어야 할 것은 『순수이성비판』을 그 관점에서 다시 읽는 일이다.

칸트가 보편성을 일반성과 엄격히 구별한 것은 코페르니쿠스 이후의 근대 과학이 초래한 문제에서 생겨난다. 그것은 베이컨(Francis Bacon, 1561~1626)으로 대표되는 실증과 귀납의 중시와는 다르다. 애초에 코페르니쿠스의 지동설은 쉽게 실증할 수 없는 문제인 것이다. 코페르니쿠스주의자로서 우주론을 출판하고자 했던 데카르트는 갈릴

레이(Galileo Galilei, 1564~1642) 재판에 직면했기 때문에 그것을 피하여 『방법서설』을 썼다. 그것은 가설을 세우는 것의 우위성을 강조하는 것이다. 그는 결코 사변적이었던 것이 아니다. 가설을 세우고 그 후에 본인이나 타인에 의한 실험에 의해 그것을 증명하는 방법을 제시한 것이다. 그러나 실험에 의해 가설의 진리성을 증명할 수 있을까? 경험적인 것의 귀납으로부터 법칙을, 요컨대 단칭 명제로부터 전칭(보편적) 명제를 끄집어낼 수 없다. 하지만 가설을 선행시키더라도 마찬가지다. 전칭(보편적) 명제는 연언 명제의 무제한한 확장이지만, 무한한 요소 명제들을 검증할 수는 없는 것이다. 흄의 회의주의는 전칭 명제란 성립하지 않으며, 결국 법칙은 관습적인 것일 뿐이라는 것이다. 그러나 전칭 명제는 적극적으로 검증되지 않지만, 적극적으로 반증될 가능성을 지닌다. 그리고 반증되지 않는 한에서 전칭 명제는 참이라고 가정된다. 예를 들어 칼 포퍼(Karl Popper, 1902~1994)는 명제가 반증 가능한 형태로 제기되어 있고 그에 대한 반증이 나오지 않는 한에서 명제의 보편성이 있다고 생각했다. 그리고 그는 칸트 안에 그와 같은 사상이 잠재해 있는 것을 평가했지만, 칸트가 시종일관 주관적 고찰에 머문 것을 비판했다. 어떤 명제가 보편적인 것은 그것을 반증할지도 모르는 '타자'를 현재 및 장래에 상정함으로써만 가능하다. 그럼에도 불구하고 칸트는 그것을 생각하지 않고 마치 보편성이 선험적인 규칙에 의해 보증되는 것처럼 생각한다고 포퍼는 말한다. 그러나 칸트는 『순수이성비판』에서 '타자'를 도입하고 있다. 그것이 바로 사물 자체로서 말해지는 것이다. 포퍼가 그 점을 보지 못한 것은 사물 자체가 어디까지나 '사물'이라고 생각했기 때문이다. 나는 이 점에 대해 뒤에서 상세히 논의하겠지만, 우선 알아두어야 할 것은 칸트가 『순수이성비판』을 쓴 것은 취미 판단, 즉 복수의 언어게임에서의 보편성 문제에 직면한 후라는 점이다.

『순수이성비판』에서 칸트는 확실히 하나의 주관에서 시작한다. 그러나 그것은 다른 주관을 무시했기 때문이 아니라 다른 주관과의 합의 또는 공동 주관성이 보편성을 가져오지 않는다고 생각했기 때문이다. 그 자신이 과학자였던 칸트에게 있어 '선험적 종합 판단'이 쉽지 않은 것도, 또 동시대에 다양한 가설들이 서로 겨루고 있는 것도 자명한 일이었다. 타자와의 합의는 아무리 다수라 하더라도 보편성을 보증하지 않는다. 합의는 단지 '공통 감각' 가운데서 이루어지며, 또한 그것을 강화할 뿐이다. 만약 보편성이 있다고 한다면, 그것은 그와 같은 '공통 감각'을 넘어서는 것이어야만 한다.

말할 것도 없이 포퍼의 주장은 과학철학 맥락에서 비판되었다. 토머스 쿤은 반증 가능한 명제도 반증되지 않는 경우가 있는데, 왜냐하면 증명 그 자체가 패러다임에 의해 규정되어 있기 때문이라고 주장했다. 나아가 파이어아벤트(Paul K. Feyerabend, 1924~94)에 이르러 과학 인식의 진리성은 담론의 헤게모니에 의존하는 것으로 간주되게 된다. 포퍼 자신도 과학의 발전을 진화론적으로 생각하게 되었다. 요컨대 '강한' 이론이 살아남는다는 것이다. 하지만 이와 같은 전개에 의해 칸트의 '비판'이 매장되어 버리는 것일까? 여기서 분명한 것은 쿤이 말하는 패러다임이 칸트가 말하는 '공통 감각'에 거의 대응한다는 점이다. 좀 더 말하자면, 쿤이 패러다임 전환을 이룩한 사람으로서 논의한 것은 코페르니쿠스, 뉴턴(Isaac Newton, 1643~1727), 아인슈타인(Albert Einstein, 1879~1955)과 같은 '천재'들뿐이다. 칸트가 공통 감각이나 천재를 예술 영역에 한정했기 때문에, 또한 신칸트학파(리케르트Heinrich Rickert, 1863~1936)가 자연과학과 문화과학을 엄격히 구별해 왔기 때문에, 쿤은 그와 같은 부합을 꿈에도 생각하지 않았을 것이다. 그러나 그의 본의에 반해 패러다임 개념이 광범위하게 받아들여진 것은 그것이 좁은 의미의 자연과학에 한정되지 않는 문제였기 때문이다. 다시 말하면 그것이 '문예 비평'적이었기 때문이다.

이러한 관점에서 보면 현대의 과학철학자는 칸트가 『판단력비판』에서 연 경지에 가까워지고 있는 것이 된다. 하지만 칸트는 『순수이성비판』을 쓰기 시작한 시점에 이미 그와 같은 점을 고려하고 있었다고 해야 한다. 『순수이성비판』에서는 타자(다른 주관)가 나오지 않는다. 그것은 내성으로 시종하고 있다. 하지만 단순한 내성(monologue)에 의해 과학의 기초를 물을 수 있을까? 그것이 칸트를 비판하는 자들이 입을 모아 말하는 것이다. 확실히 칸트는 타자의 동의를 전제하고 있지 않다. 어느 정도 타자의 합의가 있다 하더라도 그것은 보편적 명제(전칭 명제)를 보증하지 않기 때문이다. 그러나 실은 칸트는 사물 자체에 의해, 반증해 오는 미래의 타자를 함의하고 있다. 미래의 타자가 있기 때문에 우리의 인식은 보편적일 수 없다고 하는 것이 아니다. 역으로 그것을 상정하지 않으면 보편성은 성립하지 않는 것이다. 요컨대 칸트는 타자를 무시하는 것이 아니라 모종의 형태로 '타자'를 도입한 것이다. 그것은 철학사에서 처음 있는 일이다.

3. 시차와 사물 자체

철학은 내성에서 시작된다. 그러나 칸트가 『순수이성비판』에서 보여준 내성은 특유한 것이다. 왜냐하면 그것은 내성 자체에 대한 비판이기 때문이다. 그 점에서 주목할 만한 것은 칸트가 흄의 『비평의 원리』가 독일어로 출판되었을 무렵에 쓴 『형이상학의 꿈에 의해 해명 된 시령자의 꿈』(1766)이다. 저널리즘의 요청으로 쓰인 이 기묘한 에세이의 배경에는 1755년 11월 11일의 리스본 대지진이 놓여 있다. 유럽에서 모든 성인들을 기리는 이 날, 바로 신자들이 교회에서 예배를 드리고 있을 때에 일어났기 때문에, 이 지진은 신의 은총에 대한 의심 을 불러일으켰다. 그것은 대중적인 차원에 그치지 않고 전 유럽의 지적 세계를 문자 그대로 뒤흔들어 놓았다. 지진은 이를테면 라이프니 츠에게 있어 오로지 연속적인 단계에 놓여 있었던 감성과 지성 사이에 결정적인 '갈라짐'을 산출했던 것이다. 칸트의 '비판'은 이와 같은 '위기'와 분리될 수 없다.

예를 들어 볼테르(Voltaire[본명 François Marie Arouet], 1694~1778) 는 몇 년 후에 『캉디드Candide』(1759)를 써서 라이프니츠적인 예정조 화 관념을 비웃으며, 루소(Jean-Jacque Rousseau, 1712~78)도 지진이 인 간이 자연을 잊은 것에 대한 심판이라고 썼다. 그러나 칸트는 1756년에 리스본의 지진에 대한 세 개의 연구 보고를 써서 지진에 관해 어떠한 종교적 의미도 없다는 것, 그것이 전적으로 자연적 원인에 의한 것임을 강조하고, 나아가 지진 발생에 대한 가설과 내진 대책을 설파했다. 경험주의적인 입장에 서는 사람들마저도 이 사건에서 무언가 '의미'를 찾아냈던 데 반해, 칸트가 전적으로 그것을 거부한 것에 주의해야 한다. 하지만 이러한 경험주의적인 극단성은 다른 한편으로 그가 모종의 극단적인 형태를 취한 합리주의(형이상학)을 긍정한 것과 양립한 다. 즉 그는 지진을 예언한 시령자 스베덴보리(Emanuel Swedenborg, 1688~1772)의 '앎'에 끌렸던 것이다. 그는 스베덴보리의 기적 능력에 대해 조사했을 뿐만 아니라 직접 본인에게 편지를 썼고, 또한 만나보기를 바랬다(「샤를로테 폰 크노블로흐에게 보낸 편지」, 1763년 8월 10일, 가도와키 다쿠지門脇卓爾 옮김, 「전집」 제17권, 理想社).

칸트는 시령에 대해서도 기본적으로 '자연적 원인'이라는 사고방식을 관철하고 있다. 요컨대 시령이라는 현상을 '몽상' 또는 '뇌병'의 일종으로 간주하는 것이다. 시령은 단지 사념에 지나지 않는 것임에도 불구하고 그것이 밖으로부터 감관을 통해 온 것처럼 받아들여지고 있을 뿐이다. 그렇지만 그는 스베덴보리의 '앎'을 부정할 수 없다. 영이라는 초감성적인 것을 감관에서 받아들이는 것은 많은 경우 단지 상상(망상)일 뿐이지만, 그 중에는 그것을 망상으로서 처리할 수 없는 경우가 있다. 특히 스베덴보리는 '정신 착란'과는 거리가 먼 일급의 과학자이자 그의 '예지' 능력에는 확실한 증거가 있었기 때문이다. 칸트는 그것을 인정할 수밖에 없었다. 하지만 동시에 그것을 부정할 수밖에 없기도 했다.

그는 그 어느 쪽의 태도도 결정할 수 없다. 그것을 정신 착란이라 불렀음에도 불구하고, '시령자의 꿈'을 진지하게 다루지 않을 수 없다. 동시에 그것을 자조하지 않을 수도 없다. "독자가 시령자를 또 하나의 세계의 반半 시민으로 간주하는 대신 간단하고도 훌륭하게 그들을 입원 후보자로서 처리해 버리고 그에 의해 더 이상의 어떠한 탐색도 피한다 하더라도, 나는 결코 독자를 그 점에서 원망하지 않는다."(『시령자의 꿈』, 가와도 요시타케川戸好武 옮김, 같은 책) 그것은 '시령자의 꿈'에 한정되지 않으며, 형이상학도 동일한 것이 아닐까라고 칸트는 말한다. 왜냐하면 형이상학은 아무런 경험에도 힘입지 않은 사념을 마치 실재하는 것처럼 다루기 때문이다. 그런 의미에서 이 에세이는 '시령자의 꿈에 의해 해명된 형이상학의 꿈'이라고 말할 수 있을 것이다. "그러나 끝나는 곳을 알지 못하는 철학과 일치점에 가져와질 수 없는 그러한 어떤 종류의 어리석은 일이 존재하는 것일까?"(같은 책) 요컨대 이러한 의미에서는 '형이상학의 꿈' 역시 더할 나위 없는 '어리석은 일'이고 '정신 착란'인 것이다. 사람들이 형이상학의 꿈을 고집하는 것은 시령자의 꿈을 고집하는 것과 큰 차이가 없다. 이때 칸트는 사람들이 형이상학적 문제를 고집한다면 그것 자체가 광기의 사태라는 것, 그러나 또한 그것을 요구할 수밖에 없다는 것을 인정한다. 즉 이 에세이에서 칸트는 시령자에 대해 말하면서 형이상학자에 대해 말하고 있는 것이다. 그리고 형이상학이란 흄을 만나기까지의 칸트 자신을 가리킨다.

『순수이성비판』에서 그는 다음과 같이 적고 있다. "오늘날에는 형이상학에 모든 경멸을 노골적으로 드러내는 것이 시대의 유행이 되고 말았다."(『순수이성비판』 상, 앞의 책) 그러나 "사실상 인간의 자연적 본성에 있어 무관심할 수 없는 대상에 관한 연구에 아무리 무관심을 가장한다 하더라도 그것은 쓸데없는 일이다. 자신은 형이상학에 대해 무관심하다고 일컫는 사람들이 아무리 학문적인 용어를 통속적인 어조로 바꾸어 자신의 정체를 감추고자 해본다 하더라도, 어쨌든 무언가를 생각하는 한에서 그들이 몹시 경멸했던 바의 형이상학적 견해로 어쩔 수 없이 되돌아오지 않을 수 없다."(같은 책) 이것은 『시령자의 꿈』에서 칸트 자신의 분열로서 존재했던 문제이다. 거기서 그는 스베덴보리 또는 형이상학을 긍정하는 동시에, 긍정하는 자신을 비웃는 서술 방식을 취하고 있다. 『순수이성비판』에서 이것은 이성이 스스로의 한계를 넘어서서 앎을 확장하는 것을 부정함과 동시에, 이성이 그와 같이 할 수밖에 없게 하는 '충동'을 인정할 수밖에 없다고 하는 형태가 된다. 『시령자의 꿈』에서의 풍자적인 자기 비평은 『순수이성비판』에서 '이성에 의한 이성의 비판'이 된다. 즉 칸트는 그것을 자기의 문제로서 다루는 것이 아니라 '이성의 자연적 본성이 이성에게 부과한 문제'로서 다루고 있다. 그것이 '초월론적 비판'이다.

『시령자의 꿈』으로부터 『순수이성비판』으로의 이행은 이와 같이 명백하다. 그럼에도 불구하고 후자를 읽기 위해서는 전자를 참조해야만 한다. 칸트의 특유한 '반성' 방식이 『시령자의 꿈』에 나타나 있기 때문이다.[2] "이전에 나는 일반적 인간 지성을 단지 나의 지성의 입장에서 고찰했다. 지금 나는 자신을 자신의 것이 아닌 외적인 이성의 위치에서, 자신의 판단을 그것의 가장 은밀한 동기와 함께 타인의 시점에서 고찰한다. 이 두 고찰의 비교는 확실히 강한 시차를 낳기는 하지만, 그것은 광학적 기만을 피해 개념들을 그것들이 인간성의 인식 능력에 관해 서 있는 참된 위치에 두기 위한 유일한 수단이기도 하다."(『시령자의 꿈』, 같은 책) 여기서 칸트가 말하고 있는 것은 자신의 시점에서 볼 뿐만 아니라 '타인의 시점'에서도 보라고 하는 것이 아니다. 그와 같은 것이라면 흔해빠졌다. 왜냐하면 '반성'이란 타인의 시점에서 자신을 보는 것이고, 철학의 역사는 그와 같은 반성의 역사이기 때문이다. 그러나 여기서 칸트가 말하는 '타인의 시점'은 그와 같은 것이 아니다. 그것은 '강한 시차parallax'에서밖에 나타나지 않는다. 그 점을 생각하기 위해서는 칸트의 시대에는 없었던 어떤 테크놀로지를 예로 들 필요가 있다.

반성은 언제나 거울에 자기를 비춘다는 메타포로 말해진다. 거울은

. . . .

2_『순수이성비판』을 『시령자의 꿈』으로부터 읽는 것에 대해 나는 사카베 메구미版部惠의 『이성의 불안理性の不安』(勁草書房, 1967)에서 커다란 시사를 받았다. 다만 사카베는 『시령자의 꿈』에 있던 결정 불가능한 동적인 자기 비평성이 『순수이성비판』에서 상실된다고 말하지만, 나는 오히려 칸트의 '초월론적' 방법에 그것이 살아 있다고 생각한다.

'타인의 시점'에서 자신의 얼굴을 보는 일이다. 그런 까닭에 여기서 거울과 사진을 비교해 보자. 사진이 발명된 당시에 자신의 얼굴을 본 사람들은 녹음기로 처음 자신의 목소리를 들은 사람들과 마찬가지로 불쾌함을 금할 수 없었다고 한다. 거울에 의한 반성에서는 아무리 '타인의 시점'에 서고자 해도 공범성이 존재한다. 우리는 자기 좋을 대로만 자신의 얼굴을 본다. 게다가 거울은 좌우가 거꾸로다. 다른 한편 초상화는 확실히 타인이 그리지만, 만약 그것이 불쾌한 것이라면 그것은 화가의 주관(악의)에 의한 것이라고 간주할 수 있다. 그러므로 타인이 어떻게 그리든 나에게는 영향을 미치지 않는다. 그럼에도 불구하고 사진에는 그것들과 이질적인 '객관성'이 존재한다. 누가 그것을 찍었든지 간에 초상화의 경우와는 달리 그 주관성을 말할 수 없기 때문이다. 기묘한 일이지만 우리는 자신의 얼굴(사물 자체)을 볼 수 없다. 거울에 비친 상(현상)으로서밖에 볼 수 없다. 그러나 그것을 아는 것은 사진에 의해서이다. 물론 사진도 상에 지나지 않는다. 그리고 사람들은 곧바로 사진에 익숙해진다. 요컨대 사진에 찍힌 것을 자신의 얼굴로 간주하게 되는 것이다. 그러나 중요한 것은 사람들이 처음으로 사진을 보고 그렇게 느낀 '강한 시차'이다.

또 하나의 예를 들자면, 데리다(Jacques Derrida, 1930~2004)는 의식이란 '자신이-말하는 것을-듣는다'는 것이라고 말한다(『목소리와 현상La voix et le phénomène』, Paris, P.U.F, 1967). 그 경우 헤겔이라면 실제로 발화해 봄으로써 자기가 객관화(외화)된다고 할 것이다. 그러나 이와 같이 객관화된 목소리(외언)는 사실은 객관적이지 않다. 그것은 '나의 시점'인 것이다. 그 증거로 우리는 테이프로 처음 자신의 목소리를 들었을 때 어떤 역겨움을 느낀다. 그것은 거기에 바로 '타인의 시점'이 나타나기 때문이다. 나는 '타인의 시점'에서 처음으로 자신의 얼굴을 보고 자신의 목소리를 듣는다. 그때 나는 '이건 내 얼굴이 아니다, 내 목소리가 아니다'라고 생각한다. 그것은 프로이트 식으로 말하자면 환자의 '저항'이다. 물론 사진이나 테이프라면 나는 사실을 받아들일 수밖에 없으며 또 받아들일 수 있다. 그리고 곧바로 그것에 익숙해져 간다. 그러나 철학적 반성에서는 그와 같은 일은 결코 일어나지 않는다. 철학은 내성=거울에 의해 시작되어 거기에 머문다. 아무리 '타자의 시점'을 들여온다 해도 그것은 마찬가지다. 애초에 철학은 소크라테스의 '대화'에서 시작되었다. 대화 그 자체가 거울 속에 있다. 사람들은 칸트가 주관적인 자기 음미에 머물렀다는 것을 비판하고, 또한 그로부터 나올 가능성을 다수의 주관을 도입한『판단력비판』에서 찾고자 한다. 그러나 철학사에서의 결정적인 사건은 내성에 머물면서도 동시에 내성이 지니는 공범성을 깨트리고자 한 칸트의『순수이성비판』에 놓여 있다. 우리는 거기서 종래의 내성=거울과는 다른, 어떤 객관성=타자성의 도입을 발견할 수 있다.

『시령자의 꿈』에 쓰여 있는 것은, 단적으로 말하자면, 그때까지 라이프니츠 · 볼프의 합리주의적인 철학에 서 있던 칸트가 자신이 말하듯이 흄의 경험주의적인 회의를 받아들일 수밖에 없으면서도 또한 그것에 만족할 수도 없었던 상태이다. 그로부터 『순수이성비판』에 이르기까지 그는 10년 정도 사교계로부터나 저널리즘으로부터 떨어져 침묵했다. 칸트가 '초월론적'이라고 부르는 태도는 그 사이에 생겨났다. 『순수이성비판』은 주관적인 내성과는 이질적일 뿐만 아니라 '객관적인' 고찰과도 이질적이다. 초월론적인 반성은 어디까지나 자기 음미이지만, 동시에 거기에 '타인의 시점'이 들어와 있다. 역으로 말하자면, 그것은 비인칭적(impersonal)인 고찰임에도 불구하고 철두철미 자기 음미인 것이다.

사람들은 이러한 초월론적 태도를 단순한 방법으로서 받아들인다. 그리고 칸트가 발견한 무의식의 구조를 마치 주어진 것인 듯이 논의한다. 하지만 초월론적 태도는 '강한 시차' 없이 있을 수 없었다. 칸트의 방법은 주관적이고 유아론적이라고 비난받는다. 그러나 그것은 언제나 '타인의 시점'에 따라다니는 것이다. 『순수이성비판』은 『시령자의 꿈』과 같이 자기 비평적으로 쓰여 있지 않다. 그러나 '강한 시차'는 사라지지 않는다. 그것은 이율배반(안티노미)이라는 형태로 나타났던 것이다. 그것은 테제와 안티테제 모두가 '광학적 기만'에 지나지 않는다는 것을 드러낸다. 그러나 그것은 단지 논리적인 기술로서 받아들여지고 만다.

『순수이성비판』을 출판한 후 칸트는 이 책에서의 기술 순서와 관련하여 현상과 사물 자체라는 구분에 대해 말하는 것을 변증론에서의 이율배반에 대해 쓰고 나서 해야 했다고 말하고 있다.[3] 실제로 현상과 사물 자체의 구별로부터 시작한 것은 그가 말하고자 하는 것을 현상과 본질, 표층과 심층이라는 전통적 사고의 틀로 되돌리는 결과를 초래하고 말았다. 칸트 이후에 사물 자체를 부정한 사람들은 그와 같은 차원에서 생각하고 있다. 또한 하이데거처럼 사물 자체를 옹호한 사람은 그것을 존재론적인 '심층'으로서 찾아내고 있다. 그러나 사물 자체는

• • • •

3_『순수이성비판』 간행 직전인 1781년 5월 11일 이후의 M. 헤르츠에게 보낸 서간에서 칸트는 '다른 계획'을 생각하고 있다는 것을 고백하고 있다. 그것은 이율배반론을 서두에 두는 쪽이 사물 자체에 대해 독자로 하여금 그 원천을 생각하게 만드는 데 적합하며, 그쪽이 또한 이 책에 대중성(popularity)을 가져다 줄 것이라는 것이다. 칸트의 서술에서 사물 자체는 처음부터 존재론적으로 전제되어 있는 듯이 쓰여 있지만, 사실은 이율배반론(변증론)에 의해 회의적으로 나와야 하는 것이다. 이 점은 초월론적 주관에 대해서도 마찬가지이다.

이율배반에서 발견되는 것인바, 거기에는 아무런 신비적인 의미도 없다.[4] 그것은 자신의 얼굴과 같은 것이다. 그것은 의심할 바 없이 존재하지만, 어떻게 하더라도 상(현상)으로서밖에 볼 수 없다. 따라서 중요한 것은 '강한 시차'로서의 이율배반이다. 그것만이 상(현상)이 아닌 무언가가 있다는 것을 열어보여 준다. 칸트가 이율배반을 제시하는 것은 반드시 그렇게 명시적인 곳에서만이 아니다. 예를 들어 그는 데카르트와 같이 '동일적인 자기가 있다'고 생각하는 것을 '순수 이성의 오류추리'라고 부른다. 그러나 실제로는 데카르트의 '동일적인 자기는 있다'는 테제와 흄의 '동일적인 자기는 없다'는 안티테제가 이율배반을 이루는 것이며, 칸트는 그 해결로서 '초월론적 주관 X'를 가져왔던 것이다.[5]

••••

4_ 사물 자체에는 아무런 신비적인 의미도 없다. 칸트는 다음과 같이 경고한다. "일반적으로 관념론이 주장하는 바는 이러한 것,——즉 사고하는 존재자 외에는 어떠한 것도 존재하지 않는다, 우리가 직관에서 지각한다고 믿는 다른 모든 사물은 사고하는 이 존재자 안에 있는 표상에 지나지 않는다, 그리고 이들 표상에는 사고하는 존재자 외부에 있는 어떠한 대상도 실제로 대응하지 않는다고 하는 것이다. 이에 반해 나는 이렇게 주장한다. —— 사물은 우리의 외부에 있는 대상임과 동시에 또한 우리의 감관의 대상으로서 우리에게 주어져 있다. 그러나 사물 자체가 무엇인가라는 것에 대해서 우리는 아무것도 알지 못하거니와, 우리는 다만 사물 자체의 나타남인 바의 현상이 어떠한 것인가를 아는 데 지나지 않는다. 다시 말하면 사물이 우리의 감관을 촉발하여 우리 안에 생기게 하는 표상이 무엇인가를 알 뿐이다. 그러므로 나로서는 우리 외부에 물체가 있다는 것을 승인한다."(『프롤레고메나プロレゴメナ』, 시노다 히데오篠田英雄 옮김, 岩波文庫). 요컨대 칸트는 세계도 다른 자아도 우리가 만든 것이 아니라 우리와 관계없이 존재하고 생성하고 있다는 것을 인정한다. 다시 말하면 우리가 '세계 내 존재'라는 것을 인정하는 것이다. 그가 사물 자체를 말하는 것은 주관의 수동성을 강조하기 위해서이다.
5_ 이와사키 다케오岩崎武雄는 칸트가 변증론에서 제시한 제1과 제2의 이율배반이 실제로는 이율배반을 이루지 않는다고 말하고 있다. 왜냐하면 어느 것에 있어서

일반적 통념에서 칸트는 『순수이성비판』에서는 감성을 촉발하여 그것에 내용을 주는 것을 사물 자체로 간주하고, 『실천이성비판』에서는 초월론적 주관을 사물 자체로 간주했다고 여겨진다. 요컨대 전자는 이론적 문제, 후자는 실천적(도덕적) 문제라고 간주되는 것이다. 그러나 이와 같은 구별은 우스꽝스럽다. 예를 들어 한나 아렌트는 '이론적'의 반대 개념은 '실천적'이 아니라 '사변적'이라고 하고 있다. 사실은 과학에서의 이론도 '실천적'일 수밖에 없다. 그것은 자연이 해명될 것이라고 하는 '규제적 이념' 없이는 있을 수 없기 때문이다. 칸트는 '이론적 믿음'에 대해 이렇게 말하고 있다.

••••

든 안티테제, 즉 지성의 입장 또는 경험주의가 옳기 때문이다. 그리고 다음과 같이 말한다. "칸트 자신은 이율배반의 의의를 현상으로서의 대상에 관계되는 무제약자를 찾고자 할 때의 이성의 입장과 지성의 입장과의 상반에 의해 생기는 것으로 생각했다. 그러나 실제로 이율배반은 결코 그로부터 생기는 것이 아니다. 현상으로서의 대상에 관계되는 한에서 지성의 입장이 옳다는 것은 당연한 것이기 때문이다. 이율배반은 다만 자연인과율의 범주를 자아, 즉 주체에 대해 적용하고자 하는 데서 생긴다. '초월론적 오류추리'에서는 자아에 대해 실체 범주를 적용하고자 할 때 어떠한 잘못에 빠지는가 하는 것이 제시되었다. 그리고 그에 의해 실체로서 파악될 수 없는 자아의 존재가 자각되었던 것이다. 그렇다면 이 자아의 활동은 인과율의 범주에 의해 생각될 수 있을까? 이것이 이율배반의 문제였던 것이다. 칸트가 들고 있는 네 개의 이율배반 가운데 참된 이율배반이라고 말할 수 있는 것은 제3의 그것뿐이라고 하는 것도 이 까닭에 다름 아니다."(岩崎武雄, 『칸트 「순수이성비판」 연구 カント「純粹理性批判」の硏究』, 勁草書房, 1965) 나는 기본적으로 이 생각에 동의한다. 칸트가 '초월론적 오류추리'라고 부르는 것은 존재자로서는 無이지만 활동으로서 존재하는 무언가(X)를 존재자로서 다루는 일이다. 그러나 그로부터 생기는 가상이 스스로의 가상성을 드러내는 것은 '주체는 존재한다'와 '주체는 존재하지 않는다'라는 이율배반에 의해서이다. 따라서 칸트 자신이 '초월론적 오류추리'라고 부르고 있음에도 불구하고 나는 그것을 변증론적인 문제로서 다룬다.

그런데 실천적 판단의 의견에는 **믿음**이라는 말이 적합하기 때문에, 이를 따라서 이론적 판단에서의 믿음을 **이론적 믿음**이라고 명명할 수 있을 것이다. 우리에게 보이는 유성들 가운데 적어도 어느 하나에 사람이 산다는 것을 만약 무언가의 경험에 의해 확인할 수 있다면, 나는 이 명제가 참이라는 것에 대해 전 재산을 걸고 싶다고까지 생각한다. 요컨대 내가 말하고 싶은 것은 지구 이외의 세계에도 거주자가 있다고 하는 것이 단순한 의견이 아니라 강고한 믿음이라고 하는 것이다(나는 이러한 확신이 옳다는 것에 대해서는 내 생애의 수많은 이익을 걸어도 좋을 정도이다). (『순수이성비판』 하, 같은 책)

이것은 과학 인식(종합적 판단)이 사변(speculation)은 아니지만, 일종의 투기(speculation)를 내포한다는 것을 보여준다. 바로 그런 이유에서 그것은 '확장적'일 수 있는 것이다.

그러나 이론적/실천적을 간단히 나눌 수 없듯이, 사물 자체를 사물과 다른 자아(주관)로 나누어 생각할 수는 없다. 과학적 가설(현상)을 부정(반증)하는 것은 사물이 아니다. 사물은 말하지 않는다. 미래의 타자가 말하는 것이다. 그러나 이 타자는 반증하기 위해서는 반드시 감성적 데이터(사물)를 수반하지 않으면 안 된다. 따라서 사물 자체가 타자라고 하는 것은 사물 자체가 사물이라고 하는 것과 배반되지 않는다. 중요한 것은 사물이든 타자이든 그의 '타자성'이다. 그렇지만 그것은 무언가 신비적인 것이 아니다. '사물 자체'에 의해 칸트는 우리가 선취할 수 없는, 그리고 마음대로 내면화할 수 없는 타자의 타자성을 의미하고 있다. 따라서 칸트는 우리가 현상밖에 알 수 없다고 하는 것을 한탄하는 것이 아니다. '현상' 인식(종합 판단)의 보편성은 오히려 그와 같은 타자성을 전제하는 한에서 성립할 수 있다.

칸트는 그러한 타자를 선취해 버리는 것을 '사변적'이라고 간주한다. 하지만 다른 한편으로 그는 그것이 가상이라 하더라도 불가결한 가상(초월론적 가상)이라고 생각했다. 예를 들어 우리가 자연을 인식할 수 있을 거라는 '규제적 이념'은 사실상 발견적으로 작용한다. 맨해튼 계획[6]에 관여한 노버트 위너(Norbert Wiener, 1894~1964. 사이버네틱스의 창시자)는 원자폭탄 제조에 성공한 후, 방첩 상에서 최대의 기밀이 된 것은 원자폭탄의 제조법이 아니라 원자폭탄이 제조되었다는 정보였다고 말하고 있다. 같은 시기에 독일과 일본에서도 각자 원자폭탄의 개발을 진행하고 있었기 때문에, 그것이 제조되었다는 사실이 알려지면 곧바로 개발에 성공하기 때문이다. 장기의 묘수 문제는 실전에서보다 훨씬 더 쉽다. 반드시 외통수에 몰린다는 믿음이 최대의 정보이다. 자연계가 수학적 기초 구조를 지닌다는 것도 그와 같은 '이론적 믿음'이다. 이런 의미에서 만약 근대 서양에서만 자연과학이 탄생했다고 한다면, 그것은 바로 이와 같은 '이론적 믿음'이 있었기 때문이라고 말할 수 있을 것이다.

칸트는 『순수이성비판』에서 형이상학과 신학을 배척하고, 『실천이성비판』에서 그것을 다시 돌이킨 것처럼 말해진다. 그러나 그는 후자에서도 형이상학과 신학을 배척하고 있다. 그는 종교를 어디까지나 가상으로 간주하지만, 그것을 초월론적 가상 또는 '규제적 이념'으로서만 인정한다. 예를 들어 보편적인 도덕 법칙에 의해 살아가는 사람은 현실에서는 비참한 상황을 만날 것이다. 인간의 불사와 신의

• • • •

6_ [옮긴이] Manhattan Project. 제2차 세계대전 중 미합중국의 원자폭탄 제조 계획의 암호명이다.

심판이 없는 한에서 그것은 부조리로 끝날 수밖에 없다. 그러므로 칸트는 그와 같은 '믿음'을 규제적 이념(초월론적 가상)으로서 인정한다. 다만 그것을 이론적으로 증명하는 시도(형이상학)를 거절하는 것이다. 이것은 『순수이성비판』에서의 그의 태도와 조금도 다르지 않다. 칸트는 이론(종합적=확장적 판단) 역시 비록 가상이라 하더라도 일정한 신앙 없이 있을 수 없다는 것을 말하는 것이다.

요컨대 이론적·실천적·미적이라는 구별에 의해 칸트가 추구했던 문제를 보지 못해서는 안 된다는 것이다. 중요한 것은 칸트가 '보편성'을 추구했을 때 불가피하게 '타자'를 도입해야만 했다는 것, 그 타자는 공동 주관성이나 공통 감각에서 나와 동일화될 수 있는 상대가 아니라는 것이다. 그것은 초월적인 타자(신)가 아니라 초월론적인 타자이다. 그와 같은 타자는 '상대주의'를 초래하는 것이 아니라 오로지 그것만이 보편성을 가능하게 한다. 그리고 칸트의 그러한 '비판'의 철저성은 그가 취미 판단에서의 보편성 문제, 요컨대 '비평'의 문제에서 시작했기 때문이다.

제2장 종합 판단의 문제

1. 수학의 기초

일반적으로 칸트는 주관성의 철학자라고 간주되고 있다. 그러므로 그에 대한 비판은 과학철학에서 생겨난다. 그러나 이미 말했듯이 칸트는 과학적 인식에서 '타자'의 문제를 근본적으로 생각하고 있었던 것이며, 그 점이 이해되지 않았던 데 지나지 않는다. 나아가 몰이해는 커녕 비웃음의 표적이 되어온 것이 그 중에서도 특히 그의 수학론이다. 그러므로 그에 대해 논의하는 것이 그의 '비판'의 투철함을 밝히는 것일 터이다.

칸트는 동어반복적인(tautological) 논리학 이외의 모든 곳에서 종합 판단을 발견했다. 수학도 그 예외가 아니다. 아니 그보다는 그가 분석적인 까닭에 확실하다고 간주되어 온 수학을 선험적 종합 판단으로 간주한 점이야말로 결정적인 중요성을 지닌다. 칸트의 생각들 가운데서 동시대에 가장 평판이 나쁘고 이후에도 일관되게 부정되어 온 것은 수학이 종합 판단이라는 생각이다. 칸트가 그렇게 주장한 것은 지금까지의 철학이 분석 판단만이 확실하다고 간주했기 때문이며, 그로 인해 분석 판단으로 보이는 수학이 언제나 모범으로 생각되어 왔기 때문이다.

라이프니츠는 진리의 근거가 '자기 동일적이거나 아니면 자기 동일적인 진리로 환원될 수 있는' 것에 있다고 생각했다. 그는 우연적 진리(사실 진리)와 필연적 진리(논증적 진리)를 나눈다. 우연적 진리는 그것의 술어가 주어 속에 포함되어 있지만, 그럼에도 불구하고 주어와 술어의 상등성 또는 동일성으로 환원되지 않으며, 따라서 '논증'되지 않은 채 무한히 그 분석을 진행해야만 하는 것을 말한다. 그의 생각으로는 분석 판단만이 진리이다. 그런데 라이프니츠는 '충족이유율'에 의해 사실 진리마저도 주어로부터 연역될 수 있는 분석 판단이라고 생각했다. 예를 들어 '카이사르는 루비콘 강을 건넜다'는 사실 명제에서 '카이사르'라는 주어에 '루비콘 강을 건너다'라는 것이 포함되어 있다. 요컨대 그는 모든 종합 판단이 분석 판단에로 귀착된다고 생각한 것이다. 칸트도 초기에는 그와 같은 생각을 하고 있었다. 다른 한편 칸트로 하여금 그와 같은 '교조주의의 선잠'에서 깨어나게 했다고 말해지는 흄은 어떠한가? 그도 수학만은 분석적이라고 생각하고 있었다.

그러나 그[흄]가 말하고자 한 바는,—순수 수학은 분석적 명제만을 포함하지만, 이에 반해 형이상학은 선험적인 종합적 명제를 포함한다는 것으로 귀착된다고 생각해도 좋다. 이 점에서 그는 심각한 오류를 범했으며, 이 오류는 [원인과 결과의 필연적 연결에 관한] 그의 개념 전체에 결정적으로 불리한 결과를 초래했다. 실제로 만약 흄이 이와 같은 오류를 범하지 않았다면, 우리가 당면하고 있는 종합 판단의 기원에 관한 그의 문제를 원인성이라는 형이상학적 개념을 넘어 확장하고, 종합 판단을 수학의 선험적인 가능성이라는 사상에까지 미치게 했을 것이다. 그렇게 하면 그는 수학을 형이상학과 전적으로 마찬가지로 종합적 인식으로 간주할 수밖에 없었을 것이다. 하지만 그렇게 되면 또한 흄은 그의 형이상학적 명제의 기초를 단순한 경험에서 찾을 수 없었을 것이다. 만약 그와 같이 했다면, 그는 순수 수학의 공리도 역시 경험에 종속시켰겠지만, 과연 뛰어난 통찰력을 갖추고 있던 그는 굳이 그렇게 하지 않았다. (『프롤레고메나』, 시노다 히데오篠田英雄 옮김, 岩波文庫)

흄의 회의는 이 점에서 철저하지 못하다고 말해야만 한다. 그것은 분석적인 것만이 확실하고 종합적인 것은 의심스럽다고 하는 종래의 사고방식을 벗어나지 않는다. 칸트의 획기적인 성격은 플라톤 이래로 형이상학을 떠받치고 있는 수학의 분석적 성격을 의심한 데 있다. 형이상학의 비판에 관해서는 칸트에게 동의하는 사람들도 수학을 '종합 판단'으로 간주하는 칸트의 생각에는 동의하지 않았다. 그런 한에서 결국 그들은 형이상학적 사고에 기초하고 있었던 것이다. 칸트는 서로 대립하는 합리주의와 경험주의가 모두 인정하는 성역으로 파고들었다. 그러나 칸트가 그와 같이 철저할 수 있었던 것은 그 자신이 새로운 수학을 생각하고 있었기 때문이다.

'수학의 위기'라고 불리는 사태는 19세기 후반에 비유클리드 기하학과 집합론에서 시작된다. 그러나 예를 들어 가우스(Carl Friedrich Gauss, 1777~1855)는 이미 그 둘 다를 생각하고 있으며, 더욱이 그것이 어떠한 '위기'를 가져올 것인지 알고 있어 말하지 않았고, 또한 말하는 자들을 억압했다. 따라서 그것은 19세기 후반에 갑자기 나타난 것이 아니다. 비유클리드 기하학에 관해서는 18세기 중반에 이미 알려져 있었다. 예를 들어 '삼각형의 내각의 총합은 두 직각보다 작다'는 공리에 의해서도 모순 없이 정리의 체계를 세울 수 있다는 것이 제시되어 있었다. 또한 비유클리드 기하학을 구면에서 생각하는 것도 이미 이루어져 있었다. 특히 주의해야 하는 것은, 고트프리트 마르틴(Gottfried Martin, 1901~72)이 지적하듯이, 최초의 이들 주장자 가운데 한 사람인 람베르트 (Johann Heinrich Lambert, 1728~77)가 칸트의 친우였다는 점이다(『칸트 —존재론과 과학론Immanuel Kant: Ontologie und Wissenschaftstheorie』). 또한 칸트 자신의 물리학 논문을 보아도 그것을 염두에 두고 있었다는 점은 의심할 수 없다.

칸트가 근거지우고자 했던 것은 18세기에 확고하게 성립해 있던 수학이나 물리학이 아니다. 애초에 '기초론'은 기초적인 '위기' 의식 없이 물어지지 않는다. 예를 들어 맑스의 '경제학 비판'이 '위기'(공황)가 존재하기 시작한 사태 없이 있을 수 없듯이 말이다. 마찬가지로 칸트로 하여금 수학의 근거지우기를 지향하게 만든 것도 어떤 '위기'인 것이다. 그것은 아직 동시대 사람들에게 공유되지 않았으며, 상당히 시대를 앞서 있었다. 나중의 가우스와 마찬가지로 그도 그것을 언명하기를 피했다고 말할 수 있을 것이다. 하지만 우리가 오늘날 칸트의 텍스트를 읽을 수 있는 것은 그가 이 '위기'를 일찍부터 느끼고 있었기 때문이다. 예를 들어 칸트는 22세 때에 대학 졸업 논문에서 이렇게 쓰고 있다. "법칙이 변하면 넓이(공간)도 다른 성질과 차원수를 가지게 될 것이다. 만약 모든 가능한 종류의 공간이 가능하다면, 그것이야말로 우리 인간의 생각하는 활동에 의해 기획되는 최고의 기하학일 것이다.

우리에게 있어서는 3차원 이상의 공간을 나타낼 수 없다는 것을 인정할 수밖에 없을지라도 말이다"(『활력의 참된 측정에 관한 고찰活力測定考』, 제1장 제10절, 가메이 유타카龜井裕 옮김, 「전집」 제1권, 앞의 책).

유클리드의 『기하학 원론Stoikheia』이 수학에 준 영향은 정리가 일정한 공리에서 모순 없이 도출된다고 하는 것에 있다. 실제로는 이것이 역사적으로 발전해 온 수학의 모든 것은 아니다. 수학의 발전은 오히려 응용 수학 또는 놀이에 의한 것이다. 수학이란 사물의 관계에 대한 파악이다. 수학이 현실에서 타당한 것은 그 때문이며, 그것이 공리로부터 연역된 확실한 체계이기 때문이 아니다. 플라톤이나 유클리드는 수학을 공리에서 형식적(분석적)으로 연역되는 '증명'의 형태를 취하는 것으로 간주했다. 그 결과 바빌로니아에서 발전해 있던 해석학解析學이 그리스에서 배척당하고 말았던 것이다. 수학을 분석적 판단으로 간주하는 견해는 수학 자체로부터 온 것이 아니라 플라톤으로부터 온 것이다. 칸트가 수학을 종합 판단으로 간주하는 것은 플라톤 이래의 형이상학을 그 핵심에서 비판하는 것이다.

실제로는 유클리드의 『원론』 그 자체가 참으로 분석적인지 어떤지가 처음부터 의심받아 왔다. 유클리드의 『원론』은 정의, 공리, 공준[1]으

1_ [옮긴이] 유클리드 기하학의 연역 체계의 전제인 공리계를 구성하는 정의, 공리, 공준에 대해 말하자면, 우선 정의에는 모두 23개가 있는데 가령, '한 점에는 부분이 전혀 없다', '점은 위치는 있으나 크기가 없다', '선은 너비가 없는 길이이다', '점들이 곧고 고르게 놓여 있는 선이 직선이다'와 같은 것들이 그 예이다. 공준이란 도형의 성질 중에서, 누구도 의심하지 않고 받아들일 수 있는 분명한 이치를 말하며, 학문상의 원리로서 의심의 여지가 없는 것을 말한다. 공리는 모든 학문에서 당연히 성립하는 자명한 이치를 말하며 다음과 같다. 1. 같은 것과 같은 것은 서로 같다. 2. 같은 것에 같은 것을 더하면 그 전체는 서로 같다. 3. 같은 것에서 같은 것을 빼면 나머지는 서로 같다. 4. 서로 겹치는 것은 서로

로 이루어진다. 그 가운데서 가장 의심받아 온 것은 제5공준이다. "하나의 직선이 두 개의 직선과 만나서 같은 쪽에 있는 내각의 합이 두 직각보다 작을 때, 이 두 직선을 한없이 연장하면 내각의 합이 두 직각보다 작은 각이 있는 쪽에서 두 직선은 만난다." 이것은 18세기에 '일직선상에 없는 점을 지나 그 직선과 평행한 직선은 하나만 그어진다'라는 간결한 명제로 고쳐 말해진다. 요컨대 '평행선 공리'라는 것이 되는 것이다. 유클리드의 『원론』과 관련해 이 공준이 의심받았던 것은 그것이 다른 공준이나 공리로부터 연역적으로 도출될 수 있는 정리가 아닐까 하는 점이다. 비유클리드 기하학이 보여준 것은 이 공리가 다른 것들로부터 '독립'해 있다는 것, 나아가 그것이 직관적으로 자명한 것이 아니라 다른 공리를 취하더라도 모순이 생기지 않는다는 것이다. 예를 들어 '삼각형의 내각의 총합은 두 직각보다 작다'로부터는 로바체프스키(Nikolay Ivanovich Lobachevsky, 1792~1856) 기하학[2]

• • • •
같다. 5. 전체는 부분보다 크다. 유클리드의 공준은 모두 5개이다. 1. 임의의 한 점에서 임의의 다른 한 점에로 직선을 그릴 수 있다. 2. 유한한 선분은 그 양쪽으로 연속적으로 연장할 수 있다. 3. 임의의 점을 중심으로 임의의 반지름을 갖는 원을 그릴 수 있다. 4. 모든 직각은 서로 같다. 5. 하나의 직선이 두 개의 직선과 만나서 같은 쪽에 있는 내각의 합이 두 직각보다 작을 때, 이 두 직선을 한없이 연장하면 내각의 합이 두 직각보다 작은 각이 있는 쪽에서 두 직선은 만난다. 이와 같은 정의와 공리와 공준이 유클리드의 공리계를 이루며, 이들 공리계를 바탕으로 연역된 기하학 체계가 유클리드 기하학이다.

2_ [옮긴이] 쌍곡 기하학이라고도 불리는 로바체프스키 기하학은 유클리드 기하학의 5번째 공리인 평행선 공리를 부정하는 비유클리드 기하학이다. 러시아의 수학자인 로바체프스키는 야노슈 보요이(János Bolyai)와 함께 비유클리드 기하학의 창시자로 여겨진다. 그는 1826년에 비유클리드 기하학 이론을 발표하고 그것을 1829년에 출판했다. 이 기하학은 평면 위에 주어진 한 직선과 평행이며 평면 위의 한 점을 지나는 직선은 오직 하나라는 유클리드의 평행선 공리에 근거하지 않는다. 그는 비유클리드 기하학이 논리적으로 가능함을 보이기 위해

이, '내각의 총합은 두 직각보다 크다'로부터는 리만(Georg Friedrich Bernhard Riemann, 1826~66) 기하학[3]이 만들어질 것이다. 달리 말하자면 '일직선상에 없는 점을 지나 그 직선과 평행한 직선을 두 개 이상(혹은 무한히) 그을 수 있다'는 공리(공준)를 취하는 것이 로바체프스키이고, '한 개의 선도 그을 수 없다'는 것이 리만이다.

그러나 마르틴이 강조하듯이, 칸트는 비유클리드 기하학의 가능성을 이미 알고 있었다. 주의해야 할 것은 칸트가 수학을 '선험적 종합판단'이라고 간주할 때, 바로 이와 같은 '공리'의 성격을 염두에 두고 있었다는 점이다. 칸트는 공리를 경험적 실재로부터 독립한 것이자 또한 개념(지성)에 의해서만 이루어지는 것은 아니라고 생각한다. 예를 들어 경험적으로 보면 평행선은 교차하지 않기 때문에 '평행선이 교차한다'는 공리는 경험적 실재로부터 독립해 있다. 또한 라이프니츠적으로 보면 삼각형이라는 개념(주어)에는 '내각의 총합은 두 직각이

....

유클리드의 평행선 공리가 다른 유클리드 공리들로부터 추론될 수 없음을 입증했다. 그의 관념은 공간과 시간과 같은 감성의 형식들과 개념들이 선험적이며 정신이 감각 경험에 질서를 부여한다는 식으로 이해된 칸트의 초월론적 관념론에 대한 반대에 기초하고 있었다. 그에게 공간은 후험적인 것으로, 외부 경험으로부터 인간 정신에 의해 유도된 개념이었다. 그는 그것을 1840년에 「평행선 이론의 기하학적 고찰Geometrische Untersuchungen zur Theorie der Parallellinien」에 집약했다.

3_ [옮긴이] 비유클리드 기하학의 한 분야로서 타원기하학이라고도 하며, 종래의 3차원에 대하여 n차원을 다루며 구면상의 기하학을 일반화한 것이다. 독일의 수학자 리만이 발전시켰다. 리만은 유클리드의 5번째 공준을 완전히 부정하고 2번째 공준마저도 수정한다. 유클리드의 5번째 공준에서는 주어진 직선 밖의 한 점을 지나고 이 직선과 평행한 직선은 오직 하나지만, 리만 기하학에서는 주어진 직선과 평행한 직선은 존재하지 않는다. 유클리드의 2번째 공준에서는 유한한 길이를 갖는 직선을 한없이 계속 확장할 수 있는데, 리만 기하학은 이를 부정한다.

다'라는 술어가 포함되어 있기 때문에, 비유클리드 기하학은 단순한 배리일 뿐이다. 라이프니츠와 같은 사고방식에 있어 '공리'는 오히려 마물이다. 라이프니츠는 '공리' 없이 해결하고자 애쓰며, 결국 헛수고로 끝나고 만다.

칸트는 분석 판단과 종합 판단의 차이를 두 종류의 표현으로 설명한다. 분석 판단이란 술어 개념이 주어 개념에 포함되어 있는 판단이며, 또한 오로지 모순율만으로 증명할 수 있는 판단이다. 종합 판단은 그와 달리 모순율 이외의 것을 필요로 한다. 다시 말하면 칸트가 수학을 선험적 종합 판단이라고 간주하는 것은 이와 같은 '공리'의 지위(Status)에 대한 고찰에서 나오는 것이다. 그는 수학을 논리학으로 환원하는 것에 반대한다. 그러나 수학을 분석적인 것으로 간주하는 사고는 쉽게 흔들리지 않는다. 그 전형이 19세기 말에 나타난 프레게(Friedrich Ludwig Gottlob Frege, 1848~1925), 러셀(Bertrand Russell, 1872~1970) 등의 — 수학이 논리학으로 환원될 수 있다는 — '논리주의'이다. 특히 러셀의 경우에는 앞에서 말한 흄의 연장이라 할 수 있는데, 요컨대 그는 한편으로는 경험주의에 서고 다른 한편으로는 수학이 분석적이라는 생각에 서 있다.

기하학을 포함하는 모든 순수 수학이 형식 논리학 이외의 아무것도 아니라는 것에 대한 증명은 칸트 철학에게 있어서는 치명적인 타격이다. 칸트는 유클리드의 명제들이 도형의 도움 없이는 유클리드의 공리로부터 연역될 수 없다는 것을 올바르게 인지하면서, 이 사실을 설명할 수 있는 인식론을 발명했다. 그 설명이 그야말로 대단히 성공했기 때문에, 그 사실이 그저 유클리드의 결함에 지나지 않으며 기하학적 추론의 본성이 지니는 결과가 아니라는 것이 제시된 경우에는 칸트의 이론도 역시 배격되지 않으면 안 된다. 선험적 직관에 대한 모든 교설은 칸트가 그에 의해 순수 수학의 가능성을 설명한 바의 것이지만, 그것은 현대적 형태의 수학에는 전혀 적용 불가능하다. (Russell, *Mysticism and Logic, and Other Essays*, 1976)

러셀의 이러한 견해는 칸트가 수학을 비유클리드 기하학 이전에서 생각하고 있었다는 믿음에 서 있다. 그러나 칸트의 생각은 '현대적 형태의 수학에는 전혀 적용 불가능한' 정도의 것이 아니다. 실제로는 '모든 순수 수학이 형식 논리학 이외에 아무것도 아니다'라는 러셀의 '논리주의' 쪽이 파탄에 이르렀던 것이다.

20세기에 수학 기초론은 논리주의, 형식주의, 직관주의의 세 파로 나뉜다. 이 가운데 직관주의(브로우베르Luitzen E. J. Brouwer, 1881~1966)는 무한을 실체로서 다루는 수학에 맞서 유한적인 입장을 주장했다. "고전 논리학의 법칙은 유한 집합을 전제로 한 것이다. 사람들은 이 기원을 잊고 아무런 정통성도 검증하지 않은 채 그것을 무한 집합에까지 적용해 버렸던 것이 아닐까?"(브로우베르, 『논리학의 원리에 대한 불신』) 그는 배중률이 무한 집합과 관련해서는 적용될 수 없다고 한다. 배중률이란 'A인가 A가 아닌가, 그 중에 어느 것인가는 성립한다'는 것이다. 그것은 'A가 아니다'라고 가정하고 그것이 배리에 빠지게 되면 'A이다'라는 것이 귀결된다는 증명으로서 사용된다. 그런데 유한한 경우에는 그것을 확인할 수 있지만, 무한 집합의 경우에는 그렇게 할 수 없다. 브로우베르는 무한 집합을 다룰 때 패러독스가 생기는 것은 이 배중률을 남용하기 때문이라고 생각한다.

『순수이성비판』에서의 칸트의 변증론은 이율배반이 배중률을 남용함으로써 생긴다는 것을 밝히고 있다. 칸트는 예를 들어 '그는 죽지 않는다'는 부정 판단과 '그는 불사이다'는 무한 판단을 구별한다. 무한 판단은 긍정 판단이면서도 부정인 것처럼 착각된다. 예를 들어 '세계는 한계가 없다'는 명제는 '세계는 무한하다'는 명제와 등치된다. '세계는 한계가 있거나 한계가 없다'고 하게 되면 배중률이 성립한다. 그러나 '세계는 한계가 있거나 무한하다'고 할 경우, 배중률은 성립하지 않는다. 어느 쪽 명제도 허위일 수 있다. 요컨대 칸트는 '무한'에 관해 배중률을 적용하는 논리가 배리에 빠진다는 것을 보여준 것이다.

예를 들어 전칭 명제(보편적 명제)가 성립하기 위해서는 우리는 한없이(무제한적으로) 사례를 모으지 않으면 안 된다. 그러나 그렇게 해도 그것이 '무한'에 이르는 일은 없다. 예를 들어 그리스 이래로 초보적 논리학에서는 '모든 인간은 죽는다, 소크라테스는 인간이다, 그러므로 소크라테스는 죽는다'와 같은 것이 삼단논법의 예로 들어진다. 그러나 '모든 인간은 죽는다'는 명제는 경험에 기초하는 일반성(무제한)이지 보편성(무한)이 아니다. 죽지 않는 인간이 있을지도 모르는 것이다. 하지만 우리는 누군가가 죽지 않는 인간이 있다는 반증을 제시하지 않는 한, 이 명제를 과학적인 진리라고 간주해도 좋다. 물론 그러한 반증은 불가능하겠지만, 우선은 있을 수 없는 일은 아니라고 생각해야만 한다. 그래서 전칭 명제의 성립 근거는 '타자'에게서 찾아지는 것이다. 보편적이라는 것이 '타자'를 도입하지 않을 수 없게 하는 것이다. 그것은 수학에서도 마찬가지다. 그러나 수학을 분석 판단이라고 간주하는 사람들은 타자 없이 그것을 해결하고자 했다. 그 자신이 그렇게 생각하지 않았다고 하더라도, 현대 수학의 패러독스가 무한을 하나의 수로 다루려고 한 칸토어(Georg Ferdinand Ludwig Philipp Cantor, 1845~1918)의 무한 집합론에서 나온 것은 칸트의 이율배반론과 연결되어 있다. 마르틴은 현대 수학 기초론에서 칸트와 가장 가까운 입장을 취하는 것은 직관주의라고 하고 있다. 직관주의는 유한한, 요컨대 구성할 수 있는 것만을 승인하는 입장이다.

왜냐하면 직관주의를 취하는 사람들 자신이 칸트의 이러한 사고방식과의 관련을 긍정하기 때문이다. 그러고 보면 수학의 직관적 성격에 대한 칸트의 명제는 수학을 구성 가능한 대상으로 제한한다는 것을 의미한다. 이로부터 유클리드 기하학에 대한 칸트의 태도도 밝혀진다. 많은 칸트 학자가 비유클리드 기하학의 가능성에 이론을 제기한 것에 대해서는 이미 말했다. 확실히 이 항의는 칸트의 주장에 어느 정도 근거를 가지고 있었지만, 사태는 사람들이 처음에 생각했던 것보다 훨씬 곤란하다. 그것은 칸트가 나중의 가우스와 마찬가지로 비유클리드 기하학에 대해 말하는 것을 피했던 것에 의해 더욱더 어려워지는데, 비유클리드 기하학의 도입이 불붙인 논쟁을 볼 때 우리는 아마도 칸트가 신중했다는 것이 옳았다고 해야만 할 것이다.

그렇지만 다음의 것에 대해서는 아무런 의심도 있을 수 없다. 요컨대 기하학에서도 논리적으로 가능한 것은 유클리드 기하학의 영역을 훨씬 넘어선다는 것을 칸트가 분명하게 알고 있었다는 점이다. 그러나 설령 필시 잘못하고 있다 하더라도 칸트는 하나의 명제를 견지하고 있다. 유클리드 기하학의 영역을 넘어서는 것이 과연 논리적으로 가능하더라도 구성되는 것은 가능하지 않다. 요컨대 그것은 직관적으로 구성될 수 없는 것이며, 이 점은 다시 칸트에게 있어 유클리드 기하학의 영역을 넘어서는 것이 수학적으로 존재하지 않는다는 것인바, 곧 단순한 사유의

산물에 지나지 않는다고 하는 것이다. (마르틴,『칸트——존재론
과 과학론Immanuel Kant: Ontologie und Wissenschaftstheorie』,
가도와키 다쿠지門脇卓爾 옮김, 岩波書店, 1962.)

마르틴은 칸트가 수학을 '구성적'이라고 간주한 것의 의미를 이로
부터 재해석하고 있다. '직관적'이란 '구성 가능'하다는 것이다. 어떠
한 기하학도 모순 없이 사유할 수 있지만, 인식할 수 있는 것은 제한되
어 있다. 이 제한은 유한한 '구성 가능성'에 놓인다. 칸트가 사물 자체
와 현상, 사유와 인식을 구별한 것은 이 때문이라고 해도 좋다. 우리는
이것이 현대의 수학 기초론에서의 하나의 입장이라는 것, 즉 결코
시대에 뒤떨어진 것이 아니라는 사실을 알아두어야만 한다.

칸트는 임의의 공리를 취함으로써 모순 없이 다른 기하학이 가능하
다는 것을 알고 있었지만, 동시에 감성적 직관 형식으로서의 공간과
시간은 유클리드적인 것이라고 생각했다. 이 때문에 칸트는 유클리드
기하학과 뉴턴 물리학을 근거지었다고 생각되어 버린다. 또한 그것은
나중에 비유클리드 기하학에 반대하는 논거로 여겨지기도 했다. 그러
나 이미 말했듯이 실상은 그 반대이다. 칸트가 말하는 것은, 비유클리
드 기하학이 성립하기 위해서는 유클리드 기하학을 필요로 한다는
것이다. 어떤 공리 체계의 무모순성을 증명하는 하나의 방법은 직관적
인 모델에 호소하는 것이다. 예를 들어 리만 기하학의 경우, 그 공리계
에서 '평면'이 유클리드 기하학의 구면을, '점'이 그 구면상의 점을,
'직선'이 그 구의 대원을 가리킨다고 간주하는 것에 의해 유클리드
기하학의 구면을 모델로 할 수 있다. 그렇게 하면 리만 기하학의 각각
의 공리는 유클리드 기하학의 정리로 변한다. 요컨대 유클리드 기하학
이 모순이 없는 한에서, 비유클리드 기하학도 모순이 없는 것이게

된다. 그러나 유클리드 기하학의 무모순성은 그것 자체로는 증명할 수 없으며, 결국 직관에 호소하게 된다. 요컨대 비유클리드 기하학의 문제는 유클리드 기하학의 문제로 귀착되는 것이다.

그런데 그와 같은 방법을 단념하는 곳에 힐베르트(David Hilbert, 1862~1943)의 형식주의가 놓여 있다. 그는 『기하학 원리Grundlagen der Geometrie』(1899)에서 제5공준만이 아니라 다른 정의와 공준들도 역시 자명한 진리가 아니라고, 예를 들어 '점'이나 '직선'에 그것 자체로는 의미가 없다고 생각한다. 요컨대 수학을 형식화한 것이다. 그러나 그것이 어떠한 기하학에서나 성립하는 것은 아니다. 그는 그것을 공리계 안에서 세 개의 판정 기준을 충족시키는가의 여부로 구별한다. 완전성(모든 정리가 그 공리계로부터 얻어진다는 것), 독립성(그 공리로부터 임의로 한 개의 명제를 뺄 경우, 이미 증명 불가능하게 되는 정리가 존재한다는 것), 무모순성(그 공리계로부터 서로 모순되는 정리들을 증명할 수 없다는 것)이 그것들이다. 힐베르트는 수학을 직관적 자명성이 아니라 이론의 무모순성에 의해서만 근거지우고자 했던 것이다. 이에 대해서는 직관주의자의 비판이 있었다. 그러나 직관주의에 따르면, 수학의 범위는 한정될 수밖에 없다. 힐베르트는 직관주의자들이 말하듯이 '유한적 입장'을 취하면서도 여전히 직관을 필요로 하지 않는 수학의 근거지우기를 시도한다. 그것이 힐베르트의 프로그램이다.

그러나 이 프로그램을 문자 그대로 실행한 괴델(Kurt Gödel, 1906~78)은 그것이 자기 언급적인 패러독스에 빠진다는 것을 보여주었다. 이것은 잘 알려져 있으며, 나 자신도 일찍이 그에 대해 논의한 적이 있다.[4] 괴델의 증명은 말할 것도 없이 '형식주의' 안에서 이루어지는 것이며, 형식주의를 전제하는 한에서 패러독스에 빠진다는 증명이다.

물론 그것은 러셀의 논리주의의 파탄도 포함하고 있다. 괴델이 보여준 것은 수학적 참이 형식적인 공리 체계로부터 반드시 결정되는 것은 아니라는 것이며, 다시 말하면 형식적으로 근거지어지지 않는 참이 있을 수 있다는 것이다. 또 하나는 수학이 무모순인 한에서, 수학은 자기의 무모순성을 증명할 수 없다는 것이다. 그러나 괴델의 증명이 수학의 기초의 부재를 보여주는 것이라고 해서 한탄하거나 기뻐할 필요는 없다.

내 생각에 형식적인 공리계에 의해 수학을 근거짓는다고 하는 몽상은 수학에 고유한 것이 아니다. 그것은 분석 판단을 유일하게 확실한 것으로 간주하는 형이상학에 의해 초래된 것이다. 칸트가 부정하고자 한 것은 그와 같은 사고이다. 그러나 그것은 그러한 형이상학이 스스로 덮어씌운 수학에 의거하는 이상, 수학에서 이루어져야만 한다. 역으로 수학에서 이루어진 것은 수학을 모범으로 삼아온 철학으로 되던져질 것이다. 괴델의 '초수학'[5]적인 비판은 그와 같은 의미를 지닌다. 따라서 그것은 칸트의 초월론적 비판과 연결된다. 현재로부터 돌이켜볼 때 칸트가 수학을 '종합 판단'으로 간주한 것은 옳았다고 해야만 한다. 종합 판단이란 칸트가 말하듯이 '확장적 판단'이다. 실제로 수학은 역사적으로 발전해 왔으며, 앞으로도 그럴 것이다. 후기 비트겐슈타인은 수학을 '발명'의 다양한 다발로 간주했다. 그도 수학이 이를테면 '종합 판단'이라는 것을 주장했던 것이다. 문제는 칸트가 말하는 '종합

• • • •

4_ *Architecture As Metaphor*, MIT Press, 1995(『은유로서의 건축隱喩としての建築』, 講談社, 1983).

5_ [옮긴이] 증명론이라고도 하는 초수학(metamathematics)은 수학의 체계를 연구 대상으로 하여 수학에서의 증명 그 자체를 연구 대상으로 하는, 이를테면 '초월론 적'인 이론이다.

판단'이 비유클리드 기하학의 가능성으로부터 오는 것임에도 불구하고 언제나 케케묵은 것으로 취급되어 왔다는 점이다. 그것은 지금도 칸트 독해를 왜곡하고 있다.

2. 언어론적 전회

'언어론적 전회' 이후의 철학자들은 칸트가 주관성의 철학에 그쳤다고 비난한다. 그러나 칸트가 주관의 능동성으로서 생각하고 있었던 것은 실제로는 언어 문제이다. 칸트가 감성의 형식이나 지성의 범주에 의해 현상이 구성된다고 말한 것은 언어에 의해 구성된다고 하는 것과 동일한 것이다. 사실 그것들은 신칸트학파의 카시러(Ernst Cassirer, 1874~1945)에 의해 '상징 형식'으로 바뀌어 말해진다. 따라서 '언어론적 전회'에 의해 칸트를 넘어설 수 있다고 생각하는 것은 오해에 지나지 않는다. 우리는 이 점을 그와 같은 사람들이 우러러보는 비트겐슈타인과 비교하여 고찰해 보기로 하자.

괴델의 증명은 별반 수학을 불가능하게 한 것이 아니다. 그것은 공리로부터 확실하게 연역되는 체계를 불가능하게 했을 뿐이며, 오히려 수학을 그 외부로부터 부과된 '확실성'의 구속에서 해방했다고 할 수 있다. 비트겐슈타인에게 있어 괴델의 증명은 아무런 충격도 아니었다. 비트겐슈타인은 다음과 같이 말하고 있다. "나의 문제는 러셀의 논리학을 안쪽에서 공격하는 것이 아니라 바깥쪽에서 공격하는 것이다." "나의 문제는 예를 들어 괴델의 증명에 대해 말하는 것이 아니라 그 옆을 통해 말하는 것이다."(『수학의 기초數學の基礎』, 나카무라 히데키치中村秀吉·후지타 신고藤田晋吾 옮김, 『비트겐슈타인 전집』제7권, 大修館書店) 이 '바깥쪽'이라든가 '옆'이라는 말은 무엇을 의미하는 것일까? 괴델이 러셀을 '안쪽에서 공격한다'는 것은 형식 체계를 그 내부에서 결정 불가능성을 도출함으로써 와해시킨다는 것을 의미한다. 비트겐슈타인은 똑같은 일을 '바깥쪽'에서 하겠다고 하는 것으로 보인다. 그러나 괴델의 증명이 수학계에 커다란 충격을 주고 있는 시기에 비트겐슈타인이 '러셀'에 대해서만 말하고 괴델에 대해서는 조금밖에 언급하지 않았던 것은 괴델에 대한 그의 반발을 역으로 입증하고 있다.

괴델은 암묵적인 플라톤주의자다. 예를 들어 칸토어의 연속체 가설에 관해 그는 그것이 결정 불가능하다는 것을 보여주었는데, 그 가설의 잘못은 형식적으로 증명할 수 없을지라도 명상을 하면 직관할 수 있다고 말했다고 한다. 요컨대 괴델이 형식적 증명에 의해 기초의 부재를 노정하는 것은 그러한 것을 필요로 하지 않는 수학적 '실재'를 믿고 있기 때문이다. 그는 그것에 대해 쓰고 있지는 않지만 부정적으로 암시한다. 그렇다고 한다면 비트겐슈타인의 반발은 형식적 '근거지우기'를 믿고 있는 '러셀'보다도 바로 그것을 전혀 믿지 않음에도 불구하고 마치 믿는 척하며 그것을 해체(deconstruct)하는 괴델의 '부정 신학'을 향하고 있는 것이 아닐까?[6]

후기 비트겐슈타인이 하려고 한 것은 괴델이 말하는 결정 불가능성

••••
6_ 나는 『탐구 I』(講談社, 1986)과 *Architecture As Metaphor*(1995)에서 괴델의 방법이 탈구축(deconstruction) 일반과 연결된다는 것, 그리고 비트겐슈타인은 그것과 비슷하기는 하지만, 미묘하게 그러나 근본적으로 다른 방향을 보여준다는 것을 지적한 바 있다.

이나 결정 가능성의 전제가 되는 '증명'이라는 절차를 근본적으로 의심하는 일이다. 수학적 앎이 '확실'하다고 여겨지는 것은 수학적 앎이 공리로부터 모순 없이(consistently) 도출되기 때문이다. 그에 대해 비트겐슈타인은 두 가지 우연성을 가지고 들어온다. 그 하나는 수학의 실천적·역사적인 성격인데, 그것은 근본적인 공리계로 환원될 수 없는 다양성·과잉성을 의미한다. 괴델의 증명은 비유클리드 기하학의 근거지우기를 유클리드 기하학의 근거지우기로, 그리고 그것을 자연수의 근거지우기로 '번역'한 다음에 이루어진다. 비트겐슈타인은 이렇게 말한다.

어떤 증명 체계를 다른 증명 체계와 나란히 놓는다면 어떨까? 그 경우에는 한쪽의 체계 안에서 증명된 명제를 다른 쪽 체계 안에서 증명된 명제로 번역할 수 있는 번역 규칙이 존재한다. 그런데 오늘날 수학에서 몇몇——또는 모든——증명 체계는 이와 같은 방식으로 어떤 체계, 예를 들어 러셀의 그것에 대응하게 되었다고 상정할 수 있다. 따라서 모든 증명은 설사 우회한다 하더라도 러셀의 체계 안에서 수행될 수 있다고 생각된다. 그렇다면 그때 오직 하나의 체계만이 있을 뿐으로——이미 많은 체계는 존재하지 않는 것일까? —— 그러나 그렇다고 한다면 마찬가지로 그 하나의 체계에 대해 그것이 많은 체계로 분해될 수 있다는 것이 제시되어야만 한다. —— 그 체계의 일부는 삼각법의 특성을 갖고 있을 것이며, 다른 부분은 대수의 특성을 지니고 있을 것이다 등등. 따라서 이들 부분들에서는 여러 가지 기술이 사용된다고 말할 수 있다. (『수학의 기초』, 앞의 책)

물론 비트겐슈타인은 집합론에 의해 수학 전체를 근거지우고자 하는 러셀(등)의 시도에 반대한다. 예를 들어 러셀에 따르면, 1, 2, 3……은 1+1, (1+1)+1……이라는 식으로 기초적으로 바꿔 말해진다. 그러나 84×23을 러셀 식으로 고쳐 쓰면 엄청나게 장황해지고 만다. '증명은 조망할 수 있는 것이어야만 한다'는 비트겐슈타인의 표현을 빌리자면, 그것은 '조망하는' 것이 가능하지 않다. 그러나 십진법의 계산이라면 우리에게는 '조망하는' 것이 가능하다. 러셀의 생각으로는 1, 1+1, (1+1)+1……에 따라 계산하는 것이 근거지우기이고 본래적이다. 그러나 비트겐슈타인에 따르면 십진법에 의한 계산도 '수학적 발명'이자 증명의 체계인 것이다. "나로서는 표기법의 변경에 의해 조망할 수 없는 증명도가 조망할 수 있게 된다면, 그때에야 비로소 이전에는 존재하지 않았던 증명이 만들어진 것이라고 말하고 싶다."(같은 책) 따라서 그것을 '일반적 기초'에 의해 증명할 필요는 없다. "증명의 배후에 있는 무언가가 증명하는 것이 아니라 증명이 증명하는 것이다."(같은 책) 요컨대 새로운 표현 형식 또는 새로운 수학적 증명이 그 자신에서 새로운 개념을 만들어내는 것이다.

이제 오로지 다음과 같이 말할 수 있을 뿐이다. 즉 어떤 사람이 십진법에 의한 계산을 발명했다고 한다면, 설사 그가 이미 러셀의 『수학 원리』를 읽었다 하더라도, 그는 확실히 수학적 발명을 한 것이라고 말이다.

수학은 언제나 계속해서 새로운 규칙을 만들며, 오래된 도로망을 넓힘으로써 언제나 새로운 교통로를 만들고 있다.

수학자는 발명가이지 발견자가 아니다.

수학자는 언제나 새로운 표현 형식을 만들어낸다고 말할 수
있을 것이다. (『수학의 기초』, 같은 책)

예를 들어 다른 영역이나 맥락으로부터 동일한 정리가 나올 수
있다. 비트겐슈타인은 그 경우 그것들을 동일하다고 간주하지 않고
서로 다른 규칙 세계에 속한다고 생각한다. 요컨대 그의 생각으로는
수학은 다수의 체계로 성립해 있는 것이다. "나는 수학이란 여러 증명
기술들이 잡다하게 섞인 것이라고 말하고 싶다. — 그리고 수학의
다양한 적용 가능성과 중요성은 그러한 사실에 근거한다."(같은 책)
비트겐슈타인이 반대하는 것은 복수의 규칙 체계를 하나의 규칙 체계
에 의해 근거지우는 것이라고 해도 좋다. 그러나 수학의 다수 체계는
전적으로 따로따로 있는 것이 아니다. 그것들은 상호적으로 번역 가능
하지만 공통의 하나를 갖지 않을 뿐이다. 비트겐슈타인은 그러한 '서
로 중첩된다든지 교차한다든지 하는 복잡한 유사성의 그물망'을 '가족
유사성'이라고 부른다. "우리가 언어라고 부르는 모든 것에 공통된
무언가를 말하는 대신에, 나는 이들 현상 모두에 대해 동일한 말을
적용하고 있다고 해서 그것들에 공통된 것 따위는 무엇 하나 없으며,
— 이 현상들은 많은 서로 다른 방식으로 유사하다고 말하고 있는
것이다. 그리고 이 유사성 내지 이 유사성들 때문에 우리는 이들 현상
모두를 '언어'라고 부른다."(『철학적 탐구哲學探究』, 후지모토 다카시藤
本隆志 옮김, 「전집」, 제8권, 앞의 책)
마찬가지로 '수학'이라고 불리는 것은 결코 중심화될 수 없는 다수
의 체계이다. 물론 비트겐슈타인은 이러한 다수성을 수학이 여러 과학

들과 마찬가지로 다양한 '자연'과 실천적으로 관계하고 있다는 것으로부터만 말하는 것이 아니다. 좀 더 중요한 것이지만, 비트겐슈타인의 형식주의에 대한 비판은 그것이 이를테면 타자와의 관계의 우연성이나 타자의 타자성을 배제한다는 점에 놓여 있다. 일반적으로 증명은 불문곡직하고 자동적으로 이루어지는 것처럼 보인다. 그러나 비트겐슈타인은 증명이 자동적으로가 아니라 사람들이 규칙에 따름으로써 이루어진다는 사실을 강조한다. 실제로 플라톤은 기하학의 증명을 '대화'에서 생각했다. 아니 그보다는 플라톤이 수학을 '확실'한 것으로 여겼던 것은 거기에 대화=공동의 탐구로서의 증명을 가지고 들어왔기 때문이다.

플라톤의 『메논』에서 소크라테스는 기하학을 알지 못하는 소년에게 어떤 정리를 증명하게 한다. 이로부터 소크라테스는 '가르치는 것'이나 '배우는 것'은 존재하지 않으며, 사람들은 단지 '상기할' 뿐이라는 것을 보여주는 것이다. 이것은 '메논의 패러독스' 또는 교육의 패러독스로서 알려져 있다. 이 증명은 '대화'에 의해 이루어지지만, 그 경우 소크라테스는 그저 물을 뿐이다. "메논, 보시게나. 나는——아무것도 가르치고 있지 않네. 내가 하고 있는 것은 묻는 것뿐이네."(『메논メノン』, 후지사와 노리오藤澤令夫 옮김, 岩波文庫) 확실히 소크라테스는 가르치고 있지 않다. 이러한 대화의 전제가 되는 것은 어떤 기본적인 전제(공리)를 받아들인다면, 그 이후 그것에 모순되는 것은 하지 않는다는 규칙이다. 만약 이 소년이 앞에서 말한 것과 모순되는 것을 아무렇지도 않게 말하기로 한다면 증명은 불가능할 것이다. 요컨대 소년은 우선 이러한 규칙을 지킬 것을 '가르쳐 받고' 있다. 다시 말하면 소년은 '대화'에 앞서 이미 규칙을 공유하고 있는 것이다. 그렇다면 플라톤 이외에 누가 그것을 가르친 것일까?

소크라테스의 방법은 특별한 것이 아니다. 그것은 당시 아테네의 법적 제도에 기초하고 있다. 예를 들어 니콜라스 레셔(Nicholas Rescher, 1928~)는 변증법을 논쟁의 형식 또는 법정의 형식에서 다시 생각하고자 했다. 그것은 우선 제안자(검사)의 의견 제시에서 시작하며, 반대 답변자(변호사)가 그것을 논박하고, 다시 제안자가 그에 대해 대답하는 형태로 이루어진다. 이 경우 제안자의 주장이 반박할 수 없는 절대적이고 자명한 테제(진리)일 필요는 없다. 우선은 그 주장에 대한 유효한 반박이 나오지 않는 한, 그것은 참이라고 추정된다. 이러한 논쟁에서는 제안자에게만 '입증 책임'이 있으며, 반대자는 무엇 하나 적극적인 증거를 제시할 필요가 없다. 따라서 소크라테스의 방식은 법정의 형식인 것이다. 플라톤이 소크라테스의 재판으로부터 글을 시작하고, 또한 거기서 소크라테스가 판결을 지키려고 한 것은, 그러한 의미에서 상징적이다. 판결이 허위라 하더라도 이 법정의 과정을 통과하지 못한 진리를 그는 인정하지 않았던 것이다.

이러한 법정에서 서로 대립하는 사람들은 동일한 규칙을 소유한다. 예를 들어 검사도 변호사도 언제라도 역할로서는 서로 교체될 수 있는 것이다. 그러한 법적 언어게임을 받아들이지 않는 사람은 법정에서 퇴장당하거나 병자로서 재판을 면제받는다. 이러한 게임에서는 서로 아무리 적대한다고 하더라도 상대는 타자가 아니다. 그런 까닭에 레셔가 말하듯이 이러한 대화는 자기 대화로 변형될 수 있다. 아리스토텔레스나 헤겔에게 있어 변증법은 자기 대화가 된다. 이러한 의미에서 서양의 '철학'은 대화로서의 내성에서 시작한다. 앞에서 말했듯이 플라톤의 '대화'는 대화로서 쓰여 있음에도 불구하고, 바흐친(Mikhail Mikhailovich Bakhtin, 1895~1975)이 지적하듯이 기본적으로 자기 대화(monologue)인 것이다(『도스토예프스키론』).

수학이 특권화되는 것은 그 앎이 주관(나)을 넘어선 강제력을 갖기 때문이다. 그것은 수학 그 자체의 성질에 의한 것이 아니다. 그것은 일종의 법정 대화를 통과한 것만을 수학으로 인정하는 플라톤과 유클리드의 사고방식에 의한 것이다. 이리하여 수학적 '증명'은 사적인 개인을 넘어선 인식이 된다. 왜냐하면 그것은 공동적 주관에 의한 것이기 때문이다. 소크라테스(플라톤)가 제출한 것은 흔히 말하듯이 세계나 자기에게 이성이 내재한다는 생각이 아니라 '대화'를 통과한 것만이 이성적이라는 것이다. 대화를 거부하는 자는 어떠한 심원한 진리를 파악하고 있다 하더라도 비이성적이다. 세계나 자기에게 이성이 있는지의 여부는 문제가 아니다. 대화를 통과한 것만이 합리적이다. 이리하여 소크라테스 이전의 사상가들이 '음미'된다. 이성적이라는 것은 타자와의 대화를 전제하는 것 자체이다. '증명'은 그것이 어떻게 쓰여 있다 하더라도 타자와의 '공동의 음미'를 내부에 포함하고 있는 까닭에 강제력을 지닌다. 수학이 모범으로 여겨져 온 것은 그 때문이다.

나는 이미 포퍼가 말하는 반증 가능성이 이러한 생각에 서 있다는 점을 지적했다. 그런데 수학이 종합 판단이라는 칸트의 생각은 오히려 그와 같은 사고방식을 비판하는 것이다. 종합 판단이 보편적이라는 것은 동일한 규칙을 공유하는 타자가 아니라 다른 규칙을 가진 타자의 반증을 예기하는 한에서이다. 그것을 다름 아닌 수학에서 생각한 것에 칸트의 철저함이 있다. 그것은 결코 내면화할 수 없는 초월론적인 타자를 가지고 들어오는 것이다. 물론 그 타자는 초월적인 타자(신)가 아니라 흔해빠진 타자이다. 후기 비트겐슈타인이 행한 일은 그것을 명확히 하는 것이었다.

비트겐슈타인의 회의는 '증명'을 지탱하는 그러한 '대화' 그 자체로 향한다. 그것은 수학이 다양한 규칙 체계의 다발이며, 그것들 사이에서 번역은 가능하지만 그것들을 동일한 규칙 체계로 환원할 수는 없다는 그의 인식과 연결되어 있다. 그리고 그것은 당연히 수학에 한정되지 않고 언어게임 일반에까지 미친다. 그러나 비트겐슈타인의 표적이 언제나 예외적으로 다루어져 온 수학과 그 증명을 향하고 있다는 사실을 잊어서는 안 된다. 그렇지 않으면 그것은 통속적인 언어게임론에 귀착될 수밖에 없다. 비트겐슈타인이 플라톤적인 '대화'를 의심하는 것은 그것이 타자와의 대화가 아니기 때문이다——바로 그렇기 때문에 그것은 자기 대화로 전화할 수 있다——. 만약 타자가 내면화될 수 있다면, 그것은 공통의 규칙을 갖고 있기 때문이다. 그럼에도 '대화' 란 공통의 규칙을 가지지 않는 타자와의 대화여야만 한다. 비트겐슈타인은 결코 자기에게 내면화될 수 없는 타자를 꺼내든다.

> 우리의 언어를 이해하지 못하는 사람, 예를 들어 외국인은 누군가가 '석판 가져와!'라는 명령을 내리는 것을 여러 번 들었다 하더라도 이 음성 계열 전체가 한 단어이며, 자신의 언어로는 무언가 '건재建材'라는 말을 상대하는 것 같다고 생각할지도 모른다. (『철학적 탐구』, 앞의 책)

외국인이나 아이와 의사소통한다(communicate)는 것은 다시 말하면 공통의 규칙(code)을 갖고 있지 않은 사람에게 가르친다는 것이다. 그러나 상대편에게 있어서도 사정은 마찬가지다. 즉 공통의 규칙을 갖고 있지 않은 타자와의 커뮤니케이션은 반드시 '가르치다-배우다' 관계가 될 것이다. 통례적인 커뮤니케이션론에서는 공통의 규칙이 전제되어 있다. 하지만 외국인이나 아이 또는 정신병자의 대화에서는 그와 같은 규칙이 당장은 성립해 있지 않거나 성립하기가 곤란하다. 이것은 특이한 경우가 아니다.

우리는 누구나 아이로 태어나 부모로부터 언어를 습득한다. 그 결과 규칙을 공유하는 것이다. 또한 우리는 타자와의 대화에서 언제나 어딘 가에서 서로 통하지 않는 영역을 지니기 마련이다. 그 경우 커뮤니케이 션은 상호적으로 가르치는 형태를 취할 것이다. 만약 공통의 규칙이 있다고 한다면, 그것은 '가르치다-배우다' 관계 이후일 뿐이다. 따라 서 '가르치다-배우다'라는 비대칭적인 관계가 커뮤니케이션의 기초 적 사태이다. 이것은 결코 비규범적·비정상적(abnormal)인 것이 아니 다. 규범적(normal)인 경우, 즉 동일한 규칙을 지니는 대화 쪽이 오히려 예외적이다. 비트겐슈타인이 '타자'를 도입했다는 것은 비대칭적인 관계를 도입했다는 것이다.

여기서 '가르치는' 입장으로부터 권력적 관계를 떠올려서는 안 된 다. 그렇기는커녕 '가르치는' 입장은 타자의 이해에 종속되지 않으면 안 되는 약한 입장이기 때문이다. 다른 예를 들자면 그것은 '파는' 입장에 비교될 수 있을 것이다. 맑스가 말했듯이 각 상품에는 고전 경제학자가 말하는 가치가 내재해 있지 않다. 상품은 팔리지 않으면 (교환되지 않으면) 가치가 아니며 사용 가치조차도 아니다. 그저 폐기 되어야만 하는 물건일 뿐이다. '파는' 입장은, 나중에 말하게 되듯이, 사는 자(화폐 소유자)의 선택에 종속되어 있으며, 이 관계는 비대칭적 이다.

따라서 비트겐슈타인에게 '우리의 언어를 이해하지 못하는 사람, 예를 들어 외국인'은 단지 설명을 위해 선택된 많은 예들 가운데 하나 가 아니다. 그것은 비트겐슈타인의 '방법적 회의'에 있어 없어서는 안 되는 타자이다. 비트겐슈타인이 든 예를 따라 말하자면, 내가 '석판 가져와!'라고 말했을 때, 내 안에서는 바로 그러한 내적인 의미가 확실히 존재한다고 나는 생각한다. 그러나 타자에게 있어 그것이 '건재'를 의미한다고 한다면, 그러한 내적인 과정은 존재하지 않는 것이 된다. 비트겐슈타인의 '타자'는 그러한 내적 과정을 부정해 버리는 자이며, 크립키(Saul A. Kripke, 1940~)의 말로 하자면 '놀라운 회의주의자'로서 나타난다.[7]

전기 비트겐슈타인은 '말할 수 없는 것에 대해서는 침묵해야만 한다'고 쓰고 있다(『논리-철학 논고』). 그 경우 '말할 수 없는 것'이란 종교와 예술이다. 이 점에서 비트겐슈타인이 칸트적이라는 것은 쉽게 지적될 수 있다. 툴민(Stephen Edelston Toulmin, 1922~2009)은 비트겐슈타인이 빈의 칸트=키르케고르적인 분위기 속에서 자기를 형성해 온 것은 영국에서 러셀 밑에서 작업을 해도 본질적으로 변하지 않았다는 것 등을 지적한다(『비트겐슈타인의 빈』). 그러나 후기 비트겐슈타인은 어떨까? 『철학적 탐구』에서의 언어게임론에서는 과학·도덕·예술이라는 영역적 구분이 폐기되어 있다. 그것은 비트겐슈타인이 칸트적인 것으로부터 멀어진 것처럼 보이게 한다. 그러나 이미 말해 왔듯이 칸트의 '비판'의 핵심이 그와 같은 구분과 관계없이 타자를 가지고 들어오는 것에 있었다고 한다면, 오히려 후기 비트겐슈타인 쪽이 훨씬 칸트적이다. 그 '타자'는 경험적으로 혼해빠진 것임에도 불구하고 초월론적으로 발견된 것이다.

비트겐슈타인은 사적 언어나 유아론에 대해 사회적 언어의 선행성을 주장했다고 말해진다. 하지만 그렇게 말하는 것은 그의 '회의'를 거의 무효로 만들어 버릴 것이다. 비트겐슈타인이 부정한 것은 '증명'

<hr>

7_ 나는 이 점에 대해 『은유로서의 건축』에서 상술한 바 있다.

이라는 형태를 취하는 공동 주관성 또는 대화 그 자체의 유아론성인 것이다. 여기서 내가 말하는 유아론이란 자기 혼자밖에 없다는 사고가 아니라 자신에게 타당한 것이 만인에게 타당하다는 생각을 가리킨다. 왜냐하면 후자에서 타자는 결국 자기 안에 내면화되기 때문이다. 동시에 나는 대화란 규칙을 공유하지 않는 타자와의 대화 또는 비대칭적인 관계에 그치는 대화라고 정의하고 싶다. 그리고 타자란 그와 같은 자라고 말이다. 그렇다고 해도 타자는 인류학자가 말하는 이자(異者: 어쩐지 으스스한 자)가 아니다. 프로이트가 말했듯이 '어쩐지 으스스한 자(Unheimlich)'란 본래 '친밀한 자(Heimlich)'이다. 요컨대 자기 투사에 다름 아니다. 또한 우리가 말하는 타자는 절대적인 타자가 아니다. 절대적인 타자 역시 자기 투사에 지나지 않는다. 우리가 생각하는 것은 오히려 흔해빠진 상대적인 타자의 타자성이다.

이와 같은 구별이 없기 때문에 비트겐슈타인의 논의는 자주 통속적인 사회학적 논의와 혼동된다. 그가 말하기 시작한 '언어게임'이라는 개념이 그 한 예이다. 자주 '언어게임'은 뒤르켕(Émile Durkheim, 1858~1917)의 사회적 사실, 또는 소쉬르(Ferdinand de Saussure, 1857~1913)의 언어 체계(랑그) 등과 동일화되고 있다. 사실 비트겐슈타인은 소쉬르와 마찬가지로 체스라는 비유를 사용한다. 이 비유에 의해 우선 언어의 본질이 그 소재(음성이나 문자 등)와 무관계한 형식에 있다는 것이 제시된다. 말(馬)의 '의미'란 말이 움직이는 방법의 규칙이며, 그것은 다른 말과의 관계(차이) 체계 안에 놓여 있다. 예를 들어 말의 기능이나 배치를 변화시키면, 동일한 말을 사용한다고 하더라도 다른 게임이 되어 버린다. 이 비유는 언어가 '지시 대상'이나 '의미'로부터 자립적인 하나의 시차적인 형식 체계이며, '지시 대상'이나 '의미'야말로 그것에 의해 조직되는 것이라는 사실을 보여줄 것이다. 요컨대 이것은 형식주의이다. 그러나 비트겐슈타인의 언어게임론은 그와 같은 전제 자체를 부정하기 위해 제기된 것이다. 주목해야 할 것은 다음과 같은 점이다. 체스 비유에 한정되지 않고 게임 비유는 규칙을 명시할 수 있다고 간주하는 견해로 이끌기 쉽다. 예를 들어 문법은 언어의 규칙이라고 간주된다. 하지만 일본어를 말하는 사람이 그 문법을 알고 있을까? 애초에 문법은 외국어나 고전 언어를 배우기 위한 방법으로서 발견된 것이다. 문법은 규칙이 아니라 규칙성이다. 그것이 없으면 외국인에게 있어 그 언어의 습득은 능률적이지 못하게 된다. 그러나 자신이 말하고 있는 언어의 '문법'은 불필요하고 또 불가능하다. 따라서 근대의 내셔널리즘 이전에 사람들은 그들 자신이 말하고 있는 그 고장 고유의(vernacular) 언어에 문법이 있다는 것 따위는 꿈에도 생각하지 않았던 것이다.

어떤 언어의 규칙은 그것을 말하고 있는 사람이 아니라 그것을 배우는 '외국인' 측에서 생각된 것이다. 그것은 나 자신으로서는 내가 말하고 있는 일본어의 문법을 알 필요가 없으며 또한 알 수도 없다는 것을 의미한다. 그러나 나는 외국인이 일본어를 말할 때, 그 문법적인 잘못을 지적할 수 있다. 그것은 내가 문법을 '알고 있다'는 것이 될 것이다. 하지만 나는 외국인의 잘못에 대해 그 문법적 '근거'를 제시할 수 없다. 단지 '그런 식으로 말하지 않는다'고 말할 뿐이다. 그러한 의미에서 나는 일본어의 문법을 '알지 못하는' 것이다. 나는 단지 '용법'을 알고 있을 뿐이다.

예를 들어 어머니는 아이에게 언어의 규칙을 가르치는 것이 아니다. 단지 말을 걸고 아이가 말하게 되면 잘못 말하는 것을 정정하거나 그저 '웃는다'. 그러나 어머니는 규칙을 규칙으로서 알지 못하지만 그것을 '실천하고 있다'. 그리고 그렇게 함으로써 '가르치는' 것이다.

만약 우리가 아이에게 문법을 가르칠 수 있다고 한다면, 그것은 이미 아이가 말을 '알고 있기' 때문이다. 플라톤이 보여준 '메논의 패러독스'는 오로지 그것을 가리킨다고 해도 좋을 것이다. "메논, 자네는 어쩔 수 없는 사람이네. 가르친다는 것 따위는 존재하지 않고 다만 상기가 있을 뿐이라고 주장하는 나한테, 자네는 자네의 '가르침'을 달라고 조르고 있으니까 말일세."(『메논』, 앞의 책) 그것은 규칙이 있긴 하지만 그것을 명시할 수는 없다는 것이다.

그러나 '가르치는' 일은 존재한다. 앞에서 말했듯이 소크라테스와의 대화에 의해 기하학의 정리를 증명하는 소년은 '이미' 규칙을 가르쳐 받고 있었던 것이다. 다른 한편 플라톤이 말하듯이 '가르치는' 일은 존재하지 않는다. 왜냐하면 가르치는 자는 규칙을 명시할 수 없기 때문이다. 규칙을 가르치고-배운다는 것에는 그 이상으로 '합리적으로' 해명할 수 없는 무언가가 놓여 있다. 플라톤은 이 패러독스를 '상기'설에 의해 해명하고자 했다. 그것이 신화라는 것은 그 자신이 잘 알고 있었다. 이 '상기설'은 각 사람에게 근본적으로 동일한 것이 있다는 생각이다. 칸트가 선험적인 형식이나 범주(카테고리)를 말할 때, 그것은 '상기'를 바꿔 말한 것으로 보인다. 하지만 그가 수학을 선험적 종합 판단으로 간주한 것은 수학을 분석 판단, 요컨대 불문곡직하는 단적인 '증명'으로 보는 견해 자체를 비판하기 위해서이다. 종합 판단이란 그 사이에 균열이 생겨나는 감성과 지성을 종합하는 일이다. 하지만 그 균열을 초래하는 것은 오히려 '타자'의 존재이며, 다시 말하면 복수의 시스템의 존재이다. 칸트가 '사물 자체'로서 말하고자 한 것은 바로 그것이다.

3. 초월론적 통각

『순수이성비판』에서 칸트는 초월론적 주관(통각) 하에서 인식(종합 판단)이 성립하는 것처럼 논의하고 있다. 그러나 그것은 인식(자연과학)이 예술과 달리 다른 주관이 개재하는 일 없이 성립한다는 것을 의미하는 것이 아니다. 또한 그것은 종합 판단이 손쉽게 성립한다는 것을 의미하는 것도 아니다. 칸트가 『순수이성비판』에서 생각한 것은 인식이란 종합 판단이어야만 하지만, 만약 그것이 성립한다고 한다면 어떠한 형태에서인가 하는 것이다. 초월론적 주체(통각)를 상정하는 것은 '언어론적 전회' 이후의 철학자들에 의해 비판받아 왔다. 그러나 사고나 주체를 언어 측에서 바라봄으로써 데카르트나 칸트의 문제를 부정할 수 있다는 것은 있을 수 없는 일이다.

예를 들어 소쉬르는 언어란 사회적 시스템이라고 하고 있다. 하지만 그는 랑그=공시적 체계를 어떻게 해서 찾아내는 것일까? 그 랑그를 경험적으로 아는 것은 불가능하다. 지금 이때 어떤 말이 어떻게 사용되는지를 조사하는 것 따위는 불가능하다. 그렇다면 소쉬르가 말하는 랑그—예를 들어 프랑스어—는 단지 그 자신이 지금 알고 있는 프랑스어이다. 요컨대 소쉬르의 언어학은 초월론적인 내성에서 시작되고 있는 것이다. 소쉬르 자신이 '랑그는 실재체가 아니라 단지 말하는 주체 안에서만 존재한다'고 말하고 있다. 소쉬르는 기호가 무언가의 의미를 표현한다는 전통적인 사고방식을 물리친다. '말하는 주체'에게 의미가 있을 때는 반드시 그 의미를 변별하는 형식이 있지만, 그 역은 성립하지 않기 때문이다. 랑그는 객관물로서 존재하는 것이 아니라 서로 의미가 통하는 한에서 존재한다. 소쉬르는 공시적 체계로서의 랑그를 상정했지만, 그것은 그 자신에게 있어 의미를 이루는 한에서의 언어 체계이다. 거기서 말은 시니피앙(감성적인 것)과 시니피에(초감성적인 것)의 종합이라고 할 수 있다. 그러나 그와 같은 종합이 성립하는 것은 내게 있어 그것이 이미(사후적으로) 의미를 이루는 한에서일 뿐이다. 또한 소쉬르가 형식(시니피앙)이 하나의 시차적인 관계 체계를 이룬다고 하는 경우, 그것을 체계이게끔 하는 체계성은 칸트가 초월론적 통각이라고 부른 것을 암묵적으로 전제한다.

그 점을 명확히 한 것은 야콥슨(Roman Jakobson, 1896~1982)이다. 그는 언어에는 차이밖에 없으며, 그것도 적극적인 사항이 없는 차이밖에 없다는 소쉬르의 견해에 이의를 제기했다. 야콥슨은 소쉬르가 이를테면 난잡한 관계들로서 방치한 음운 조직을 이항 대립의 다발로서 파악함으로써 질서화할 수 있다고 생각했다. 예를 들어 야콥슨은 이렇게 말하고 있다. "음향학 영역에서 현대의 전문가들은 어떻게 해서 인간의 귀가 이 정도로 수많은, 즉 지각할 수 없을 정도로 다양한 언어음을 어렵지 않게 구별하는지 의심스러워하며 당혹해 하고 있다. 하지만 이 경우 본래적으로 문제인 것이 순수하게 청각적인 능력일까? 아니, 전혀 그렇지 않다! 우리가 담화(discours) 속에서 인정하는 것은 소리 자체의 차이가 아니라 언어가 이용하는 관용상의 차이이다. 요컨대 고유한 표의 작용은 갖지 않지만, 상위 수준의 실재체(형태소, 낱말)를 서로서로 판별하는 데 이용되는 차이이다."(『소리와 의미에 대한 6장音と意味についての六章』, 하나와 히카루花輪光 옮김, みすず書房) 음운은 음성이 아니다. 그것은 상위 수준을 전제했을 때 비로소 차이성으로서 존재하는 '형식'이다. 이 점은 형태소나 낱말에 대해서도, 나아가 문장에 대해서도 말해질 수 있다. 그것들은 각각 상위 수준을 전제할 때에만 차이성(형식)으로서 꺼내지는 것이다.

그러나 만약 그렇다고 한다면 '구조'는 그것을 통합하는 초월론적 주관을 암묵적으로 전제한다. 그러나 구조주의자가 이러한 '주관' 없이 해결할 수 있을 뿐만 아니라 그것을 부정할 수 있다고 생각한 것은 그들이 존재하지 않지만 체계를 체계이게끔 하는 것을 상정했기 때문이다. 그것이 제로 기호이다. 예를 들어 야콥슨은 음운 체계를 완성시키기 위해 제로 음소를 도입했다. "제로 음소는…… 그것이 무언가의 시차적 성격도, 항상적 음운 가치도 내포하지 않는다는 점에서 프랑스어의 다른 모든 음소에 대립한다. 그 대신에 제로 음소는 음소의 부재를 방해하는 것을 고유한 기능으로 한다."(R. Jakobson and J. Lotz, "Notes on the French Phonemic Pattern", *Roman Jakobson, Selected Writings*, vol. 1, Mouton, 1971) 물론 이와 같은 제로 기호는 수학에서 왔다. 부르바키(Nicholas Bourbaki)[8]에 의해 정식화된 수학적 '구조'란 변환의 규칙이다. 그것은 형태처럼 보이는 것이 아니라 보이지 않는 작용이다. 변환의 규칙에서는 변화되지 않는 작용이 포함되어야만 한다. 야콥슨에 의해 설정된 제로 음소는 수학적인 가환군可換群에서의 단위원單位元에 대응하는 것이라고 해도 좋다. 그에 의해 음소의 대립 관계 다발은 구조가 될 수 있다. 레비스트로스(Claude Lévi-Strauss, 1908~2009)가 야콥슨의 음운론에 큰 감명을 받았던 것은 그것에 의해 다양하고 혼돈된 것이 질서 있는 것이라는 것을 보여줄 수 있다고 생각했기 때문이다. "음운론은 여러 사회과학에 대해 예를 들어 핵물리학이 정밀과학 전체에 대해 행한 것과 동일한 혁신적인 역할을

• • • •

8_ [옮긴이] 니콜라 부르바키Nicolas Bourbaki는 1930년대 초에 프랑스를 중심으로 활동한 수학자들의 단체가 사용한 필명이다. 부르바키의 회원들은 1935년부터 현대 수학을 집합론을 바탕으로 체계적으로 정리할 것을 목적으로 저술 활동을 시작했다. 그들의 저술은 최대한의 엄밀성과 일반성을 추구한 것으로 유명하다.

하지 않을 수 없다."(『구조인류학構造人類學』, 사사키 아키라佐々木明 외 옮김, みすず書房) 레비스트로스는 클라인군(대수적 구조)을 미개 사회의 다양한 친족 구조 분석에 적용했다. 여기서 좁은 의미의 구조주의가 성립했던 것이다.

하지만 제로 기호란 그것 자신은 무無이면서 체계성을 성립시키는 '초월론적 주관'을 바꿔 말하는 것이지 그것을 제거하는 것이 아니다. 제로는 기원전의 인도에서 주판에서 구슬을 움직이지 않는 것에 대한 명명으로서 실천적·기술적으로 도입되었다. 제로가 없다면 예를 들어 205와 25가 구별될 수 없다. 요컨대 제로는 수의 '부재를 방해하는 것을 고유한 기능으로 하는'(레비스트로스) 것이다. 제로의 도입에 의해 자릿수 기수법(place-value system)이 성립한다. 하지만 제로는 단지 기술적인 문제일 수 없다. 산스크리트어에서 제로는 불교에서의 '공空'(emptiness)과 같은 말인데, 불교적인 사고는 그것을 토대로 전개되었다고 해도 지나친 말이 아니다. 들뢰즈(Gilles Deleuze, 1925~95)는 "구조주의는 장소가 그 자리를 차지하는 것보다 우월하다고 생각하는 새로운 초월론적 철학과 나누기가 어렵다"(「구조주의는 왜 그렇게 불리는가?」)라고 했지만, 자릿수 기수법에서 이미 그와 같은 '철학'이 문자 그대로 선취되었다고 할 수 있을 것이다. 이러한 의미에서 구조주의는 제로 기호의 도입과 함께 시작되었지만, 구조주의자들 자신은 그 철학적 함의에 대해 생각하지 않았다. 단지 그들은 제로 기호의 도입에 의해 주관에서 시작하는 근대적 사고를 불식시킬 수 있다고 믿었다. 하지만 주관 없이 해결할 수 있다고 생각했을 때, 그들은 암묵적으로 주관을 전제하고 있다는 것을 잊었던 것이다.

그러나 소쉬르로 돌아가서 말하자면, 우리는 야콥슨이 불만을 품은 소쉬르의 모호함이 다른 의의를 지닌다는 것을 보지 않으면 안 된다.

예를 들어 소쉬르는 '언어에는 차이밖에 없으며, 언어는 가치다'라고 말한다. 야콥슨에게 있어 이것은 단지 '혼돈'을 의미할 뿐이다. 하지만 소쉬르가 언어를 '가치'로서 바라볼 때, 언제나 또 다른 랑그를 상정하고 있다는 것에 주의해야만 한다. '언어에는 차이밖에 없다'는 것은 단지 하나의 관계 체계를 의미하는 것이 아니라, 본래 복수의 관계 체계의 존재를 전제하는 것이다. 소쉬르는 랑그를 내성에서 찾아내지만, 동시에 거기서 내성을 넘어선 외부성 또는 결코 내면화할 수 없는 타자를 찾아내고 있다. 아니 그보다는 언어학에서의 소쉬르의 '의심'은 바로 그와 같은 차이에서 시작된다. 소쉬르의 언어학은 언어를 각각의 민족정신의 표현으로서 바라보는 훔볼트(Karl Wilhelm von Humboldt, 1767~1835)적인 언어학과, 언어의 변화를 의식으로부터 독립한 사물로서 자연과학적인 법칙성에서 바라보는 역사학과 쌍방에 대한 칸트적인 '비판'으로서 존재했다고 해야 한다. 그것은 한쪽에 대해서는 언어가 내적인 것이라는 것을 부정하고, 다른 쪽에 대해서는 언어가 내적인 것이라는 것을 주장한다. 또한 그것은 한편으로 랑그를 닫힌 공시적인 시스템으로서 바라봄과 동시에 다른 한편으로 그것을 부정한다.

이렇게 보면 소쉬르가 언어란 '사회적'이라고 말한 것의 참된 의미가 분명해질 것이다. 그것은 단지 언어가 개개인의 의식을 넘어선 사회적 사실(뒤르켐)이라는 것도 아니고, 또한 개개의 항이 관계 체계에서 존재한다는 것도 아니다. 그것들은 언어를 하나의 랑그(체계·공동체)에서만 생각한다. 다시 말해 그것들은 결국 초월론적 주관을 바꿔 말한 것이다. 언어가 '사회적'이라는 것은 그것이 타자, 즉 다른 랑그(규칙 체계·공동체)에 속하는 자와의 커뮤니케이션에서 보일 때이다. 앞에서 나는 비트겐슈타인이 언어적 커뮤니케이션을 규칙을 알지 못하는 자, 예를 들어 외국인에게 '가르치는' 장소에서 보고자 했다고 말했다. 비트겐슈타인이 '사적 언어'를 부정한 것은 언어를 공동체의 규칙이라는 흔해빠진 관점에서가 아니라 바로 규칙을 공유하지 않는 다른 공동체에서의 타자와의 '사회적' 커뮤니케이션에서 보았기 때문이다. 따라서 참으로 '언어론적 전회'라고 해야 할 것이 있다면, 그것은 언어에 의해 주관을 부정하는 것이 아니라 역으로 주관을 언어에서의 시차에서 찾아내는 것에 존재한다. 그것이야말로 비판의 '장소'에 다름 아니다.

제3장 트랜스크리틱

1. 주체와 장소

칸트의 초월론적 비판은 데카르트적 방법, 요컨대 자아에서 세계를 구성하는 것을 계승하는 것이라고 하여 비판받는다. 그에 맞서 칸트는 데카르트와는 다르다고 옹호할 수 있을 것이다. 그러나 여기서 나는 사람들 모두가 비난하는 데카르트에 대해 다시 생각해 보고자 한다. 『방법서설』에서 데카르트는 모든 것을 의심하게 된 '동기'를 전기적으로 말하고 있다. 그것은 과거의 서책들을 읽고서 진리라고 여겨지는 담론이 역사적으로 다르다는 것을, 다음으로 각지를 여행하고서 진리라고 여겨지는 것이 지역에 따라 다르다는 것을 인식한 것, 요컨대 진리란 단지 공동체의 문법이나 관습에 기초하는 데 지나지 않는다는 인식이다.

또한 (나는) 그 후 여행에 나서 우리의 생각과는 완전히 반대되는 생각을 가진 사람들이라고 해서 모두 야만스럽고 조야한 것은 아니며, 그 사람들의 다수는 우리와 마찬가지로나 우리 이상으로 이성을 사용하고 있다는 것을 알게 되었다. 그리고 동일한 정신을 지니는 동일한 인간이 어릴 적부터 프랑스인이나 독일인 사이에서 길러졌을 때, 가령 줄곧 중국인이나 식인종(아메리카 토인) 사이에서 생활해 온 경우와는 얼마나 다른 인간이 되는지를 생각하고, 또한 우리 옷의 유행에서마저도 10년 전에 우리 마음에 들었고 또한 아마도 10년이 지나지 않아 다시 한 번 우리 마음에 들 것으로 보이는 동일한 옷이 지금은 기묘하고 우스꽝스럽게 보이는 것을 생각했다. 그리고 결국 우리에게 확신을 주는 것은 확실한 인식이라기보다는 오히려 너무도 흔히 관습이자 선례라는 것, 더욱이 그럼에도 불구하고 조금은 발견하기 힘든 진리에 대해서는 그 발견자가 하나의 국민 전체라기보다는 단 한 사람이라고 하는 쪽이 훨씬 더 진실한 것으로 생각되기 때문에, 그러한 진리에 있어서는 찬성하는 사람의 수가 많은 것은 아무런 유효한 증명도 아니라고 하는 것을 알았다. 이러한 사정으로 나는 다른 사람을 제쳐 놓고 바로 이 사람의 의견을 취해야 한다고 생각되는 그런 사람을 선택할 수 없거니와, 스스로 자신을 이끈다는 것을 이를테면 강요받았던 것이다. (『방법서설方法序説』, 노다 마타오野田又夫 옮김, 中公文庫)

데카르트는 '대화'를 닫아 버리고 자기에 의해 진리를 확보하고자 하는 유아론자라는 것이 된다. 그러나 데카르트의 의심은 사람들이 확실하다고 생각하는 진리가 그들 공동체의 '선례와 관습', 즉 공통의 규칙이나 패러다임을 따르기 때문인 것에 지나지 않는다는 인식에서 시작된다. 그는 이미 인류학자처럼 사물을 보고 있다. '언어론적 전회' 이후의 철학자들은 데카르트처럼 내성에서 시작하는 방법을 부정한다. 그러나 데카르트가 내성으로 향한 것은 스콜라 철학이 유명론이든 실재론이든 모두 인도–유럽어의 '문법'에 따라 생각하고 있었기 때문이다. 데카르트의 코기토는 이미 사유가 언어에 의해 구속되어 있다는 자각에 다름 아니다. 칸트의 말로 하자면 거기에는 이미 언어에 대한 '초월론적인' 태도가 있었다. 초월론적 태도란 경험적 의식의 자명성을 괄호에 넣고서 그것을 성립시키고 있는 (무의식적인) 조건들을 묻는 일이다. 중요한 것은 이와 같은 초월론적인 태도에 모종의 '주체성'이 따라 붙지 않을 수 없다는 점이다.

비트겐슈타인은 의심하는 것이 언어게임에 의해 가능하며 언어게임의 일부라고 하고 있다. 확실히 오늘날 데카르트의 회의에서 시작하는 것은 오직 언어게임뿐이다. 그러나 데카르트가 의심한 것은 오히려 예로부터 내려온 회의주의의 게임이다. "내가 저 회의주의자들, 즉 단지 의심하기 위해서만 의심하고 언제나 비결정의 태도를 가장하고자 하는 사람들을 흉내 낸 것은 아니다. 왜냐하면 내 계획은 완전히 그 반대로, 나 스스로 확신을 얻는 것, 무른 흙이나 모래를 헤치고 바위나 점토를 발견하는 것만을 목표로 하고 있었기 때문이다."(『방법서설』, 같은 책) 이제 그와 같은 의심은 근대 철학에 편입되었고, 그것이 주관성의 철학을 지탱하고 있다. 그러나 비트겐슈타인이 말하는 것은 그에 대한 '의심'이 아닐까? 실제로 그는 『논리–철학 논고』에서 철학 상의 문제를 언어에서 보는 것을 '초월론적'이라고 부르고 있다.[1]

• • • •
1_ 비트겐슈타인은 이렇게 쓰고 있다. "논리학은 학설이 아니라 세계의 거울상이다. 논리학은 초월론적이다."(『논리–철학 논고』 Ⅵ · ⅩⅢ) 이 경우 일반적으로 '초월

비트겐슈타인 자신은 그에 대해 결코 말하지 않지만, 거기에 하나의 '태도 변경'이 숨어 있다. 하지만 철학의 '언어론적 전회'를 주장하는 사람들의 대부분은 다름 아닌 비트겐슈타인을 원용하면서도 그와 같은 태도 변경에 존재하는 일종의 코기토 문제를 망각했다.

또 한 사람의 데카르트 비판자로서 레비스트로스를 들 수 있다. 그는 다음과 같이 말하고 있다.

> "따라서 그들은"이라고 루소는 동시대인에 대해 말합니다. "내게 있어서는 이방인, 미지의 인간, 요컨대 누구도 아닌 인간이 되었다. 그것이 그들이 바라는 바였기 때문에! 하지만 나, 즉 그들로부터 그리고 모든 것으로부터 이탈한 이 나 자신은 누구인가? 지금부터 그것을 연구해야만 한다."(『고독한 산보자의 꿈』, 「첫 번째 산보」) 스스로 선택한 미개인을 처음으로 고찰함에 있어 민족지 학자는 루소의 이 문장을 부연하여 이렇게 외칠 수 있을지도 모릅니다. "따라서 그들은 내게 있어 이방인, 미개의 인간, 요컨대 누구도 아닌 인간이다. 그렇게 바란 것은 '나'이기 때문에! 나, 즉 그들로부터 그리고 모든 것으로부터 이탈한 이 나 자신은 누구인가? 이것이야말로 내가 '우선 첫 번째로' 탐구 '해야만 하는' 것이다."

왜냐하면 타자 속에서 자기를 인식한다는 민족학이 인간 인식에 부과한 목적에 도달하기 위해서는 우선 자기 속에서 자기를

. . . .

론적'은 '선험적'(a priori)과 같은 뜻이라고 간주된다. 그러나 비트겐슈타인은 우리가 세계 내에 있다는 것에서 출발하고, 그 세계를 파악하는 언어적 형식을 '초월론적'으로 음미하는 것을 '논리학'이라고 부르고 있다.

거부하지 않으면 안 되기 때문입니다. 우리는 거기에만 인문과학의 기초를 놓을 수 있다는 이 원칙의 발견을 루소에게 빚지고 있습니다. 그러나 코기토를 출발점으로 하고 있고, 자아의 이른바 명증성에 사로잡혀 있으며, 사회학이나 생물학마저도 근거지우기를 단념함으로써 비로소 물리학을 근거지우기를 바랄 수 있었던 철학이 지배하는 한, 이 원칙은 접근하기 어렵고 이해하기 어려운 것으로서 머물 수밖에 없었던 것입니다. 데카르트는 인간 내부로부터 세계라는 외부로 직접 이행할 수 있다고 생각하고 있습니다만, 이들 양 극단 사이에 모든 사회와 모든 문명이, 즉 인간의 모든 세계가 존재한다는 것을 보지 못합니다. (『인문과학의 시조, 장-자크 루소』)

그러나 여기서 레비스트로스는 지극히 전략적으로 데카르트를 악역으로 만들고 있다고 말할 수밖에 없다. 요컨대 그것은 프랑스에서의 데카르트주의의 후예를 의식한 것이다. 앞에서 인용했듯이 『방법서설』은 오히려 인류학자의 눈으로 쓰였다. 제임스 클리포드(James Clifford, 1945~)의 말로 하자면, 데카르트의 코기토는 본래 '인류학적 코기토'이다. 데카르트는 이렇게 말한다.

그런데 내가 다른 사람들의 행동을 관찰하기만 했던 동안에는 나에게 확신을 주는 것을 거의 발견하지 못했고, 일찍이 철학자들의 의견 사이에서 알아보았던 것과 거의 같은 정도의 다양성을 거기서도 알아보았다는 것이 사실이다. 따라서 내가 사람들의 행동을 관찰하고서 얻은 최대 이익이라고 하자면, 많은 것들이 우리에게는 대단히 엉뚱하고 우스꽝스럽게 보이는데도 불구하고 역시 다른 나라 사람들에 의해 일반적으로 받아들여지고 인정되고 있는 것을 보고서, 내가 선례와 관습에 의해서만 그렇게 믿어버린 데 지나지 않는 사항들을 너무 굳게 믿어서는 안 된다는 것을 알게 된 일이다. 이리하여 나는 우리의 자연의 빛(이성)을 흐리게 하고 이성에 귀 기울이는 능력을 줄일 우려가 있는 많은 오류로부터 조금씩 해방되어 갔다. 그러나 이렇게 세상이라는 책을 연구하고 얼마간의 경험을 획득하려고 애써 몇 년의 세월을 보낸 후, 어느 날 나는 나 자신도 연구하자, 그리고 내가 걸어가야 할 길을 선택하기 위해 내 정신의 전력을 기울이자고 결심했다. 그리고 이 일을 나는 내 조국을 떠나고 내 책을 떠난 덕분에, 그것들로부터 떠나지 않고 있었을 때보다 훨씬 잘 수행할 수 있었다고 생각한다. (『방법서설』, 앞의 책)

실제로 『슬픈 열대』라는 회상적인 스타일 자체가 『방법서설』과 유사하다. 레비스트로스는 철학으로 학위를 취득한 후, 철학을 계속하는 대신 외국으로 가기를 선택했다──처음에 레비스트로스는 일본을 희망했으나 이를 실현하지 못했는데, 아마도 서양이 아니라면 어디라도 좋았을 것이다. 요컨대 그는 인류학자로서 외국을 향해 떠난 것이 아니다. 레비스트로스의 인류학은 '내 조국을 떠나고 내 책을 떠난' 것에서 시작되었다. 그것은 인류학이라기보다, 그렇게 명명되어 있지는 않지만 어떤 '철학적 탐구'의 시작인 것이다. 데카르트의 관심은 여행에서 얻어지는 '다양성' 자체에는 없다. 하지만 레비스트로스도 '나는 여행과 탐험가가 싫다'고 쓰고 있는 것은 아닐까? 왜냐하면 여행과 탐험은 단지 차이를 소비(해소)할 뿐이지 차이 또는 결코 내면화할 수 없는 타자와 만나는 것이 아니기 때문이다. 데카르트가 미개인을 발견한 것은 흥미로운 이자異者가 아니라 타자──루소와 같은 감정이입을 거부하는 타자──이다.

더 나아가 레비스트로스는 이렇게 쓰고 있다. "연구 목적에 도달하기 위해 이 정도의 노력과 쓸데없는 소모가 필요하다는 것은 오히려 우리 일의 단점으로 간주해야지 굳이 끄집어내 상찬해야 할 일이 전혀 아니다. 우리가 그 정도로 멀리까지 탐구하러 가는 진리는 이와 같은 불순물을 제거한 다음에야 비로소 가치를 지닌다."(『슬픈 열대悲しき熱帶』, 가와다 준조川田順造 옮김, 中央公論新社) 레비스트로스가 '그 정도로 멀리까지 탐구하러 가는 진리'는 데카르트와 마찬가지로 여행과 탐험이 찾아내는 다양성을 제거한 곳에 놓여 있다. 그리고 레비스트로스가 찾아내는 무기는 데카르트와 마찬가지로 수학(구조주의)이다. 레비스트로스는 다종다양한 혼인 형태나 신화에 대해, 거기에 이를테면 보편적인 '이성'이 존재한다는 것을 인정한다. 그렇다면 루소에서 인류학자의 선구를 보고 '거기에만 인문과학의 기초를 놓을 수 있다는 이 원칙'을 발견하는 레비스트로스는 오히려 데카르트를 인용하는 편이 어울렸을 것이다.

그런데 레비스트로스는 데카르트와 동일한 '어려움'에 직면한다. 레비스트로스가 찾아내는 '의식되지 않는 구조'는 연역적인 것으로, 그 후 많은 실증주의적인 인류학자들의 비판에 노출되어 왔다. 하지만 그에게 있어 가설 모델의 타당성을 검증하는 최종적 기준은 '그 자신 안에 모순을 포함하지 않는' '보다 높은 설명 가치'를 지니는가의 여부에 놓여 있다. 그리고 그것을 보는 것이 '실험'이다. 이것은 경험적인 데이터 수집으로부터 귀납적 이론화로 향하는 사람들과는 결정적으로 다른 '방법'이다. 요컨대 이것은 데카르트적인 방법이지 좁은 의미의 '자연과학'에 한정되는 것이 아닌 것이다.

레비스트로스의 '방법'이 구조주의로서 획기적인 앎의 혁명이 될 수 있었던 것은 당사자 및 관찰자의 경험적 의식을 초월론적으로 환원하고 공리적(형식적)인 것에서 출발했기 때문이다. 미셸 세르(Michel Serres, 1930~)는 구조를 형식적인 현대 수학으로부터 '수입'된 개념으로서만 생각해야 한다고 주장했다. 즉 구조적일 수 있는 것은 내용(의미)을 배제하고 오로지 '요소와 관계의 형식적인 집합을 끄집어낼 수 있는 경우'뿐이라는 것이다. "그러므로 구조론적 분석은 새로운 방법적 정신을 낳고 있으며, 그것은 의미라는 문제에서의 중대한 혁명이다."(『구조와 수입 ─ 수학으로부터의 신화』) 이러한 의미에서 구조주의의 선조는 소쉬르나 맑스가 아니며 루소는 더더욱 아니다. 구조주의의 선조는 바로 데카르트라고 해야만 한다. 데카르트는 수학에서 개념을 '수입'한 것이 아니라 그 자신이 수학을 변화시켰다. 현대 수학의 공리주의는 유클리드 자체가 아니라 지각에 의존하는 기하학의 도형을 수의 좌표(coordinate)로 전화시킨 데카르트의 해석 기하학에서 시작된다. 그것은 자연수와는 다른 '실수'의 문제를 필연적으로 가져오며, 칸트 이후의 집합론으로 이어졌다.

지금까지 나는 데카르트를 가상의 적으로서 비판하는 사람들에 맞서 의도적으로 그를 옹호해 보았다. 그러나 데카르트를 단죄하게 하는 데 이르는 혼란이 데카르트 안에 있었다는 것은 부정할 수 없다. 한마디로 말하자면 그것은 '의심하는 것'과 '생각하는 것'의 차이와 관련된다. 주지하듯이 데카르트는 『방법서설』에서 모든 것을 의심해도 최종적으로 의심하고 있는 내가 존재한다는 것은 의심하지 못한다고 생각한다. 그러나 그는 그로부터 '나는 생각한다, 그러므로 나는 존재한다'고 결론을 내린다. 하지만 '의심하는' 것과 '생각하는' 것, 따라서 의심하는 주체와 사고 주체(res cogitans)는 다를 것이다. 데카르트는 '생각하다'를 모든 행위의 기저에서 발견한다. "그렇다면 나는 무엇일까? 사유하는 자이다. 사유하는 자란 무엇일까? 물론 의심하고 이해하고, 긍정하고 부정하고, 욕망하고 욕망하지 않고, 또한 상상하고 감각하는 자이다."(『성찰省察』, 마스다 게이자부로桝田啓三郎 옮김, 角川文庫) 이와 같은 사고 주체는 칸트에 따르면 '사고 작용의 초월론적 주관, 즉 통각 X'이다. 나는 이러한 표현을 좋아하지 않지만, 칸트가 말하는 '초월론적 주관 X'란, 이를테면 '초월론적 주관['주관' 위에 X표를 쓴다]'이다. 그것은 결코 표상되지 않는 통각이어서, 그것이 '존재한다'는 데카르트의 생각은 오류이다. 그러나 데카르트의 코기토에는 '나는 의심한다'와 '나는 생각한다'라는 양의성이 따라다니며, 게다가 그것들은 초월론적 자아에 대해 말하는 한 피하기 어려운 것이다. 그것은 다음과 같은 구절에 나타난다.

실생활에서는 극히 불확실하다고 알고 있는 의견에 대해서도 때로는 그것이 의심할 수 없는 것인 양 따르는 일이 필요하다는 것을 나는 아주 오래전부터 알고 있었다. 그러나 이제 나는 오로지 진리 탐구에만 착수하기를 바라고 있으므로 완전히 반대의 일을 해야 한다고 생각했다. 아주 적은 의심이라도 제기할 수 있는 것은 모두 절대적으로 거짓된 것으로서 던져버리고, 그렇게 한 다음에도 전혀 의심할 수 없는 무언가가 내 신념 안에 남아 있는지 어떤지를 보기로 해야 한다고 나는 생각했다. …… 나는 그때까지 내 정신에 들어온 모든 것은 내 꿈의 환상과 마찬가지로 참되지 않은 것이라 가상하려고 결심했다. 그러나 그렇게 하자마자 곧바로 나는 내가 이렇게 모든 것은 거짓이라고 생각하려하고 있는 동안에도 그렇게 생각하고 있는 나는 필연적으로 무엇인가가 아니면 안 된다는 것을 깨달았다. 그리고 '나는 생각한다, 그러므로 나는 존재한다Je pense, donc je suis'는 이 진리는 회의주의자의 어떠한 터무니없는 상정에 의해서도 혼들리지 않을 정도로 견고하고 확실한 것이라는 것을 알게 되었기 때문에, 나는 이 진리를 내가 찾고 있던 철학의 제1원리로서 이제는 안심하고 받아들일 수 있다고 판단했다. (『방법서설』, 앞의 책)

　여기서 '나는 의심한다'가 갑자기 '나는 생각한다'로 전환되고 있다. 데카르트의 '나는 의심한다'는 사적인 '결의'이다. '나'란 단독적인 실존, 즉 데카르트를 가리킨다. 이것은 어떤 의미에서 경험적인 자기이다. 그러나 동시에 그것은 경험적인 자기를 의심하는 자기이며, 그것에 의해 초월론적인 자기가 발견된다. 이러한 세 자아의 관계가 데카르트의 경우에는 모호해져 있다.
　여기서 데카르트가 '나는 존재한다'(sum)고 할 때 그것이 '초월론적인 자기가 존재한다'는 의미라면, 그것은 칸트가 말하듯이 허위일 것이다. 그것은 생각되긴 하지만 존재하는(직관되는) 것은 아니다. 그러나 스피노자(Benedict de Spinoza, 1632~77)는 '나는 생각한다, 그러므로 나는 존재한다'가 삼단논법이나 추론이 아니라 '나는 사유하면서 존재한다'(ego sum cogitans)와 동일한 것이라고 말했다(『데카르트의 철학 원리』). 좀 더 정확히 말하자면 그것은 '나는 의심하면서 존재한다'는 것이다. 심리적 자아의 자명성을 의심한다는 '결의'는 단순한 심리적 자아일 수 없다. 하지만 또한 그와 같은 의심에 의해 발견되는 초월론적 자아도 없다. 그렇다면 그것은 무엇일까?(그러나 엄밀하게는 이때 우리는 존재하는 것이 '무엇인가'라기보다는 '누구인가'라고 물어야 한다.)

이 물음은 칸트에 있어서도 인연이 없지 않을 것이다. 왜냐하면 칸트의 초월론적 '비판'에는 경험적 자명성을 괄호에 넣는 '결의'나 '나는 비판한다'가 편재해 있기 때문이다. 그러나 칸트는 그에 대해 말하지 않았다. 데카르트의『방법서설』이 중요한 것은 거기서 그가 또 하나의 '숨sum'의 문제―모든 것의 자명성을 괄호에 넣는 나는 어떻게 존재할까―를 시작하고 있기 때문이다. 이 책 이후에 데카르트가 두 번 다시 그에 대해 말하지 않았다 하더라도 말이다. 하지만 칸트에게 '숨'의 문제는 중요하다. 나중에 말하게 되듯이 칸트의 초월론적 비판은 단지 이론적일 수 없으며, 그 자신의 실존과 분리할 수 없는 것이다.

한편 후설은 칸트를 비판하고 데카르트로 거슬러 올라가 초월론적 현상을 생각했다. "초월론적 현상학이 설령 데카르트의 성찰의 동기를 그야말로 철저하게 전개하기 위해 오히려 데카르트 철학의 잘 알려진 학설 내용을 거의 모두 방기하지 않을 수 없게 되었다고 할지라도, 우리가 초월론적 현상학을 일종의 신데카르트주의라고 불러도 지장은 없을 것이다."(『데카르트적 성찰デカルト的省察』, 후나바시 히로시船橋弘 옮김, 中央公論新社) 후설은 초월론적 자아를 칸트처럼 단순한 통각으로 간주하지 않고, 데카르트처럼 그로부터 절대적인 기초를 지닌 학문을 연역할 수 있는 기초로 간주하며, 그것을 데카르트 이상으로 철저하게 다시 시도해야만 한다고 생각했다. 그러나 후설은 거기서 주목해야 할 것을 말하고 있다.

우리는 위에서 말한 것을 다음과 같이 말할 수도 있다. 세계 안으로 들어가 자연적인 방식으로 경험한다든지 그 밖의 무언가의 방식으로 살고 있는 자아를 세계에 관심을 지니는 자아라고 부른다면, 현상학적으로 변경된 관점을 취하고 게다가 그와 같은 관점을 끊임없이 고집하는 태도의 특질은, 그 태도에서 자아 분열이 일어나고 있으며 세계에 소박한 관심을 지니는 자아 위에 현상학적 자아가 세계에 관심을 지니지 않는 방관자로서 위치하는 데 있다고 말이다. 그러나 그와 같은 자아 분열이 일어나고 있는 것 자체는 어떤 새로운 반성에 의해 파악되는 것이며, 이 반성은 초월론적 반성으로서 그 자아 분열에 대해서도 바로 저 관심을 지니지 않는 방관자의 태도를 취할 것을 요구한다. 그렇지만 관심을 지니지 않은 방관자인 자아에게도 그 자아 분열을 관찰하여 그것을 온전히 기술한다는 유일한 관심만은 남아 있다. (『데카르트적 성찰』, 같은 책)

여기서 후설은 심리적 자아와 현상학적(초월론적) 자아를 나누고 있을 뿐만 아니라, 나아가 그 '자아 분열' 자체를 '방관자로서' 보고 있는 자아를 지적하고 있다. 이 자아는 현상학적(초월론적) 환원을 행하는 의지로서 존재한다. 후설에 따르면 그것은 철학을 절대적인 기초를 가진 학문이게끔 하고자 하는 '결의'이다. 따라서 심리적 자아와 초월론적 자아의 둘이 있다는 것은 사실은 옳지 않다. 후설은 더 나아가 이렇게 말한다. "분명히 우리는 다음과 같이 말할 수 있다. 즉 자연적 견해를 취하는 자아로서의 나는 동시에 언제나 초월론적인 나이기도 하지만, 나는 현상학적 환원을 행함으로써 비로소 그것을 알게 된다."(같은 책) 즉 정확히 말하자면, 경험적 자아와 그것을 초월론적으로 환원하고자 하는 자아, 그리고 그것에 의해 초월론적으로 발견된 자아가 있다고 해야 하는 것이다. 여기서 후설은 데카르트가 혼동한 '나는 의심한다'와 '나는 생각한다'의 구별, 다시 말하면 초월론적 환원을 행하는 나(의심하는 나)와 그와 같은 환원에 의해 발견되는 초월론적 주관의 구별을 되찾고 있다.

후설은 초월론적 자아로부터 타아를 포함해 세계를 구성하고자 하지만, 그와 같은 자아를 데카르트처럼 실체로서는 간주하지 않는다. 그것은 지향 대상(노에마)에 상관하는 의식의 지향 작용(노에시스)이다. 그런 까닭에 후설은 의식으로부터 존재자를 구성할 권리가 있다고 생각한다. 이것은 칸트 이후에 피히테가 초월론적 자아로부터 세계를 구성하고자 했던 것과는 다르다. 왜냐하면 후설에게 있어 초월론적 자아는 그것을 초월론적인 태도 변경에 의해 발견하는 '결의'──그것 자체는 경험적인 의식이다──에 의해 지탱되고 있기 때문이다. 그러나 이 구별은 후설에게 존재하는 심각한 패러독스를 초래한다. 세계는 초월론적 자아에 의해 구성되지만, 모든 것을 의심하고자 하는 이 나는 세계에 속해 있다.

그러나 바로 이 점에 어려움이 놓여 있다. 모든 객관성, 즉 무릇 존재하는 모든 것이 거기로 해소되는 보편적 상호 주관성이 인간성 이외의 아무것도 아니라는 것은 분명하며, 이 인간성은 의심할 여지없이 그 자체로 세계의 부분적 요소이다. 세계의 부분적 요소인 인간의 주관성이 어떻게 해서 세계 전체를 구성하게 된다는 것인가? 즉 스스로의 지향적 형성체로서 세계 전체를 구성하게 된다는 것인가? 세계는 지향적으로 작용하고 있는 주관성의 보편적 결합의, 이미 생성을 마치고 또한 끊임없이 생성되고 있는 형성체지만, 그때 상호적으로 작용하고 있는 주관 자체가 단지 전체적 작용의 부분적 형성체여도 좋은 것일까? 그렇게 되면 세계의 구성 부분인 주관이 이를테면 세계 전체를

집어삼키게 되며, 그와 더불어 자기 자신도 집어삼키게 되고 만다. 이 얼마나 배리인가! (『유럽 학문의 위기와 초월론적 현상학ヨーロッパ諸學の危機と超越論的現象學』, 제53절, 호소야 쓰네오細谷恒夫・기다 겐木田元 옮김, 中央公論社)

후설은 이 '인간적 주관성의 패러독스──세계에 대한 주관임과 동시에 세계 속에 존재하는 객관이라는 것'을 해결 가능하다고 생각한다. 그는 그것을 어떻게 해서 내가 나의 개체적인 의식을 넘어서서 보편적인, 요컨대 초월론적─상호 주관적인 자기의식을 가질 수 있을까라는 문제로 바꾸어 후자를 구성하고자 했던 것이다. 하지만 이것은 다른 아포리아로 전화한다. 그것은 자아로부터 타아를 구성할 수 있을까 하는 문제이다. 예를 들어 후설은 타아의 구성을 우선 물체(신체)로서 나타난 것으로의 '자기이입'에서 설명하고 있다. "타아는 나 자신과 유사한 사람으로서밖에 생각되지 않는다. 타아는 그 의미가 위에서 말했듯이 구성되기 때문에, 필연적으로 나의 객관화된 최초의 자아의, 또는 나의 제1차 세계의 지향적 변양태로서 나타난다. 요컨대 타아는 현상학적으로는 내 자아의 변양태로서 나타난다."(『데카르트적 성찰』, 앞의 책)

그러나 결국 타자는 '자아의 변양태' 이상의 것이 아니다. 후설은 '다른 것'을 초월론적 자아 내부에서의 자기 차이화(자아와 비자아의 구분)에서 찾아내지만, 거기서는 결코 타자의 타자성이 나오지 않는다는 것은 분명하다. 후설에게는 모든 것이 초월론적 자기 내부에서 생겨난다. "초월론적 자기는 그것에게 고유한 것 내부에서, 또한 그 내부를 사용하여 자아에게 있어 다른 존재의 전체인 객관적 세계를 구성하며, 그 객관적 세계의 최초의 단계에서는 타아라는 양태를 지니는 다른 것을 구성한다."(같은 책) 후설은 그의 유아론이 무엇보다도 우선 방법적인 것이며, 모나드와 모나드의 공동화, 요컨대 공동 주관성에 의해 그것이 극복된다고 생각한다. 그러나 후설이 구성하는 타자는 참으로 타자적이지 않다.

앞에서 나는 칸트가 학學의 보편성을 확보하기 위해 타자를 도입했다고 말했다. 그것은 '사물 자체'라는 말로 말해지거나 '감성'의 수동성으로서 말해진 타자성이다. 후설은 칸트로부터 초월론적이라는 말을 빌리면서도 실제로는 칸트를 물리치고 데카르트로 거슬러 올라간 것이다. 그는 칸트가 발견한 감성·지성·이성 또는 사물 자체, 현상, 이념(초월론적 가상)이라는 '구조'를 인정하지 않았다. 후설에게 있어 칸트의 초월론적 비판은 '불순'하게 보였던 것이다. 그러나 그것은 바로 이미 그 안에 '타자성'이 포함되어 있었기 때문이다.

칸트는 우리가 사물 자체를 사유할 수는 있지만 직관할 수는 없으며, 이 구별이 없는 한 이율배반에 빠질 수밖에 없다고 말했다. 앞에서 후설이 지적한 패러독스는 칸트가 이율배반으로서 말한 것에 지나지 않는다. 우리는 세계 전체를 파악하지만, 그때 우리는 그 세계 안에 존재한다. 그것은 역으로 말해도 좋다. 우리가 세계 안에서만 있다고 할 때, 우리는 세계의 메타 차원에 서 있다고 말이다. 그러나 이와 같은 논의는 조금도 새롭지 않다. 후설은 마지막에 그 문제와 조우했지만, 사실 맨 처음에 만나야 했다. 요컨대 '다른 것'은 마지막에 만나는 것이 아니라 애초에 초월론적 비판 자체를 동기지우고 있는 것이다. 후설의 현상학은 궁극적으로 유아론적이며, 그로부터 나올 수 있는 출구는 없다. 데리다는 『목소리와 현상』에서 후설의 현상학이 음성 중심주의적이며 서양 중심주의적이라고 말했다. 그 비판은 칸트에게는 타당하지 않다. 이미 말했듯이 칸트의 초월론적 태도는 '강한 시차'

에서 시작되는 것이고, '다른 것'에 항상 따라다녔던 것이기 때문이다. 나아가 후설이 그리스 이래의 '서양'이라는 장소에서 근거를 찾아내는 데 반해, 칸트는 철저하게 코즈모폴리턴이었기 때문이다. 칸트는 데카르트처럼 여행도 망명도 하지 않았다. 그러나 그는 대학에서는 한결같이 지리학과 인간학을 강의했으며, 베를린 대학으로의 초빙을 거절하고 변경인 쾨니히스베르크에 머물렀다.

그런데 데카르트는 후설이 생각한 그러한 사상가가 아니다. 후설의 표현을 따라 말하자면, 데카르트는 초월론적 자아에 의한 세계 구성의 타당성을 공동 주관성이 아니라 신에 의해 확보하고자 하여 그 신의 존재를 증명하고자 했다. 데카르트의 신 존재 증명에는 세 종류 정도가 있는데, 그 가운데 두 가지는 안셀무스와 스콜라 철학 이래로 있던 것에 지나지 않으며, 데카르트의 독자적인 것은 다음과 같은 부분에 놓여 있다.

> 그에 이어서 나는 내가 의심하고 있다는 것, 따라서 내 존재는 모든 점에서 완전한 것이 아니라는 것[왜냐하면 나는 의심하는 것보다 인식하는 것 쪽이 더 큰 완전성임을 명석하게 보기 때문에]을 반성하고, 나 자신보다 완전한 무언가에 대해 생각하는 것을 도대체 어디서 배웠는지를 탐구하는 것으로 향했다. 그리고 나는 그것이 현실적으로 나보다 완전한 바의 무언가 존재자로부터가 아니라면 안 된다는 것을 명증하게 알았다. (『방법서설』, 앞의 책)

이것은 『성찰』의 제3장에서 상세하게 논의되고 있는데, '결과에 의한 증명'이라고 불린다. 이것은 그때까지의 '증명'과 같은 차원의 것이 아니다. 먼저 아무리 의심해도 의심하고 있는 나만은 존재한다는 것으로부터 '사고하는 것'의 존재의 확실성을 증명한 데카르트는 다시 신의 존재 증명에서 '나는 의심한다'를 들고 나온다. 요컨대 초월론적 코기토가 아니라 의심하는 단독자가 나오는 것이다. 그러면 이 '증명'은 무엇을 말하고 있는 것일까? 스피노자의 말을 흉내 내어 말하자면, 데카르트가 여기서 말하는 것은 '나는 의심하면서 존재한다'는 것이고, 그것은 나를 의심하게끔 하는 것이 있기 때문이라는 것이다.

요컨대 데카르트에게 의심을 강요하는 것은 시간적·공간적인 담론의 차이성이며, 또한 자신이 속해 있는 공동체에 있어 다른 것이다. 이 차이는 우리가 만들어낸 것이 아니다. 또한 이 차이는 동일성에서 보인 것이 아니다. 예를 들어 다수의 문화 체계가 각각 다르다고 할 경우, 우리는 암묵적으로 공통의, 이를테면 객관적인 세계를 전제한다. 그러나 데카르트의 경우 그와 같은 객관적인 세계 그 자체가 근거지어져야만 한다. 그렇다면 데카르트가 '신'이라고 부르는 것은 '의심하는' 것을 강요하는 차이이며, 결코 내면화할 수 없는 타자성이다. 다시 말하면 '의심한다'는 것에는 처음부터 다른 것, 요컨대 타자의 타자성이 숨어 있다. 파스칼(Blaise Pascal, 1623~62)은 데카르트가 가능하면 신 없이 해결하고 싶어 했다고 비난한다. 그러나 만약 정말로 '신 없이 해결하고자' 한다면 우리는 데카르트가 말하는 신이란 초월적이지 않은 상대적인 '타자'라고 바꿔 말할 수 있을 것이다. 중요한 것은 데카르트의 회의＝코기토가 이 '타자'에 처음부터 끝까지 따라붙고 있다는 점이다. 물론 이는『성찰』이후의 데카르트에게서 상실된다. 그것은 '의심하면서 존재'하는 모습, 그 외부적 실존이 상실된 것에 대응한다. 덧붙여 말하자면, 레비스트로스는 노년에 그 '인류학적 코기토'를 완전히 잃어버린다. 이전에 레비스트로스는 인류학이란 자국의 문화에서는 혁명적이지만 연구하는 대상의 문화에 대해서는 보수적이라고 말한 적이 있는데, 결국 그는 자국의 문화에 대해서도 보수적인 인간으로 전락한 것이다.

2. 초월론적과 횡단적

블랑켄부르크(Wolfgang Blankenburg, 1928~2002)는 정신 분열병을 '체험되는 현상학적 환원'이라고 했다(『자명성의 상실』). 현상학자는 ──내가 존재하고 대상 세계가 존재한다는 것과 같은── 자명성을 괄호에 넣지만 그 괄호를 언제든지 벗겨낼 수 있다. 그러나 정신 분열병자에게서 자명성은 상실된 그대로이다. 분열병자는 내가 존재한다거나 사물이 존재한다는 것을 알고 있지만, 그것을 실감할 수 없다. 그들에게 있어서는 현실이 존재한다거나 내가 존재한다는 것과 같은 자명성의 세계를 가지는 것이, 즉 괄호를 벗겨내는 것이 터무니없이 어려운 것이다. 그러나 현상학자가 임의로 괄호에 넣는다든지 벗겨낸다든지 하는 일이 가능하다면 그것은 무엇에 의해서일까?

예를 들어 흄은 데카르트적인 사고 주체를 의심했다. 그는 다수의 내가 있으며, 동일적인 주관이라는 것은 정부政府와 같은 것이고, 습관상 존재하는 것이라고 주장한다. 그는 이와 같은 회의에 대해 다음과 같이 말하고 있다. "내가 할 수 있는 일은 보통 이루어지고 있는 것을 그저 지켜보는 것뿐이다. 그것은 이러한 난문이 드물게 밖에, 아니 그보다는 결코 생각되지 않는다는 것, 일찍이 마음에 나타났다고 하더라도 곧바로 망각되고 아주 작은 흔적밖에 남기지 않는다는 것이다. 극히 정교한 추론은 우리에게 거의, 아니 그보다는 결코 영향을 주지 않는다."(『인간 본성에 관한 논고人性論』, 도키 쿠니오土岐邦夫 옮김, 「세계의 명저 32」, 中央公論新社) 그러나 이렇게 쓴 후에 흄은 곧바로 다음과 같이 고쳐 말한다.

그러나 극히 정교한 형이상학적 반성이 우리에게 거의 또는 조금도 영향을 주지 않는다니, 지금 도대체 무슨 말을 해버린 것일까? 지금의 나의 느낌과 경험으로부터 이러한 생각을 다시 보고 이의를 제기할 수밖에 없을 정도이다. 인간의 이성에서 보이는 이들 다양한 모순과 불완전함을 강렬히 보게 되어 동요하게 되고, 머리가 뜨거워져서 나는 지금도 모든 신념과 추론을 물리쳐 버리고자 하며, 어떠한 의견을 보더라도 그 밖의 의견보다 얼마간 그럴듯하다거나 좋아 보인다고 생각할 수도 없다. 나는 어디에 있는가? 나는 무엇인가? 나는 어떤 원인으로부터 나의 존재를 얻고, 어떤 상태로 돌아갈 것인가? 나는 누구의 호의를 구하고자 하는가? 또한 나는 누구의 분노를 두려워해야만 하는가? 어떠한 존재가 나를 둘러싸고 있는가? 그리고 나는 누구에게 영향을 주고, 누가 나에게 영향을 주고 있는가? 나는 이들 모든 문제에 당혹해 하고, 자신이 상상할 수 있는 한에서의 가장 한심한 상태에 있으며, 더할 나위 없이 깊은 암흑에 싸여 지체도 기능도 그 사용을 모조리 박탈당한 것으로 생각하기 시작한다.

아주 다행스러운 것은 이성이 이러한 구름을 날려버리는 힘을 지니고 있지 않은 이상, 자연 스스로 그 목적을 충분히 수행하여 이러한 마음의 경향을 완화시키거나, 아니면 감각 기능이 무언가 기분 전환될 것을 찾고 생생한 인상을 얻어 이러한 망상을 모두 씻어냄으로써, 이러한 철학의 근심과 착란으로부터 나를 치유해준다는 것이다. 나는 친구들과 함께 식사를 하고 주사위 놀이를 하고 대화를 나누며 즐긴다. 이리하여 서너 시간 기분을 달랜 후 앞에서 거론한 정도의 사색으로 돌아가려고 하면, 이들 사색은 극히 냉랭하고 강요된 어리석음으로 보여 더 이상 파고들 기분이 나지 않는다. (『인간 본성에 관한 논고』, 앞의 책)

흄은 이후에도 이 회의가 공허하고 사소한 것일 뿐이며 동시에 자기 파괴적으로 작용한다고 하는 모순된 사항을 길게 쓰고 있다. 이와 같은 기술은 데카르트에서와 마찬가지로 흄에게 있어서도 회의가 단지 지적인 퍼즐과 같은 것이 아니었다는 것을 보여준다. 회의는 거의 병적인 상태를 부르는 것이다. 그러나 흄은 친구들과 함께 식사를 하자 그로부터 자명성의 세계를 되찾는다. 그것은 칸트의 관점에서 말하자면 초월론적 자아(통각)가 '존재한다'는 것을 의미한다. 칸트가 말하는 통각은 바로 그것의 결여에서 드러난다. 하이데거 식으로 말하자면 그것은 존재자로서는 무無이지만 존재론적인 작용으로서 '존재하는' 것이다.

흄에게 있어 초월론적 환원을 한다든지, 나아가 그것을 벗겨내고 일상적인 자명성의 세계로 돌아오는 것과 같은 것은 자유자재로 할 수 있는 작업이 아니다. 그런데 만약 그러한 오고감이 자유자재로 가능한 것이 철학자이고 가능하지 않은 것이 병자라는 구별이 옳다고 한다면, 흄은 오히려 병자일 것이다. 그러나 철학자——철학 연구자가 아니다——란 오히려 그러한 의미에서 병자라고 해야만 한다. 철학자는 단지 자명성을 의심하는 것이 아니라 오히려 자명성을 **빼앗기고** 있는 것이다. 물론 나는 철학자가 분열병자에 가깝다고 말하고 싶은 것이 아니다. 철학에서 '초월론적 환원'은 단순한 방법일 수 없다고 말하고 싶은 것이다.

소크라테스는 그 회의의 시작을 아폴론의 신탁에서 찾고, 데카르트는 꿈에서 찾고 있다. 그것들은 그들의 회의가 오로지 자발적인 의지에 의한 것이 아니라는 것을 의미한다. 다시 말하면 의심한다는 것은 사람들이 임의로 선택하는 게임이 아니라 일종의 작위체험[2]인 것이다. 의심한다는 것, 그리고 의심하는 주체성은 현실적으로 존재하는 차이 또는 타자성에서 온다. 그와 같은 주체는 초월론적 주체와는 다른 것이다. 데카르트와 달리 칸트는 이미 그것에 대해 말하지 않았다. 그러나 때때로 '의심하는 나'에 대해 언급한다. "그래서 나는 지금까지 착수되지 않은 채 남아 있던 비판이라는 이 유일한 길을 걸어감으로써, 종래에 이성이 그 초경험적 사용으로 인해 자기 자신과 불화를 빚어내는 원인이 되었던 바의 모든 오류를 제거하는 방법이 이 길에 의해 발견되었다는 것을 마음속으로 기뻐하는 중이다."(『순수이성비판』상, 앞의 책) 여기서 말해지고 있는 나는 '이 나', 요컨대 칸트 자신이다. 그것은 초월론적 자아가 아니지만, 경험적인 자아도 아니다. 왜냐하면 '이 나'는 경험적인 나를 의심하는 나이기 때문이다. 그러나 칸트는 여기서 데카르트처럼 '의심하는 나'를 '생각하는 나'와 혼동하지 않았다.

• • • •

2_ [옮긴이] 자기의 생각이나 행위가 자기가 하고 있는 것이 아니라 모두 다른 사람이 시켜 이루어지게 된 것이라고 느끼는 체험.

세 가지 인식 능력의 비판은 이들 능력이 각각 선험적으로 성취할 수 있는 것에 대해 행해진다. 그러나 이 경우 비판 자체는 대상에 관해서는 본래 영역이라는 것을 갖고 있지 않다. 왜냐하면 비판은 적극적으로 주장하는 이론이 아니라 오히려 우리 인식 능력의 존재 방식에 비추어 보아 이러한 이론이 이들 능력에 의해 가능한지 어떤지, 또는 가능하다면 어떻게 해서 가능한지를 연구할 뿐이기 때문이다. 비판이 차지하는 분야는 우리의 인식 능력이 자칫하면 범하기 쉬운 모든 월권행위에 미치고 있는데, 그것은 비판의 취지가 이들 능력을 각각 그 합법적인 한계 안으로 제한하는 것이기 때문이다. (『판단력비판判斷力批判』 상, 시노다 히데오篠田英雄 옮김, 岩波文庫)

초월론적 비판은 그것에 의해 발견되는 능력들=작용과는 다르며, 그 어디에도 위치하지 않는다. 그렇다면 비판은 어디서 오는 것일까? 그것은 이를테면 칸트가 서 있던 '장소', 즉 경험주의와 합리주의 '사이'에서 온다. 경험주의와 합리주의는 칸트에게 있어 두 개의 학설이 아니다. 그가 마주친 것은 세계 내에 있는 것과 세계를 구성하는 주체라는 것, 요컨대 후설이 마주친 패러독스이다. 그러나 그것은 칸트를 '강한 시차'를 통해 직격했다. 칸트의 '비판'은 거기서 시작된다. 그에게 있어 '비판'은 '비판하면서 존재하는' 것, 그와 같은 외부적 실존과 분리할 수 없다. 데카르트와 달리 칸트는 '나는 의심한다'에 대해 말하지 않았다. 그러나 오히려 칸트 이후 그와 같은 코기토는 그것에 관해 침묵했거나 아니면 바로 그것을 부정한 사상가의 작업에 존재한다고 해야 한다.

그 예로서 칸트 이전에 데카르트에 대한 최초의 비판자였던 스피노자를 들 수 있을 것이다. 후기 데카르트는 사유와 연장을 두 개의 실체로 간주했다. 그러나 그가 『방법서설』에서 말했듯이, 사유가 단지 문법이나 관습에 기초하는 것이라면 사유도 넓은 의미의 '기계'에 지나지 않는다. 인간은 생각하고 있지만 그것은 단지 생각하도록 되고 있을 뿐이지 않은가, 언어가 부여하는 의사擬似 문제에 걸려들어 있을 뿐이지 않은가라는 '의심'에서만 데카르트의 코기토는 존재한다. 스피노자는 사유와 연장을 '하나의 실체'의 여러 양태들 가운데 두 가지로 간주한다. 그러나 그에 의해 그는 데카르트적 코기토를 부정한 것이 아니라 오히려 그것을 되찾고자 한 것이다. 스피노자에게 있어 신이란 세계이고, 데카르트가 말하는 '자유의지'나 '신'은 '세계'를 넘어서기는커녕 '세계' 안에서 산출된 표상에 지나지 않는다. 그는 하이데거와는 다른 의미에서 인간이 초월할 수 없는 '세계=자연 내 존재'라는 것을 보여주었다. 하지만 그것은 '데카르트주의'에 대한 비판이기는 해도 '의심하면서 존재한다'는 것을 부정하는 것은 아니다.

실제로 스피노자는 자유의지를 부정하고 있음에도 불구하고, 정념에 지배되고 있는 상태에서 그 원인을 가능한 한 분명히 함으로써 정념의 지배로부터 상대적으로 자유로워질 수 있다고 생각한다. 요컨대 그는 인식하고자 하는 '의지'의 자유를 인정하는 것이다. 그러나 그것은 적극적으로 말해져야 할 것이 아니다. 그것은 '의심하면서 존재한다'는 숨sum과 분리할 수 없다. 다시 말하면 그것은 그의 '에티카'이다. 스피노자는 어떠한 공동체에도 귀속하려고 하지 않은 단독적 (singular)인 코기토이자 외부적인 실존이다. 그는 데카르트처럼 일시적인 망명자가 아니라, 기독교회는 말할 것도 없고 유대교회로부터도 파문당하여 어디에도 없는 '사이'에서 살았기 때문이다. 또는 '사이=

차이' 자체를 세계로 하여 살았다고 말할 수도 있을 것이다. 스피노자는 문자 그대로 '의심하면서 존재한다'를 살았다. 스피노자는 데카르트에 관해 말한 것 이외에 결코 코기토에 대해 말하지 않았다. 하지만 그것은 그가 코기토적으로 실존했던 것과 배치되지 않는다. 스피노자가 말하는 유일한 실체로서의 '신=세계'는 이를테면 시스템들 사이의 공=간空=間을 초월화하는 것──그에 의해 어떠한 시스템 안에서의 자명한 근거도 벗겨내는 것을 함의한다.

우리는 데카르트의 '나는 의심한다'를 후설과 같은 '초월론적 동기'──모든 것을 투명하게 이해하는 철학자의 의지──가 아니라, 이 경험적 세계로부터 나오는 것으로서 거기로 되돌리지 않으면 안 된다. 하지만 그것은 단지 경험적 세계로 돌아가는 것이 아니다. 여기서 우리는 데카르트의 '나는 존재한다'라는, 의심하면서 존재하는 그 존재 방식을 초월론적으로 보아야 한다. 그것은 하이데거가 발견한 존재자의 '존재'와 비슷하면서도 다른 것이다. 하이데거는 데카르트에 대해 다음과 같이 말하고 있다.

'나는 생각한다cogito · 나는 존재한다sum'가 현존재의 실존론적 분석론의 출발점으로서 도움이 된다면, 단지 그 [어순의] 전도를 필요로 할 뿐만 아니라 또한 그 내용의 새로운 존재론적= 현상학적 확증을 필요로 한다. 그 경우 첫 번째 진술은 '나는 존재한다sum'이며, 그것도 요컨대 '나는-하나의-세계-안에- 존재한다Ich-bin-in-einer-Welt'는 의미에서이다. 이와 같은 존재하는 것으로서 내세계적으로 존재하는 것 하에서의 존재 방식으로서의, 다양한 태도(사고 · 성찰cogitationes)에로의 존재 가능성 안에 '나는 존재한다Ich bin'는 것이다. 이에 반해 데카르트는

'여러 가지 사고가 눈앞에 존재적으로 존재하고, 그 안에서 자아 ego가 무세계적인 사고하는 것res cogitans으로서 눈앞에 함께 존재한다'고 말한다. (『존재와 시간存在と時間』 중, 구와키 츠토무 桑木務 옮김, 岩波文庫)

확실히 하이데거는 코기토와 숨의 순서를 전도시킨다. 다시 말하면 그는 코기토가 아니라 세계 내 존재로서의 현존재에서 시작하는 것이다. 하이데거는 그에 의해 자아에서 시작하는 사고를 전도시켰다고 믿고 있다. 그러나 그것은 후설에 대한 비판일 수는 있어도 데카르트나 칸트에 대한 비판일 수는 없다. 하이데거는 경험적 차원과 초월론적 차원의 칸트적 구별을 존재적과 존재론적의 구별로서 바꿔 말하고, 마치 자기가 그것을 처음으로 발견한 것처럼 강조한다. 또한 경험적 자아(존재자)에 대해 무=존재인 바의 초월론적 자아를 강조한다. 하지만 하이데거는 '의심하는 나', 공동체와 공동체 '사이'에 존재하는 외부적 실존에 대해서는 말하지 않는다. 하이데거가 말하는 현존재는 동시에 본래적으로 공동존재――그에게 있어 그것은 민족을 의미한다――이다. 이로부터는 의심하는 존재자=단독적인 실존이 나올 여지가 없다.

굳이 존재론이라는 용어로 말한다면, 우리는 데카르트의 회의에서 다음과 같이 존재론을 발견해야 한다. 코기토(=나는 의심한다)는 시스템들 사이의 '차이'에 대한 의식이며, 숨이란 그러한 시스템들 사이에서 '존재하는' 것이다. 철학에서 은폐되는 것은 하이데거가 말하는 것과 같은 존재자와 존재의 차이가 아니라 그와 같은 초월론인 '차이' 또는 '사이'이며, 하이데거 자신이 그것을 은폐했던 것이다. 하이데거는 칸트의 초월론적(transcendental)인 비판을 깊이로 향하는 수직적인 방향에서 이해한다. 그러나 그것은 동시에 횡단적(transversal)인 방향에서 파악되지 않으면 안 된다. 그리고 나는 그것을 <트랜스크리틱 transcritique>이라고 부른다.

하이데거는 데카르트를 비판하며 소크라테스 이전의 그리스 사상가들에게로 거슬러 올라간다. 그러나 이들 사상가들이 아테네에서 '외국인'이었다는 점에 주의해야 한다. 그들은 지중해 교역의 장에 있으면서 거기서 사고했던 것이다. 그들은 폴리스를 자명한 전제로 삼지 않았다. 예를 들어 파르메니데스는 신들을 부정했으며, 헤라클레이토스는 공동체의 제의를 부정했다. 오르테가 이 가세트(José Ortega y Gasset, 1883~1955)는 다음과 같이 말하고 있다. "이러한 새로운 인간 유형이 완성된 것은 아테네 이외의 도시에서이다."(『철학의 기원 哲學の起源』, 사사키 다카시佐々木孝 옮김, 法政大學出版局) 아테네는 정치나 정보의 중심지임에도 불구하고, '사상'에 관한 한 '그리스 세계의 주변보다 뒤떨어진 도시였다.' 정치적·경제적으로 승리한 아테네 공동체 사람들은 그때까지 알지 못했던 '사상가'나 '파라·독사para-doxa'가 홍수처럼 한꺼번에 흘러들어 오는 것을 체험하게 되었다. "그러한 체험은 아테네 사람들처럼 나면서부터 반동적이고 전통적 신념에 매달려 있는 '인민'이 헤쳐 나가기에는 실로 불쾌한 체험이었다."(같은 책)

여기서 소크라테스의 위치는 지극히 양의적이다. 소크라테스는 순수한 아테네 시민이며, 외국인처럼 돈을 받지도 않았다. 그는 외부로부터 온 사상을 배제하는 대신 '대화'에 의해 그것을 '음미'하고 내재화했다. 사실상 그것은 '다른=많은 것'을, 또는 사상가=상인을 억압하는 형식인 것이다. 소크라테스 자신이 외래 사상을 가지고 노는 위험한 자로서 배제되었다. 그러나 그것은 소크라테스가 '다른=많은 것'을 억압했던 사실을 도리어 은폐한다. 플라톤에게 소크라테스의 처형은 바울에게서의 예수의 처형과 마찬가지 의미를 지닌다. 요컨대 플라톤은 그저 우발적 사고(Accident)로 처형된 소크라테스의 죽음을 폴리스(공동체)에 있어서의 공희供犧로서 극화한 것이다. 우리는 소크라테스 자신에 대해 알 수가 없다. 그러나 플라톤이 완성한 것은 소크라테스를 통해 외부적인 사상을 내면화함으로써 배제하는 것이었다고 말할 수 있다. 헤겔 철학과 마찬가지로 플라톤 철학에는 그 이전의 모든 사상이 지양(보존=폐기)되어 있다. 플라톤의 변증법(dia-logos)은 타자성을 배제함으로써 성립하는 것이며, 따라서 자기-대화(mono-logos)일 뿐이다.

그러나 예를 들어 하이데거가 플라톤을 공격하고 헤라클레이토스나 파르메니데스를 치켜세울 때, 나는 어떤 의구심을 갖지 않을 수 없다. "파르메니데스는 헤라클레이토스와 동일한 입장에 서 있다. 이 두 사람의 그리스 철인이, 즉 철인다운 길을 처음으로 개척한 이 두 사람이 존재자의 존재 속에 서지 않는다면 도대체 어디에 선단 말인가?"(『형이상학 입문形而上學入門』, 가와하라 에이호川原榮峰 옮김, 平凡社ライブラリ―) 하지만 '존재자의 존재 속'과 같은 완곡한 표현과 억지로 갖다 붙이는 것처럼 보이는 어원학은 어떤 중요한 사항을 보지 못하게 한다. 그것은 그들이 '서 있던' 곳이 공동체와 공동체 '사이'라는 사실이다. 헤라클레이토스는 '대항하는 동요의 집약태'로서의 '존재'를 보고, 파르메니데스는 거기서 '대항하여 싸우는 것들의 상관성'으로서의 '동일성'을 보았다고 하이데거는 말한다. 그러나 그것은 그들이 동일한 규칙을 가진 공동체에서가 아니라 바로 다양한 교통 공간으로서의 '세계'에서 생각했다는 것을 의미한다.

애초에 '철인다운 길을 처음으로 개척하는' 일은 공동체 내부로부터일 수 없다. 헤라클레이토스는 공동체 '사이'에 서서 '대항하는 동요의 집약태'로서의 '존재'를 보고, 파르메니데스는 거기서 '대항하여 싸우는 것의 상관성'으로서의 '동일성'을 보았다고 할 수 있다. 그것이 아테네 공동체에 입각한 소크라테스=플라톤에서 상실되었다는 것은 확실하다. 그러나 플라톤 이후의 존재 상실에 대해 말하는 하이데거는 플라톤을 공격하고 있음에도 불구하고 그와 동형적이다. 그것은 교역의 장으로부터 오는 사상을 안에 들이지 않고, 공동체의 동일성 안에서 내면화하는 일이다. 하이데거에게 있어 존재 상실이란 농민적인 게르만적 공동체의 상실이다. 그러나 만약 '존재 상실'이라는 말이 의의를 갖는다면, 그것이 교통 공간이나 차이로서의 장소 상실을 의미하는 한에서이다.

3. 단독성과 사회성

칸트는 일반성과 보편성을 날카롭게 구별하고 있었다. 그것은 스피노자가 개념과 관념을 구별했던 것과 마찬가지다. 일반성이 경험으로부터 추상되는 것인 데 반해, 보편성은 어떤 비약 없이는 얻어지지 않는다. 처음에 말했듯이 인식이 보편적이기 위해서는 그것이 선험적인 규칙에 기초하는 것이 아니라 우리의 그것과는 다른 규칙 체계 안에 있는 타자의 심판에 노출되는 것을 전제한다. 지금까지 나는 그것을 공간적으로 생각해 왔지만, 오히려 그것은 시간적으로 생각되어야만 한다. 우리가 선취할 수 없는 타자란 미래의 타자이다. 아니 그보다는 미래란 타자적인 한에서 미래이다. 현재로부터 상정할 수 있는 미래는 미래가 아니다. 이렇게 보면 보편성을 공공적 합의에 의해 근거지을 수는 없다. 공공적 합의는 기껏해야 현재의 하나의 공동체——그것이 아무리 광대한 것이라 하더라도——에 타당한 것일 뿐이다. 하지만 그렇다고 해서 공공적(public)이라는 개념을 방기해야만 한다는 것은 아니다. 단지 공공적이라는 말의 의미를 바꾸면 되는 것이다. 그리고 사실 칸트는 그렇게 했다.

칸트는 『계몽이란 무엇인가』에서 계몽을 유년기를 벗어나는 일이라고 정의하고 있다. 구체적으로 말하자면 그것은 국가 공동체의 일원이라는 것에 머물지 않고 세계 시민적 사회의 일원으로서 존재하는 일이다. 그때 주목해야 할 것은 칸트가 공公—사私의 의미를 완전히 바꾸어 버렸다는 사실이다.

자신의 이성을 공적으로 사용하는 것은 언제나 자유로워야만 하며, 이에 반해 자신의 이성을 사적으로 사용하는 것은 때때로 현저하게 제한되어도 좋은데, 그렇다고 해서 계몽의 진보가 특별히 방해를 받는 것은 아니다. 여기서 내가 이성의 공적 사용이라고 하는 것은 어떤 사람이 학자로서 일반 독자 전체 앞에서 그자신의 이성을 사용하는 것을 가리킨다. 또한 내가 이성의 사적인 사용이라고 하는 것은 다음과 같은 의미다.——공민으로서어떤 지위 또는 공직에 취임해 있는 사람은 그 입장에서만 그자신의 이성을 사용하는 것이 허용되는데, 이와 같은 사용 방식이 곧 이성의 사적인 사용인 것이다. …… 그러나 이러한 기구의수동적인 부분을 이루는 사람이라 하더라도 자신을 동시에 공공체公共體 전체의 일원——아니 그보다는 세계 공민적 사회의 일원

으로 간주하는 경우에는, 따라서 또한 본래적인 의미에서의 공중 公衆 일반을 향해 저서나 논문을 통해 자기의 학설을 주장하는 학자의 자격에서 논의하는 것은 전혀 지장이 없는 것이다. (『계몽이란 무엇인가啓蒙とは何か』, 시노다 히데오篠田英雄 옮김, 岩波文庫)

통상적으로 공적이라는 것은 사적인 것에 반해 공동체나 국가 차원에 대해 말해짐에도 불구하고, 칸트는 역으로 후자를 사적이라고 간주하고 있다. 여기에 중요한 '칸트적 전회'가 놓여 있다. 이 전회는 단지 공공적인 것의 우위를 말한 것이 아니라 공적인 것의 의미를 바꿔버린 것에 있다. 공적이라는 것=세계 공민적이라는 것은 공동체 안에서는 오히려 그저 개인적인 것으로밖에 보이지 않는다. 그리고 거기서 개인적인 것은 사적인 것으로 간주된다. 왜냐하면 그것은 공공적 합의에 반하기 때문이다. 그러나 칸트의 생각으로는 그렇게 개인적인 것이 공적인 것이다.

그런데 공동체나 국가는 실재한다 하더라도, 또한 네이션을 전제한 '국제적(international)'인 기구가 실재한다 하더라도, '세계 공민적 사회'라는 것은 실재하지 않는다. 사람들은 공동체에 속하는 것과 동일한 의미에서 세계 시민일 수는 없다. 세계 시민적이고자 하는 개인의 의지가 없다면 세계 시민적 사회는 존재하지 않는다. 세계 시민적 사회를 향해 이성을 사용한다는 것은 개개인이 이를테면 미래의 타자를 향해 현재의 공공적 합의에 반해서라도 그렇게 하는 것이다. 말할 것도 없이 헤겔은 이러한 사고방식을 정신의 추상적·주관적 단계라고 하여 부정했다. 개개인이 보편적이 되는 것은 민족(국가)의 일원으로서 그렇다는 것이다.

여기서 나는 혼란을 피하기 위해 말을 정의하고자 한다. 우선 일반성과 보편성이 구별되어야 한다. 일반성과 보편성은 거의 언제나 혼동되고 있다. 그리고 그것은 그 반대 개념들에 대해서도 마찬가지다. 예를 들어 개별성과 특수성 그리고 단독성이 혼동된다. 따라서 개별성—일반성이라는 맞짝과 단독성—보편성이라는 맞짝을 구별해야만 한다. 예를 들어 들뢰즈는 키르케고르의 '반복'에 대해 이렇게 말하고 있다. "우리는 개별적인 것에 관한 일반성인 한에서의 일반성과, 단독적인 것에 관한 보편성으로서의 반복을 대립된 것으로 간주한다."(『차이와 반복差異と反復』, 자이쓰 오사무財津理 옮김, 河出書房新社) 들뢰즈는 개별성과 일반성의 결합이 매개 또는 운동을 필요로 하는 데 반해, 단독성과 보편성의 결합은 직접(무매개)적이라고 말한다. 이는 달리 표현하자면 개별성과 일반성이 특수성에 의해 매개되지만, 단독성과 보편성은 그렇지 않다는 것이다. 낭만파에서 보편성은 사실은 일반성이라 해야 한다. 예를 들어 헤겔에게 있어 개별성이 보편성(=일반성)과 연결되는 것은 특수성(민족 국가)에서인 데 반해, 칸트에게 있어 그와 같은 매개성은 존재하지 않는다. 그것은 끊임없는 도덕적인 결단(반복)이다. 그리고 그와 같은 개인의 존재 방식이 단독자이다. 그리고 단독자만이 보편적일 수 있다. 물론 이것은 칸트가 아니라 키르케고르의 말이지만, 근본적으로 칸트에게 있는 생각이다.

칸트는 감성과 지성에 관해 그것들을 상상적으로 종합하는 것으로서 '도식'을 생각하고 있다. 예를 들어 종이 위에 삼각형이 그려져 있다고 하자. 그것은 임의적이고 다종다양하지만, 우리는 그것을 삼각형 일반으로서 받아들인다. 이 도식에서 개별적인 것과 일반적인 것이 종합된다. 나중에 카시러는 그것을 상징 형식으로서 다시 파악했지만, 낭만파는 그것을 개별성과 보편성(=일반성)을 종합하는 특수성으로 간주했다. 나아가 헤겔은 그것을 다음과 같이 정식화하고 있다. "특수적인 것은 개별적인 것에 대해서는 보편적인 것이고, 보편적인 것에 대해서는 규정된 것이다. 특수적인 것은 보편성과 개별성의 양극을 자신 안에 포함하고, 그런 까닭에 양자를 결합하는 중간 항이다."(『논리의 학』) 낭만파가 가져온 것, 즉 언어, 유기체, 민족 등의 강조는 논리적으로는 이와 같은 '특수성'의 정위定位로서 볼 수 있다. 예를 들어 루카치는 칸트가 개별성과 보편성, 감성과 지성의 괴리에 머문 것을 비판하고, 그것을 넘어선 헤겔의 생각에 따라서 다음과 같이 말한다.

> 이론적 인식에서 두 개의 방향을 취하는 이 운동은 현실적으로 한쪽 극으로부터 다른 쪽 극으로 향하고, 중간 항을 이루는 특수성은 그 어느 경우에도 매개 역할을 담당하지만, 예술적 반영에서 중간 항은 말 그대로 중심이 되고 다양한 운동의 집중점이 된다. 따라서 여기서는 특수성에서 보편성으로 향하는 운동(또한 되돌아가는 운동)이나 특수성에서 개별성으로 향하는 운동(여기서도 역시 되돌아가는 운동)도 있는데, 그 어느 경우에서도 특수성으로 향하는 운동이 최종적으로 결정적인 운동이 된다. …… 특수성은 이제 지양될 수 없는 정착된 장을 획득하고, 그 위에서 예술 작품의 형식 세계가 구축된다. 범주의 상호 전화와 상호 이행은 변화한다. 요컨대 개별성도 보편성도 언제나 특수성 안에서 지양된 것으로 나타나게 된다. (『미와 변증법美と弁証法』, 라치 치카라良知力 외 옮김, 法政大學出版局)

그러나 이와 같은 특수성에 대한 인식은 헤겔이 최초가 아니다.

원래는 낭만파에 의해 강조되었던 것이다. 예를 들어 헤르더가 말하는 언어는 감성과 지성, 개별성과 보편성을 종합하는 특수성으로서 파악되고 있다. 보편성-특수성-개별성(類-種-個)이라는 논리는 단지 언어에만 들어맞는 것이 아니다. 예를 들어 인류와 개인의 중간 항(특수성)으로서 민족이 발견된다. 또는 자연적인 것과 정신적인 것——칸트의 말로 하면 자연과 자유——의 중간에서 특수성으로서 유기체(생명)가 발견된다. 실제로 헤르더에게서 '언어'는 민족이나 유기체라는 관념과 분리될 수 없다. '언어는 유기체다'라는 훔볼트의 생각도 헤르더에게서 유래하는 것이다. 민족이라는 관념은 낭만파에게서 특권적인 것이 되는데, 그 배경에는 개별성과 보편성에 맞서 특수성을 그것들을 종합하는 동시에 그것들을 파생시키는 원천으로서 정위하는 논리가 놓여 있다. 이 논리에서 특수성은 유일하고 구체적인 것이다. 이와 같은 사고방식을 전형적으로 보여주는 것은 조제프 드 메스트르(Joseph de Maistre, 1753~1821)의 다음과 같은 유명한 말일 것이다. "이 세상에 인간 따위는 존재하지 않는다. 나는 프랑스인이나 이탈리아인, 러시아인이라면 본 적이 있다. 게다가 이것은 몽테스키외 덕분이지만, 페르시아인이 될 수 있다는 것도 알고 있다. 하지만 인간이라면, 분명히 말해서 지금까지 그러한 것을 본 적이 없다. 인간이라는 것이 있다면 그것은 내가 알지 못하는 바의 것일 터이다."(알렝 핑켈크로트 Alain Finkielkraut,『사유의 패배 또는 문화의 패러독스 思考の敗北あるいは 文化のパラドクス』, 니시타니 오사무西谷修 옮김, 河出書房新社)

　개인은 예를 들어 우선 일본어(일본 민족) 안에서 개인이 된다. 인류(인간 일반)와 같은 보편성은 이와 같은 특수성을 결여했을 때는 공허하고 추상적이다. '세계 시민'이 그들에 의해 모멸당하는 것은 말할 것도 없다. 그것은 지금도 조소당하고 있다. 그러나 칸트는 '세계 시민 사회'를 실체적으로 생각한 것이 아니다. 또한 칸트는 사람들이 무언가의 공동체에 속한다는 것 그 자체를 부정한 것이 아니다. 다만 사고와 행동에서 세계 시민적이어야 한다고 말했을 뿐이다. 실제로 세계 시민다운 것은 각각의 공동체에서 각자의 투쟁(계몽)을 제외하고는 있을 수 없다.

독일 낭만파는 칸트 이후에 나온 것으로 생각된다. 그러나 현실에서는 동시대적이어서 칸트는 일찍이 헤르더와 피히테를 통렬하게 비판했다.[3] 칸트가 말하는 '세계 시민적 사회'는 이미 후자의 '민족'을 사정

• • • •
3_ 칸트는 헤르더의 책을 평가하여 다음과 같이 말하고 있다. "── 이 시도는 대담하기는 하지만 우리의 이성에 대한 탐구심에 있어서는 자연스러운 것이며, 실행이 완전히 성공하지 못한다고 하더라도 부끄러워할 일은 아니다. 그러한 만큼 더욱더 다음의 것이 바람직한데, 우선 우리의 재능이 풍부한 저자는 이 저작을 계속해 나가는 데서 그가 확고한 토대를 눈앞에서 발견하는 경우 그의 활발한 천재에 약간의 강제를 덧붙여야 하며, 다음으로 철학의 마음 씀은 새로운 싹의 번성보다 깎아 다듬는 데 있기 때문에 철학은 이 저자를, 암시가 아니라 규정적 개념에 의해, 억측된 법칙이 아니라 관찰된 법칙에 의해, 형이상학에 의해서든 감정에 의해서든 날아오르는 상상력을 개재시키는 것이 아니라 기획에서는 광범하더라도 실행에서는 신중한 이성을 통해 그의 사업의 완성으로 이끌도록 하는 것이다."(「요한 고트프리트 헤르더의 『인류사의 철학에 대한 이념』에 대한 논평」, 오구라 유키요시小倉志祥 옮김, 「전집」 제13권, 理想社) 칸트가 헤르더에게서 '형이상학'이나 '이성의 월권'을 보고 있는 것은 이 조심스러운 비판으로부터도 분명하다.

또한 피히테에 관해서는 다음과 같이 말하고 있다. "피히테 씨의 『전체 학문론의 기초』를 어떻게 생각하고 계십니까? 이 책은 아주 오래전에 피히테 씨가 나에게 보내 온 것인데, 방대하고 또 내 작업이 굉장히 방해를 받을 것 같았기 때문에 읽기를 미루어 두고 있었습니다만, 이번에 『일반 학술 신문』 지상의 비평에서 처음으로 그 책에 대해 알게 된 형편입니다. 지금으로서는 이 책을 손에 들 여유가 없습니다만, 피히테 씨에 대한 그 비평은(이 비평가는 다분히 호의적인 눈으로 쓰고 있습니다) 나에게 일종의 요괴나 그 무언가인 듯이 보입니다. 요컨대 사람들이 이것을 붙잡았다고 생각하더라도 사실은 아무 대상도 없이

범위 안에 두고 있었다. 칸트는『순수이성비판』에서 전 시대의 형이상학을 비판하고 있는 듯이 보이지만, 오히려 그것은 동시대에 '민족'이라는 형태로 소생한 이성의 형이상학적 충동을 비판하고 있는 것이다. 그는 감성과 지성이 상상력에 의해 종합된다고 생각했지만, 역으로 말하자면 그것은 종합이 상상적인 것일 뿐이라는 것을 의미한다. 칸트가 이원적 균열을 넘어설 수 없었다는 루카치의 말과는 반대로, 칸트는 이미 성립해 있던 그와 같은 상상적인 종합에 균열을 가져온 것이다. 그것이 칸트의 초월론적 비판이다.

여기서 앞에서 말한 일반성-개별성, 보편성-단독성의 구별을 다시 생각해 보자. 종종 그것들은 용어상에서 동일시된다. 하지만 칸트의 말로 하자면, 일반성-개별성은 경험적이고, 보편성-단독성은 초월론적이다. 전자에서의 종합이 상상물에 지나지 않는다는 것을 분명하게 드러내는 것은 후자의 초월론적 비판이다. 예를 들어 헤겔 이후에 키르케고르나 슈티르너(Max Stirner, 1806~56)가 각각 '단독성'이라는 개념을 끌어들이고 있다. 헤겔에게 있어 그리스도에서 신이 인간이 되는 것은 인간이 신이라는 것, 포이어바흐의 표현으로 말하자면 개개

.....

결국 자기 자신을, 더욱이 붙잡으려고 하는 자기 자신의 손만을 보는 것 같은 것입니다. ── 단순한 자기의식, 더욱이 소재를 지니지 않는 사유 형식만의 자기의식, 따라서 또한 이것을 반성해 보더라도 반성이 향해지는 것이 실제로는 존재하지 않으며, 그 반성이 논리학마저도 넘어서는 것과 같은 자기의식은 독자에게 기이한 인상을 줍니다. 이미 표제(학문론, Wissenschaftslehre)로부터 보아 ──체계적으로 도출된 어떠한 학설(Lehre)이라도 곧 학문(Wissenschaft)이기 때문에──수확에 대한 기대를 거의 불러일으키지 않습니다."(「요한 하인리히 티프트롱에게 보내는 편지, 1798년 4월 5일」, 이시자키 고헤이石崎宏平 옮김, 「전집」 제18권, 理想社) 그러므로 피히테의 '자기'──그것이 독일 관념론에서 '정신'이나 '인간'으로 바꾸어 말해진다──를 '유령'이라고 말한 것은 칸트가 처음인 것이다.

인이 본래 '유적 본질존재'라는 것을 의미한다. 키르케고르는 그와 같은 종합의 자명성을 부정하기 위해 단독자를 가지고 온 것이다. 다시 말하면 개별성-일반성이라는 회로에 이의를 제기하고 단독성-보편성이라는 회로에 서고자 한 것이다.

이 단독성은 자주 실존주의와 결부된다. 그러나 그것은 일면적인 사고방식에 지나지 않는다. 예를 들어 키르케고르와 같은 시기에 슈티르너도 '유일자'를 주장하고, 그 유물론적 '전도'에도 불구하고 여전히 헤겔적 사고의 틀 안에 있었던 포이어바흐를 비판했다. 슈티르너에게 있어 '이 나'는 단독이고, 그 안에 '유적 본질' 따위는 내재하고 있지 않다. 그는 헤겔의 정신이나 포이어바흐의 유적 본질을 유령이라고 하여 배척하며, 단독자들의 자유로운 어소시에이션을 생각했다. 예를 들어 맑스와 엥겔스는 『독일 이데올로기』에서 슈티르너를 '성聖 막스'로 부르면서 야유하고 있지만, 그 전에 쓰인 그들의 서간에서는 슈티르너의 영향이 명료하게 읽힌다.[4] 요컨대 맑스의 '전회'에는 헤겔의 단순

• • • •

4_ 엥겔스는 슈티르너의 독일적 관념성을 비판하면서 다음과 같이 말하고 있다. "이 이기주의는 한순간도 그 일면성에 머무를 수 없으며, 곧바로 공산주의로 바뀌지 않을 수 없을 정도로, 그 정도로…… 자각적입니다." "그러나 원리로서 진실한 점은 우리도 받아들여야만 합니다. 그리고 원리로서 확실히 진실한 것은 우리가 하나의 사물을 위해 무언가를 할 수 있기 전에, 우리는 우선 그 사물을 우리 자신의 이기적인 사물로 하지 않으면 안 된다는 것,—요컨대 이런 의미에서 우리는 있을지도 모르는 물질상의 기대는 별도로 하더라도 역시 이기주의에 의해 공산주의자이며, 이기주의에 의해 단순한 개인이 아니라 인간이기를 바라는 것입니다. 또는 달리 표현하자면 슈티르너가 포이어바흐의 '인간'을, 적어도 『기독교의 본질』 안에서의 '인간'을 비난하고 있는 것은 옳습니다. 포이어바흐의 '인간'은 신으로부터 파생하는 것이며, 포이어바흐는 신으로부터 '인간'에 도달했고, 따라서 '인간'은 물론 아직 추상이라는 신학적 후광으로 장식되어 있습니다. '인간'에 도달하는 진실한 길은 이것과는 반대의 길입니다. 우리는 자아로부터, 즉 경험적인 살아 있는 개인으로부터 출발하여 슈티르너처럼 거기에 선

한 유물론적 '전도'가 아니라 개체-유 또는 개별성-일반성의 회로를 '단절'하는 단독성-보편성이라는 회로의 출현이 필요 불가결했던 것이다.

맑스는 그의 포이어바흐 비판에서 '사회적(sozial)'이라는 말을 핵심어로서 사용하기 시작했다. 그것이 공동체(Gemeinschaft)와 다르다는 것은 말할 것도 없지만, 시민 사회(Gesellschaft)와도 다르다는 점에 주의해야 한다. 예를 들어 맑스는 『자본』에서 교역은 공동체와 공동체 '사이'에서 시작된다고 되풀이해서 말하고, 그러한 '사이'에서 이루어지는 교환 관계를 '사회적'이라고 부른다. 그와 같은 외부와의 교역이 공동체 안에 내재화되었을 때 시민 사회(Gesellschaft)가 형성된다. 그러나 이것도 일정한 규칙을 공유하는 공동체이다. 맑스가 말하는 '사회적' 관계는 우리가 그렇게 의식하지 않음에도 불구하고 관계지어져 있는 타자와의 관계이다. "따라서 사람들이 그들의 노동 생산물을 서로 가치로서 관련시키는 것은 이들 물건이 그들에게 있어 동등한 종류의 인간 노동의 단순한 물질적인 외피로 간주되기 때문이 아니다. 오히려 그 반대이다. 그들은 그들의 서로 다른 종류의 생산물을 서로 교환에서 가치로서 등치시킴으로써 그들의 다양한 노동을 서로 인간

. . . .
채 오도 가도 못하는 것이 아니라 그로부터 우리를 '인간'으로까지 고양시켜야만 합니다. '인간'은 경험적인 인간에서 기초를 지니지 않는 한 언제나 유령입니다. 요컨대 우리의 사상이나 특히 우리 '인간'이 진실한 것이기 위해서는 우리는 경험주의와 유물론에서부터 출발하지 않으면 안 됩니다. 우리는 일반을 개별로부터 도출해야만 하며, 그 자신으로부터 도출한다든지 헤겔식으로 허공에서 도출한다든지 해서는 안 됩니다."(「맑스에게 보내는 편지, 1844년 11월 19일」, 오카자키 지로岡崎次郎 옮김, 「맑스=엥겔스 전집」 제27권, 大月書店) 그러나 엥겔스의 이 편지는 슈티르너가 제기한 문제를 충분히 파악하고 있다고는 말할 수 없다. 이 문제에 관해서는 이 책 제2부 제1장 제5절을 참조.

노동으로서 등치시키는 것이다. 그들은 그것을 의식하지는 못하지만 그렇게 하고 있다."(『자본』제1권, 제1편 제1장 제4절, 스즈키 고이치로鈴木鴻一郎 외 옮김, 「세계의 명저 43」, 中央公論新社)

고전 경제학자에게 있어서는 하나하나의 상품에 교환 가치가 내재한다. 그러나『자본』의 맑스에 따르면 상품은 팔리지 않으면(교환되지 않으면) 어떠한 교환 가치도, 나아가 사용 가치도 가질 수 없으며 그저 폐기될 뿐이다. 그리고 맑스는 이러한 상품으로부터 화폐로의 도약을 '상품의 목숨을 건 도약'(salto mortale)이라고 부른다. 그가 상품이나 그것을 생산하는 노동의 '사회성'을 말할 때, 이 목숨을 건 도약과 그 도약에 수반되는 불가피한 맹목성에 대해 언급하고 있는 것이다. 상품이 사용 가치이자 교환 가치라는 이 '종합'은 키르케고르가 말하는 '유한과 무한의 종합'과 유사한 것이다. 예를 들어 팔리지 않은 상품이란 타자와의 관계를 놓쳐 버리고 '절망적으로 자기 자신이고자 하는'(『죽음에 이르는 병』) 자를 말한다. 이리하여 맑스의 변증법은 헤겔의 단순한 역전이 아니라 오히려 키르케고르의 질적 변증법과 유사하다. 어쨌든 중요한 것은, 아무리 슈티르너의 '단독성'이라는 말을 부르주아적 개인주의로 귀착되는 것이라고 하여 거절했다고 하더라도, 맑스의 '사회성' 개념에는 단독성의 모멘트가 강하게 존재한다는 점이다.

예를 들어 리처드 로티(Richard Rorty, 1931~2007)는『우연성 · 아이러니 · 연대성』에서 과거의 사상가를 두 가지 유형으로 분류하고 있다. 그 첫 번째는 개인성과 관계하는 유형이고, 두 번째는 사회성과 관계하는 유형이다. 여기서 로티는 맑스를 후자의 유형으로 분류한다. 그러나 맑스에게 있어 사회성은 단독성과 분리될 수 없다. 애초에 로티에게는 공동체와 사회의 구별이 가능하지 않다. 즉 동일한 규칙을 지닌 시스템에서의 교환=커뮤니케이션과, 다른 시스템들 사이에서의 교환=커뮤니케이션의 구별이 가능하지 않은 것이다. 단독성은 데카르트의 코기토가 그렇듯이 '사회적 공간'과 분리될 수 없다. 단독성은 단지 사적이거나 내적인 것이 아니다.

그런데 우리는 단독성에 대해 말할 수 없다. 왜냐하면 언어는 언제나 그것을 개별성−일반성의 회로로 되돌려 버리기 때문이다. 예를 들어 우리는 '이 사물'이나 '이 나'가 특이하다고 느낀다. 하지만 그것을 말하려고 하면 단지 일반 개념을 한정하는 것밖에 안 된다. 헤겔은 언어화할 수 없는 단독성을 고집하는 태도를 비판하여 다음과 같이 말하고 있다.

> 자아는 지금, 여기, 요컨대 이것 일반과 마찬가지로 일반적인 것에 지나지 않는다. 나는 확실히 개개의 자아라고 생각한다. 하지만 내가 지금의 경우, 여기의 경우에 생각하는 것을 언표할 수 없듯이 나는 자아의 경우에도 생각하는 것을 언표할 수 없다. 나는 이것, 지금 혹은 개별적인 것이라고 말할 때, 모든 이것, 모든 여기, 지금, 개별적인 것을 말하고 있다. 마찬가지로 자아, 이 개별적인 자아라고 말할 때, 나는 애초에 모든 자아를 말하고 있다. (『정신현상학精神現象學』 상, 가시야마 긴시로樫山欽四郎 옮김, 平凡社ライブラリー)

그러므로 말해질 수 없는 것이라고 불리는 것은 참되지 않은 것, 이성적이지 않은 것, 단지 생각되었을 뿐인 것에 지나지 않는다. 어떤 것에 대해 현실적인 것이라든지 외적 대상이라는 것 이상의 것이 아무것도 말해지지 않은 경우에는 그것은 가장 일반적인 것으로서 말해졌으며, 다른 것과의 구별이라기보다는 모든 것과 동등한 것이 말해지는 것이다. 개별적인 것이라고 말할 때 나는 사실은 오히려 그것을 전적으로 일반적인 것이라고 말하고 있다. 왜냐하면 모든 것은 개별적인 것이기 때문이다. 마찬가지로 사람들이 찾고 있는 것은 어느 것이나 모두 이것이다. 좀 더 정확한 표현 방식으로 하자면, 이 한 장의 종이라고 말할 때 모든 종이, 어떤 종이도 한 장의 종이인 것이다. 나는 변함없이 오로지 일반적인 것을 말하고 있을 뿐이다. 말이라는 것은 생각·사념을 그대로 반대의 것으로 만들고 다른 것으로 만들 뿐만 아니라 말로 표현할 수 없는 것으로 만들어 버린다는, 신에게나 어울리는 본성을 가지고 있다. (『정신현상학』, 같은 책)

헤겔이 여기서 말하고 있는 것은 말로 '언표하는' 한, 지금, 여기의 개별성(=단독성)은 이미 일반성에 속하며, 또한 그렇지 않은 개별성은 '생각·사념'에 지나지 않는다는 것, 표현할 수 없는 것조차 언어에 의해 성립한다는 것, 다시 말하면 단독성은 언어의 결과에서만 있을 수 있다는 것이다. 그것은 정치적으로는 다음과 같은 사항을 함의한다. 세계 시민도 세계 시민적 사회도 우선 민족(국가)이 있는 까닭에 상상될 뿐이다. 그와 같은 공공성을 배반하는 개인은 단순한 '사념'을 고집하고 있을 뿐이다. 이리하여 헤겔은 칸트가 연 단독성–보편성의 회로를 일반성–개별성 안에 밀어 넣어 버린다.

이안 해킹(Ian Hacking, 1936~)은 칸트가 아직 주관성의 철학에 머물러 있었던 데 반해, 처음으로 언어를 공공적인 것으로서 생각한 것은 헤겔이라고 말한다. "'언어란 대타적으로 존재하는 자기의식이다', '언어란 하나의 외재적 실재성이다'라고 그는 주장했다. 이리하여 우

리는 언어가 외재적이고 공공적이며 사회적이라고 인식한 그때, 동시에 자아나 자아 동일성에 대한 근본적인(radical) 방향 전환도 경험했던 것이다.”(『언어는 왜 철학의 문제가 되는가言語はなぜ哲學の問題になるのか』, 이토 구니타케伊藤邦武 옮김, 勁草書房) 나아가 해킹은 그러한 인식을 최초로 가진 사람은 칸트의 친구이자 또한 칸트를 비판한 J. G. 하만(Johann Georg Hamann, 1730~1788)이고, 헤르더는 그의 영향을 받았다고 말한다. 그러나 이 정도로 심한 오해는 많지 않다. 해킹은 공공적이라는 말과 관련해 통속적이며, 공동체와 사회의 구별과 관련해서도 통속적이다. 그로 인해 그는 헤르더나 헤겔에 의한 언어의 공공성 주장과 비트겐슈타인에 의한 ‘사적 언어’ 비판의 구별조차 행할 수 없다.[5] 이미 말했듯이 칸트의 초월론적 비판은 형식이나 범주

. . . .

5_ 아렌트는 칸트의 『판단력비판』에서 공공적 합의라는 정치적 과정을 보고자 했다. 그러나 칸트는 ‘공통 감각’에 만족한 것이 아니다. 공통 감각은 기껏해야 지역적 · 역사적인 것이다. 취미 판단은 어디까지나 그 이상의 ‘보편성’을 요구한다. 공공적 합의(공통 감각)는 그와 같은 보편성(공공성)의 요구를 잃어버리는 한, 단지 사적인 것에 지나지 않게 된다. 또한 하버마스는 칸트의 이성을 대화적 이성(공동 주관성)으로서 재편하고자 했다. 그러나 칸트가 사물 자체를 가지고 온 것의 중대한 의미가 그에 의해 상실된다. 공동 주관성은 어디까지나 주관성이며, 그것을 넘어서는 것이 아니다. 그것은 타자의 타자성 배제로 귀결된다. 그 점은 구체적 국면에서 확실할 것이다. 아렌트나 하버마스와 같은 사람들이 ‘공공적 합의’라고 부르는 것은 실제로는 공동체, 즉 공통 감각을 가진 사람들 사이에서의 합의에 지나지 않는다. 그러므로 예를 들어 하버마스는 그것이 서양이 아닌 곳에서는 타당하지 않다는 등의 말을 하기도 한다. 그는 코소보 공습에 대한 독일의 참가를 ‘공공적 합의’에 따른 것이라고 하여 지지했다. 그러나 그것은 유엔의 동의조차 받지 못했으며 단지 유럽 안에서의 합의에 지나지 않는다. 유럽 공동체는 종래의 국민 국가의 틀을 넘어선다고 하더라도 그것 자체가 외부에 대해서는 하나의 거대 국가(super-state)에 지나지 않는다. 그것이 공공적이라고 간주되고 있는 것이다. 다음 절(제1부 제3장 4)에서 나는 칸트에서의 타자가 합의 등을 할 수 없는 미래나 과거의 타자를 포함한다는 점을 지적했다.

라는 형태로 실질적으로는 언어를 다루고 있다. 언어론적 전회에 의해 '자아' 문제가 정리되는 일은 있을 수 없다. 만약 그 '자아'가 '의심하는' 실존으로서 존재하는 것을 의미한다면 말이다.

그러나 언어에는 개별성-일반성의 회로에서 해결되지 않는 문제가 있다. 그것은 고유 명사이다. 예로부터 실재론자는 실체란 일반적인 개념으로서 존재하고, 개별성은 그것의 우연적인 나타남에 지나지 않는다고 생각한다. 예를 들어 한 마리의 개는 '개'라는 개념의 우연적인 나타남이다. 그에 반해 유명론자는 개물만이 실체로서 존재하고, 일반성은 거기서 발견되는 개념에 지나지 않는다고 생각해 왔다. 즉 '개'라는 개념은 많은 개별적인 개로부터 추상된 것이라는 것이다. 그런데 실재론자가 고유 명사를 경시하는 것은 당연하지만, 유명론자는 실체로서의 개체가 고유 명사로 지시되는 것이라고 생각해 왔음에도 불구하고 고유 명사를 좋아하지 않았다. 고유 명사는 사회적으로 주어지는 것이며, 엄밀하게 개별성을 지시하지 않기 때문이다. 예를 들어 그리스에서는 '소크라테스'라는 이름을 가진 사람이 여러 명이 있다. 따라서 유명론자는 고유 명사를 이론상 필요하기는 하지만 우연적이고 부차적인 것이라고 하여 사실상 무시했던 것이다. 실체로서의 개체를 상정하고 또한 고유 명사를 폐기하고자 한 최후의 유명론자는 버트란트 러셀이다. 그는 고유 명사가 일련의 기술의 다발로 환원될 수 있다고 생각했다. 예를 들어 후지 산은 '일본에서 가장 높은 산'이라는 기술로 치환된다. 러셀은 '이것'이나 '저것'만이 주어 또는 실체일 수 있다고 주장하고, 그것을 논리적 고유 명사라고 불렀다. 즉 'X가 존재하며, X는 후지 산이다'라는 표현에서 X를 고유 명사로 간주하는 것이다.

그러나 고유 명사를 기술의 다발이라고 생각하는 러셀의 이 기술이론은 단독성을 개별성과 동일시하는 것에 다름 아니다. 예를 들어 여기에 개가 있다. 개별성이라는 축에서 보면, '이 개'는 개라는 일반적인 유類 가운데 하나이고, 다양한 특성(희다, 귀가 길다, 여위었다, 등)에 의해 한정될 것이다. 그러나 단독성이라는 축에서 보면, '이 개'는 '다름 아닌 이 개'이고 어떠한 개와도 교체되지 않는 것이다. 물론 이 점은 '이 나'와 관련해서도 마찬가지다. 나는 '이 나'가 단독적이라고 느낀다. 그러나 그것은 조금도 내가 특별하다는 것을 의미하지 않는다. 이 경우 '이것'은 무언가를 지시하는 '이것'과는 다르다. 우리는 단독성으로서의 '이 개' 또는 '이 나'를 기술할 수 없다. 기술하면 그것은 단지 기술의 다발, 다시 말하면 집합의 다발을 쌓아 올릴 뿐이다. 그에 반해 단독성으로서의 '이 개' 또는 '이 나'는 '다름 아닌 이것', 요컨대 '달랐을지도 모르지만 현실에서는 이러하다'는 것을 의미한다. 따라서 단독성을 생각하기 위해서는 양상(modality)의 문제를 고려하지 않으면 안 된다.

솔 크립키는 양태라는 개념 또는 '가능 세계'론을 도입하여 러셀을 비판하고 있다. 가능 세계란 어떤 사태가 그렇지 않았을 경우에 있을 수 있었을 세계와 같은 것이다. "'가능 세계'란 '세계가 있을 수 있었을지도 모르는 존재 방식' 전체, 또는 세계 전체의 상태들 내지 역사들을 말한다."(『이름과 필연名指しと必然性』, 야기사와 다카시八木澤敬・노에 게이이치野家啓一 옮김, 産業圖書) 하지만 주의해야 할 것은 첫째로, 가능 세계가 현실 세계 또는 현실에 존재했던 세계로부터만 생각되고 있다는 점이며, 다음으로는 가능 세계가 극단적으로 먼 세계가 아니라는 점이다. 예를 들어 러셀에 따르면, 후지 산이라는 고유 명사는 '일본에서 가장 높은 산'이라는 기술로 치환될 수 있다. 그러나 후지 산이 일본에서 가장 높은 산이 아닌 가능 세계를 생각해 보자(사실

타이완을 영유하고 있던 전쟁 전의 '일본 제국'에서는 그러했다). 그 경우 '후지 산은 일본에서 가장 높은 산이 아니다'라고 말할 수 있지만, '일본에서 가장 높은 산은 일본에서 가장 높지 않다'고 말할 수는 없다. 이와 같이 가능 세계를 고려하여 현실 세계를 보게 되면 고유 명사와 확정 기술의 차이가 명확해진다. 크립키는 고유 명사가 모든 가능 세계에 걸쳐 타당한 까닭에 그것을 고정 지시어(rigid designator) 라고 부른다. 그는 "내가 특히 부정하고 싶은 것은 개체란 그것이 무엇을 의미하든 간에 '여러 성질의 다발' 이외에 아무것도 아니라는 생각이다"(같은 책)라고 말한다. 그것은 고유 명사가 개체의 여러 성질들의 기술과는 무관계하며, 단적으로 개체를 개체로서 지시한다는 것을 의미한다.

크립키가 비판하는 것은, 우리의 관점에서 말하자면, 러셀이 고유 명사를 가지는 세계를 개별성―일반성의 회로로 환원했다는 것이다. 크립키의 생각으로는 보통 일반명사로 여겨지는 종의 이름도 고유 명사이다. 다시 말하면 크립키는 자연과학을 논리학으로 환원하고자 하는 러셀에 반해 자연을 '자연사'로서 다시 파악하고자 하고 있다. 러셀과는 다른 의미에서지만, 헤겔 역시 철학사를 고유 명사가 없는 논리학으로 하고자 했다. 고유 명사는 일반성으로 해소되지 않는 단독 성을 품고 있다. 고유 명사를 결여한 역사는 역사가 아니다. 하지만 그것은 다른 관점에서도 보지 않으면 안 된다. 고유 명사에 관한 크립 키의 또 하나의 논점은 고유 명사에 의한 지시 고정이 사적일 수 없으며, 공동체에 의한 명령과 그 역사적인 전달 연쇄에 의해 존재한다 는 것이다. 이 경우 크립키는 '공동체'라고 말하고 있지만, 엄밀히 말하면 그것은 공동체와 공동체 사이에서의 전달이며, 다시 말해 그것 은 '사회적'이어야만 한다. 사실 고유 명사는 다른 언어로 번역되지 않는다. 언어학자가 언어에 대한 고찰에서 고유 명사를 배제하고 싶어하는 것도 그로부터 설명될 수 있다. 그것은 고유 명사가 언어를 지시대상과 연결해 버리는 오해의 원천이기 때문이 아니다. 그것이 언어를 하나의 닫힌 차이적인 관계 체계(랑그)로서 보는 것을 방해하기 때문이다. 오히려 고유 명사가 대상의 고정적 지시를 초래하는 것은 그것이 복수 체계와 관계하고 있기 때문이다. 고유 명사는 랑그에 속해 있는 동시에 그 바깥에 있다.

확실히 헤겔이 말했듯이, 단독성은 언어에 의해서는 표현될 수 없다. 그러나 표현될 수 없다고 해서 단독성이 없는 것이 되지는 않는다. 언어는 개별성-일반성의 회로로 회수되지 않는 잔여를 지니는 것이다. 그리고 고유 명사가 초래하는 패러독스에서 그것이 나타난다. 거기서 우리는 역설적으로 단독성이 이를테면 '사회적'인 것과 관계된다는 것을 발견한다. 따라서 언어의 공공성이라든가 사회성을 말하는 것이 곧바로 데카르트나 칸트를 넘어서는 것이 되지는 않는다. 그에 의해 무엇이 의미되고 있는지가 문제인 것이다. 우리에게 필요한 것은 일반성-개별성과 보편성-단독성의 구별이다. 또는 공동체-사회의 구별이다. 단지 말의 정의를 바꾸는 것으로 문제가 해결되는 것은 아니다. 다만 쓸데없는 혼란만큼은 회피된다. 예를 들어 맑스는 '사람들은 사회 속에서 개인화한다'고 말하고 있다. 그것에 의해 맑스는 개인과 사회의 이항대립을 넘어서고자 했다. 하지만 이 말은 '사회'가 무엇을 의미하는가에 따라 전적으로 그 의미가 달라진다. 그것이 '공동체'라는 의미라면, 공동체에 반해 '보편적'이고자 하는 개인——맑스 자신——은 공허한 주관적 환상에 지나지 않게 될 것이다. 하지만 그것이 '사회'라는 의미라면, 그것은 '사람들은 보편성 속에서 단독자(singular)가 된다'는 것을 의미한다.

고유 명사(proper name)는 종종 사유 재산(property)과 결부된다. 따라서 고유 명사에 대한 공격은 반부르주아적인 것으로 보인다. 텍스트는 고유 명사를 가진 '작자'에 의해 소유(appropriate)된다. 또는 저자(author)의 이름에 의해 권위화(authorize)된다. 롤랑 바르트(Roland Barthes, 1915~80)는 그와 같은 '작자'를 부정하는 것, 즉 텍스트를 상호 텍스트적인 다양성 안으로 되돌릴 것을 주장했다. 하지만 그것은 텍스트를 고유 명사가 없는 세계, 또는 '일반적'인 구조로 환원하는 것이 아니다. 오히려 어떤 텍스트가 '작자'로 환원되지 않고 소유되지 않는 의미의 과잉성을 가질 때, 우리는 그 단독성을 고유 명사로 부를 수밖에 없는 것이다. 예를 들어 내가 칸트라고 부르는 것은 '작자'를 가리키는 것이 아니다. 또한 서양이나 독일에 의해 전유(appropriate)된 철학자를 가리키는 것도 아니다. 칸트의 텍스트는 '공공적(public)'으로 열려 있다. 나는 그 가능성을 칸트라고 부르는 것이다.

4. 자연과 자유

나는 칸트의 윤리학에 대해 말하는 것을 마지막까지 삼가 왔다. 그러나 사실은 언제나 그것에 대해 말해 왔다. 왜냐하면 '나의 시점'과 '타인의 시점' 사이의 '강한 시차'에서 시작되는 칸트의 초월론적 태도는 철두철미 '타자'로 관통되어 있기 때문이다. 오히려 초월론적 태도는 근본적으로 윤리적인 것이다. 특정 부문으로서의 윤리학에 대해 말하는 것은 도리어 그것을 은폐해 버린다. 예를 들어 예술은 자연과 자유를, 즉 과학 인식과 도덕을 매개하는 것으로서 자리매김 되어 있다. 그러나 과학 인식은 자연에 대해 가설을 세우는 지성의 능동성과 상상력, 그리고 그 가설의 보편성을 가능하게 하는 '타자'를 전제한다. 즉 과학 인식은 어떤 의미에서 예술 및 도덕과 공통되는 것을 포함하는 것이다. 그러므로 칸트가 자유와 자연, 그리고 그 매개라는 관점에서 생각한 것은 도덕·과학 인식·예술과 같은 대상적 영역에 대응하는 것이 아니며, 또한 그것들에 한정되는 것도 아니다. 그것은 칸트가 '비판'으로서는 쓰지 않았던 역사나 경제에 대해서도 들어맞는다. 니체가 하려고 했던 것은 칸트가 하다 남겨놓은 '제4비판'이라고 들뢰즈는 말하고 있다(『니체와 철학』). 그러나 그렇다면 맑스가 '경제학 비판'에서 이루고자 했던 것도 그와 같은 기획이었다고 하지 않으면 안 된다.

여기서 다시 칸트의 예술론에 대해 말해 보고자 한다. 칸트 이전의 고전주의자는 예술성이 객관적인 형태로 존재한다고 생각했고, 칸트 이후의 낭만주의자는 예술성이 주관적 감정에 존재한다고 생각했다. 종종 칸트는 낭만주의의 선구자로 간주되지만, 실제로 그는 그 둘 '사이'에서 생각했다. 그것은 칸트가 경험주의자와 합리주의자 '사이'에서 생각했다고 하는 것과 완전히 동일하다. 물론 그가 그것들을 절충한 것은 아니다. 칸트는 인식을 인식이게끔 하는 근거를 물었듯이 예술을 예술이게끔 하는 근거를 물었던 것이다. 어떤 사물이 예술인지 아닌지는 그것에 대한 다른 관심을 괄호에 넣음으로써만 정해진다. 그것이 자연물이든 기계적 복제품이든 아니면 일상적 사용물이든 관계가 없다. 그것들에 대한 통상적인 관심들을 괄호에 넣고서 본다는 것, 그와 같은 태도 변경이 어떤 사물을 예술이게끔 하는 것이다. 칸트의 미학이 주관적이라고 하는 것은 어떤 의미에서 올바르다. 그러나 그것은 낭만파적인 주관성과는 다르다. 칸트에서의 주관성은 초월론적인 괄호 넣기를 행하는 '의지'인 것이다. 고전주의 미학이나 낭만주의 미학이 케케묵게 되더라도 칸트의 '비판'은 조금도 낡아 있지 않다.[6] 예를 들어 뒤샹(Marcel Duchamp, 1887~1968)이 「샘」이라는 제목으로 변기를 미술전에 제시했을 때, 그는 예술을 예술이게끔 하는 것이 무엇인지를 새롭게 물었던 것이지만, 그것은 바로 칸트가 제기한 요점들 가운데 하나였다. 즉 그것은 사물을 그에 대한 일상적 관심들을 괄호에 넣고서 보는 것이다. 또 하나의 요점은 미적 판단에는 보편성이 요구됨에도 불구하고 그것이 있을 수 없다는 것인데, 즉 우리가 보편적이라고 간주하는 것은 역사적으로 형성된 '공통 감각'에 기초하고 있다는 것이다.

칸트가 미적 판단에 관해 생각한 이러한 사항들은 실제로는 제3의 '비판'으로서 최후에 쓰였음에도 불구하고 과학 인식과 도덕에 관한 그의 고찰보다 앞서서 존재했다고 해야만 한다. 왜냐하면 위의 두 가지 요점은 단지 미학에 고유한 문제가 아니라 모든 영역의 근저에서 통하고 있기 때문이다. 모든 영역이라고 말했지만, 애초에 칸트가 제기한 것은 '영역' 그 자체가 초월론적 환원(괄호 넣기)에 의해 존재한다는 것이다. 그는 한편으로는 예술성이 객관적인 대상에 존재한다는 것을 의심하고, 다른 한편으로는 그것이 주관성(감정)에 존재한다는 것도 의심한다. 칸트가 가져오는 주관성은 오히려 이 의심에 존재하

• • • •

6_ 예를 들어 클레멘트 그린버그(Clement Greenberg, 1909~1994)는 모더니즘을 정의할 때, 그가 최초의 모더니스트라고 부르는 칸트로 거슬러 올라가 생각하고 있다. (「모더니즘의 회화モダニズムの繪畫」, 가와타 도키코川田都樹子・후지에다 데루오藤枝晃雄 옮김, 『비평공간批判空間』 임시증간호 『모더니즘의 하드코어モダニズムのハード・コア』, 1995)

는데, 그것은 끊임없이 규범화되는 예술을, 예술을 예술이게끔 하는 원초의 장으로 되돌리는 것이다. 칸트가 인정하지 않는 것은 미적 영역이 객관적이든 주관적이든 그것 자체로 존재한다는 생각이다.

근대 과학은 도덕적·미적인 판단을 괄호에 넣는 데서 성립한다. 그때 처음으로 '대상'이 나타나는 것이다. 그러나 그것은 자연과학만이 아니다. 마키아벨리(Niccolò Machiavelli, 1469~1527)가 근대 정치학의 시조가 된 것은 도덕을 괄호에 넣음으로써 정치를 고찰했기 때문이다. 중요한 것은 다름 아닌 도덕에 관해서도 그렇게 말할 수 있다는 점이다. 도덕적 영역은 그것 자체로 존재하는 것이 아니다. 우리는 사물을 판단할 때 인식적(참인가 거짓인가), 도덕적(선인가 악인가), 그리고 미적(쾌인가 불쾌인가)이라는 적어도 세 개의 판단을 동시에 지닌다.[7] 그 판단들은 혼합되어 있어 확연하게 구별되지 않는다. 그

. . . .

7_ 「미학의 효용美學の效用」(『정본 가라타니 고진 전집定本柄谷行人集』 제4권, 岩波書店)에서 말했듯이, 어떤 사항에 대한 우리의 반응에서 간과해서는 안 되는 것은 '이익'(Interest)이라는 관점이다. 허쉬먼(Albert Otto Hirschman, 1915~2012)은 18세기에 이익이라는 관점이 정념보다 우월한 것으로서 출현했다고 말하고 있다(『정념의 정치경제학情念の政治經濟學』, 사사키 다케시佐々木毅·단 유스케旦祐介 옮김, 法政大學出版局). 그 때문에 17세기까지 사람들이 그렇게나 논의했던 '정념론'이 사라져 버렸다. 물론 그것은 상업적인 시민 사회의 산물이다. 상품 경제는 모든 사용 가치의 차이를 괄호에 넣고, 그것을 교환 가치로 환원한다. 그런 의미에서 미학에서 말하는 몰관심(disinterested)이라는 것은 몰이익적이라는 것이다. 그러나 그것은 예술적 가치가 상품적 가치로 전화하는 것을 막지 못한다. 실제로 많은 사람들이 예술 작품에 경의를 표하는 것은 단지 가격이 비싸다는 이유 때문이다. 칸트는 공리주의 비판에서 행복을 감정으로서 보고 있는데, 사실 그것은 이익이다. 행복주의(공리주의)는 도덕을 이익으로 환원하는 것이다. 공리주의에 기초하는 현대의 윤리학은 기본적으로 경제학(신고전파)적이다. '최대 다수의 최대 행복'(벤섬)을 어떻게 가져올까 하는 것이 문제이기 때문이다. 그러나 칸트의 행복주의 비판은 감정이라기보다는 이익을 괄호에

경우 과학자는 도덕적인 또는 미적인 판단을 괄호에 넣고서 사물을 볼 것이다. 그때에만 인식의 '대상'이 존재한다. 미적 판단에서는 사물이 허구라든가 악이라든가 하는 측면이 괄호에 넣어진다. 그리고 그때 예술 대상이 출현한다. 하지만 그것이 자연스럽게 이루어지는 것은 아니다. 사람들은 그렇게 괄호에 넣도록 '명령 받는' 것이다.[8] 그러나 그것에 익숙해지면 괄호에 넣었다는 사실 자체를 잊어버리고 마치 과학적 대상, 미적 대상이 그 자체로 존재하는 것처럼 생각해 버린다. 그 점은 도덕 영역에 관해서도 마찬가지다.

도덕은 객관적으로 존재하는 것처럼 보인다. 그러나 그와 같은 도덕은 이를테면 공동체의 도덕이다. 거기서 도덕규범은 개개인에 대해 초월적이다. 또 하나의 관점은 도덕을 개인의 행복이나 이익에서 생각하는 견해이다. 전자는 합리주의적이고 후자는 경험주의적이지만, 어느 것이든 '타율적'이다. 칸트는 여기서도 그것들 '사이'에 서서 도덕을 도덕이게끔 하는 것을 초월론적으로 묻는다. 다시 말하면 칸트는 도덕적 영역을 공동체의 규칙이나 개인의 감정·이해관계를 괄호에 넣음으로써 도덕 영역을 끄집어내는 것이다.

칸트가 도덕은 쾌·불쾌의 감정이나 행복에 의해 근거지어지지 않는다고 하는 것은, 애초에 그가 말하는 도덕이 후자를 괄호에 넣고서 발견된 것이기 때문이다. 행여나 해서 말하지만, 그것은 도덕에 쾌·불쾌의 감정이 수반된다는 것을 부정하는 것이 아니며, 또한 도덕이 그것들을 부정해 버리는 것도 아니다. 괄호에 넣는다는 것은 부정한다

• • • •

넣고 도덕을 본다는 것을 의미한다.

8_ 러시아 형식주의자가 '낯설게 하기'나 '이화異化'라고 부른 것은 다름 아닌 친숙한 사물을 괄호에 넣는 일이다. 그러나 이것은 예술에 한정되지 않는다.

는 것이 아니기 때문이다. 오히려 칸트는 다른 차원을 희생시키는 엄격한 도덕가를 부정하고 있다. 그에게 있어 도덕은 선악보다는 오히려 '자유'의 문제이다. 자유 없이 선악은 없다. 자유란 자기 원인적인 것, 자발적인 것, 주체적이라는 것과 같은 뜻이다. 그러나 그와 같은 자유가 있을 수 있을까? 『순수이성비판』에서 칸트는 다음과 같은 이율배반을 제시한다.

> 정명제──자연법칙을 따르는 인과성은 그것으로부터 세계의 모든 현상이 도출될 수 있는 유일한 인과성이 아니다. 현상을 설명하기 위해서는 그 밖에 또한 자유에 의한 인과성도 상정할 필요가 있다.
> 반대명제──무릇 자유라는 것은 존재하지 않는다. 세계에서의 모든 것은 자연법칙에 따라서만 생기한다. (『순수이성비판』 중, 앞의 책)

이 반대명제는 근대 과학의 인과성이 아니라 스피노자적인 결정론을 의미한다고 보아야 한다. 스피노자의 생각에서는 모든 것이 필연적으로 결정되어 있지만, 인과성이 너무나 복잡하기 때문에 우리는 자유나 우연으로 상정해 버리는 것에 지나지 않는다. 칸트는 이 명제를 승인한다. 즉 우리가 자유의지라고 생각하는 것은 다양한 인과성에 의해 결정되는 것이라는 점을 승인하는 것이다. "나는 내가 행위하는 시점에서 결코 자유가 아니다. 그렇기는커녕 설령 내가 자신의 현실적 존재 전체가 무엇인가 밖에서 오는 원인(신과 같은)과 전혀 관계가 없다고 생각했다 하더라도, 따라서 또한 나의 인과성의 규정 근거는 말할 것도 없고 나의 실재 전체의 규정 근거조차 나의 바깥에 있는 것은 아니라고 생각해 보았다 하더라도, 그와 같은 것이 자연 필연성을 바꾸어 자유로 만들 수는 없을 것이다. 나는 어떤 시점에서도 여전히 [자연] 필연성에 의해 지배되며, 나의 자유에 따르지 않는 것에 의해 행위를 규정당하고 있기 때문이다. 게다가 또한 나는 이미 예정되어 있는 [자연 필연적인] 질서에 따라 사건들의 무한한 계열——즉 <아 파르테 프리오리*a parte priori*(그 앞에 있는 것으로부터)> 잇따라 연속 되는 계열을 오로지 좇아갈 뿐, 나 자신이 어떤 시점에서 스스로 사건을 시작한다고 말할 수 없다. 요컨대 모든 사건의 이런 무제한적인 계열은 자연에서의 끝없는 연쇄이며, 따라서 또한 나의 인과성도 결코 자유가 아닌 것이다."(『실천이성비판實踐理性批判』, 하타노 세이이치波多野精一 외 옮김, 岩波文庫)

그러나 다른 한편으로 그는 인간 행위의 자유를 말하는 정명제를 승인한다. 그리고 다음과 같이 말하고 있다.

예를 들어 어떤 사람이 악의가 있는 거짓말을 하고, 이러한 거짓말로 사회에 어떤 혼란을 일으켰다고 하자. 거기서 우리는 우선 그러한 거짓말의 동인을 찾고, 다음으로는 그 거짓말과 그 결과의 책임이 어떤 모습으로 그에게 귀착되는지 판정해 보도록 하자. 첫 번째 점에 관해서는 그의 경험적 성격을 그 근원까지 밝혀내 보고, 그 근원을 그가 받은 나쁜 교육, 그가 어울린 불량한 친구들, 그의 염치없고 악질적인 천성, 경솔함과 무분별함 등에서 찾아본다. 이 경우에 우리는 그의 이러한 행위 의 계기가 된 원인을 도외시하는 것이 아니다. 이와 같은 사항에 관한 절차는 대체로 주어진 자연적 결과에 대한 일정한 원인을 규명하는 경우와 마찬가지다. 그러나 우리는 그의 행위가 이러한 여러 가지 사정에 의해 규정되어 있다고 생각은 하지만, 그럼에도 불구하고 행위자 자신을 비난한다. 더욱이 그 비난의 이유는 그가 불행한 천성을 가지고 있다든가, 그에게 영향을 준 제반 사정이라든가, 또는 그것뿐만 아니라 그의 이전의 상태 등에 있는 것이 아니다. 그것은 우리가 다음과 같은 것을 전제하기 때문이다. 즉——이 행위자의 이전 행적이 어떠했든 그것은 무시해도 좋으며,——과거에서의 조건 계열은 없었던 것으로 생각해도 좋고, 이번의 행위에 대해서는 이 행위보다 이전의 상태는 전혀 조건이 되지 않는다고 생각해도 좋으며,——요컨대 우리는 행위자가 이러한 행위의 결과 계열을 전적으로 새롭게 스스로 시작한 것으로 간주해도 좋다는 것을 전제하고 있는 것이다. 행위자에 대한 이러한 비난은 이성의 법칙에 기초하는 것이며, 이 경우에 우리는 이성을 행위의 원인으로 간주하고 있는데, 요컨대 이 행위의 원인은 위에서 말한 일체의 경험적 조건과 관련되지 않고서 그의 소행을 실제와는 달리 규정할 수 있었고 또 규정해야 했다고 간주하는 것이다. (『순수이성비판』 중, 앞의 책)

여기서 주목해야 할 것은 칸트가 행위의 자유를 사전事前에서가 아니라 사후적으로 보고 있다는 점이다. 사전에서 자유는 없다. 확실히 칸트는 '스스로의 준칙이 보편적인 법칙에 합치하도록 행동하라'고 말했다. 이로부터 칸트의 윤리학은 주관적인 것이라는 비판, 동기의 순수성만 중시하고 그 결과를 돌아보지 않는다는 비판이 나온다.[9]

....
9_ 헤겔 이래로 칸트의 윤리학을 주관적인 것으로 간주하는 비판이 두루 퍼져

그러나 칸트가 '나는 내가 행위하는 시점에서 결코 자유가 아니다'라는 안티테제를 유지하고 있다는 것을 잊어서는 안 된다. 확실히 칸트는 '스스로의 준칙이 보편적인 법칙에 합치하도록 행동하라'고 말했지만, 그렇게 생각하는 것과 실제로 행동하는 것은 다른 이야기이다. 비트겐슈타인은 '규칙을 따르고 있다고 믿는 것은 규칙을 따르고 있는 것이 아니다'라고 말했다(『철학적 탐구』). 우리는 그렇게 할 생각이더라도 다른 것을 하고 말며, 의지한 것이 그대로 실현되는 일 따위는 좀처럼 없다. 하지만 그 경우에도 우리가 그 일에 책임을 지는 것은 현실적으로 자유가 아니더라도 자유였던 것처럼 간주할 때이다. 칸트가 '행위자가 이러한 행위의 결과 계열을 전적으로 새롭게 스스로 시작한 것으로 간주해도 좋다'고 말하는 것은 그것을 의미한다. 예를 들어 우리는 그것이 죄라는 것을 알지 못한 채 저지르는 경우가 있다. 그러면 알지 못한다면 책임이 없는 것일까? 사후적으로 그것을 알 수 있는 능력을 가진 자라면 책임이 있다고 해야만 한다.

앞에서 인용한 제3이율배반으로서 알려진 상반된 두 명제에 대해 칸트는 그것들이 동시에 양립한다고 말한다. 세계에 시작이 있는가

• • • •

있다. 예를 들어 막스 베버(Max Weber, 1864~1920)도 그 가운데 한 사람이다. 그는 책임 윤리와 심정 윤리를 구별했다(『직업으로서의 정치』). 심정 윤리란 자신이 정의라고 생각하면 그것으로 충분하고 결과가 좋게 되지 않으면 그것은 타인이나 상황 탓이라고 하는 태도이며, 다른 한편 책임 윤리란 결과를 자기의 책임으로서 받아들이는 태도이다. 베버는 칸트의 윤리학을 심정 윤리로 간주하고 있지만, 그것은 천박한 통념에 기초하고 있다. 칸트가 말하는 것은 자신이 도덕적이라고 생각하더라도 그것이 현실적으로 도덕적이라는 것을 의미하지 않는다는 것이다. 머릿속의 100달러가 현실의 100달러가 아니듯이 말이다. 칸트는 바로 결과를 타인이나 상황 탓이라고 하지 않고 그대로 받아들이는 데서 도덕성을 발견하고 있다.

없는가와 같은 학설들이 이율배반에 의해 어느 쪽이나 다 거짓이라고 하는 것이 제시되는 데 반해, 왜 이 제3이율배반에서는 양쪽의 학설이 다 함께 성립하는 것일까? 그 점은 '괄호 넣기'를 생각하면 그다지 난해하지 않다. 정명제는 자연적 인과성을 괄호에 넣고서 행위를 보는 것이며, 반대명제는 사람들이 자유라고 생각하는 것을 괄호에 넣고서 행위의 인과성을 보는 것이다. 그러므로 그것들은 양립할 수 있다. 우리는 전자를 '실천적' 입장, 후자를 '이론적' 입장이라 부르기로 하자. 이론적 영역과 실천적 영역이 그 자체로서 존재하는 것은 아니다. 그것들은 이론적 입장 또는 실천적 입장에 의해 존재하는 것이다.

『순수이성비판』은 '이론적'인 입장에서 자기나 주체나 자유를 증명하는 논의를 형이상학으로서 논박하는 것을 목표로 한다. 다른 한편 『실천이성비판』은 자연 필연성이 괄호에 넣어진 위상에서 자기·주체·자유가 어떻게 해서 존재하는지를 묻는다. 실제로 우리는 행위에서 다양한 선택을 할 수 있다. 그것이 어디까지 자연 필연성에 의해 강요되는지는 알지 못한다. 그 결과 어느 정도는 원인에 의한 결정을 인정하고, 어느 정도는 자유의지를 인정하게 된다. 예를 들어 여기에 한 사람의 범죄자가 있다고 하자. 그의 범죄에는——사회적인 것도 포함하여——다양한 원인이 있다. 그 원인들을 열거해 나가면, 그는 자유로운 존재가 아니며, 따라서 책임이 없다고 말하게 될 것이다. 사람들은 그와 같은 변호·변명에 격분하고, 그 범죄자에게 선택의 자유가 있었을 거라고 생각한다. 즉 인간이 다양한 인과성에 규정되어 있다는 것을 인정하고, 다른 한편으로 자유로운 의지를 인정하는 것이 상식적인 생각인 것이다.

그러나 칸트는 그와 같은 어중간한 사고방식을 물리친다. 오히려 우리는 자유의지 따위는 없다고 생각해야만 한다. 우리가 자유로운 선택이라고 생각하는 것은 원인에 규정되어 있다는 것이 충분히 알려져 있지 않기 때문인 것에 지나지 않는다. 그렇게 생각했을 때 비로소 '자유'는 어떻게 가능한가라는 것이 물어지는 것이다. 원인을 묻는 '이론적' 관점으로부터는 자유도 책임도 나오지 않는다. 그러면 자유도 책임도 없는 것인가? 칸트의 생각에서는 그 범죄자의 자유와 책임은 인과성을 괄호에 넣었을 때 생겨난다. 그 범죄자에게 사실상 자유는 없었다. 그럼에도 불구하고 그는 자유롭다고 간주되어야만 한다. 이것은 '실천적' 관점이다.

칸트는 자유가 의무(명령)에 대한 복종에 있다고 했다. 이것은 사람들로 하여금 오해하게 만드는 요점이다. 왜냐하면 명령에 따르는 것은 자유에 반하는 것으로 보이기 때문이다. 따라서 나중에 말하게 되듯이 많은 비판이 여기에 집중된다. 그러나 칸트가 이 의무를 공동체가 부과하는 의무로 간주하지 않은 것은 명백하다. 만약 명령이 공동체의 것이라면, 그것에 따르는 것은 타율적이지 자유가 아니기 때문이다. 그러면 어떠한 명령에 따르는 것이 자유인 것일까? 그것은 '자유로워라'라는 명령이다. 그렇게 생각하면 이 말에는 아무런 모순도 없다. 칸트가 말하는 '당위인 까닭에 가능하다'는 말에도 수수께끼는 없다. 그것은 자유가 '자유로워라'라는 의무 이외의 곳에서 생겨나지 않는다(불가능하다)는 의미에 지나지 않는다.

그러나 이 명령은 어디서 오는 것일까? 그것은 공동체에서 오지 않으며, 신에게서도 아니다. 이 명령은 (칸트의) 초월론적 태도 자체에서 온다. 초월론적 태도는 암묵적으로 '괄호에 넣어라'라는 명령을 포함한다. 예를 들어 나는 앞에서 뒤샹이 변기를 미술전에 전시한 일에 대해 언급했다. 그 경우에 그는 변기를 예술로서 보라고, 요컨대 일상적 관심을 괄호에 넣으라고 명령하고 있지는 않다. 그러나 변기가 미술전에 놓여 있다는 사실은 사람들에게 그것을 미술로서 바라보라고 '명령'하는 것이며, 사람들은 그것을 알아채지 못하는 것이다. 마찬가지로 초월론적인 시점이 그와 같은 '명령'을 내포하고 있다는 것이 망각되고 있다. 뿐만 아니라 초월론적인 시점 자체가 하나의 명령에 의해 촉구되고 있다는 것도 망각되고 있다. 그 점은 초월론적 시점 자체가 어디서 오는가를 물을 때 분명해진다. 그것은 근본적으로 '타자'와 관계되어 있다. 초월론적인 시점 자체가 윤리적인 것이다.

이 '자유로워라'라는 의무는 오히려 타자를 자유로운 존재로서 취급하라는 의무에 다름 아니다. 칸트가 말하는 도덕 법칙이란 '너의 인격과 모든 타자의 인격에서의 인간성을 결코 단지 수단으로서만 사용할 뿐 아니라 언제나 동시에 목적[=자유로운 주체]으로서 대하도록 행위하라'(『실천이성비판』)는 것이다. 하지만 다음의 것에 주의해야 할 것이다. 그것은 타자의 인격(주체)이 인격으로서 나타나는 것은 오로지 이와 같은 '의무'에 의해서뿐이라는 사실이다. 이론적 태도에서는 나의 인격뿐만 아니라 타자의 인격도 존재하지 않는다. 나의 인격과 타자의 인격(자유)이 출현하는 것은 실천적 태도에서만이다. 그러므로 칸트의 도덕 법칙은 실천적이 되라는 것과 같은 뜻이다.

그런데 여기서 자연 필연적인 인과성을 좀 더 넓게 해석해 보자. 실제로 칸트가 예로 든 범죄자의 행위의 원인은 단순히 개인적인 정념이 아니라 사회적인 것이다. 맑스는 다음과 같이 쓰고 있다.

어쩌면 오해할지도 모르기 때문에 한마디 해두기로 하자. 나는 자본가나 토지 소유자의 모습을 결코 장밋빛으로 그리지 않는다. 그리고 여기서 문제가 되는 것은 경제적 범주(카테고리)의 인격화인 한에서의, 일정한 계급 관계와 이해관계의 담지자인 한에서의 인간에 지나지 않는다. 경제적 사회 구성의 발전을 자연사적 과정으로서 파악하는 나의 입장은 다른 어떤 입장보다도 더 개인을 관계들에 책임이 있다고 생각하지 않는다. 개인은 주관적으로는 어느 정도 관계들을 초월하고자 하더라도 사회적으로는 역시 관계들의 산물이다. (『자본』제1권, 「제1판 서문」, 스즈키 외 옮김, 앞의 책)

맑스의 '입장'은 사회적 구조를 자연 필연성으로서 보는 것이다. 여기서는 '책임'이 나오지 않는다. 하지만 맑스는 자연사적 입장에 섬으로써, 즉 책임을 괄호에 넣음으로써 이와 같은 시점을 획득한다.[10] 사회적 관계를 '자연사적' 과정으로서 바라볼 때, 그는 '이론적' 태도를 취했다고 말할 수 있을 것이다. 이것은 주관이나 책임의 괄호 넣기이지 그 부정이 아니다. 맑스는 '재산은 도둑질이다'라고 말하는 프루동처럼 도덕적으로 말할 수 있었겠지만 그렇게 하지 않았다. 『자본』의 맑스는 이와 같은 '괄호 넣기'를 관철한다. 그러나 그것 자체가 맑스의 윤리성이다. 따라서 맑스의 윤리학이라는 것을 『자본』 밖에서 찾을 필요는 없다.

도덕에 관해 쓴 칸트에 대해서도 동일하게 말하지 않으면 안 된다. 칸트의 윤리성은 도덕론에서만 보아서는 안 된다. 이론적이라는 것과 동시에 실천적이라는 것, 이 초월론적인 태도 자체가 윤리적인 것이다. 우리는 여기서 전후의 프랑스에서 생겨난 실존주의, 구조주의, 포스트

••••

10_ 『자본』으로부터는 자본주의에서의 '경제적, 사회적 구성'의 구조를 변화시키는 주체성은 나오지 않는 것으로 보인다. 그러나 이 책 제2부에서 말하게 되듯이, 맑스는 자본과 임노동, 다시 말하면 화폐와 상품이라는 위치적인(positional) 관계 자체 안에서 그것을 반전시키는 계기를 찾아내고 있다.

구조주의라는 변천을 다른 관점에서 살펴보기로 하자. 예를 들어 실존주의자(사르트르, Jean Paul Sartre, 1905~1980)는 인간이 구조론적으로 규정된다는 것을 인정하면서도 여전히 자유가 있다고 주장했다. 그것은 어떤 의미에서 '실천적' 관점이다. 한편 구조주의자가 주체를 의심하며 주체를 구조의 '효과'(결과)로서 보았을 때, 그것은 '이론적' 태도를 취한 것이다. 구조주의자들이 스피노자로 거슬러 올라간 것도 무리는 아니다. 앞에서 말했듯이 칸트의 제3이율배반에서의 정명제는 스피노자의 생각——모든 것이 원인에 의해 결정되고 사람들이 자유라고 생각하는 것은 원인이 너무나 복잡하기 때문이다——에로 귀착된다. 그러한 자연 필연성을 넘어서는 자유의지나 인격신은 상상물이며, 그것이야말로 자연적·사회적으로 규정된다. 다만 그 원인은 결코 단순하지 않다. 거기서 원인은 종종 결과에 의해 소급적으로 구성된다. 알튀세르가 스피노자와 관련해 '구조론적 인과성'이라고 부른 것도, 또는 '중층 결정'(overdetermination)이라고 부른 것도 넓은 의미에서 결정론이다.

하지만 이와 같은 생각에 놀라서는 안 된다. 그것은 하나의 괄호 넣기에 의해 생겨나는 '이론적' 입장에 고유한 것이다. 실존주의와 구조주의, 또는 주체와 구조라는 형태로 물어진 문제는 조금도 새롭지 않다. 그것은 칸트가 제3이율배반으로서 말한 사항의 변주에 지나지 않는다. 구조주의적인 시점視點에 맞서 주체를 강조하는 것, 또는 거기서 주체를 발견해 내고자 하는 것은 무의미하다. 왜냐하면 그것을 괄호에 넣음으로써만 구조론적 결정론이 발견되기 때문이다. 역으로 구조론적인 결정을 괄호에 넣은 시점時點에서 비로소 주체와 책임의 차원이 출현한다. 포스트구조주의자가 도덕성을 다시 도입하려고 했던 것은 당연하다.[1] 그러나 그것이 무언가 새로운 사상이기도 한 것은 아니다. 실존주의, 구조주의, 포스트구조주의라는 통시적 과정에 눈을 빼앗기는 자들은 그것이 이론적 태도와 실천적 태도의 교체에 지나지 않는다는 사실을 보지 못한다. 칸트가 밝힌 것은 이 두 자세를 동시에 가져야만 한다는 것이다. 알기 쉽게 말하자면, 우리는 괄호에 넣는 것과 동시에 괄호를 벗겨내는 것을 알지 않으면 안 된다는 것이다.

칸트가 『실천이성비판』에서 가장 비판한 것은 '행복주의'(공리주의)이다. 그가 행복주의를 물리친 것은 행복이 물질적(physical) 원인에 의해 좌우되기 때문이다. 요컨대 그것은 타율적이기 때문이다. 그런 의미에서 자유는 형이상학적(metaphysical)이며, 칸트가 지향하는 형이상학의 재건이란 그것 이외에 아무것도 아니다. 그러나 칸트가 타율적이라고 간주한 것은 행복주의만이 아니다. 예를 들어 헤겔은 칸트가 당시 지배적이었던 행복주의를 비판한 것을 우선은 평가하지만, 칸트가 개인주의에 머물렀던 점을 비판한다(『엔치클로페디 논리의 학』).

. . . .

11_ 구조주의가 오히려 주체나 책임에서 벗어나고자 하는 사람들에게 환영받았다는 사실을 간과해서는 안 된다. 그들이 모두 사르트르에게 적대적이었다는 사실에 주의해야 한다. 그들은 사르트르를 낡아빠진 부르주아적 휴머니스트로 만들고자 했다. 그러나 전전의 『존재와 무』에서 인간의 모든 행위는 좌절로 끝난다고 주장했던 사르트르가 전후에 '휴머니즘'을 주창한 것이나 '윤리학'을 쓰고자 시도한 것은 나치에 의한 점령 하에서의 체험 때문이다. 전후에 사람들은 노골적인 나치 협력자들을 규탄함과 동시에 레지스탕스 신화를 믿고자 했다. 그러나 사르트르는 공산당 이외에 레지스탕스와 같은 것은 사실상 없었다는 것, 그 자신이 레지스탕스라고 부를 만한 일을 아무것도 하지 않았다는 것을 스스로 인정했던 것이다. 더 나아가 그는 공산당을 포함해 프랑스의 지식인들이 무시했던 전전 및 전후의 식민지주의의 과거를 정면으로 다루었다. 이와 같은 역사적 맥락에서 주체성을 부정하는 반사르트르적 구조주의는 프랑스에서의 과거에 대한 책임 의식을 불식시키는 역할을 수행하며, 또한 그 결과 프랑스의 '자유와 인권'의 전통을 과시하는 자기 기만적이고 범용한 '신철학자'들이 등장했던 것이다.

그러나 당시에 지배적이었던 것은 오히려 가족, 공동체, 교회 등이 강요하는 관습적인 도덕이며, 영국에서 유래한 행복주의(개인주의)는 오히려 그것을 파괴하는 것으로서 공격받고 있었다. 헤겔은 칸트의 행복주 비판을 인정하고, 더 나아가 객관적 도덕(인륜)의 우위를 설파함으로써 칸트를 비판했다. 그것은 가족, 공동체, 국가를 회복하는 일이다. 그런 의미에서라면 오히려 칸트는 경험주의적인 '행복주의'를 감연히 지지할 것이다. 하지만 행복주의로부터 보편적인 도덕 법칙을 이끌어낼 수는 없다.

> 확실히 우리는 행복의 원리를 준칙으로 삼을 수 있다. 그러나 우리가 **보편적 행복**을 우리의 [의지의] 대상으로 하는 경우에도 행복의 원리를 의지의 법칙으로서 사용할 만한 준칙으로 삼을 수는 없다. 행복에 대한 인식은 전적으로 경험적 사실에 기초하는 것이고, 또한 행복에 관한 판단은 각 사람의 의견에 의해 좌우되며, 게다가 그 의견이라는 것이 또한 극히 변하기 쉬운 것이기 때문이다. 그렇기 때문에 행복의 원리는 역시 **일반적 규칙**을 부여할 수는 있지만, **보편적 규칙**을 부여할 수는 없다. (『실천이성비판』, 앞의 책)

일반성과 보편성의 이러한 차이에 주목해야 한다. 칸트는 도덕 법칙을 실제로 존재하는 다양한 도덕으로부터 추출한 것이 아니다. 확실히 그는 도덕을 형식화했지만, 그것은 일반적인 것을 끄집어내기 위해서가 아니다. 칸트의 생각에 도덕적 영역은 '자유로워라'라는 명령(의무)에서 존재한다. 도덕 법칙은 오직 '자유로워라'라는 것과, 동시에 타자도 자유로운 존재로 취급하라는 것에서 끝난다. 앞에서 말했듯이 칸트가 의무를 따르는 것에서 자유를 찾아낸 것은 많은 오해를 낳았다. 그것은 공동체나 국가가 부과하는 의무를 따르는 것과 혼동되는 경향이 있기 때문이다. 그러나 되풀이하는 것이지만, 칸트는 도덕성을 선악에서가 아니라 '자유'에서 보고자 했다. 우리가 자연적·사회적 인과성에 의해 움직여지는 차원에서 선악은 있을 수 없다. 더욱이 실제로는 자유(자기 원인) 같은 것은 없다. 모든 행위는 원인에 규정되어 있다. 그러나 자유는 자신이 한 일을 모두 자기가 원인인 '것처럼' 생각하는 곳에 존재한다. 예를 들어 칸트가 세계를 현상(자연)과 사물 자체(자유)로 나눈 것을 비난한 니체는 다음과 같이 말하고 있다.

> 그렇다[ja]로 나아가는 나의 새로운 길. —— 내가 지금까지 이해하고 살아온 철학이란 미워하고 싫어해야 할 생존의 측면도 기꺼이 스스로 탐구하는 일이다. …… '정신이 얼마나 많은 진리를 견딜 수 있을까, 얼마나 많은 진리를 감행할 수 있을까?' —— 나에게는 이것이 본래의 가치 척도가 되었다. …… 이 철학은 오히려 거꾸로 된 것에 이르기까지 철저하기를 바란다——있는 그대로의 세계에 대해 무언가를 뺀다든지 제외한다든지 선택한다든지 하는 일 없이 디오니소스적으로 그렇다고 단언하는 데까지 철저하기를 바란다——. …… 이것에 해당되는 나의 정식이 운명에 대한 사랑[amor fati]이다. (『권력에의 의지權力への意志』, 하라 다스쿠原佑 옮김, 「전집」 제12권, 理想社)

니체는 『도덕의 계보』나 『선악의 저편』에서 도덕을 약자의 르상티 망(Ressentiment, 원한 의식)이라며 비판했다. 그러나 이 '약자'라는 말을 오해해서는 안 된다. 실제로는 학자로서 실패하고 매독 때문에

괴로워한 니체야말로 단적으로 '약자' 자체이기 때문이다. 니체가 말하는 운명에 대한 사랑이란 그와 같은 인생을 타인이나 주어진 조건 탓으로 하지 않고 마치 자기가 창출한 것처럼 받아들이는 것을 의미한다. 그것이 강자이며 초인이다. 하지만 그것은 그다지 특별한 인간을 의미하지 않는다. 운명에 대한 사랑이란 칸트 식으로 말하자면 여러 원인(자연)에 의해 규정된 운명을, 그것이 자유로운(자기 원인적인) 것인 것처럼 받아들이는 것에 다름 아니다. 그것은 실천적인 태도이다. 니체가 말하는 것은 다름 아닌 실천적으로 자유로운 주체이고자 하는 것이며, 그것은 현상 긍정적(운명론적)인 태도와는 무관하다. 니체의 '힘에의 의지'는 인과적 결정을 괄호에 넣는 것에서 존재한다. 그러나 그가 잊고 있는 것은 때때로 그 괄호를 벗기고서 보지 않으면 안 된다는 사실이다. 니체는 약자의 르상티망을 공격했지만, 그것을 필연적으로 산출하는 현실적 관계들이 존재한다는 사실을 보려고 하지 않았다. 즉 '개인은 주관적으로는 어느 정도 관계들을 초월하고자 하더라도 사회적으로는 역시 관계들의 산물이다'라는 관점을 무시했던 것이다.

좀 더 말하자면, 아도르노(Theodor Wiesengrund Adorno, 1903~69)는 칸트가 말하는 의무를 사회적 규범으로서 이해하고, 프로이트에 기초하여 비판하고자 했다. 칸트는 도덕 철학으로부터 발생적 계기를 제거하고 그 보충으로서 그것에 예지적(noumenal) 성격을 부여했다고 아도르노는 말한다.

> 칸트는 형식주의의 도움을 받아 도덕의 경험적 상대성을 배제했다. 이 형식주의에 대해 의의를 주장하고 [도덕의] 내용에 의거해 그러한 상대성을 증명하고자 한 칸트 해석은 모두 근시안적이

다. 법칙은 그것의 가장 추상적인 형태에서도 생성된 것이다. 그러한 추상성이 우리에게 주는 고통이란 법칙 안에 침전된 내용, 즉 동일성이라는 표준 형식으로 축소된 지배이다. 칸트 시대의 심리학이 아직 알지 못했던 것, 그런 까닭에 칸트가 특별히 염려할 필요가 없었던 것, 즉 칸트가 분석하지 않고서 무시간적으로 예지적인 것으로서 상찬한 것의 경험적 발생을 오늘날의 심리학은 뒤늦었긴 하면서도 구체적으로 획득하게 되었다. 프로이트학파는 그 융성기에 자아와는 이질적인 것, 요컨대 참으로 타율적인 것으로서의 초자아에 대한 가차 없는 비판을 요구했다 (이 점에서는 또 한 사람의 칸트, 즉 계몽주의의 칸트와 궤를 같이 하고 있다). 프로이트학파는 초자아가 사회적 강제의 맹목적이고 무의식적인 내면화라는 것을 간파했던 것이다. (『부정변증법否定弁証法』, 기다 겐木田元 외 옮김, 作品社)

하지만 이것은 단적으로 오해다. 프로이트 자신이 『쾌락 원칙의 저편』 이후, 초자아에 대한 견해를 수정하고 있다.[12] 그는 초자아가

....
12_ 프로이트는 예를 들어 부모에게서 응석받이로 자란 아이가 대단히 강한 초자아와 엄격한 양심을 지니는 경우를 만났을 때, 죽음 충동을 일차적인 것으로서 상정함으로써 이 의문을 풀고자 했다. 요컨대 양심을 형성하는 것은 준엄한 우월적인 타자(외부)가 아니라 자신의 공격 충동을 단념하는 것—그 심적 에너지가 초자아에게로 넘겨지고 자아에게로 돌려진다—이라고 프로이트는 생각한다. 동시에 그는 이것이 종래의 생각과 모순되지 않는다고 주장한다. "이들 두 가지 사고방식 중에서 어느 쪽이 옳은 것일까? 발생사적으로 생각하여 대단히 완벽하다고 생각된 첫 번째 사고방식일까, 그렇지 않으면 이론적으로 그야말로 순조롭게 정리되어 있는 두 번째 사고방식일까? 직접 관찰한 결과에 의해서도 두 가지 사고방식이 모두 옳다는 것은 분명하다. 양자는 서로 모순되지도 않으며, 심지어 어떤 부분에서는 일치하기도 한다. 왜냐하면 유아의 복수復

사회 규범에 뿌리박고 있다는 지금까지의 견해를 원칙적으로 부정하지 않지만, 동시에 초자아가 죽음 충동 또는 외부로 향해진 공격 충동이 내부로 향함으로써 형성된다고 생각했다. 프로이트는 여기서 일종의 '자율성'을 찾아내고 있다. 그것은 죽음 충동에서 유래하는 초자아가 죽음 충동을 제압한다고 하는 것이다. 그리고 죽음 충동은 프로이트 자신이 인정하지 않을 수 없듯이 형이상학적(metaphysical) 개념이다. 그러나 같은 책에서 아도르노가 다음과 같이 말할 때, 아도르노 자신은 형이상학적이지 않은 것일까?

영원히 지속되는 고뇌는 고문을 당하고 있는 사람이 울부짖을 권리를 갖고 있는 것과 동일한 정도로 자기를 표현할 권리를

· · · ·

罰적 공격 충동은 유아가 아버지로부터 예기하고 있는 징벌적 공격 충동의 양에도 좌우될 것이기 때문이다. 그러나 실제로는 유아 안에서 형성되는 초자아의 준엄함은 그 유아 자신이 경험한 대우의 준엄함이 반영된 것이 결코 아니다. 양자 사이에 직접적인 관계는 없는 듯하며, 대단히 응석받이로 자란 유아가 대단히 준엄한 양심의 소유자가 되는 경우도 있다. 그렇지만 양자 사이가 무관계하다는 것을 과장하는 것도 역시 잘못일 것이다. 엄격한 교육이 유아의 초자아 형성에 커다란 영향을 미치는 것은 충분히 이해할 수 있는 일이다."(『문화 속의 불만文化への不滿』, 하마카와 사카에浜川祥枝 옮김, 「저작집」 제3권, 人文書院)

따라서 프로이트에게 초자아는 양의적이다. 그러나 어디까지나 『쾌락 원칙의 저편』 이후 프로이트의 새로움은 초자아를 공동체 규범과는 다른 데서 생각하고자 한 것에 놓여 있다. 『쾌락 원칙의 저편』 이후에 생겨난 것은 정신 분석의 틀이 변화한 것만이 아니라 문화론의 틀이 변화한 것이기도 하며, 그것들은 분리될 수 없다. 그것은 '문화'가 외적인 사회적 질곡이라는 낭만파적인 통념을 역전시키는 일이며, 이 역전은 죽음 충동을 가정하지 않고는 있을 수 없는 것이다. 또한 이 점에 관해서도 나는 「죽음과 내셔널리즘」(『정본 가라타니 고진 전집』 제4권, 岩波書店)에서 상세하게 논의하고 있다.

갖는다. 그 점에서 '아우슈비츠 이후에 시는 더 이상 쓰일 수 없다'고 하는 것은 잘못일지도 모른다. 하지만 이 문제와 비교해 문화적 정도는 낮을지 모르지만 결코 잘못된 문제가 아닌 것은 아우슈비츠 이후에도 여전히 살 수 있을까 하는 문제이다. 우연히 마수에서 벗어나기는 했지만, 합법적으로 학살되었다 하더라도 이상할 것이 없었던 사람들이 살아 있어도 좋은가 하는 문제이다. 그가 살아가기 위해서는 냉혹함을 필요로 한다. 그 냉혹함이야말로 시민적 주관성의 근본 원리, 그것이 없다면 아우슈비츠 자체도 가능하지 않았을 시민적 주관성의 근본 원리인 것이다. 그것은 살육을 면한 사람들에게 따라다니는 격렬한 죄과이다. 그 죄과의 응보로서 그는 악몽에 시달린다. 자신은 이미 살아 있는 것이 아니라 1944년에 가스실에서 죽음을 당한 것이 아닐까, 현재의 생활 전체는 단지 상상 속에서 영위되고 있는 것에 지나지 않는 것이 아닐까, 요컨대 20년 전에 학살당한 인간의 지나친 열망에서 유출된 환상이 아닐까 하는 악몽이다. (『부정변증법』, 앞의 책)

야스퍼스(Karl Theodor Jaspers, 1883~1969)라면 이와 같은 책임감을 도덕적 책임과 구별해 형이상학적 책임이라고 부를 것이다.[13] 요컨대

.....
13_ 야스퍼스는 전후 얼마 지나지 않아서 행한 강연(『죄책론』)에서 전쟁 책임을 형사적 책임, 정치적 책임, 도덕적 책임, 형이상학적 책임의 네 종류로 나누고 있다. 첫째로 '형사상의 죄'인데, 이는 전쟁 범죄 — 국제법 위반을 의미한다. 이것은 뉘른베르크 재판에서 심판받았다. 둘째로 '정치상의 죄'인데, 이는 '국민' 일반과 관계된다. "근대 국가에서는 누구나 정치적으로 행동한다. 적어도 선거 때의 투표 또는 기권을 통해 정치적으로 행동하는 것이다. 정치적으로

도덕적 책임은 간접적이긴 하더라도 무언가의 악에 관여한 것에 의해 생겨나고, 형이상학적 책임은 특별히 아무것도 하지 않았음에도 불구하고 생겨난다. 그러나 아도르노도 야스퍼스도 각각 다른 의미에서긴 하지만 이와 같은 예를 내놓음으로써 칸트의 도덕론을 넘어설 생각이

••••
물어지는 책임이라는 것의 본질적인 의미에서 생각할 때 누구라도 이를 회피하는 것은 허용되지 않는다. 정치에 종사하는 사람들은 나중에 상황이 나빠지면 정당한 근거를 들며 자기를 변호하는 것이 보통이다. 그러나 정치적 행동에서는 그러한 변호가 통용되지 않는다."(하시모토 후미오橋本文夫 옮김) 요컨대 파시즘을 지지했던 자들뿐만 아니라 그것을 부정한 자들에게도 정치적 책임이 있다는 것이다. "또는 '재앙을 간파하기도 하고 예언도 하고 경고도 했다' 등등이라고 말하지만, 그로부터 행동이 생겨나지 않았다면, 더욱이 행동이 성과를 거두지 못했다면 그러한 것은 정치적으로 통용되지 않는다." 셋째로 '도덕상의 죄'인데, 이는 오히려 법률적으로는 무죄이지만 도덕적으로는 책임이 있는 그러한 경우이다. 예를 들어 자신이 다른 사람들을 도울 수 있는데도 돕지 않았거나 반대해야 할 때 반대하지 않았을 때가 그렇다. 물론 그렇게 하면 자신이 죽음을 당할 것이기 때문에 죄가 있다고는 말할 수 없다. 그러나 도덕적으로는 책임이 있다. 왜냐하면 해야 할 일(당위)을 수행하지 않았기 때문이다. 마지막으로 '형이상학상의 죄'로서 아도르노가 말한 것과 같은 것을 말하고 있다. 예를 들어 유대인으로 강제수용소에서 살아 돌아온 사람들은 어떤 죄책감을 품었다. 그들은 자신이 살아남았다는 이유로 죽은 유대인들에 대해 죄의 감정을 품으며, 마치 자신이 그들을 죽이기라도 한 것처럼 죄책감을 갖는다. 그것은 거의 말해지지 않는 일이기 때문에 형이상학적이라고 하는 것이다. 이 강연은 거의 알려져 있지 않지만, 전후 독일의 전쟁 책임에 대한 처리 방식을 규정했다. 이러한 구별은 그것들이 언제나 혼동되어 있는 현 상황에서 보아 필요 불가결하다. 그러나 여기에는 몇 가지 문제가 있다. 야스퍼스는 마치 나치즘이 단지 정신적인 과오일 뿐이며, 그것을 철학적으로 깊이 반성하면 해결되는 것으로 생각한다. 거기에는 나치즘을 초래한 사회적·경제적·정치적 원인들에 대한 물음이 빠져 있다. 야스퍼스는 칸트가 말하는 도덕성을 '도덕적 죄'의 차원에 두고, '형이상학적 죄'를 보다 고매한 것으로 간주했다. 그러나 칸트가 말하는 도덕성은 근본적으로 형이상학적이다. 동시에 그것은 '책임'을 떠나 '자연'(인과성)을 철저하게 탐구해야 한다는 것과 모순되지 않는다.

었다면 그것은 잘못이다. 칸트에게 있어 도덕성은 언제나 형이상학적(metaphysical)이다. 그런 의미에서 공동체의 도덕(선악)은 자연적(physical)인 것이다. 아도르노가 앞에서처럼 말할 때 사실 그는 칸트가 도덕성을 생각한 지점에 다가가고 있는 것이다.

나는 칸트에서 도덕적 영역은 '자유로워라'라는 명령에 의해 생긴다고 말했다. 이 명령이 공동체나 국가, 종교에서 오는 것이 아니라는 것은 말할 것도 없다. 하지만 그것은 '안에' 있는 것도 아니다. 역시 그것은 '바깥'에서 오는 것이다. 예를 들어 데리다는 책임(responsibility)을 응답 가능성(respondability)이라는 관점에서 생각했다.[14] 책임은 타자에 대한 응답으로서 나타난다. 오히려 타자에 대한 응답이라고 하는 것이 사람을 '자유'의 차원으로 몰아넣는다. 아도르노의 경우, 타자란 아우슈비츠에서 죽은 사람들이다. 그에게는 현실적으로 아무런 죄도 없다. 그 자신도 피해자이기 때문이다. 그러나 아도르노가 죽은 자들에게 책임을 느끼는 것은 죽은 자를 수단으로 삼아 살아남았다고 느끼기 때문이다. 그것은 칸트의 말로 하자면 '너의 인격과 모든 타자의 인격에서의 인간성을 결코 수단으로서만이 아니라 언제나 동시에 목적으로서 대하도록 행위하라'는 명법에 따를 때에만 생겨나는 책임이다.

아도르노가 아우슈비츠의 죽은 자들에게 느끼는 책임은 '안에서' 오는 것처럼 보인다. 그러나 그것은 역시 '바깥에서', 요컨대 타자로부

· · · ·

14_ 데리다가 그것을 말한 것은 폴 드 만(Paul de Man, 1919~1983)의 나치 협력에 대한 '책임'을 묻는 사람들에 대해서이다. 'Like the Sound of the Sea Deep Within a Shell: Paul de Man's War', in *Response: On Paul de Man's Wartime Journalism*, edited by W. Hamacher et al., The University of Nebraska Press, 1989.(「조개 속에 깊이 숨은 파도소리처럼貝殼の奧に潛む海驍のように」), 시마 히로유키島弘之 옮김, 『現代思想』 임시중간호, 「총특집 파시즘」 1989년 4월)

터 온다. 타자라고 할 때 그것이 반드시 현존하는 타자일 필요는 없다. 타자——자신과 규칙을 공유하지 않는 자——에는 지금 여기에 존재하지 않는 사람들, 즉 미래의 인간이나 죽은 자들이 포함된다. 아니 오히려 그들이야말로 타자의 전형이다. 윤리학은 일반적으로 살아있는 타자, 그것도 같은 공동체의 타자밖에 생각하지 않는다. 그러나 타자를 사물 자체로서 바라보는 칸트의 윤리학에는 미래와 과거에 걸쳐 있는 타자가 도입되어 있다.

앵글로색슨계의 철학에서는 칸트를 부정하고 공리주의적인 입장으로 되돌아가 윤리학을 구축하고자 해왔다. 한편 하버마스는 공공적 합의나 상호 주관성에 의해 칸트적인 윤리학을 넘어설 수 있다고 생각했다. 그러나 그들은 타자를 지금 여기에 있는 자들, 그것도 규칙을 공유하고 있는 사람들로 한정하고 있다. 죽은 자나 미래의 사람들이 고려되지 않고 있는 것이다. 예를 들어 오늘날 칸트를 부정하고 공리주의 입장에서 생각해 온 윤리학자는 환경 문제에 관해 어떤 아포리아에 직면해 있다. 현재의 인간은 쾌적한 문명 생활을 향유하기 위해 대량의 폐기물을 내놓는데, 그것을 미래의 세대가 이어받게 된다. 현재 살고 있는 어른들의 '공공적 합의'는 성립할 것이다. 물론 그것이 아직은 서양이나 선진국 사이에 한정된다고 하더라도 말이다. 그러나 미래의 인간과의 대화나 합의는 있을 수 없다. 또한 과거의 인간과의 대화나 합의도 있을 수 없다. 그들은 아무것도 말하지 않는다. 그렇다면 우리는 왜 책임을 느끼지 않으면 안 되는 것인가? 실제로 아무런 책임도 느끼지 않는 사람들이 존재한다. 국가나 공동체와 관련해 '도덕적'인 사람들이 특히 그러하다.

이 책임의 '감정'은 원시 단계로부터 이어지는 공동체에 대한 의무감의 잔재가 아니다. 그것은 '자유로워라', 그리고 '타자를 목적[자유로운 주체]으로 대하라'는 명령에서만 나타난다. 칸트는 그것을 내적인 도덕 법칙이라고 불렀다. 그러나 그것은 '안에' 있는 것이 아니다. '안'으로 회수할 수 없는 타자에 대해 있는 것이다. 칸트의 타자가 언제나 비대칭적인 관계에서 생각되고 있다는 것에 주의해야 한다. 그것은 헤겔이나 사르트르가 말하는 것과 같은 또 하나의 자기의식, 즉 동일한 규칙이나 욕망을 공유하는 상대가 아니다. 타자는 나에 대해 오히려 무관심하다. 타자라고 할 때, 사람들은 지금 살고 있는 타자를 생각하고 만다. 하지만 타자의 타자성은 오히려 죽은 자에게서 나타난다. 키르케고르는 이렇게 말하고 있다.

> 가장 두려워해야 할 일은 죽은 자가 아무것도 모르는 체하고 있다는 사실이다. 그러므로 죽은 자를 두려워하라, 그의 교활함을 두려워하라, 그의 확고한 태도를 두려워하라, 그의 강함을 두려워하라, 그의 긍지를 두려워하라! 그러나 만약 그대가 그를 사랑한다면 사랑의 추억 속에 그를 내버려 두지 않도록 하라! 그렇게 한다면 그대는 아무것도 두려워할 필요가 없게 된다. 죽은 자로부터 그리고 바로 죽은 자로서의 그에게서 그대는 사상의 교활함, 표현에서의 명확함, 변하는 일 없이 언제나 계속해서 동일한 강고함, 인생에서의 긍지를——그대가 그것을 어떠한 사람에게서도, 즉 타고난 재능이 가장 풍부한 사람에게서조차도 배울 수 없을 만큼——배울 수 있는 것이다.
>
> 죽은 자는 변하는 일이 없다. 여기서는 그대가 부채를 그의 탓으로 돌릴 변명의 가능성이 전혀 생각될 수 없다. 그런 까닭에 그는 진실한 것이다. 그렇다, 이것은 진실이다. 그러나 그는 어떠한 현실도 아니다. 바로 그렇기 때문에 그는 그대를 붙잡기 위해

무엇 하나, 정말이지 무엇 하나 하지 않는다. 그저 그는 변하지 않을 뿐이다. 따라서 만약 산 자와 죽은 자의 관계가 변했다고 한다면, 그 경우 적어도 산 자 쪽이 변한 것에 틀림없다는 것만큼은 분명하다. (『사랑의 행위愛のわざ』, 무토 가즈오武藤一雄・아시즈 다케오芦津丈夫 옮김, 「저작집」 제16권, 白水社)

죽은 자는 우리 마음대로 감정이입할 수 있는 상대가 아니며, 우리 마음대로 대변할 수 있는 상대도 아니다. 죽은 자는 말하지 않고 무관심하다. 죽은 자의 이름으로 말하는 자는 그가 무어라 하든지 간에 자신을 말하고 있을 뿐이다. 죽은 자를 애도하는 자는 죽은 자를 잊기 위해 그렇게 하는 것이다. 애도했다고 해서 죽은 자가 변하는 것은 아니다. 단지 우리가 변할 뿐이다. 죽은 자는 변하지 않는다. 하지만 그에 의해 우리가 변했다는 것을 드러낸다. 그러므로 죽은 자는 교활하다고 키르케고르는 말하는 것이다. 그러나 그런 의미에서 죽은 자는 바로 타자이다. 칸트가 타자를 사물 자체로서 본 것은 알기 쉽게 말하자면 우리가 합의를 얻어낸다든지 '표상=대표'한다든지 할 수 없는 것으로서 타자를 보았다는 것을 의미한다. 미리 말해두지만, 그것은 레비나스(Emmanuel Levinas, 1906~95)가 말하는 절대적 타자가 아니라 흔해빠진 상대적 타자이다. 절대적인 것은 오히려 상대적 타자와의 관계인 것이다.

앞에서 나는 칸트의 인식론이나 미학에서 '보편성'이란 미래의 타자를 전제한다는 사실을 지적해 왔다. 마찬가지로 도덕 법칙이 보편적이기 위해서는 그것이 단지 형식적일 뿐만 아니라 또한 미래의 타자를 상정하고 있어야만 한다. 그리고 동시에 그것은 과거의 타자(죽은 자)를 함의한다. 왜냐하면 미래의 타자 쪽에서 보면 우리는 죽은 자이기 때문이다.

이러한 의미에서 칸트의 '비판'에는 근본적으로 역사 문제가 내포되어 있다. 말년에 이르러 칸트는 역사에 관해 정면에서 생각했다. 그러나 그것은 태도 변화를 의미하지 않는다. 거기서도 그는 이론적인 동시에 실천적인 입장을 취하고 있다. 이론적으로는 역사에는 목적이 없고, 그저 착종된 인과관계가 있을 뿐이다. 역사를 연구하는 사람은 철저하게 예외를 허용함이 없이 그렇게 해야 한다. 그러나 역사의 의미나 목적은 본래 그 차원에는 존재하지 않는다. 그것은 '실천적' 문제인 것이다.

칸트는 『판단력비판』에서 말한 것, 요컨대 자연사에는 목적이 없지만 합목적성을 가정해도 좋다는 생각을 역사에 대해서도 적용한다. 인류사에는 목적이 없지만 거기에 합목적성이 있는 것으로 간주하는 것이 허용된다. "이 과정은 선에서 시작해 악으로 향해 가는 것이 아니라 비교적 나쁜 상태로부터 한층 더 좋은 상태를 향해 점차 발전하는 것이다. 그리고 각 사람이 각자의 뜻대로 분수에 따라 힘이 닿는 한에서 이 진보에 기여하는 것이야말로 곧 자연 그 자체에 의해 인간에게 부과된 임무인 것이다."(「인류사의 추측상의 기원人類の歷史の臆測的起源」, 『계몽이란 무엇인가』, 시노다 히데오篠田英雄 옮김, 앞의 책) 이와 같은 견해를 '이론적'으로 부정하기는 쉽다. 왜냐하면 이론적이란 목적을 괄호에 넣고서 보는 것이기 때문이다.[15] 그리고 또한 칸트

• • • •

15_ 칸트는 흄과 라이프니츠 사이에서만이 아니라 에피쿠로스적인 우연성과 아리스토텔레스적인 목적론 사이에서도 생각하고 있었다. "그런데 우리는 이 경우에 작용하는 다양한 원인의 집합을 에피쿠로스식의 생각에 따라,—모든 국가는 물질의 미진微塵 즉 원자와 마찬가지로 우연적인 충돌에 의해 갖가지 형태를 취하지만, 이들 형태는 다시금 새로운 충돌에 의해 파괴되고, 이와 같은 과정이

자신이 이러한 역사 이념을 초월론적 가상이라고 간주하고 있기 때문이다. 하지만 역사 이념을 비웃는 냉소주의자들은 오히려 그들 자신의 생각이 사회적 원인에 의해 규정되어 있다는 사실을 알아야 한다. 그러나 중요한 것은 칸트가 거기서 하나의 '불가해한 수수께끼'를 발견하고 있다는 점이다.

> 어쨌든 자연은 인간이 안락하게 산다는 것 따위는 전혀 고려하지 않았던 듯하다. 자연이 깊이 마음 쓴 것은—인간이 자신의 행동에 의해 자기의 생활과 심신의 안녕을 향유할 만한 존재가 되는 것이었다. 그런데 이 경우에 정말로 기이하게 생각되는 것이 두 가지 있다.—첫째로 앞 세대의 사람들은 뒤 세대를 위해 너무도 힘든 일에 부지런히 종사해 후세 사람들의 이익을 꾀하고 그들을 위해 터전을 마련하며, 그래서 다음 세대의 사람들은 이 터전 위에 자연이 의도하는 바의 건물을 구축할 수가 있다고 하는 것이다. 또한 둘째로 이 건물에 거주하는 행복을

. . . .
수없이 반복된 결과 언젠가는 그 형태를 영원히 유지할 수 있는 형태를 우연히 획득한다(이것은 도저히 일어날 것 같지 않은 요행이다)는 식으로 생각해도 좋은 것일까? 그렇지 않으면 자연은 이 경우에도 규칙적인 경과를 거쳐 우리 인류를 이끌어 동물성이라는 낮은 단계로부터 인간성이라는 최고 단계에 이르게 하고, 게다가 그 방법으로서는 역시 인간으로부터 무리하게 취했다 하더라도, 본래 자연의 의도에서 나오는 교묘한 수단을 이용하고, 이리하여 언뜻 보아 방자한 무질서가 한창일 때에 자연이 인간에게 부여한 근원적 소질을 지극히 규칙적으로 전개한다는 식으로 생각해도 좋은 것일까?"(「세계시민적 견지에서 본 일반사의 이념世界公民的見地における一般史の構想」, 『계몽이란 무엇인가』, 앞의 책) 칸트는 한편으로는 에피쿠로스적인 견지에 서서 역사를 목적론적으로 보는 것을 물리치면서도 동시에 생명(유기체)에 관한 목적론적인 견지를 채택하는 것이 규제적 이념(초월론적 가상)으로서만 허락된다고 생각했다.

누릴 수 있는 것은 가장 후세의 사람들뿐이고, 몇 세대의 조상들은(물론 자신이 의도한 것이 아니라 하더라도) 이 건축물을 지었음에도 불구하고 자기 자신들이 준비한 행복에 관여할 수 없다고 하는 것이다. 확실히 이것은 불가해한 수수께끼이다. 그러나 한 번 다음의 사실을 승인하게 되면 동시에 이와 같은 과정이 필연적이라는 것이 분명해지는데, 즉——동물의 하나의 유類로서의 인류가 이성을 가지면 개개의 이성적 존재자는 모조리 사멸하지만 유로서의 인류는 불사이고, 그래서 인류의 자연적 소질이 완전한 발전을 이루게 된다고 하는 사실이다. (「세계시민적 견지에서 본 일반사의 이념」,『계몽이란 무엇인가』, 같은 책)

자신이 한 일을 향유할 수 없다는 것은 다음과 같은 것을 함의한다. 즉 우리는 후대를 위해 활동하고 죽을 생각이었음에도, 후대는 그렇게 생각하지 않고 감사하지도 않는다는 것이다. 실제로 우리가 선대에 대해 그렇게 하고 있기 때문이다. 물론 공동체나 국가 안에서는 어떤 사람들이 감사를 받고 찬양을 받는다. 벤야민(Walter Benjamin, 1892~1940)이 말했듯이 역사는 승자의 것이다. 하지만 많은 경우 우리의 행위는 미래의 타자에게 무시된다. 칸트는 그와 같은 부조리를 견디지 않으면 안 된다고 생각한다. 왜냐하면 미래의 타자를 위해 무언가를 한다 하더라도 그것은 우리 자신의 자유의 문제이고, 또한 자유는 행복과 무관계하기 때문이다. 물론 그것은 행복을 부정하는 것이 아니다. 그러나 '자유로워라'라는 명령은 종종 가혹하다.

칸트의 도덕론은 근본적으로 경제적이다. 예를 들어 '너의 인격과 모든 타자의 인격에서의 인간성을 결코 수단으로서만이 아니라 언제나 동시에 목적으로서 대하도록 행위하라'라는 칸트의 도덕 법칙은 대체로 '타인을 수단으로서가 아니라 목적으로 대하도록 행위하라'라는 식으로 읽혀 왔다. 그러나 신칸트학파 좌파인 헤르만 코헨은 칸트가 '……만이 아니라 언제나 동시에'라고 말하고 있는 점에 주의를 촉구했다.[16]

칸트는 도덕성을 생각할 때 생산 관계를 전제하고 있다. 그것 없이 성립하는 듯이 보이는 '인격적' 관계는 수도원이나 학생 기숙사에서 성립하는 몽상에 지나지 않는다. 사실상 그들은 예를 들어 신자나 부모를 '수단'으로 하고 있는 것이다. 칸트학파 윤리학이 경멸당해 온 것은 '……만이 아니라'를 '……가 아니라'로 읽어 왔기 때문이다. 칸트가 말하는 '목적의 나라'는 물질적이고 경제적인 기반에서 존재한다. 그리고 그것이 해결되지 않은 곳에서의 '인격주의'는 단지 승려적인 것이 될 수밖에 없다. 이리하여 코헨은 칸트를 '독일 사회주의의 진정한 창시자'라고 부른다. 실제로 코뮤니즘은 타자를 수단으로 하면서도 또한 동시에 타자를 목적으로서 대하는 사회여야만 한다. 그것은 '타자를 수단으로서만이 아니라 목적으로서 대하는 것'을 불가능하게 하는 사회적 시스템을 바꾸는 것에 의해서만 있을 수 있다. 다시 말하면 그로부터 '자본주의의 지양'이라는 이념이 나올 수밖에 없는 것이다.[17]

••••

16_ Herman Cohen, *Einleitung mit Kritischen Nachtrag,, zur Geschichte des Materialismus von Lange*, S. 112 ff. *Ethik des reinen Willens*, S. 217 ff.

17_ 현재의 윤리학에서 우세한 것은 칸트가 부정한 공리주의이다. 그것은 선을 이익이라고 하여 계산할 수 있는 것으로 간주한다. 그 때문에 윤리학은 경제학으로 환원되고 있다. 말할 것도 없이 그것은 자본주의 경제를 긍정하는 입장에서 생각된 것이다. 그에 반해 칸트로 돌아가 생각한 존 롤스(John Rawls, 1921~2002)는 '사회적 정의'를 주창했다. 그러나 그것은 결국 누진과세에 기초한 부의 재분배를 통해 사회적 불평등을 해소하는 것이며, 기껏해야 복지 국가

마찬가지로 칸트의 도덕론은 근본적으로 정치적이다. 칸트는 '영원한 평화를 위하여' 세계 공화국을 제창했다. 그에 반해 헤겔은 『법권리의 철학』에서 칸트가 말하는 국제 연방은 위법에 대한 실력적 제재를 행할 수 있는 국가 없이는 있을 수 없다고 비판했다. 요컨대 칸트의 생각은 도덕론에 지나지 않는다는 것이다. 그러나 오히려 중요한 것은 칸트가 정치적 차원을 부정하기는커녕 도덕적인 것의 실현이 정치적 차원 없이 있을 수 없다고 생각했다는 사실이다. 칸트가 말하는 '목적의 나라'는 구체적으로 세계 공화국으로서 실현되어야만 한다. 그리고 그것은 네이션=스테이트의 모임인 국제 연합과 같은 것과는 근본적으로 이질적이라는 점에 주의해야 한다.[18]

····

나 사회 민주주의의 원리를 제공할 뿐이다. 그것은 공리주의를 넘어서는 것이 아니다. 거기서는 '타자를 수단으로서만이 아니라 동시에 목적으로 대하는' 사회에 대한 지향이 결여되어 있다. 하지만 1980년대에 들어서서 롤스가 '칸트적 구성주의'를 주창하기 시작했을 때, 어떤 결정적인 변화가 생긴 것으로 보인다(『『정의론』 프랑스어판에 대한 서문」). 롤스는 자본주의를 전제한 데 입각한 사회 민주주의적인 부의 재분배라는 생각을 부정하고, 부의 재분배가 불가결하게 되는 부의 편재를 초래하는 시스템 그 자체를 변화시켜야만 한다고 생각했다. 요컨대 '재산 소유의 민주제'를 '자본주의에 대한 대체안'으로서 이야기하기 시작했다. 그는 그것을 '리버럴한 사회주의'라고 부른다. 하지만 프루동이나 맑스가 생각했던 코뮤니즘(어소시에이션)은 그것과 그다지 다른 것이 아니다. 물론 롤스가 말하는 것은 추상적 의견에 지나지 않으며, 구체적으로는 아무것도 제시되고 있지 않다. 하지만 롤스가 이렇게 생각하게 된 것은 윤리를 선악이나 행복·이익이 아니라 '자유'에서 발견한 칸트로 돌아가서 생각하는 한에서 불가피하게 코뮤니즘(어소시에이션)에 도달하지 않을 수 없다는 것을 보여주는 현대의 하나의 예라고 해도 좋을 것이다.

18_ 그렇지만 그것은 국제 연합을 경시하는 것을 의미하지 않는다. 국제 연합이 인류사에서 커다란 성과라는 점은 의심할 수 없다. 칸트는 다음과 같이 쓰고 있다. "(자연은)——당초에는 불완전한 시도이긴 하지만, 마침내 모든 국가를 강요하여——국가의 황폐와 전복, 또는 국력의 전반적 소모마저 수없이 경험한

그에 반해 세계 공화국은 국가들이 주권을 방기하는 데서 성립한다. 칸트가 말하는 '영원한 평화'란 단지 국가들 사이에서 전쟁이 없는 상태가 아니라 국가들이 지양된 상태인 것이다. 게다가 칸트는 그것을 실현하는 것이 역사의 목적이라고 가정해도 좋다는 것이다. "인류의 역사를 전체로서 고찰하면, 자연이 자기의 숨겨진 계획을 수행하는 과정으로 간주할 수 있다. 그런데 이 경우에 자연의 계획이라는 것은, ──각 국가로 하여금 국내적으로 완전할 뿐만 아니라 나아가 이 목적을 위해 대외적으로도 완전한 국가 조직을 설정한다는 것에 다름 아닌데, 그것은 이와 같은 조직이야말로 자연이 인류에 내재하는 모든 자연적 소질을 남김없이 전개할 수 있는 유일한 상태이기 때문이다." (「세계시민적 견지에서 본 일반사의 이념」, 제8명제, 같은 책) "자연의 계획이 취지로 삼는 바는 전 인류 속에 완전한 공민적인 연합을 형성케 하는 데 있다. 이러한 계획에 따라 일반 세계사를 드러내고자 하는 시도는 가능할 뿐만 아니라 또한 자연의 이러한 의도의 실현을 촉진하는 기도로 간주되지 않을 수 없다."(제9명제, 같은 책)

이와 같은 세계 공화국 또는 공민적인 연합이 성립하기 위해서는 각각의 국가에서 어떤 결정적인 변화가 없으면 안 된다. 그것은 그 내부에서 각 사람이 타인을 수단으로서만이 아니라 동시에 목적으로

....

후이긴 할지라도──미개인의 무법 상태를 탈출하여 국제 연합을 결성하게 하는 것이다."(「세계시민적 견지에서 본 일반사의 이념」, 제7명제, 앞의 책) 실제로 20세기에 두 차례에 걸친 세계 전쟁의 재화가 국제 연맹과 국제 연합을 결성하게 만들어 왔다. 사람들은 거기서 칸트 이념의 투영을 본다. 그것은 그다지 잘못이 아니다. 그러나 현재의 국제 연합이 칸트의 '세계 공화국' 이념에서 거리가 먼 것이라는 점을 잊어서는 안 된다. 덧붙이자면, 이 문제에 관해서는 나의 논문 「죽음과 내셔널리즘死とナショナリズム」(『정본 가라타니 고진 전집』 제4권, 岩波書店)을 참조해 주었으면 한다.

서 대하는 경제 시스템이 실현되고, '그 목적을 위해 대외적으로도 완전한 국가 조직'이 되는 것이다. 따라서 국가의 지양과 자본주의의 지양은 따로따로 있는 것이 아니다. 이리하여 칸트의 윤리학은 단지 도덕적 차원에 머무는 것이 아니라 정치적·경제적인 것으로서, 역사적으로 실현되어야 할 이념(코뮤니즘)을 내포하지 않을 수 없다. 역으로 말하면 19세기 이후 코뮤니즘은 오로지 정치·경제적 사상으로서 나타났지만, 그것은 도덕성에 뿌리박고 있으며 또한 그렇지 않으면 그 존재 이유가 없는 것이다.

에른스트 블로흐(Ernst Bloch, 1885~1977)는 맑스를 칸트적으로 '수정'한 신칸트학파(마르부르크학파)를 비판한다. 그는 맑스에게 코뮤니즘이 단지 자연사적인 필연으로서 보인 일은 없다고 말한다. 젊은 맑스는 다음과 같이 썼다. "종교 비판은 인간이 인간에게 있어 최고의 존재라는 교설로 끝난다. 따라서 인간을 경멸당하고 예속당하며 버림받고 멸시당하는 존재로서 방치하는 일체의 관계들을…… 뒤집으라는 무조건적인 명령으로써 끝나는 것이다."(『헤겔 법철학 비판 서설』, 앞의 책) 이에 관해 블로흐는 다음과 같이 말한다. "이 실질적인 '무조건적인 명령'은 맑스를 초기와 후기로 나누고 싶어 하는 사람들이 주장하듯이, 청년 맑스의 저술에 한정되는 것이 결코 아니다. 그렇다고 해서 맑스가 이전에 '현실적 휴머니즘'이라고 부른 것을 유물사관에 이입할 때, 이 명령이 조금이라도 가까이 놓였다고 하는 따위의 이야기는 결코 아니다."(『맑스론マルクス論』, 후나토 미츠유키船戸満之·노무라 미키코野村美紀子 옮김, 作品社) 그러나 이 '무조건적인 명령'(지상명령)에는 분명히 칸트적인 사고가 숨어 있다고 해야만 한다. 코뮤니즘은 단지 경제적·정치적인 것만이 아니며, 단지 도덕적인 것만도 아니다. 칸트의 말을 비틀어 말하자면, 경제적·정치적 기반을 갖지

않은 코뮤니즘은 공허하며, 도덕적 기반을 갖지 않은 코뮤니즘은 맹목적이다.

제 2 부

맑스

제1장 이동과 비판

1. 이동

맑스는 방대한 저작을 남겼지만, 그것들은 기본적으로 단편적이어서 그로부터 맑스의 철학이라든가 경제학이라든가 코뮤니즘이라는 것을 그 자체로 끄집어낼 수는 없다. 처음으로 그것들을 체계화하고자 한 것은 맑스 사후의 엥겔스였다. 그는 헤겔의 철학 체계에 맞추어 맑스주의의 체계를 구성했다. 변증법적 유물론(논리학), 자연변증법(자연철학), 역사적 유물론(역사철학), 경제학과 국가론(법철학) 등이 그것이다. 이후 맑스주의자들은 그것을 문학·예술론(미학)을 포함하여 완성시키고자 해왔다. 하지만 그것들은 근본적으로 의심스럽다. 맑스가 한 번도 사상을 체계화하고자 하지 않았던 것은 시간이 없었기 때문이 아니다. 체계화를 거절하고 있었기 때문이다. 우리는 경제학이라든가 철학이라든가 하는 분류를 우선 괄호에 넣어야만 한다. 무엇을 대상으로 하든지 간에 맑스가 취한 태도를 보아야 하는 것이다. 명백한 것은 맑스의 '사상'이 그 이전의 것에 대한 '비판'으로서만 존재한다는 사실이다. 예를 들어 미완성이긴 할지라도 체계적으로 쓰인 책이라고 할 수 있는 『자본』도 '국민경제학 비판'이라는 부제가 보여주듯이 비판의 글이다. 하지만 그것은 전 시대의 이론을 비판한다는 의도를 갖고 있는 것이 아니다. '비판'은 단지 상대를 부정하는 것이 아니다. 그러므로 맑스가 선행자를 부정하고 무언가 적극적인 학설을 정립한 것처럼 간주하는 것은 잘못이다. 마찬가지로 그가 예를 들어 리카도의 아류, 헤겔의 아류일 뿐이라고 말하는 것도 잘못이다. 맑스의 작업을 근본적으로 '비판'으로서 읽는 것이 무엇보다 중요한 것이다. 맑스의 '비판'은 그 역사적 맥락이 아무리 낡았다 하더라도 결코 의미를 잃지 않는다. 나의 과제는 맑스에게서의 '비판'의 의미를 회복하는 것, 그리고 그것이 현재 및 미래에서 어떠한 인식의 빛을 던져주는지를 보여주는 일이다.

맑스는 딸들의 물음에 답하여 '모든 것을 의심하라'는 말을 모토로 내건 적이 있었다. 그러나 그가 모든 것을 의심한다고 할 때, 그것이 나태한 회의주의자와 다르다는 것은 분명하다. 그에게 있어 의심하는 것은 살아가는 것과 분리되지 않는다. 그러면 어떠한 삶이 거기에 있는 것일까? 맑스는 철저하게 주체를 의심하고, 그것을 관계 구조의 산물로서 바라보았다. 그러면 그와 같이 의심하는 주체가 어디에 있는 것일까? 사람들은 맑스주의와 실존주의와 같은 '문제'를 내세워 왔다. 하지만 그들은 맑스라는 '실존'을 무시해 왔다.

나는 맑스를 데카르트나 칸트에 대립시키는 통속적인 사고방식에 반대한다. 이미 고찰했듯이 데카르트의 코기토(나는 의심한다)는 시스템과 시스템, 또는 공동체와 공동체 '사이'에서 발견된다. 이 '사이'는 단지 '차이'로서 존재하지 실체적으로 존재하는 것이 아니다. 그것은 결코 적극적(positiv)으로 말할 수 없으며, 말해진 그 순간에 시야에서 놓치게 되는, 그것 자체가 초월론적인 장소이다. 나는 이것을 비판적 장소(critical space)라고 부르고 싶다. 그럼에도 불구하고 이 '초월론적인' 토포스(topos)는 암스테르담, 쾨니히스베르크, 런던과 같은 구체적인 공간과 분리될 수 없을 것이다. 예를 들어 데카르트는 망명해 있던 암스테르담에 대해 다음과 같이 쓰고 있다. "여기서 나는 타인의 일에 흥미를 갖기보다는 자신의 일에 열심인 극히 활동적인 수많은 사람들의 무리 속에서, 가장 인구가 많은 마을에서 얻을 수 있는 생활의 편의를 무엇 하나 결여함이 없이, 게다가 가장 먼 황야에 있는 것과 마찬가지의 고독한 은둔 생활을 보낼 수 있었다."(『방법서설』, 앞의 책) 데카르트적 코기토(나는 의심한다)는 이와 같은 장소와 분리될 수 없다. 실제로 데카르트가 코기토(나는 의심한다)를 사고 주체(초월론적 자기)에 귀착시킨 것은 프랑스로 돌아가 '데카르트주의'의 시조로서 권위를 확립시켜 간 과정과 평행을 이루고 있다.

그에 비해 쾨니히스베르크에서 거의 움직이지 않았던 칸트만큼 '이동'과 인연이 없는 철학자는 없다. 그러나 쾨니히스베르크는 단순히 변경의 시골이 아니다. 그곳은 당시까지 번영했던 발트 해 교역의 하나의 중심지이며, 어떤 의미에서는 베를린보다 오히려 영국에 더 가깝고 다양한 정보가 집적되는 장소였다. 칸트 자신이 다음과 같이 말하고 있다. "한 나라의 중심인 대도시여서 거기에는 나라를 통치하는 여러 관청이 있고, 하나의 대학……을 가지고 있으며, 나아가 해외 무역의 요지를 점하고, 따라서 나라의 오지로부터 흘러들어오는 강의 흐름에 의해 오지와의 교통을 조장함과 동시에, 언어 풍습을 달리하는 멀고 가까운 나라들과의 교통에서도 편리한 도시—예를 들어 프레겔 강가에 있는 쾨니히스베르크 같은 곳은 확실히 세상에 대한 지식이나 인간에 대한 지식을 확장하는 데 알맞은 장소라고 생각할 수 있으며, 거기에 있으면 설령 여행을 하지 않더라도 이러한 지식이 얻어질 수 있다."(『인간학人間學』, 사카타 도쿠오坂田德男 옮김, 岩波文庫) 그 후 쾨니히스베르크는 동프로이센에 속했지만, 칸트 시대에 러시아에 점령당하기도 했다(사실 현재는 러시아에 속한다). 칸트의 세계 시민 주의는 이와 같은 환경과 분리될 수 없으며, 오히려 칸트는 그 장소를 적극적으로 선택했던 것이다. 그는 피히테나 헤겔과는 달리 초빙을 받았으면서도 베를린으로 가기를 거절했다. 만약 베를린에 갔다면 그는 '국가' 입장에서 생각하기를 강요받았을 것이다. 그것을 거절한 것은 다른 의미에서 '이동'이고, 어떤 의미에서는 '망명'이다.

맑스에 대해 생각할 때, 우리는 그가 이동했다는 것, 그리고 그것이 그의 사고에서 결정적으로 중요하다는 사실에 주의하지 않으면 안 된다. 그것은 예를 들어 맑스가 망명자였다는 것을 강조하는 것이 아니다. 사실 맑스는 영국으로 망명했지만, 나중에 귀국하는 것이 허락되었으며, 실제로 1850년대에 한 번 귀국하기도 했다. 영국에 머물렀던 것은 자본주의 연구에 있어 그것이 필요 불가결했기 때문이다. 그렇다면 그를 단순히 정치적 망명자라고는 말할 수 없을 것이다. 오히려 그곳은 그 자신이 선택한 장소이다. 중요한 것은 맑스가 담론의 '사이'에 있으면서 사고했다는 사실이며, 그로부터 무언가 적극적인 학설(독트린)을 끄집어내서는 안 된다고 하는 점이다.

맑스는 1843년 파리로 망명하여 그 다음 해 『경제학·철학 초고』를 썼다. 널리 알려져 있듯이 『경제학·철학 초고』는 포이어바흐의 자기 소외론을 경제학에 적용한 고찰이며, 더욱이 맑스보다 앞서 모제스 헤스(Moses Hess, 1812~75)가 그것과 동일한 일을 하고 있었다. 그런 점에서 맑스는 기본적으로 청년 헤겔학파와 공통의 '문제의식' 안에 있었다고 말해야만 한다. 그러나 그 후 얼마 안 있어 그는 『신성가족』을 쓰며, 그 다음 해에 브뤼셀로 추방되어 거기서 「포이어바흐에 관한 테제」를, 또한 엥겔스와 함께 『독일 이데올로기』를 썼다. 루이 알튀세르는 이 시기에 생긴 전회를 중시하고, 거기서 '인식론적 단절'을 발견했다. 요컨대 그 전회는 단지 헤겔을 유물론적으로 역전시키는 것이 아니라 헤겔적인 문제 기제 그 자체로부터 비연속적인 변화를 이루었다는 것을 의미한다. 그러나 이와 같은 전회는 한 번으로 끝나는 것이 아니다.[1]

앞에서 나는 칸트에서의 '코페르니쿠스적 전회'에 대해 고찰할 때 다음과 같이 말했다. 일반적으로 코페르니쿠스적 전회는 천동설(지구 중심)에서 지동설(태양 중심)로의 화려한 전도로서 이해된다. 그러나 지동설은 고대로부터 존재한 것이다. 그것이 코페르니쿠스에 의해 처음으로 이론으로서 성립한 것은 주관이 대상을 수동적으로 받아들인다는 생각으로부터 대상이 주관의 형식에 의해 능동적으로 구성된다는 생각으로의 전회에 의해서이다. 칸트가 중시한 것은 후자처럼 보인다. 그리고 칸트 이후의 관념론은 거기서 성립한다. 하지만 그때 칸트가 이루고자 했던 전회가 본래 지동설(태양 중심), 다시 말하면 세계는 우리가 구성한 것이 아니라 역으로 우리가 세계 속에 던져져 있는 것이라는 생각으로 향하게 되었다는 사실이 망각된다. 말할 것도 없이 칸트 자신이 곧바로 그의 영향 아래서 자라난 관념론자에게

1_ 나중에 알튀세르는 「존 루이스에게 보내는 회답」(『역사 · 계급 · 인간歷史 · 階級 · 人間』, 사카가미 다카시阪上孝 · 니시카와 나가오西川長夫 편역, 福村出版)과 「자기비판의 기초」(『자기비판自己批判』, 니시카와 나가오西川長夫 옮김, 福村出版)에서 그 자신은 맑스의 '인식론적 단절'이 한 번에 한정된다고 말할 생각은 없었지만, 그렇게 읽혀도 어쩔 수 없는 경향이 있었다는 점을 인정하고 있다.

반격했다. 과학사에서의 코페르니쿠스적 전회라는 사건은 한 번으로 끝이다. 그러나 칸트에서의 코페르니쿠스적 전회는 한 번으로 끝날 수 없다. 칸트의 '비판'은 끊임없는 이동을 내포하는 것이기 때문에, 결코 안정된 입장에 설 수 없는 것이다. 그리고 나는 그것을 트랜스크리틱이라고 부른다.

맑스의 전회에 대해서도 마찬가지로 말할 수 있다. 헤겔 좌파의 한 사람이었던 초기 맑스는 포이어바흐에 의한 헤겔 관념론의 유물론적 전도를 따르고 있었다. 포이어바흐의 종교 비판은 신이란 유적인 인간적 본질의 자기 소외이며, 감성적 존재로서의 각 개인이 그것을 되찾아야 한다는 것이다. 초기의 맑스는 기본적으로 그것을 답습하고 있다. 다만 이 '자기 소외론'을 종교로부터 화폐·국가로 전화·확장한 점에서 포이어바흐와 달랐을 뿐이다. "반종교 비판의 근본은 인간이 종교를 만드는 것이지 종교가 인간을 만드는 것이 아니라는 점이다. 그리고 확실히 종교라는 것은 자기를 아직 획득하지 못했거나 혹은 획득했으면서도 또한 상실해 버린 인간의 자기의식이자 자기감정이다. 그러나 인간이라 하더라도 그것은 세계의 바깥에 웅크리고 앉아 있는 추상적인 존재가 아니다. 인간, 그것은 **인간의 세계**를 말하며 국가 사회를 말한다. 이 국가, 이 사회가 도착된 세계이기 때문에 **도착된 세계의식**인 종교를 산출하는 것이다."(『헤겔 법철학 비판 서설ヘーゲル法哲學批判序說』, 하나다 게이스케花田圭介 옮김, 「맑스-엥겔스 전집」 제1권, 大月書店)

여기서 주목해야 할 것은 맑스가 이러한 역전을 '코페르니쿠스적 전회'에 비교하고 있다는 사실이다. "종교에 대한 비판은 인간의 몽환을 깨부수지만, 그것은 인간이 미몽에서 깨어나 제정신을 차린 인간답게 사고하며 행동하고 자신의 현실을 형성하기 위해서이며, 자기 자신을 중심으로, 따라서 자신의 현실의 태양을 중심으로 운동하기 위해서이다. 종교는 인간이 자기 자신을 중심으로 운동하지 않는 한, 그 사이 인간의 주위를 맴도는 환상적인 태양에 지나지 않는다. 그러므로 진리의 피안이 자취를 감춘 이상, 차안의 진리를 세우는 것이 역사의 과제이다. 인간의 자기 소외의 신성한 모습이 가면을 벗은 이상, 신성하지 않은 모습에서의 자기 소외의 가면을 벗기는 일이 당면하여 역사에 봉사하는 철학의 과제이다. 이리하여 천상의 비판은 지상의 비판으로 전환되고, 종교의 비판은 법의 비판으로, 신학의 비판은 정치의 비판으로 전환된다."(같은 책) 이와 같은 유물론적 '전회'는 확실히 눈부시게 보인다. 그러나 이것은 통속적인 의미에서의 전회에 지나지 않는다. 맑스가 참으로 '코페르니쿠스적 전회'를 보여주는 것은 오히려 이와 같은 유물론을 비판하고, 다음과 같이 역으로 관념론 안에서 '능동적' 계기를 평가했을 때이다.[2] "지금까지의 모든 유물론(포이어바흐의 것

. . . .

2_ 맑스가 여기서 보여준 양의성은 나중의 맑스주의자들 가운데서는 유물론자(materialist)와 형식주의자(formalist)의 대립으로 나타났다. 형식주의자는 현상을 구성하는 '능동적 측면'에 주목한다. 이 점에서 그들은 관념론자라고 오해받는 경우가 있지만, 그들은 그 '능동적 측면'의 소재(material)인 언어적 형식을 문제 삼았던 것이다. 이것도 일종의 유물론이다. 이 점을 경시한다면 맑스주의는 단순히 경험주의가 될 것이다. 한편 형식주의자는 경험의 내용을 부여하는 외부성을 물리칠 때 관념론이 되고 만다. 이것은 1970년대의 텍스트론자에게 일어난 일이다. 그러나 이러한 문제는 이미 '칸트적 전회'에서도 나타났다. 칸트는 합리주의를 경험을 결여한 사고라고 하여 비판했을 뿐만 아니라, 경험주의를 그것이 확실한 출발점으로 하는 감각 데이터가 이미 일정한 형식에 의해 구성되어 있다고 비판했다. 그 경우 칸트가 감성 형식이나 지성 범주의 선행성을 강조했을 때, 언어적인 물질성을 말하고 있었다고 생각해도 좋다. 하지만 동시에 그는 우리가 어떻게 생각하든 사물(자체)이 있다고 생각하고 있었다. 그러므로 레닌은 『유물론과 경험비판론』에서 마하주의자 혹은 신칸트학파가 형식의 능동성을 중시함으로써 사물이 존재한다는 것 자체를 물리쳐 버린 점을 비판하고, 칸트

도 포함하여)의 주요 결함은 대상, 현실, 감성이 다만 객체의, 또는 관조의 형식 하에서만 파악되어 감성적인 인간적 활동, 실천으로서 주체적으로 파악되지 않는다는 것이다. 그러므로 **능동적** 측면은 유물론에 대립하여 추상적으로 관념론……에 의해 전개되게 되었다."(『포이어바흐에 관한 테제フォイエルバッハに關するテーゼ』, 마시타 신이치眞下信一 옮김, 「맑스-엥겔스 전집 제3권」, 大月書店)

* * * *

　쪽이 유물론적이라고 말했던 것이다. 그럼에도 불구하고 맑스가 『자본』에서 고전 경제학에서 언제나 은폐되는 상징적 형식—가치 형태—의 물질성을 중시한 데 반해, 레닌은 형식주의적인 물질성을 무시하고 있으며, 유물론을 소박한 경험주의에 가까운 것으로 만들어 버렸다.
　여기서 칸트를 조금도 언급하지 않고서 이루어진 '칸트적 전회', 또는 맑스를 조금도 언급하지 않고서 이루어진 '맑스적 전회'에 대한 근년의 눈부신 예로서 주디스 버틀러(Judith Butler, 1956~)의 『신체야말로 문제다』(*Bodies That Matter*, Routledge, 1993)를 들고자 한다. 그녀는 이전의 저서인 『젠더 트러블』(*Gender Trouble*(1990), 다케무라 가즈코竹村和子 옮김, 青土社)에서 섹스/젠더의 구별과 관련해 문화적이고 사회적인 범주로서의 젠더를 중시했다. 이것은 생물학적으로 보였던 성별을 의심하기 위해 불가결한 과정이다. 그러나 그것은 거꾸로 관념론으로 이끌린다. "만약 젠더가 성의 사회적인 구축물이라면, 그리고 그 구축에 의해서만 이 '성'에 다가갈 수 있다면 성은 젠더에 흡수되고 말 뿐만 아니라, '성'은 그것에 관해 직접적으로 접근할 수 없는 전前언어적인 장에서 소급적으로 설정되는, 무언가 허구와 같은 것, 아마도 판타지와 같은 것이 되는 듯이 보인다."(『신체야말로 문제다』) 하지만 sex(body)에는 사회적 범주를 변화시키는 것만으로는 어떻게 해도 안 되는 것이 있다. 그녀는 그러한 언어론적 관념론으로부터 '유물론'으로 전회한다. 다시 말하면 sex(body)를 gender(category)가 흡수할 수 없는 '외부'(outside)로서 다시 도입하는 것이다. 물론 이때 그녀는 단지 생물적인 신체(감각)로 돌아온 것이 아니라 그것도 역시 신체(감성 형식)에 의한 구성이라는 것—그러나 그것은 사회적 범주에 있어서는 소여성으로 나타난다—을 발견한 것이다. 다시 말하면 그녀는 지금까지의 관념론적 사고와 경험주의적 사고 모두를 다 비판하는 입장을 제기한 것이며, 그것을 '유물론'이라고 부르고 있다. 중요한 것은 이러한 '유물론'이 이동으로서의 '비판' 없이 있을 수 없다는 점이다.

그러나 맑스의 이러한 '코페르니쿠스적 전회'는 한 번으로 끝나는 것이 아니다. 그것 이후에도 그는 끊임없이 자기의 입장을 이동하고 있다. 게다가 그의 담론적 이동에는 현실에서의 장소적 '이동'이 수반되고 있다는 점에 주의해야 한다. 예를 들어 『독일 이데올로기』는 다음과 같은 장소에서 쓰이고 있다.

> 손님을 끌기 위한 이 철학적 선전——본래 그것은 어엿한 독일 시민의 가슴에 자선적인 애국심을 불러일으키기조차 하는 것이지만——을 올바로 평가하기 위해서는, 또한 이러한 청년 헤겔학파의 운동 전체의 하찮음과 지방적 편협함을, 요컨대 이들 영웅들이 '실제로 하고 있는 일'과 그 '하고 있는 일에 대한 환상적 미화'와의 희비극적인 대조를 눈앞에 직접 보여주기 위해서는 우선 독일 바깥이라는 발판으로부터 이 야단법석의 소란 전체를 바라볼 필요가 있다. (하나자키 고헤이花崎皐平, 옮김, 合同出版)

그러나 이 '독일 바깥이라는 발판'은 구체적으로 프랑스나 영국을 말하지 않는다. 그것은 이를테면 독일적 담론과 프랑스적 담론, 그리고 영국적 담론과의 '차이'인 것이다. 예를 들어 맑스나 루게(Arnold Ruge, 1802~80)가 기획한 『독불연보』의 시도, 즉 독일 철학과 프랑스의 정치 운동을 결합하려는 기획은 프랑스 측으로부터 냉담하게 묵살되었다. 철학에서 연역해 온 이론을 현실의 정치적 경험에 의해 성숙해 온 프랑스의 사회주의자들이 받아들일 리가 없다. 단순히 민족적인 대항 의식에서가 아니라 실제상의 경험이 그것을 허락하지 않는 것이다. 자신만만한 청년 맑스는 독일 철학이 전혀 통하지 않을 뿐 아니라 본래 그런 종류의 이론과는 동떨어진 곳에서 움직이고 있는 '현실'을 좋든 싫든 간에 뼈저리게 느끼지 않을 수 없었다.

그러나 일찍부터 영국에 있으면서 독일 관념론에서 떨어져 영국의 자본주의 현실과 고전 경제학에 대해 생각하고 있던 엥겔스에게는 그와 같은 충격이 없었다. 엥겔스는 훗날 아직 출판되지 않았던『독일 이데올로기』를 간행할 때, 여기서 역사적 유물론이 최초로 정식화되었다는 것, 그것을 행한 것은 맑스라는 것을 강조한다. 그러나 히로마쓰 와타루(廣松涉, 1933~94)는 1960년대 초기에『독일 이데올로기』의 초고를 독자적으로 검토하고, 기본적으로 그것이 엥겔스의 손에 의한 것이라는 것, 맑스가 행한 것은 곳곳에서 그것에 흥미로운 가필을 했을 뿐이라는 것, 뿐만 아니라 그 이전의 저작에서 보면 엥겔스 쪽이 먼저 역사적 유물론을 구상하고 있었다는 것을 밝히고 있다.[3] 다만 히로마쓰가 그렇게 말하는 것은 오히려 이 시점에서는 맑스가 아직 헤겔 좌파 안에 있던 것에 반해 엥겔스 쪽이 이론적으로 앞서나가고 있었다는 것을 평가하기 위해서다. 그러면 왜 엥겔스는 그것을 말하지 않았던 것일까? 그것은 반드시 엥겔스의 겸손함에 의한 것이 아니라 맑스의 사후에 '맑스주의'를 만들어내고자 했기 때문이다.

확실히 맑스는 역사적 유물론이라는 표현을 사용하지 않았다 하더라도 경제적 하부 구조가 상부 구조를 규정한다는 시점을 보유하고 있다. 이러한 견해는 사후적인 동시에 장기적으로 보면 올바르다. 그리고 그것뿐이다. 예를 들어 막스 베버(Max Weber, 1864~1920)는『프로테스탄티즘의 윤리와 자본주의 정신』에서 종교 개혁과 같은 상부 구조의 변화가 산업 자본주의의 발전에서 수행한 역할을 강조했

••••

3_ 廣松涉 編,『ドイツ・イデオロギー』(河出書房新社, 1974).

다. 그러나 종교 개혁은 그것에 앞서 상품 경제의 침투에 수반되는 사회적 변화 없이는 있을 수 없었다. 그러므로 베버의 학설은 경제적 하부 구조가 상부 구조를 규정한다는 일반론을 부정하는 것일 수 없다. 일정한 역사적 사건을 보는 데서는 다양한 인과성(상호적 인과성)을 동시에 고찰해야만 한다는 것은 당연한 일이다. 『독일 이데올로기』에서 맑스와 엥겔스도 모두 그에 대해 주의가 깊었다.[4] 그래서 그들은 역사를 경험주의적으로 볼 것을 주장하고 있다. 그렇지만 그것은 영국에서는 신선한 견해가 아니라 오히려 흔해빠진 견해였다. 예를 들어 애덤 스미스는 『도덕감정론』의 말미에서 간행을 예고한 하나의 저술 계획을 말하고 있다. "가장 미개한 시대로부터 가장 개화한 시대

••••
4_ 맑스와 엥겔스는 『독일 이데올로기』에서 이렇게 쓰고 있다. "우리가 그로부터 출발하는 전제들은 결코 닥치는 대로의 것이 아닐 뿐만 아니라 교조도 아니다. 그것은 공상 속에서만 무시할 수 있는 현실적 전제들이다. 그것은 현실적 개인들이고, 그들의 행위와 그들의 물질적 생활 조건들——기존의 것이든 그들 자신의 행위에 의해 산출된 것이든——이다. 그러므로 이들 전제들은 순수하게 경험적인 방법으로 확인할 수 있다.
　모든 인간 역사의 최초의 전제는 물론 살아 있는 인간적 개체들의 존재이다. 그러므로 최초로 확인해야 하는 사태는 이들 개인들의 신체적 조직과 그것에 의해 주어져 있는 그들의 그것 이외의 자연에 대한 관계이다. 물론 여기서 우리는 인간 육체의 특성이라든가 인간이 직면하는 자연 조건들, 지질학적, 산수지적山水誌的, 풍토적 및 그 밖의 관계들에 관여할 수는 없다. 모든 역사 기술은 이러한 자연적 기초와 역사 과정 내에서의 인간의 행위에 의한 그들 기초의 변형에서 출발해야만 한다."(같은 책) 역사적 유물론자는 이와 같은 '순수하게 경험적인 방법'으로 확인할 수 있는 사항을 확인하지 않은 채 '교조'에 의해 역사를 구성해 왔다. 맑스 등이 여기서 '관여할 수 없다'고 한 기초적인 영역에서 출발하여 역사 기술을 시도한 것은 아날학파이다. 맑스주의자가 이것을 물리쳐야 할 이유는 없다. 그러나 또한 그것은 그다지 맑스를 넘어서는 기획으로 간주되어야 할 것도 아니다. 그것은 어떤 의미에서 '역사적 유물론'의 철저화이기 때문이다. 그렇지만 그것은 맑스가 『자본』에서 추구한 사항과는 무관하다.

에 이르기까지의, 공사公私 법학의 서서히 나아가는 진보의 흔적을 더듬고, 생활 자료와 재산의 축적에 공헌하는 기술들이 법률과 정치상에서 그것에 부응한 개선 또는 변화를 낳는 영향들을 지적하자."(1759) 그가 실행하지 않았다 하더라도 이것은 분명히 '역사적 유물론'적인 시점이다.

엥겔스가 획득한 역사적 유물론이란 산업 자본주의의 확립과 함께 나온 역사에 대한 견해이다. 그러나 산업 자본주의는 그때까지의 역사를 유물론적으로 보는 것을 가능하게 하지만, 그 역, 요컨대 역사적 유물론이 자본주의를 해명하는 것은 가능하지 않다. 자본제 상품 경제는 그 자신이 세계를 조직하는 힘을 지니고 있고, 어떤 의미에서 그것은 관념적인 힘인 까닭에 경제적 하부 구조가 아니다. 그렇다고 해서 그것이 상부 구조인 것도 아니다. 요컨대 자본제 경제를 생각하기 위해서는 하부 구조와 상부 구조라는 역사적 유물론의 견해를 폐기하지 않으면 안 된다. 아무리 도착된 형태라 하더라도 자본주의의 운동에는 '능동적 측면'이 존재한다. 맑스가 「포이어바흐에 관한 테제」에서 적었듯이, 그것을 파악하고 있는 것은 실증적인 역사가가 아니라 오히려 헤겔인 것이다. 맑스가 1850년대에 '경제학 비판'의 작업을 시작하자마자 헤겔로 돌아온 것은 그런 의미에서이다.

어쨌든 맑스가 역사적 유물론과 관련해 엥겔스보다 늦었다는 것은 확실하다. 이 '늦음'은 맑스가 헤겔 좌파 안에 있으면서 '종교 비판'의 과제를 고집하고 있었던 데서 유래한다. 그는 국가나 화폐를 다른 종교로서 파악하고자 하고 있었다. 맑스는 그 후에도 그것을 방기한 것이 아니다. 실제로『자본』은 그와 같은 지향의 연장으로서 존재한다. 맑스에 관한 한『독일 이데올로기』가 중요한 것은 그것이 새로운 역사관을 제시한 점이 아니다. 맑스 자신의 '늦음'과 그것에 수반되는

'시차視差'를 각인하고 있기 때문이다. "이러한 철학자들 가운데 누구 한 사람도 독일 철학과 독일 현실의 관계, 그들의 비판과 그들 자신의 물질적 환경의 관계에 대해 묻는 것을 생각해내지 못했다."(『독일 이데올로기』, 같은 책) 이렇게 쓴 것은 엥겔스다. 하지만 망명 직전까지 '독일 철학자' 안에 있었던 맑스는 어땠을까? 요컨대 맑스 자신도 역시 '생각해내지 못했던' 것이다. 맑스에게 있어 이와 같은 말은 독일의 철학(상부 구조)이 그 물질적 환경에 규정되어 있다고 하는 단조로운 인식에 머물 수는 없다. 독일 바깥에서 맑스를 사로잡은 것은 '강한 시차'이다. 맑스는 파리에서 다음과 같이 쓰고 있다.

> 선생은 인간이 외계로부터 격리되면 어떠한 상태로 떨어지는 지를 올바르게 그리고 있다. 감성적 세계가 단순한 관념이 되는 사람, 바로 그에게 있어서는 역으로 단순한 관념이 감성적인 존재로 바뀌는 것이다. 그의 두뇌가 만들어낸 것(Gespinst)이 구체적인 형태를 취한다. 그의 정신 내부에는 손에 잡을 수 있는 환영幻影(Gespenst)의 세계가 만들어진다. 그것이 경건한 모든 환각의 비밀이자 동시에 정신 착란의 일반적인 형태이다. (『신성 가족聖家族』, 이시도 기요토모石堂清倫 옮김, 「맑스-엥겔스 전집」 제12권, 大月書店)

독일 관념론은 칸트가 강조한 감성(수동성)의 계기를 방기하는 데서 성립한다. 따라서 독일 관념론은 '경건한 환각' 또는 '정신 착란'의 세계이다. 그러나 맑스가 여기서 말하고 싶어 하는 것은 철학 상의 입장 문제가 아니다. 아무리 유물론적이라고 하더라도, 그리고 아무리 과격하다고 하더라도, 또한 외부 세계에 관심을 가지고 있다 하더라도,

그것이 어떤 폐쇄된 담론 체계 안에 있다면 마찬가지인 것이다. 맑스 자신을 포함해서 그들을 '외부 세계로부터 격리'하고 있는 것은 국경도 아니고 정신병도 아니며, 바로 그들의 담론 체계 자체라는 것이다. 그것이 자각되는 것은 바로 그 '바깥'에 있을 때이다. 맑스는 무언가 새로운 입장에서 관념론을 비판하는 것이 아니다. 맑스의 유물론은 관념론적인 것과 경험주의의 '시차'에서만 존재한다. 그리고 이 '시차'를 잃어버리면 유물론은 또 하나의 '광학적 기만'(칸트)에 빠지지 않을 수 없다.

> 일상생활에서는 어떤 가게의 주인이라도 지극히 당연하게, 어떤 사람이 자신이 이렇다고 일컫는 사람됨과 그 사람이 실제로 어떤 사람인가 하는 것을 구별하는 것 정도는 할 수 있는데도 불구하고, 우리의 역사 기술로 말할 것 같으면 아직 이러한 흔해빠진 인식에조차도 이르지 못하고 있다. 그것은 모든 시대를 그 시대가 자기 자신에 대해 말하고 상상해서 그려낸 말 그대로 믿고 있는 것이다. (『독일 이데올로기』, 같은 책)

맑스의 비판은 생각하고 있는 것(지성)과 실제로 존재하는 것(감성)의 차이에 대한 의식에서만 나타난다. 독일을 '바깥에서' 본 맑스는 몇 년 후에 프랑스를 '바깥에서' 볼 것이다. 독일과 달리 프랑스에서는 철학자의 머리에서가 아니라 현실에서 정치적인 혁명이 있고, 혁명적인 담론들이 어지러이 펼쳐지고 있다. 그러나 여기서도 앞의 인용문을 비틀어 말하자면 '이러한 혁명가들 가운데 누구 한 사람도 프랑스 정치사상과 프랑스 현실의 관계, 그들 자신의 물질적 환경의 관계에 대해 묻는 것을 생각해내지 못했던' 것이며, '실제로 행하고 있는 것과 그것의 환상적 미화'의 구별이 뒤따르지 못했던 것이다. 맑스의 『루이 보나파르트의 브뤼메르 18일』은 그런 의미에서 '프랑스 이데올로기'라고도 불려야 할 책이다.

2. 대표 기구

독일의 이데올로그들에게서는 모든 것이 헤겔 철학의 의장意匠 아래서 말해진다. 그러나 프랑스의 이데올로그들을 상대로 할 때에는 이야기가 달라진다. 그들은 정치적 당파로서 나타나며, 사변적이 아니라 실천적이다. 그러나 1848년 2월 24일부터 1851년 12월 2일까지라는 날짜를 가진 실제의 정치적 과정은 당사자에게 있어서나 방관자에게 있어서도 이해할 수 없는 기괴한 '꿈'으로 비치고 있다. 맑스에게 있어 그 근저에 계급들과 그들의 투쟁이 있다는 것은 자명했다. 그러나 그가 여기서 몰두한 것은 그것을 지적하는 것이 아니라 그와 같은 변형이 어떻게 해서 이루어지는지를 밝히는 것이다. 이 사건의 특징은 무대에 나타나는 인물들이 제1차 프랑스 혁명의 언어적 의장을 걸치고 있었다는 점이며, 뿐만 아니라 사건이 그 의장 아래로 수렴해 갔다는 점이다. 루이 보나파르트의 황제 취임으로 귀결되는 이 사건을 읽어내기 위해서는 '하부 구조'를 지적하는 것만으로 충분하지 않다는 것은 명백하다. 맑스는 제1차 프랑스 혁명의 과정을 이 사건 자체를 구성하고 있는 선험적 형식으로서 찾아내고 있다.

인간은 자기 자신의 역사를 만든다. 하지만 생각한 대로는 아니다. 자신이 선택한 환경 하에서가 아니라 바로 눈앞에 있는, 주어지고 이월되어 온 환경 하에서 만드는 것이다. 죽은 모든 세대의 전통이 악몽과도 같이 살아 있는 자의 머리를 짓누른다. 또한 그렇기 때문에 인간이 언뜻 보아 필사적으로 자기를 변혁하고 현 상황을 전복하여 일찍이 한 번도 없었던 것을 만들어내고자 하는 것처럼 보일 때, 바로 그와 같은 혁명의 최고조의 시기에, 인간은 자기 자신의 용무를 하게 하려고 조심스레 과거의 망령들을 불러내 그들에게서 이름과 전투 표어(슬로건)와 의상을 빌리고, 이러한 유서 깊은 분장과 차용한 대사로 세계사의 새로운 장면을 연출하고자 하는 것이다. 이리하여 루터는 사도 바울로 가장하고, 1789년부터 1814년까지의 혁명은 로마 공화국과 로마 제국의 의상을 차례차례 몸에 두르며, 1848년의 혁명은 어떤 때는 1789년을 흉내 내고 다른 때는 1793년부터 1795년에 이르는 혁명 전통을 흉내 내는 정도의 일밖에 할 수 없었다. (『루이 보나파르트의 브뤼메르 18일』, 이토 신이치伊藤新一 · 호죠 모토 카즈北條元一 옮김, 岩波文庫)

이 시기의 모든 당파를 지배하고 있던 것은 과거의 망령이자 관념이었다. 그들은 실제로 하고 있는 행위를 그들의 말로 이해하고 있었는데, 즉 말이 그들을 지배하고 있었던 것이다. 그것은 앞에서 맑스가 독일 철학자들에 대해 지적한 것이었다. 그들은 헤겔이 제출한 '문제'를 만지작거리고, 그 가운데 어떤 부분을 확대하여 헤겔을 비판한다든지 하지만, 결국은 그의 왜소화된 재현이자 소극(farce)에 지나지 않는다. 적어도 헤겔 자신은 뛰어난 성과를 올렸지만, 그 반복인 청년 헤겔학파에서는 겉모습만 장대한 공허하고 쓸모없는 논의로 일관하고 있다. 다시 말하면 독일 철학자들에게 있어서는 헤겔 체계라는 '죽은 전통'이 '악몽과도 같이 살아 있는 자의 머리를 짓누르고' 있었다고 할 수 있다. 뿐만 아니라 『브뤼메르 18일』은 헤겔의 『역사철학』에 대한 교묘한 풍자이기도 했다. 왜냐하면 1848년부터 1851년에 이르는 과정에서는 헤겔이 말하는 세계사적 개인인 나폴레옹의 조카가 바로 세계사적 개인이라는 환영에 기초해 권력을 획득했기 때문이며, 더군다나 자본제 경제가 초래하는 모순들을 국가에 의해 해소하는 것 이외에는 실현해야 할 과제나 이념을 전혀 가지고 있지 않았기 때문이다. 그러한 의미에서 보나파르트는 그 후의 파시즘을 포함한 대항 혁명의 원형(prototype)이 된다.

그러나 맑스가 주목한 것은 이러한 과정이 의회제(대표제) 안에서 생겼다는 점이다. 1848년의 2월 혁명은 왕제를 폐기한 공화제에서 처음으로 보통 선거를 가져왔다. 보나파르트의 황제 취임에 이르는 과정은 부르주아 의회제 안에서만 생겨났던 것이다. 맑스는 그러한 표상의 배후에 놓여 있는 실제적인 사회적 계급의 존재를 지적한다. 그리고 나중에 엥겔스는 이러한 정치적·종교적·철학적 및 그 밖의 이데올로기적인 표상의 배후에 경제적 계급들의 구조와 투쟁이 있다는 것, 또는 그와 같은 '역사의 법칙'을 발견한 것을 맑스의 공적이라고 간주한다. 그러나 맑스가 이 사건에서 발견한 것은 오히려 그 반대로 그와 같은 경제적인 계급 구조에서 언뜻 보아 독립하여, 또는 그것에 반해서까지 진행되는 사태이고, 그가 해명하고자 한 것은 그 '작용'이다. 그것은 말할 것도 없이 대표제라는 제도에 놓여 있다. 보통 선거에 기초하는 의회에서는 나중에 켈젠(Hans Kelsen, 1881~1973)이 말했듯이 신분 대표제 의회와 달리 '대표'는 단지 의제擬制일 뿐이다.[5] 요컨대 거기서는 '대표하는 자'와 '대표되는 자'에게 필연적인 관계는 있을 수 없다. 맑스가 강조하는 것은 정당이나 그들의 담론이 실제의 계급들로부터 독립해 있다는 것이다. 아니 그보다 후자는 이를테면 케네스 버크(Kenneth Burke, 1897~1993)가 말하는 '계급무의식'(『동기의 문법』)이고, 그것들이 '계급'으로서 의식되는 것은 전자의 담론의 장에서뿐이라는 것이다. 그 점은 분할지 농민에 관한 맑스의 코멘트에서도 분명히 드러난다. 우선 맑스는 '대표하는 자'와 '대표되는 자'의 관계가 가지는 자의성을 다음과 같이 설명하고 있다.

> 또한 마찬가지로 민주파의 대표자라고 하면 모두 상점주(shopkeepers)라든가 이들의 신자라고 생각해서는 안 된다. 그들은 그 교양과 그 개인적 지위에서 말해 상점주들과 하늘과 땅만큼이나 동떨어져 있는지도 모른다. 그들을 소부르주아의 대표자로 삼는 것은 상점주들이 생활 속에서 결코 넘을 수 없는 한계를 그들도 머릿속에서 결코 넘을 수 없다는 사실이며, 그런 까닭에

• • • •

5_ 켈젠은 이렇게 말하고 있다. "…… 사람들은 마치 의회주의에서도 민주주의적 자유의 이념이, 그리고 이 이념만이 파탄 없이 표현될 수 있을 것 같은 외관을 환기하고자 했다. 이 목적을 위해 代表의 의제가 도움이 된다. 이것은 즉 의회만이 국민의 代表이고, 국민은 그 의사를 의회에서만, 또한 의회에 의해서만 발표할 수 있다는 사상이다. 그럼에도 불구하고 사실은 이와 반대로, 의회주의 원리는 모든 헌법에서 예외 없이, 의원은 그 선거인으로부터 아무런 구속적인 지령을 받아서는 안 되며, 따라서 의회는 그 기능에서 국민으로부터 법률상 독립해 있는 것이라는 규정과 결합되어 있다. 일반적으로 바로 이러한 의회의 국민에 대한 독립 선언으로써 비로소 근대 의회가 성립하는 것으로, 그것은 주지하다시피 의원이 명령적 위임(Imperative Mandate, 선거인단의 지시)에 구속당하고 이에 책임을 지고 있던 예전의 신분 대표 집회와 명확하게 분리된다."(『민주주의의 본질과 가치デモクラシーの本質と價値』, 니시지마 요시지西島芳二 옮김, 岩波文庫)

상점주들이 물질적 이해와 사회적 입장에 의해 실천에서 내몰리는 것과 동일한 과제와 해결책으로 그들이 이론에서 내몰리고 있다는 사실이다. 어떤 계급의 정치에서 및 문필에서의 대표자가 그들이 대표하는 계급에 대해 맺는 관계란 일반적으로 이와 같은 것이다. (『루이 보나파르트의 브뤼메르 18일』, 같은 책)

이 의회 정당은 내부의 2대 분파로 해체되고, 이 분파들 각각이 다시 그 내부에서 해체된 것만이 아니었다. 의회 내의 질서당은 의회 밖의 질서당과도 분열되어 있었다. 부르주아지의 입인 학자에다 펜인 학자, 부르주아지의 연단에다 신문, 요컨대 부르주아지의 사상적 대변자들과 부르주아지 자신이, 즉 대표하는 자와 대표되는 자가 서로 등을 돌린 채 이미 서로를 이해하지 않게 되었다. (같은 책)

이와 같이 '대표하는 자'와 '대표되는 자'의 관계가 본래적으로 자의적인 까닭에, 산업 부르주아지도 그 밖의 계급도 원래의 '대표하는 자'를 내버려 두고 보나파르트를 선택하는 일이 있을 수 있었던 것이다. 1848년 2월 24일에 모든 당파는 '대표하는 자', 요컨대 담론의 장에서의 차이로서 나타난다. 그런데 3년 후에 보나파르트가 모두를 대표하는 자로서 권력을 잡았다. 맑스는 이것을 보나파르트 자신의 관념, 정략, 인격에 돌리기를 거부한다. 그와 같은 견해로는 3년 전에 나폴레옹의 조카라는 것 외에 아무것도 아니었던 보나파르트가 권력을 장악하는 비밀을 풀 수가 없다.

맑스는 『자본』에서 화폐가 하나의 상품이라는 것을 보기는 쉽지만, 문제는 하나의 상품이 왜, 어떻게 해서 화폐가 되는지를 밝히는 것이라고 말하고 있다. 그가 보나파르트에 대해 말하는 것도 동일한 것이다. 보나파르트에게 '통렬하면서도 재기 넘치는 욕설을 퍼부어 댄' 빅토르 위고(Victor-Marie Hugo, 1802~85)에 맞서 맑스는 "나는 평범하고 기괴한 하나의 인물이 영웅의 역할을 수행하는 것을 납득할 수 있도록 정세와 사건을 프랑스의 계급투쟁이 어떤 식으로 만들어내고 있었는가 하는 것을 보여준다"고 쓰고 있다(『루이 보나파르트의 브뤼메르 18일』「제2판에 대한 서문」, 같은 책). 위고와 같은 비판을 몇 번이고 되풀이한다 하더라도 그것은 화폐가 한갓된 종잇조각이라는 것과 마찬가지로 아무런 비판도 되지 않는다. 그렇지만 맑스가 말하는 수수께끼는 단지 '계급투쟁'을 말하는 것만으로도 분명해지지 않는다. 대표제나 담론의 기구가 자립해 있고 '계급'은 그와 같은 기구를 통해서만 의식화된다는 것, 더 나아가 이 시스템에는 하나의 구멍이 있다는 것, 거기에 보나파르트를 황제로 만든 수수께끼가 숨어 있는 것이다. 그에 대해서는 뒤에서 말하고자 한다.

엥겔스는 '역사 운동의 대법칙을 처음으로 발견한 것은 바로 맑스였다'고 말한다. "이 법칙에 따르면 모든 역사상의 투쟁은 설령 정치적인 것이건 종교적이고 철학적인 것이건, 혹은 그 밖의 이데올로기적인 것이건, 그 어떤 영역에서 일어난다 하더라도 실제로는 사회 계급들의 투쟁의 다소간의 분명한 현상에 지나지 않는다."(『루이 보나파르트의 브뤼메르 18일』, 「제3판 서문」, 1885년 엥겔스) 그러나 그와 같은 인식이라면 히로마쓰 와타루가 보여주었듯이 엥겔스 자신이 맑스보다 앞서서 가지고 있었을 것이다.[6] 중요한 것은 사회 계급들이 '계급'으

....
6_ 히로마쓰 와타루廣松涉는 『맑스주의의 논리マルクス主義の理路』, 『엥겔스론エン ゲルス論』 등에서 역사적 유물론의 형성과 관련해 '제1바이올린'을 연주한 것은

로서 나타나는 것은 담론(대표하는 자)에 의해서뿐이라는 사실이다. 맑스는 자신들의 대표자도 또 스스로의 계급적 이해를 보편화하여 옹호하는 담론도 갖지 못하는, 그런 까닭에 다른 누군가에게 대표되지 않으면 안 되는 계급의 존재를 지적하고 있다. 그것이 분할지 농민이다.

> …… 분할지 농민은 하나의 계급을 이루고 있다. 그들 사이에 는 단지 지방적인 연계밖에 없으며, 이해관계의 동일성은 있어도 그것이 그들 사이에 어떠한 공동성도 어떠한 전국적 결합도 또 어떠한 정치 조직도 만들어내지 못하는 한, 그들은 계급을 이루고 있지 않다. 따라서 그들은 의회를 통해서든 국민 공회 (Convention)를 통해서든 자신의 계급적 이해관계를 자신의 이름 으로 주장할 능력을 갖지 못한다. 그들은 자신을 대표할 수 없으 며, [누군가에 의해] 대표되지 않으면 안 된다. 그들의 대표자는 그들의 대표자임과 동시에 그들의 주인으로서 그들 위에 서는 권위로서 나타나지 않을 수 없다. 요컨대 그들을 다른 계급으로 부터 보호하고 위쪽으로부터 그들에게 비와 햇빛을 내려주는 무제한의 통치 권력으로 나타나지 않을 수 없는 것이다. (『루이 보나파르트의 브뤼메르 18일』, 같은 책)

엥겔스라는 것을 강조하고 있다. 나는 이 의견에 동의하지만, 그것은 히로마쓰 와타루의 주장과는 반대로 엥겔스의 중요성을 말하기 위해서가 아니라 맑스의 본령이 그러한 곳에 없다는 것을 말하기 위해서이다. 『브뤼메르 18일』과 거의 같은 시기에 쓰인 엥겔스의 『농민 전쟁』에는 엥겔스가 말하는 '역사의 법칙'이 제시되어 있다. 그러나 이 책이 『브뤼메르 18일』과 도저히 비교할 만한 것이 아닌 것은 단지 맑스의 문학적 '천재'를 결여하고 있기 때문만이 아니라 또한 표상 시스템에 관한 인식을 결여하고 있기 때문이기도 하다.

구체적으로 말하자면, 보통 선거에서 처음으로 정치적 무대에 등장한 농민들은 보나파르트를 지지했다. 그러나 그들은 보나파르트를 자기들의 대표자로 지지했다기보다 이를테면 '황제'로서 지지했던 것이다. 우리는 20세기에 파시즘의 주요한 기반이 된 것이 그와 같은 계급이라는 것을 보고 있다. 하지만 그 점과 관련해 중요한 것은 오히려 노동자나 농민을 정치적 무대에 서게 한, 보통 선거에 의한 대표제 민주주의이다.[7] 예를 들어 히틀러 정권은 바이마르 체제의 이상적인 대표제 안에서 출현했으며, 나아가 자주 무시되는 것이지만 일본의 천황제 파시즘도 1925년에 성립한 보통 선거법 이후 대두하기 시작했던 것이다. 1930년대의 독일에서 맑스주의자들은 히틀러를 단순히 부르주아 경제의 위기를 구제하는 대리인으로서 바라보고, 그것을 폭로하면 된다고 생각하고 있었다. 나치와 마찬가지로 그들 자신도 바이마르 의회를 기만적인 것으로서 보고 있었다. 그러나 그들의 예상과는 반대로 대중이 나치즘으로 '대표'되고 있었다는 사실을 단지 폭력이나 책략만으로 설명할 수는 없다. 애초에 공산당도 역시 '대표하는 자'의 하나이며, '대표되는 자'와 필연적인 연결을 지니지 않는 것이다.

- - - -

7_ 나는 1930년대에 자본주의의 전반적 위기로부터 생겨난 정치 형태를 보나파르티 즘에서 보아야 한다고 생각한다. 그것은 독일, 이탈리아, 일본의 현상에 그치는 것이 아니다. 예를 들어 아메리카의 프랭클린 루스벨트 대통령은 정당의 의미가 없어져 버릴 정도로 자본가뿐만 아니라 노동자로부터 남부의 농민, 마이너리티에 이르기까지 모든 계층의 지지를 받았다. 루스벨트와 같은 존재는 아메리카의 대통령 중에서 처음인 동시에 아마도 마지막일 것이다. 루스벨트는 국내에서 '뉴딜 정책'을 시행했을 뿐 아니라, 아메리카를 고립주의로부터 적극적인 제국주의적 세계 정책, 따라서 전쟁 참가로 전환시켰다.

상부 구조의 상대적 자립성이라는 문제가 커다란 문제가 된 것은 제1차 세계대전 후의 혁명의 좌절과 파시즘의 경험 때문이다. 예를 들어 빌헬름 라이히(Wilhelm Reich, 1897~1957)는 당시의 맑스주의자를 비판하고, 독일인이 나치즘에 이끌리게 된 원인을 정신 분석에 의해 찾아내고자 했다. 그가 거기서 발견한 것은 '권위주의적 가족 이데올로기', 그리고 그것에 의한 성적 억압이다(『파시즘의 대중 심리 ファシズムの大衆心理』, 히라타 다케야스平田武靖 옮김, せりか書房). 나중에 프랑크푸르트학파도 정신 분석을 도입했다. 그러나 『루이 보나파르트의 브뤼메르 18일』에 기초해 생각하게 되면 우리는 특별히 정신 분석을 필요로 하지 않는다. 왜냐하면 여기서 맑스는 프로이트의 『꿈의 해석』을 대부분 선취하고 있기 때문이다. 맑스는 단기간에 일어난 '꿈'과 같은 사태를 분석하고 있다. 그 경우에 그가 강조하는 것은 '꿈 사고', 즉 실제의 계급적 이해관계가 아니라 '꿈 작업', 즉 그 계급적 무의식들이 어떻게 응축·전치되어 가는가 하는 것이다. 프로이트는 다음과 같이 말하고 있다.

꿈은 여러 가지 연상이 응축된 요약으로서 모습을 드러내고 있습니다. 그러나 그것이 어떠한 법칙에 따라 이루어지는지는 아직 해명되어 있지 않습니다. 꿈의 요소들은, 이를테면 선거에 의해 선출된 대중의 대표자들과 같은 것입니다. 우리가 정신 분석의 기법에 의해 손에 넣은 것은 꿈으로 치환되며, 그 안에서 꿈의 심적 가치가 발견되지만, 이미 꿈이 지니는 기괴한 특색, 이상함, 혼란을 보여주지 않는 바의 것입니다. (『속정신분석 입문精神分析入門續』 「저작집」 제1권, 다카하시 요시타카高橋義孝 옮김, 人文書院)

프로이트는 '꿈 작업'을 보통 선거에 의한 의회에 견주고 있다. 그렇다면 우리는 맑스의 분석에 정신 분석을 도입한다든지 적용한다든지 하기보다는『브뤼메르 18일』로부터 정신 분석을 읽어야 한다. 알튀세르는 종래의 경제적 결정론에 반대하여 상부 구조의 상대적 자립성을, 라캉학파의 개념을 응용해서 '중층 결정'(overdetermination)에 의해 설명하고자 했다. 그러나 이는 '역사적 유물론'의 일반적인 재해석에 지나지 않는다. 맑스가『브뤼메르 18일』에서 보여준 것은 더욱 구체적(specific)이고 치밀하다. 그는 대표제가 그 자체에서 이중적이라는 점을 지적하고 있다. 하나는 의회, 요컨대 입법 권력이다. 또 하나는 대통령, 요컨대 행정 권력이다. 후자는 직접 국민의 투표에 의해 선출된다. 실제로 보나파르트는 공화당이 선거민을 제한하려고 한 것에 맞서 보통 선거를 주창함으로써 '국민의 대표자'로서 인기를 얻었으며, 또한 나중에 히틀러가 그러했듯이 몇 번이나 국민 투표에 호소했다.

하지만 의회와 대통령의 차이는 단순히 선거 형태의 차이가 아니다. 칼 슈미트(Carl Schmit, 1888~1985)가 말하듯이, 의회제는 토론을 통한 지배라는 의미에서 자유주의적이며, 대통령은 일반의지(루소)를 대표한다는 의미에서 민주주의적이다. 슈미트에 따르면 독재 형태는 자유주의에 배치되지만 민주주의에 배치되는 것은 아니다. "볼셰비즘과 파시즘은 다른 모든 독재제와 마찬가지로 반자유주의적이긴 하지만, 그렇다고 반드시 반민주주의적인 것은 아니다." "인민의 의지는 반세기 이래로 지극히 면밀하게 만들어진 통계적 장치에 의해서보다는 갈채에 의해, 즉 반론의 여지를 허락하지 않는 자명한 것에 의거하는 쪽이 한층 더 민주주의적으로 표현될 수 있다."(『현대 의회주의의

정신사적 지위現代議會主義の精神史的地位』, 이나바 모토유키稲葉素之 옮김,
みすず書房)

　이 문제는 이미 루소에게서 명확히 출현해 있었다. 그는 영국에서의
의회(대표제)를 비웃으며 비판했다. "주권은 양도될 수 없다. 이와
동일한 이유로 주권은 대표될 수 없다. 주권은 본질적으로 일반의지
안에 존립한다. 게다가 일반의지는 결코 대표되는 것이 아니다." "인민
은 대표자를 갖자마자 이미 자유가 아니게 된다. 이미 인민은 없어진
다."(『사회계약론社會契約論』, 구와바라 다케오桑原武夫・마에카와 데
시지로前川貞次郎 옮김, 岩波文庫) 루소는 그리스의 직접 민주주의를
모범으로 삼아 대표제를 부정했다. 그러나 그것은 '일반의지'를 의회
와는 다른 행정 권력(관료)에서 찾아내는 헤겔의 생각이나 아니면
국민 투표의 '직접성'에 의해 의회의 대표제를 부정하는 것으로 귀결
될 것이다.

　그렇지만 국민 투표도 역시 대표제를 넘어서는 것이 아니다.
국민 투표는 대표제의 하나의 형태에 다름 아닌 것이다. 그러므로
여기서 대립하는 것은 대표제의 두 가지 성격이다. 그리고 이 문제는
단지 정치적인 대표제 문제에 머물지 않는다. 대통령과 의회의 대표
(representation) 형태로서의 차이는 인식론에서의 표상(representation)
문제에 대응한다. 하나는 진리를 선험적 명증성에서 연역할 수 있다는
데카르트적인 사고방식이고, 다른 한편에는 진리란 타자의 합의에
의해 존재하는 잠정적 가설일 뿐이라는 앵글로색슨적인 사고방식이
있다. 정치적으로 보면, 전자는 '일반의지'가 모든 계급의 이해관계를
넘어선 존재에 의해 대표된다는 생각이 되고, 후자는 토론을 통한
합의에 의해 결정해 나가고자 하는 사고방식이 된다. 물론 그 어느
쪽이든 하이데거가 말하듯이 진리를 표상(representation)에서 찾아내

는 근대적 사고이다.

하이데거는 그것들을 근원적으로 비판했다. 정치적으로 보면, 그는 대통령과 의회 모두를 부정한 것이다. 하이데거에 따르면 진리는 시적 사상가나 지도자(Führer)를 통해, 즉 '존재'에 의해 직접적으로 개시되어야 할 것이었다. 예를 들어 하이데거는 히틀러가 실시한 국민 투표에서 그것이 대표를 뽑는 것이 아니고 또한 그렇게 되어서도 안 된다고 주장한다.[8] 하이데거가 주장한 것은 총통이 국민 투표에 의해 선출되는 '대표하는 자'가 아니라 사람들이 '주인'으로서 무릎을 꿇고 배례해야 할 '황제'이어야만 한다는 것이다. 우리는 보나파르트의 승리 안에서 최초로 나타난 대표제의 위기와 그 사상적 지양을 볼 수 있다. 이러한 의미에서 『루이 보나파르트의 브뤼메르 18일』에는 그 후에 출현하는 정치적 위기의 본질적인 요소가 선취되어 있다.

그러나 의회도 대통령도 아닌 '황제'에서 무엇이 나타난 것일까? 그것은 '국가' 자체라고 해도 좋을 것이다. 부르주아 국가는 절대주의 왕권을 타도하는 데서 성립하지만, 그때까지의 국가의 '실체'——관료와 군——를 법치주의와 대표제로써 은폐한다. "거대한 관료적, 군사적

••••

8_ 다음과 같은 하이데거의 강연을 보자. "독일의 교직원 여러분, 독일 민족 공동체의 동포 여러분. / 독일 민족은 지금 당수에게 한 표를 던지도록 호소하고 있습니다. 다만 당수는 민족으로부터 무언가를 받으려고 하고 있는 것이 아닙니다. 그런 것이 아니라 오히려 민족 전체가 그 본래의 존재 모습을 갖추고 싶어 할 것인가 그렇지 않으면 그렇게 하고 싶어 하지 않을 것인가 하는 지고의 결단을 각자의 생각대로 내릴 수 있는 직접적인 기회를 민족에게 주고 있는 것입니다. 민족이 내일 선택하고자 하는 것은 다름 아닌 자기 자신의 미래입니다."(「아돌프 히틀러와 국가 사회주의 체제를 지지하는 연설アドルフ・ヒトラーと國家社會主義體制を支持する演說」, 1923년: 이시미츠 야스오石光泰夫 옮김, 『現代思想』, 1989년 7월호)

조직을 가지고, 광대하고 정교한 국가 기구를 가지는 집행 권력, 50만의 군대와 나란히 있는 50만의 관료군官僚軍. 그물망처럼 프랑스 사회의 몸에 달라붙어 모든 털구멍을 막는, 이 두려운 기생체. 이는 절대 왕정 시대에 봉건제의 해체와 동시에 발생하고, 이 해체의 진행을 도왔다."(『루이 보나파르트의 브뤼메르 18일』, 앞의 책) 부르주아 국가에서는 마치 화폐가 상품의 가치를 표시하는 수단일 뿐인 것으로 간주되듯이, 관료와 군은 국민을 대표하는 기관에 종속해 있는 것으로 보인다. 그러나 그 위기에서는 마치 공황에서 '화폐' 자체가 출현하듯이 '국가' 자체가 출현한다. 맑스는 다음과 같이 말하고 있다. "국가는 제2의 보나파르트 아래서 비로소 완전하게 자립한 것으로 보인다. 국가 기구는 부르주아 사회에 대해 자신을 확고히 했다."(같은 책) 즉 부르주아 경제가 막다른 곳에 다다랐을 때 국가 기구는 '황제'와 같은 지도자 밑에서 거기에 적극적으로 개입하는 것이다.

『자본』에서 맑스는 세 개의 계급을 생각하고 있다. 그것은 자본가, 토지 소유자, 임노동자이다. 하지만 그들은 자본·지대·노동력 상품과 같은 경제적 범주이며, 실제의 사회적 계급 구성은 훨씬 더 복잡하다. 맑스가 모델로 한 영국에서도 그와 같은 계급 분해는 완전하지 않았으며, 다양한 계급들, 나아가 '죽은 모든 세대의 전통'이 살아남아 있었다. 하물며 1848년의 프랑스에는 산업 노동자가 거의 존재하지 않았다. 맑스가 여기서 프롤레타리아트라고 부르는 사람들은 영국의 산업 자본의 침투에 의해 몰락을 강요받아 과격화한 직인들일 뿐이다. 그러므로 그들도 국가 주도의 경제 발전과 사회 복지를 이야기하는 '마상馬上의 생시몽주의자'인 보나파르트를 지지하기에 이르렀던 것이다. 맑스가 『자본』에서 보여준 것은 산업 자본주의의 발전이 현실에서 3대 계급으로 분해되는 것으로 귀결된다는 것이 아니다. 그것은 실제의 착종된 사회적 계급 구성에서 간과되고 마는 자본제 경제의 원리적인 고찰이다. 그것을 실제의 역사적 과정에 기계적으로 적용해야 하는 것은 아니다. 실제로 맑스는 『브뤼메르 18일』에서 계급과 계급투쟁을 다양하게 착종되는 차이에서, 나아가 정치를 담론과 대표 기구에서 파악하고 있다.

『루이 보나파르트의 브뤼메르 18일』은 프랑스를 모델로 하면서 국가와 자본의 관계에 대해 원리적으로 고찰하고 있다. 엥겔스는 맑스의 사상이 독일의 철학, 프랑스의 사회주의, 영국의 경제학의 종합이라고 하고 있다(『공상에서 과학으로』). 하지만 맑스의 사상은 이동을 수반하는 비판, 즉 트랜스크리틱에 다름 아니다. 저널리스틱하게 쓰였음에도 불구하고 『브뤼메르 18일』은 『자본——국민국가(polis)적 경제학 비판』과는 다른 원리적 고찰을 행하고 있다. 그것은 이를테면 '국민국가 정치학 비판'으로서 읽혀야 한다.

여기서 나는 맑스가 말하는 '부르주아 독재'에 대해 언급해 두고자 한다. 그것은 나중에 상세히 말하게 되듯이, 그가 말하는 '프롤레타리아 독재'와 관련된 문제이기 때문이다. 맑스가 부르주아 독재를 오히려 '보통 선거'에서 보고 있다는 점에 주의해야 한다. 『루이 보나파르트의 브뤼메르 18일』의 배경에 그것이 있었다는 것은 말할 것도 없다. 그러면 보통 선거를 특징짓는 것은 무엇일까? 그것은 단지 모든 계급의 사람들이 선거에 참여한다는 사실에만 있는 것이 아니다. 그것과 동시에 개인들이 모든 계급·생산 관계로부터 '원리적으로' 분리된다는 사실에 있는 것이다. 의회는 봉건제나 절대주의 왕권제에서도 존재했다. 그러나 이러한 신분제 의회에서는 '대표하는 자'와 '대표되는 자'가 필연적으로 연결되어 있다. 참으로 대표의회제가 성립하는 것은 보통 선거에 의해서이고, 나아가 무기명 투표를 채택한 시점부터이다.

비밀 투표는 사람들이 누구에게 투표했는지를 숨김으로써 사람들을 자유롭게 한다. 그러나 동시에 그것은 누군가에게 투표했다는 증거를 지워 버린다. 그때 '대표하는 자'와 '대표되는 자'는 근본적으로 단절되어 자의적인 관계가 된다. 따라서 비밀 투표로 선출된 '대표하는 자'는 '대표되는 자'로부터 구속받지 않는다. 다시 말하면 '대표하는 자'는 실제로는 그렇지 않음에도 불구하고 만인을 대표하는 것처럼 행동할 수 있고 또한 그렇게 하는 것이다.

'부르주아 독재'란 부르주아 계급이 의회를 통해 지배한다는 것이 아니다. 그것은 '계급'이나 '지배' 속에 있는 개인을 '자유로운' 개인들로 환원함으로써 그것의 계급 관계나 지배 관계를 지워버리는 일이다. 이와 같은 장치 자체가 '부르주아 독재'인 것이다. 의회 선거에서 개인들의 자유는 존재한다. 그러나 그 자유는 현실의 생산 관계에서의 계급 관계가 사상되는 곳에서 성립한다. 실제로 선거의 장을 떠나면 자본제 기업 안에 '민주주의' 같은 것은 있을 수 없다. 요컨대 경영자가 사원의 비밀 선거로 선출되는 일은 없다. 또한 국가의 관료가 사람들에 의해 선출되는 일도 없다. 사람들이 자유인 것은 단지 정치적 선거에서 '대표하는 자'를 뽑을 때뿐이다. 그리고 실제로 보통 선거란 국가 기구(군·관료)가 이미 결정한 일에 '공공적 합의'를 부여하기 위한 복잡한 의식일 뿐이다.

3. 공황으로서의 시차

영국으로 망명한 맑스는 그곳에서의 담론을 상대로 하여 지금까지와 똑같이 할 수 없었으며, 또한 하지도 않았다. 독일이나 프랑스의 이데올로그들과 관련해서는 그들의 담론에서 억압되어 있는 경제적 계급 구조를 가지고 오는 것에 의미가 있었지만, 영국에서는 맑스가 독일의 철학자들에 맞서 가지고 온 경험주의적인 태도, 프랑스의 이데올로그들에 맞서 가지고 온 경제적인 시점이야말로 지배적이었기 때문이다. 확실히 관념론적인 역사에 대해서는 경제적인 것이 '숨겨진' 하부 구조일 것이다. 그러나 영국에서 경제적인 것은 숨겨져 있지 않았다. 경제적 이해관계를 둘러싼 계급투쟁이 역력하게 나타나고 있었다. 고전 경제학자도 리카도 좌파의 사회주의자도 모두 사회와 역사를 명백하게 경제적으로 생각하고 있었다. 맑스가 처음으로 말한 것처럼 보이는 잉여 가치(잉여 노동)의 착취도 리카도 좌파에 의해 이미 주장되고 있었다.

맑스가 영국에서 부딪친 중요한 문제는 혁명이 아니라 공황이었다. 고전 경제학에 있어 공황은 원리적으로 있을 수 없다. 공황이 있었다 하더라도 그것은 사고이자 실수이다. 고전 경제학은 노동가치설에 의해 전 시대 중상주의의 화폐에 대한 집착(페티시즘)을 부정했다. 화폐는 상품의 가치, 요컨대 상품에 대상화된 노동 또는 사회적 노동시간을 표시하는 것일 뿐이다. "생산물은 언제나 생산물에 의해, 또는 노동에 의해 구매된다. 화폐는 단지 교환이 수행되는 매개물에 지나지 않는다."(리카도, 『경제학 및 과세의 원리經濟學および課稅の原理』 제21장, 하토리 타쿠야羽鳥卓也・요시자와 요시키吉澤芳樹 옮김, 河出書房新社) 그러한 의미에서라면 이미 경제에서의 '계몽'은 달성되어 있었다. 그러나 그와 같은 '계몽'을 비웃는 것이 공황이다. 맑스는 다음과 같이 말하고 있다.

화폐 공황이 발생하는 것은 지불의 계속적 연쇄와 그 결제의 인공적 조직이 완전하게 발전해 있는 곳에서뿐이다. 이 기구가 비교적 일반적으로 교란되는 것과 동시에 그것이 어떤 곳에서 발생하건, 화폐는 돌연하고도 매개 없이 계산 화폐라는 관념적으로만 존재했던 모습으로부터 경화로 전환된다. 화폐는 비속한 상품에 의해서는 대리될 수 없게 된다. 상품의 사용 가치는 무가치하게 되고, 그 가치는 그 자신의 가치 형태 앞에서 사라진다. 불과 조금 전까지만 해도 부르주아는 호경기에 도취되어 득의양양하게 화폐 따위는 공허한 환상이라고 외쳐대고 있었다. 상품이야말로 화폐다. 그러나 화폐야말로 상품이 되었다! 이제야 전세계 시장에서 그렇게 울려 퍼진다. 사슴이 신선한 물가를 찾아 울듯이, 세계 시장의 마음은 유일한 부富인 화폐를 찾아 울부짖는다. 공황에서는 상품과 상품의 가치 형태인 화폐 간의 대립이 절대적 모순으로까지 높아진다. 따라서 화폐의 현상 형태는 여기서는 어찌되더라도 좋은 것이 된다. 화폐 기아는 금으로 지불하든, 신용 화폐, 예를 들어 은행권으로 지불하든 개의치 않는다. (『자본』 제1권, 제1편 제3장 제3절 b, 사키사카 이츠로向坂逸郞 옮김, 岩波文庫)

　생산물이나 노동이라는 실체를 가지고 와서 자본제 경제나 화폐의 환상성을 비판하는 것은 가능하지 않다. 왜냐하면 그와 같은 환상이 붕괴되는 공황에서 사람들이 쇄도하는 것은 화폐이기 때문이다. 리카도가 처리한 '화폐의 마력'이 여기서 나타난다. 거의 10년마다 나타나는 주기적 공황이 되는 최초의 공황이 1819년, 리카도가 『경제학 및 과세의 원리』(1817)를 내놓은 직후에 일어났다. 이 공황(위기)이야말로 다름 아닌 리카도에 대한 최대의 '비판'이었다. 자본제 경제에서는 현실에서 화폐가 작동하고 있음에도 불구하고 이론에서 그것이 부정되고 있었던 것이다. 맑스가 고전 경제학 비판에서 다시 도입한 것은 고전 경제학자들이 계몽주의적으로 물리쳐 버린 화폐이다.

고전 경제학의 고찰에서는 화폐가 빠져 있다. 애덤 스미스는 상품 교환과 사회적 분업의 발전이 사회를 변화시킨다는 것을 보고 있었다. 그러나 그가 보지 못한 것은 상품 교환과 사회적 분업이 화폐에 의해서만 이루어진다는 사실, 뿐만 아니라 그것들이 자본의 운동으로서 이루어진다는 사실이다. 스미스는 상인 자본에 의해 조직된 결과로서의 세계적인 분업을 처음부터 존재하는 것처럼 생각하고 있었다. 그 때문에 화폐는 단지 척도나 매개물로 간주된다. 고전파의 노동가치설은 상품 교환이 지니는 고유한 위상을 부정하고, 그것을 생산 일반으로 환원하는 것이다. 노동가치설은 자본제 이전의 사회를 생산력과 생산 관계로부터 보는 시점(역사적 유물론)을 열었지만, 자본제 경제에 고유한 위상을 보지 못했다.

자본이란 자기 증식하는 화폐이다. 맑스는 그것을 우선 G-W-G′(화폐-상품-화폐)라는 정식에서 찾아낸다. 그것은 상인 자본이다. 그것과 더불어 대금업 자본 G-G′가 가능해진다. 맑스는 이것들을 '대홍수 이전부터 있는' 자본의 형태라고 말하고 있다. 하지만 상인 자본에서 발견되는 정식은 산업 자본에 대해서도 타당하다. 산업 자본에서는 W의 부분이 다를 뿐이기 때문이다. 그것은 맑스의 표현으로 말하자면 G-(Pm+A)-G′이다(Pm은 생산 수단, A는 노동력). 산업 자본이 지배적이게 된 단계에서 상인 자본은 단지 상업 자본이 되고, 대금업 자본은 은행이나 금융 자본이 된다. 하지만 자본을 생각하기 위해서는 G-W-G′라는 과정을 보는 데서 시작해야 한다. 자본이란 단지 화폐가 아니라 이러한 변태 과정 전체이다.

그런데 이 과정은 다른 한편으로는 W-G나 G-W라는 유통 과정이다. 거기서는 화폐를 통한 상품 교환이 전반적으로 이루어지고 있을 뿐인 것처럼 보인다. 그런 한에서 화폐는 가치 척도이고, 구매나 지불의 수단인 데 지나지 않는다. 애덤 스미스나 리카도가 해명하고자 했던 것은 분업과 교환을 균형화하고 조정하는 시장의 메커니즘이다. 이것은 고전 경제학만이 아니라 신고전파에서도 마찬가지다. 그러나 그들은 이러한 분업과 교환의 확대가 자본, 요컨대 화폐의 자기 증식 운동으로서 이루어지는 것을 보지 못하고 있다. 고전파이건 신고전파이건 경제학자들은 자본의 운동에 부수되는 이면 또는 그 결과에 지나지 않는 재화의 분업적 생산과 교환으로부터 생각한다. 애덤 스미스는 사람들이 자기의 이익을 추구하는 것이 결과적으로 전체로서의 이익이 되는 그와 같은 자동적인 조정 장치(보이지 않는 신의 손)를 시장에서 찾아내고 있다.

맑스는 G-W-G′에서 W-G′가 실현될지(상품이 팔릴지) 아닐지 하는 것에서 '목숨을 건 도약'을 보고 있다. 그 경우 덧붙여야 할 것은, 실제로 자본은 상품이 팔린 것으로 간주하고 운동을 계속한다는 사실이다. 그것이 '신용'이다. 신용은 매매 관계를 채권자·채무자 관계로 변화시킨다. 팔릴지 어떨지 하는 위기는 결제될 수 있을지 어떨지 하는 위기로 전화한다. 공황은 단순히 과잉 생산이나 소비 부족에 의해서가 아니라 팔린 것으로 되어 있었음에도 불구하고 최후의 결제에서 팔리지 않았다는 것이 판명됨으로써 발생한다. 공황은 신용 과열의 결과로서 발생하는 것이다. 공황은 산업 자본주의 이전부터 존재한다.[9]

영국에서 독일 관념론은 그저 비웃음의 대상이 되고 있었다. 사실 그때까지 맑스도 피히테 이후의——마치 자기나 정신이 자기 산출적으로 세계를 창조해 나아가는 것처럼 보이는——사변 철학을 현실과의 접촉을 결여한 '정신 착란'으로서 비웃어 왔다. 그러나 영국에서 금융 자본은 그와 같은 자기 증식적인 것(G-G′)으로서 자립해 있었다. 사람들은 은행 예금에서 이자를 얻고 주식 투자로부터 배당금을 얻는 것을 당연한 듯이 생각했다. 다시 말하면 사변적(=투기적, speculative)인 철학이 일상화되어 있었던 것이다. 칸트는 종합 판단을 거치지 않고 지식을 '확장'하는 것을 형이상학이라고 불렀는데, 대금업 자본(이자 낳는 자본)은 이를테면 그와 같은 것이다. 맑스는 이자 낳는 자본(G-G′)에 대해 이렇게 말하고 있다. "이 정식은 더 나아가 운동을 규정하는 자기 목적이 사용 가치가 아니라 교환 가치라는 것을 표현하고 있다. 가치의 화폐 형태가 바로 가치의 독립적인 손으로 움켜쥘 수 있는 현상 형태이기 때문에, 현실의 화폐를 출발점으로 하고 또한 종결점으로 하는 유통 형태 G…G′는 돈벌이를, 즉 자본주의 생산의 추진 동기를 가장 분명하게 표현하고 있는 것이다. 생산 과정은 돈벌이를 위한 불가피한 중간항으로서, 즉 필요악으로서 나타나는 데 지나지 않는다. [그러므로 자본주의적 생산 양식 하에 있는 모든 국민은 생산

••••

9_ 공황은 17, 18세기의 네덜란드와 영국에서 자주 발생했다. 그 가운데서도 유명한 것은 1634~37년에 네덜란드의 도시들에서 일어난 튤립 공황이다. 물론 이 공황들은 투기의 결과로서 발생한 금융 공황이다. 그러나 그렇다고 해서 그것을 표층적·우발적이라고 할 수는 없다. 1819년 이후의 산업 자본에서 일어나는 주기적 공황도 먼저 금융 공황으로서 나타나 우발적인 것으로 간주되었던 것이다. 신용과 투기는 산업 자본주의에 있어 단순히 부차적인 것이 아니다. 더욱더 주목해야 할 것은 17세기의 네덜란드와 영국의 공황이 이미 '세계 공황'이었다고 하는 점이다.

다.]"(『자본』 제2권, 제1편 제1장 제4절, 스즈키 고이치로 외 옮김, 앞의 책)

신용이나 투기의 세계는 이차적인 것으로 보인다. 하지만 실제로 생산 과정은 그와 같은 신용이나 투기에 의해 규제된다. 그리고 그 점을 폭력적으로 노정시키는 것이 공황이다. 그러나 고전 경제학자나 그를 따르는 사람들은 공황이 열어 보여주는 '시차'에 눈을 감았다. 그로부터 자본제 경제의 진실로 향하고자 한 것이 맑스이다. 이 '진실'이란 자본주의의 악(착취와 소외)이라든가 하는 그런 것이 아니다. 그런 것이라면 맑스 이전에도 많은 사람들이 지적하고 있다. 애덤 스미스도 이미 자본제 경제가 '가진 자'와 '가지지 못한 자' 사이에 계급적 분열을 초래한다는 것을 충분히 알고 있었다. 그러므로 그는 각 사람들의 에고이즘을 긍정하면서 '동정'(도덕 감정)에 기초하는 일종의 후생 경제학을 제창했던 것이다. 헤겔도 시민 사회(시장 경제)가 초래하는 폐해를 지적하고, 그 폐해를 국가의 손으로 해결해야 한다고 생각했다. 한편 오언이나 프루동 같은 사회주의자는 자본제 경제가 잉여 노동의 착취(도둑질)에 기초한다고 주장했지만, 자본제 경제에 대한 그들의 인식은 기본적으로 그들이 비판하는 고전 경제학자와 다르지 않다. 그 점에서는 초기 맑스는 말할 것도 없이 1850년대 후반까지의 맑스도 마찬가지였다. 구체적으로 말하자면, 맑스의 인식이 비약적으로 심화되는 것은 그가 공황대망론恐慌待望論을 방기한 다음이다. 그때까지의 맑스는 공황을 자본제 생산이 무정부적인 까닭에 발생하는 것으로 생각하고 있었다. 공황이 자본제 경제를 파탄시키고 혁명이 일어날 것이며, 그것이 공황이라는 병을 제거할 것이라고 생각했던 것이다. 이로부터는 엥겔스나 레닌처럼 계획 경제에 의해 공황을 해결한다는 생각이 나온다. 그러나 일은 그렇게 쉽지 않다. 계획 경제는 공황을 피할 수 있다 하더라도 또 다른 '병'을 초래하는 데 지나지 않는다.

확실히 공황은 자본제 경제에 고유한 병이다. 하지만 그것은 '해결'이기도 하다. 요컨대 자본제는 공황에 의해 문제를 처리하는 것이지, 그에 의해 붕괴되는 일은 없다. 그것은 나중에 프로이트의 정신 분석이 그에 대한 연구에서 시작한 히스테리라는 병과 비교할 수 있을 것이다. 환자에게 있어 히스테리 증상은 그 자체가 '해결'이고, 그 결과로서 당장은 무사히 지낼 수 있다. 그러나 프로이트에게 있어 중요한 것은 히스테리 자체가 아니라 그것을 초래하는 무의식의 메커니즘이었다. 그리고 그것은 사람이 병에 걸렸든 아니든 존재한다. 마찬가지로 맑스에게 있어 공황은 이미 자본제 경제를 붕괴시키는 무언가가 아니며, 또한 그에 대한 대증요법을 강구해야만 하는 것도 아니다. 공황이 중요한 것은 평상시에 숨겨져 있는 자본제 경제의 '진실'을 드러내기 때문이다. 이렇게 하여 맑스는 공황이 주는 '강한 시차'로부터 자본제 경제를 바라보고자 했던 것이다.

맑스가 『자본』에서 헤겔의 논리학에 따라 서술한 것은 말할 것도 없다. 거기서 자본은 헤겔의 '정신'과 유사하다. 그러나 『자본』은 헤겔의 유물론적 전도와 같은 것일 수 없다. 공황을 자본제 경제에 고유한 것으로서 바라본 맑스는 헤겔과는 전혀 다른 시점을 필요로 했던 것이다. 나는 그것을 '초월론적'이라고 부른다. 왜냐하면 공황이란 칸트의 말로 하자면 그 한계를 넘어서 자기 확장하고자 하는 자본=이성에 대한 비판이기 때문이다. 그렇다고 한다면 그와 같은 자본의 충동을 해명하고자 하기 위해서는 초월론적인 소급이 불가결하다. 그것이 정신 분석과 유사해지는 것은 그 때문이다.

헤겔은『정신철학』(『철학적 학문들의 엔치클로페디 강요*Enzyklopädie der Philosophischen Wissenschaften im Grundrisse*』)에서 병을 정신의 발전 단계에서 저차적인 단계를 고집하는 것으로 간주하고 있다. 어떤 의미에서는 프로이트가 말한 것도 그 안에 포함된다. 그러나 프로이트는 단지 저차적인 단계(유년기)로 거슬러 올라간 것만이 아니다. 정상적인 '발전'이 어떠한 어려움을 망각함으로써 이루어졌는지를 보여주었던 것이다. 맑스는 고전 경제학에 대해 다음과 같이 말한다.

> 중금주의 내지 중상주의에 대한 근대 경제학자들의 어쩔 수 없는 투쟁은 대부분 이 주의들이 조야하고 소박한 형태로 부르주아적 생산의 비밀을, 요컨대 그것이 교환 가치에 의해 지배되고 있다는 것을 토로한 데서 온 것이다. …… 그러므로 경제학이 중금주의와 중상주의를 비판하는 데 실패한 것은, 그것이 이 주의들을 단순한 환상으로서, 즉 단지 잘못된 이론으로서 적대시할 뿐 자기 자신의 기본적 전제의 야만적인 형태로서 재인식하지 않았기 때문이다. (『경제학 비판經濟學批判』, 제2장 C, 다케다 다카오武田隆夫 외 옮김, 岩波文庫)

발달한 산업 자본주의 경제에서 '조야하고 소박한 형태'는 억압되어 있다. 그러나 공황에서는 바로 '억압된 것의 회귀'가 존재한다. '건전한 시장 경제'는 그 전 시대의 형식을 부인하지만, 그 자신이 그 위에 서 있는 것이다. 맑스는 헤겔의 논리학에 따라서 상품에서 화폐, 화폐에서 수전노, 상인 자본, 나아가 산업 자본으로 나아가는 '발전'을 서술한다. 그러나 우리는 그것을 역으로 읽어야만 한다. 맑스의 서술에서 '발전'은 모순의 지양이 아니라 그것의 은폐(억압)인 것이다. 우리는 가장 발전한 단계에서 소거되고 오직 공황에서만 나타나는 것을 그 시원적인 형태로 거슬러 올라감으로써 해명하지 않으면 안 된다. 물론 그것은 역사적인 시원이 아니다. 그것은 완성된 자본제 경제 안에 존재하는 형식으로서의 시원, 요컨대 상품 형태(가치 형태)이다.

고전 경제학이나 경험주의적 역사학이 지배적인 영국에서 맑스는 헤겔을 재발견했다. 실제로 그는 『자본』의 서문에서 '헤겔의 제자'라는 것을 공언하고 있다. 그러나 헤겔을 긍정했을 때, 맑스는 일찍이 헤겔을 비판했던 시기보다 한층 더 근본적으로 헤겔을 '비판'한다. 실제로 『자본——국민경제학 비판』이라고 제목이 붙여진 이 책은 『자본——헤겔 법철학 비판』이라는 제목을 붙여도 좋았던 것이다. 『자본』이 헤겔적 논리학의 구조로 쓰여 있기 때문에 사람들은 헤겔로 돌아가 『자본』을 생각한다. 그러나 헤겔의 『법권리의 철학』은 자본제 경제가 전 사회를 조직한 단계, 요컨대 자본=네이션=스테이트의 삼위일체가 완성된——그런 의미에서 '역사의 종언'인——단계에서 그것을 교환과 계약으로부터 근거지우고자 하는 것이다. 헤겔에게 있어 시장 경제(시민 사회)는 '욕구의 체계'이다. 다시 말하면 그에게는 시장 경제가 도착적인 자본의 '충동'에 의해 형성되어 있다는 것이 보이지 않았던 것이다. 그러한 의미에서 헤겔은 고전 경제학자와 마찬가지다. 한편, 맑스가 밝히고자 했던 것은 자본제 경제가 하나의 환상적인 체계라는 것, 그리고 그것이 G-W-G'라는 자본의 운동에 의해 생겨난다는 것, 나아가 그 근원에 화폐(교환 가능성의 권리)를 축적하고자 하는 충동——그것은 재화를 얻으려고 하는 욕구나 욕망과 다르다——이 있다는 것을 보여주는 일이다. 그 때문에 맑스는 가치 형태로까지 거슬러 올라갔던 것이다. 그러므로 『자본』에서의 서술 형식이 헤겔과 유사하다고 해서 착각해서는 안 된다. 맑스는 『경제학 비판』을 쓴 시점에 자신의 학위 논문을 돌아보며 다음과 같이 말하고 있다.

> 병석에 있는 동안 나는 자네의 『헤라클레이토스』를 충분히 연구했네. 흩어져 있는 유고로부터 체계를 다시 세우는 작업이 훌륭하게 이루어졌다고 생각하네. 또한 논쟁에서 보이는 날카로운 통찰에도 감동을 받았네. …… 자네가 이 작업에서 극복해야만 했던 어려움은 나도 잘 알고 있다네. 왜냐하면 나도 약 18년 전에 훨씬 더 쉬운 철학자 에피쿠로스에 대해 비슷한 작업——요컨대 단편들로부터 전 체계를 서술하는 일을 했기 때문이네. 덧붙이는 말이네만, 이 체계와 관련하여 체계는 헤라클레이토스의 경우와 마찬가지로 오직 그 자체로 에피쿠로스의 저작 속에 있을 뿐, 의식적인 체계화 속에 존재하지 않았다고 나는 확신하고 있네. 자기의 작업에 체계적인 형태를 부여하는 철학자들, 예를 들어 스피노자의 경우에서조차 그의 체계의 진정한 내적 구조는 그에 의해 체계가 의식적으로 서술된 형식과는 전혀 다르다네. (「1858년 5월 31일, 라살레에게 보낸 편지」 『맑스-엥겔스 전집』 제29권, 앞의 책)

똑같은 말을 맑스 자신에 대해서도 할 수 있다. 『자본』의 '진정한 내적 구조'는 '그에 의해 체계가 의식적으로 서술된 형식과는 전혀 다른' 것이다. 그런 까닭에 우리는 『자본』을 자본=이성에 대한 초월론적 비판으로서 읽어야 한다.

『자본』은 역사학적인 동시에 논리적이라고 말해진다. 하지만 그것은 오히려 '역사적'이지도 '논리적'이지도 않다는 것을 의미한다. 한편으로 『자본』이 파악하는 역사는 역사적 유물론이 파악하는 역사와는 다르다. 맑스의 관심사는 엥겔스와 그 밖의 사람들처럼 역사 전체를 경제적 하부 구조로부터 설명하는 것에 있지 않았다. 맑스가 보고자 한 것은 화폐 경제가 조직하는 것으로서의 역사이다. 그는 자본제 시장 경제가 전 세계를 변형시키는 것, 그리고 그 힘의 원천이 자본의 자기 증식 충동(화폐의 페티시즘)에 있다는 것을 발견했다. 그러한 의미에서 여기서 파악되는 역사는 '논리적'이다. 왜냐하면 그것은 오로지 경제적 범주에 의해 조직된 것이기 때문이다.[10] 다른 한편으로 『자본』에서의 경제적 범주는 결코 헤겔의 '개념'처럼 논리적으로 자기 실현하는 것이 아니다. 이 발전에는 언제나 그때마다 역사적인 사건이 선행한다. 예를 들어 맑스는 산업 자본주의에 앞서 원시적 축적에 대해 긴 실증적 고찰을 행하고 있다. 상인 자본으로부터 산업 자본에로의 전화는 형식적으로는 G-W-G′로부터 G-(Pm+A)-G′로의 변형이다. 그러나 그것을 위해서는 생산 수단(Pm)과 노동자(A)의 분리, 즉 노동력의 상품화가 발생하지 않으면 안 된다. 이 전화는 경제적 범주로서 보면 극히 간단한 것이지만, 그것이 발생하기 위해서는 사건으로서의 역사 과정이 불가결한 것이다.

맑스는 역사적·우연적인 소여성을 결코 폐기하지 않는다. 다만

....

10_ 『자본』의 서두에서 맑스는 자본제 경제에서의 사회의 부는 '방대한 상품의 집적'으로서 나타난다고 말했다. 하지만 이 상품 가운데는 자본(주식)도 포함된다. 요컨대 이 시원으로서의 상품은 단순한 물건이 아니라 자본 자체를 포함하는 것이어야만 하는 것이다. 계급에서 끝나는 현존하는 『자본』의 구성은 그러한 점에서 수미일관하지 않다. 스즈키 고이치로鈴木鴻一郎는 『경제학 원리론經濟學原理論』(전 2권, 東京大學出版會, 1960~62)에서 『자본』을 논리적으로 재구성하고, 상품이 주식 자본(자본 상품)에 이르러 자기 회귀적인 발전을 이룬다는 것을 보여주었다.

맑스는 자본제 경제의 범주를 사건으로서의 내용에 형식을 부여하는 것으로서 본다. 그런 한에서 그는 많은 소여성을 '괄호에 넣을' 수 있다. 예를 들어 현실의 자본제 경제는 우선 국가 안에 있으며, 또한 그것이 상품 경제의 외형을 부여하는 것이라 하더라도 결코 거기에 들어가지 않는 다양한 생산이나 계급들을 포함하고 있다. 하지만 맑스가 그것들을 괄호에 넣는 것은 국가의 개입이나 비자본제적인 생산이 모두 결국은 자본제 경제의 원리들에 따를 수밖에 없기 때문이며, 또한 자본제 경제는 그 외부를 내적 여건으로서 집어넣을 수 있기 때문이다. 오히려 그 점에 자본제 경제가 지니는 자율적인 '힘'이 놓여 있다. 그것은 '하부 구조' 같은 것이 아니다. 그 '힘'의 수수께끼를 해명하는 것이 맑스의 필생의 과제였다고 하더라도 지나친 말은 아니다.

4. 미세한 차이

초기 맑스와 후기 맑스에 대한 평가를 둘러싸고 많은 논의가 있었다. 우선 후기 맑스의 경제학적이고 결정론적인 경향에 맞서 초기 맑스의 '소외론'을 높이 평가하는 경향이 있었다. 그에 반해 알튀세르는 『독일 이데올로기』 시기에 맑스의 '인식론적 단절'이 있었다는 사실을 강조했다. 그러나 이것들은 기본적으로 맑스의 '비판', 또는 '비평가' 맑스를 보지 못하고 있다. 맑스의 사상은 이미 말해온 것과 같은 끊임없는 이동과 전회 없이 있을 수 없다. 그로부터 맑스의 무언가 근본적인

'철학'을 추출하는 것은 빗나간 관점이다.

예를 들어 맑스는 『경제학·철학 초고』 이전에 쓴 학위 논문 『데모크리토스와 에피쿠로스의 자연철학의 차이』에서 이미 '비판적' 자세를 보여주고 있다. 그는 여기서 에피쿠로스와 데모크리토스의 차이를 그들의 '자연철학'에서 본다. 이 두 사람이 다른 것은 역사적으로는 상식이다. 그러나 자연철학에서 그들은 아주 유사했다. 에피쿠로스는 데모크리토스의 기계적 결정론에 대해 원자의 운동에 편차가 생긴다고 하는 수정을 덧붙였지만, 그것은 기묘한 의견에 지나지 않으며 단지 데모크리토스의 아류라고 생각되어 왔던 것이다. 그러나 그와는 반대로 맑스는 이 미묘한 차이로부터 그들 철학의 총체적 차이가 귀결된다는 점을 보여주고자 했다. 맑스의 학위 논문에서 독창적인 점은 에피쿠로스와 데모크리토스의 차이를 그들의 철학 전체에서가 아니라 거의 동일하게 보이는 자연철학의 차이에서 말한 점이다.

   …… 데모크리토스의 자연철학과 에피쿠로스의 그것을 동일시하는 것은 옛날부터 확립된 편견이다. 그러므로 에피쿠로스에 의한 데모크리토스 자연철학의 변경은 단지 자의적인 변덕에 지나지 않는다고 생각되고 있다. 한편, 나는 세부 사항에 관해 현미경적인 탐구처럼 보이는 것으로 파고들어가지 않을 수 없다. 그러나 바로 이 편견이 철학 안에 은폐되어 있는 까닭에, 데모크리토스와 에피쿠로스의 자연철학 안에서 그들의 상호 의존성에도 불구하고 미세한 세부 사항에 이르는 본질적 차이를 확증하는 일은 한층 더 중요해질 것이다. 대단히 일반적인 고찰은 그 결과가 세부 사항에 적용될 때 타당한지 어떤지가 의심스럽지만, 미세한 것에서 확증되는 차이는 관계가 좀 더 커다란 차원에서

고찰될 때 더욱더 쉽게 보이는 것이다. (『데모크리토스와 에피쿠로스의 자연철학의 차이』)

맑스가 여기서 해체하고자 한 것은 에피쿠로스를 데모크리토스의 아류로 간주하는 '철학사와 같은 정도로 낡은 편견'이며, 또는 그것들의 차이를 소거해 버리는 '동일성'의 장場 그 자체이다. 똑같은 말을 『자본』에 대해서도 할 수 있다. 거기서 맑스는 실로 많은 것을 고전경제학으로부터 계승하고 있다. 따라서 신고전파 계열의 경제학자는 『자본』을 리카도의 하나의 변종으로 다루는 것이 보통이다. 아마도 『정치경제학 비판 요강』(Grundrisse)까지의 저작에 대해서는 그것이 대체로 옳을 것이다. 그러나 『자본』에는 그 이전과 결정적으로 다른 요소가 있다. 『자본』 서두의 가치 형태론은 맑스가 리카도의 노동가치설에 대한 베일리의 비판을 심각하게 받아들인 데서 시작되고 있다. 요컨대 『자본』은 단지 리카도와의 차이만이 아니라, ──신고전파에 의해 무시되고 있지만 그 시조인── 베일리와의 차이에서도 읽혀져야만 하는 것이다.

그런데 데모크리토스와 에피쿠로스를 대비시킨 학위 논문에서 맑스는 사실은 또 한 사람의 철학자를 끊임없이 염두에 두고 있다. 그것은 아리스토텔레스이다. 즉 맑스는 한쪽에는 감각론자이자 기계적 결정론자인 동시에 그 결과로서 회의주의자인 데모크리토스를 두고, 다른 한쪽에는 목적론적·합리주의적인 아리스토텔레스를 둔 다음, 그 '사이'에 유물론자이자 원자의 편차를 주장하는 에피쿠로스를 두었던 것이다. 맑스의 생각으로는 이 원자의 편차야말로 기계론적이지 않은 변이(발전)를 가져오는 것이지만, 그것은 아리스토텔레스에 의해 목적인으로서 예정 조화적으로 파악되어 버린다. 이리하여 맑스가 파악하는 에피쿠로스란 목적론과 기계적 결정론의 쌍방을 원자 운동의 편차로부터 비판하는 자이다.

철학 학위 논문을 고전적 저작을 소재로 하여 쓸 것이 요구되었던 시대에 거기에 동시대의 문제 관심이 투입되는 것은 당연하다. 이때 맑스가 동시대의 유물론과 관념론을 염두에 두고 있었다는 것은 의심할 여지가 없다. 그러나 그가 여기서 쓴 에피쿠로스는 흄과 라이프니츠의 '사이'에서 그들을 함께 비판하고자 했던 칸트와 서로 닮아 있다(제1부의 각주 29를 참조). 그렇지만 맑스가 이와 같이 칸트적이라고 하는 것은 그가 칸트를 의식하고 있었기 때문이 아니다. 오히려 그 역이다. 물론 맑스가 그의 가장 초기의 법철학 연구에서 분명히 칸트적이었다는 증거는 있다. 그러나 맑스가 칸트적으로 보이는 것은 직접적으로 칸트로부터 배웠기 때문이 아니라 그 자신이 트랜스크리틱 (transcritique)을 살았기 때문이다. 맑스는『자본』제1권의 제1판 서문에서 학위 논문과 동일한 표현을 하고 있다.

완성된 모습을 화폐 형태에서 보여주는 가치 형태는 내용에서도 극히 부족하고 단순하다. 그런데 인간 정신은 2천 년도 넘는 옛날부터 이것을 해명하고자 시도하여 실패했음에도 불구하고, 다른 한편으로는 이보다 훨씬 내용이 풍부하고 복잡한 형태들의 분석은 적어도 근사적으로는 성공하고 있다. 왜일까? 완성된 생체를 연구하는 것은 생체 세포를 연구하는 것보다 쉽기 때문이다. 게다가 경제적 형태들에 대한 분석에서는 현미경도 화학적 시약도 사용될 수 없다. 추상력이라는 것이 이 양자를 대신하지 않으면 안 된다. 그러나 부르주아 사회에 있어서는 노동 생산물의 상품 형태 또는 상품의 가치 형태가 경제의 세포 형태이다.

소양이 없는 사람에게 있어 그 분석은 아주 그럴싸한 이치들을 가지고서 쓸데없이 장난하는 것처럼 보일지도 모른다. 사실상 이 경우 문제가 관계하는 바는 지극히 세밀하다. 그러나 그것은 단지 현미경적인 해부에서 다루어지는 문제가 그와 마찬가지로 지극히 세밀한 것과 조금도 다를 바가 없다. (『자본』, 제1판 서문, 사키사카 이츠로向坂逸郎 옮김, 岩波文庫)

따라서 『자본』이 그 이전의 작업과 결정적으로 다른 것은 가치 형태론을 도입한 것이다. 그것은 1850년대의 『정치경제학 비판 요강』이나 『경제학 비판』에는 없었던 것이다. 우리는 오히려 『자본』을 그 작업들과의 '미세한 차이'에서도 읽어야 한다. 왜냐하면 '미세한 것에서 확증되는 차이는 관계가 좀 더 커다란 차원에서 고찰될 때 더욱더 쉽게 보이기' 때문이다. 맑스의 '전회'가 한 번뿐이라고 간주하게 되면 이것이 얼마나 중요한지를 보지 못하게 된다. 또 하나 예를 들어보자. 맑스는 『경제학·철학 초고』를 쓰기 이전인 1834년에 다음과 같이 쓰고 있다.

국가의 상태를 연구하는 경우, 사람들은 자칫하면 관계들의 객관적 본성을 보지 못하고 모든 것을 행위하는 개인들의 의사로부터 설명하고자 한다. 하지만 민간인의 행위나 개별적인 관청들의 행위를 규정하고, 마치 호흡 방법처럼 그것들의 행위로부터 독립해 있는 관계들이라는 것이 존재한다. 처음부터 이 객관적 입장에 선다면, 선의 또는 악의를 한쪽 면에서나 다른 쪽 면에서 예외로서 전제하는 일 없이, 언뜻 보아 개인들만이 작용하고 있는 것으로 보이는 곳에서 [객관적] 관계들이 작용하고 있는 것이 보일 것이다. 어떤 사물이 관계들에 의해 필연적으로 생긴다는 것이 증명된다면, 어떠한 외적 사정들 하에서 그것이 현실적으로 생길 수밖에 없었는지, 또한 그 필요성이 이미 존재하고 있었는데도 불구하고 어떠한 이유에서 생길 수 없었는지를 발견하는 일은 이제는 어려운 일이 아닐 것이다. 사용된 물질이 어떠한 외적 사정 하에서 화합하는 것일까 하는 것을 화학자가 결정하는 것과 거의 동일한 확실함을 가지고서 사람들은 이것을 결정할 수 있을 것이다. (「모젤 통신원의 변호」, 사키야마 고사쿠崎山耕作 옮김, 「맑스-엥겔스 전집」 제1권, 앞의 책)

이것은 『자본』의 서문에서 맑스가 여기서는 자본가나 지주를 경제적인 범주의 인격적 담지자로 간주하고, 그들의 주관적인 의지나 책임을 묻지 않는다는 것을 강조한 구절을 상기시킨다. 그의 '자연사적 입장'은 이미 여기서 명료하다. 그것은 맑스가 아무리 포이어바흐의 영향을 받았다 하더라도, 그리고 아무리 헤겔적인 사고를 간직하고 있다 하더라도, 그것들에서는 결코 보이지 않는 시점이다. 물론 이렇게 말하는 것은 맑스가 초기부터 변하지 않았다는 것이 아니다. 그와 반대로 그것은 맑스의 사상이 유사한 것들 가운데서의 '미묘한 차이'에서 읽혀져야 한다는 것을 의미한다.

마지막으로 덧붙여 두자면, 나는 『자본』에서 맑스의 작업이 최고의 성과에 도달했음을 발견함에도 불구하고, 그것을 맑스의 최종적인 입장으로서 간주해서는 안 된다고 생각한다. 그것은 이 책이 미완성이라는 것만이 아니다. 중요한 것은 이미 분명하듯이 맑스가 끊임없이 이동하고 전회하면서 각각의 시스템에서의 지배적인 담론을 '바깥의 발판으로부터' 비판하고 있다는 점이다. 그러나 그와 같은 '바깥의 발판'은 무언가 실체적으로 존재하는 것이 아니다. 맑스가 서 있는 것은 담론의 차이이자 그 '사이'이며, 그것은 오히려 어떠한 발판도 무효화하는 것이다. 중요한 것은 관념론에 대해서는 역사적 수동성을 강조하고, 경험주의에 대해서는 현실을 구성하는 범주의 자율적 힘을 강조하는, 이러한 맑스의 '비판'이 보여주는 발놀림이다. 기본적으로 맑스는 저널리스틱한 비평가이다. 이러한 입장(stance)의 기민한 이동을 빠트린다면, 맑스의 어떠한 생각을 가져온다 하더라도──그의 말은 맥락에 따라 반대로 되는 경우가 많기 때문에 어떻게도 말할 수 있다──소용없는 것이다. 맑스에게서 하나의 원리(독트린)를 찾으려고 하는 것은 잘못이다. 맑스의 사상은 이러한 끊임없는 이동과 전회 없이는 존재하지 않는다.

5. 맑스와 아나키스트들

맑스와 관련해 모호하게 보이는 또 한 가지 점은 그와 아나키즘의 관계이다. 바쿠닌은 맑스를 권위주의적이고 국가주의적인 인물로서 그리는데, 그것이 아나키스트들 사이에서 정설화 되어 있다. 다른 한편 맑스주의자들 사이에서는 맑스가 아나키즘을 완전히 부정했다는 것이 정설화 되어 있다. 예를 들어 바쿠닌은 다음과 같이 말하고 있다. "이것이 라살레의 강령이고, 이것이 사회민주당의 강령이다. 그것은 본래 맑스의 것이며, 맑스는 1848년에 엥겔스와 함께 공간한 유명한 『공산당 선언』에서 이것을 완전하게 말하고 있다. …… 라살레의 강령이 그가 자신의 스승으로 인정하고 있는 맑스의 강령과 조금도 다르지 않다는 것은 분명하지 않은가?"(『국가와 무정부國家と無政府』, 이시도 기요토모石堂清倫 옮김, 三一書房) 그러나 이것은 무지에 따른 것이 아니라면 의도적인 중상이다.

맑스는 라살레가 말하는 것과 같은, 국가에 의해 생산 협동조합을 보호 육성하자는 생각(고타 강령)을 비판했다. "노동자가 협동조합적인 생산의 조건들을 사회적인 규모로, 우선 처음에는 자국에서 국민적인 규모로 만들어내고자 하는 것은 현재의 생산 조건들의 변혁을 위해 노력하는 것에 다름 아니며, 국가의 보조에 의한 협동조합의 설립과는 아무런 관련도 없는 것이다! 오늘날의 협동조합에 대해 말하자면, 그것들은 정부로부터도 부르주아로부터도 보호받지 않고서 노동자가 자주적으로 만들어낸 것일 때 비로소 가치를 지닌다."(「독일 노동자당 강령 평주 3」(1875), 『고타 강령 초안 비판ゴータ綱領草案批判』, 야마베 겐타로山辺健太郎 옮김, 「맑스-엥겔스 전집」 제19권, 앞의 책). 요컨대 맑스는 국가에 의해 협동조합을 육성하는 것이 아니라 협동조합의 어소시에이션이 국가를 대신해야 한다고 말하는 것이다. 그때 자본과 국가는 지양될 것이다. 그리고 그와 같은 원리적인 고찰 이외에 맑스는 미래에 대해 아무것도 말하지 않는다.

또한 맑스는 주로 프루동파에 의해 이루어진 파리 코뮌에 대해 다음과 같이 말하고 있다. "만약 연합한 협동조합 조직 단체들(united co-operative societies)이 공동의 계획에 기초하여 전국적 생산을 조정하고, 이리하여 그것을 단체들의 통제 하에 두어 자본제 생산의 숙명인 부단한 무정부와 주기적 변동을 종식시킨다면, 여러분, 그것이 공산주의, '가능한' 공산주의가 아니고 무엇이겠는가?"(『프랑스 내전』) 이러한 어소시에이션은 공동체와 다를 뿐 아니라 국가 집권적인 것과도 근본적으로 다르다. 그것은 맑스가 '사회적'이라고 부른 것에 대응할 것이다. 요컨대 어소시에이션은 일단 공동체에서 나온 사람들이 결속되는 형태인 것이다. 코뮤니즘이란 자본제 경제에서 화폐와의 교환에 의해 실현되는 '사회적' 관계들을 '자유롭고 평등한 생산자들의 어소시에이션', 나아가 어소시에이션들의 글로벌한 어소시에이션으로 전환시키고자 하는 것이다.

『자본』 제3권에서도 맑스는 주식회사와 나란히 협동조합을 높이 평가한다. 그는 주식회사를 "자본주의적 생산 양식 자체의 한계 내에서 이루어지는, 사적 소유로서의 자본의 폐지"로서 바라보았다(『자본』 제3권, 제5편 제27장, 스즈키 외 옮김, 앞의 책). 왜냐하면 주식회사는 자본과 경영의 분리에 의해 그때까지의 '자본가'를 소멸시키기 때문이다. 그러나 주식회사는 자본제의 '소극적 지양'에 지나지 않는다. 맑스는 노동자가 주주인 생산 협동조합에서 그 '적극적 지양'을 발견한다. "자본주의적 생산 양식에서 생겨나는 자본주의적 취득 양식은, 따라서 자본주의적 사유는 자신의 노동에 기초하는 개인적 사유의 첫 번째 부정이다. 하지만 자본주의적 생산은 하나의 자연 과정의 필연성을 가지고서 그 자신의 부정을 산출한다. 그것은 부정의 부정이다. 이 부정은 사유를 재건하지 않지만, 아마도 자본주의 시대의 성과를 기초로 하는 개인적 소유를 만들어낼 것이다. 즉 협업과, 토지나 노동 자체에 의해 생산되는 생산 수단의 공동 소유를 기초로 하는 개인적 소유를 만들어내는 것이다."(『자본』 제1권, 제7편 제24장 제7절, 스즈키 외 옮김, 같은 책)

여기서 맑스가 사적 소유와 개인적 소유를 구별한 것은 무엇을 의미하는가? 근대적인 사유권은 그에 대해 조세를 지불하는 것을 대가로 절대주의 국가에 의해 부여된 것이다. 사유는 오히려 국유인 것이며, 역으로 말하면 국유제야말로 사유 재산제인 것이다. 그런 까닭에 사유 재산의 폐지=국유화로 간주하는 것은 전적으로 잘못이다. 오히려 사유 재산의 폐기는 국가의 폐기이지 않으면 안 된다. 맑스에게 있어 코뮤니즘이 새로운 '개체적 소유'의 확립을 의미한 것은 그가 코뮤니즘을 생산 협동조합의 어소시에이션으로서 보고 있었기 때문이다.

이러한 생각은 분명히 프루동의 생각에 기초하고 있다. 젊은 맑스가 절찬한 프루동의 『소유란 무엇인가』라는 저서는 '소유란 도둑질이다'라는 말로 유명하다. 그러나 프루동은 소유 일반을 부정한 것이 아니다. 그가 부정한 것은 '불로 수익권, 즉 일하지 않고 이익을 얻는 힘'이다. 따라서 엄밀히 말하자면 프루동은 소지所持와 소유를 구분한다. "소지를 보전하면서 소유를 폐지하라. 단지 그것만 수정함으로써 여러분은 법률, 정치, 경제, 제도의 일체를 바꿀 수 있을 것이다. 여러분은 지상의 악을 제거하는 것이다."(『소유란 무엇인가所有とは何か』「프루동」3, 하세가와 스스무長谷川進·에구치 간江口幹 옮김, 三一書房) 나아가 프루동은 '불로 수익'을 봉건적 수탈과 동일시한 것이 아니다. 오히려 그가 말하는 '불로 수익'이란 자본제 생산에 고유한 것이다. 예를 들어 개개인의 노동자는 자본가로부터 노동에 대해 임금을 지불받지만, 그들의 협업, 즉 '집합력'에 의해 얻어지는 이익의 증가분은 자본가에 의해 탈취된다. 애덤 스미스는 이를 정당한 이윤의 원천으로 간주했지만, 프루동은 그것을 '도둑질'이라고 불렀던 것이다. 이미 영국의 리카도 좌파는 그것을 잉여 가치라 부르고 있으며, 그로부터 격렬한 정치적 노동 운동이 생겨났다. 그에 대해 프루동은 정치적 활동에 반대하고, 오히려 분업과 협업에 의해 생산력을 높이면서 동시에 그것이 '도둑질'을 낳지 않는 그러한 노동합자회사를 만들 것을 제창했다.

그와 같은 윤리-경제적인 교환 시스템의 확대가 자본과 국가를 사멸시킨다는 것이다.

이렇게 보면 실제적으로 맑스가 초기 프루동에게서 배운 생각을 한 번도 방기한 적이 없다는 사실을 알 수 있다. 맑스가 '사적 소유'에 대립시키고 있는 '개체적 소유'는 프루동이 '소지'라고 부른 것에 다름 아닌 것이다. 확실히 맑스는 프루동을 비판했다. 그러나 우리는 그들의 관계를 이후의 맑스주의와 아나키즘의 대립이라는 시점에서 보아서는 안 된다. 왜냐하면 거기에는 착종된 상호 관계가 존재하기 때문이다. 이 점을 보기 위해서는 맑스가 『독일 이데올로기』에서 보여주었듯이 영국·프랑스·독일에서의 담론 체계들과 그것들의 배경에 있는 현실 사회의 간격을 보지 않으면 안 된다. 19세기에 노동 운동과 협동조합 운동은 실질적으로 영국에서 시작된다. 그것을 주도한 것은 프루동이 스미스로부터 이윤=도둑질이라는 생각을 끌어내기 훨씬 전에, 리카도의 노동가치설로부터 잉여 가치의 착취를 발견한 리카도 좌파였다. 그것은 특히 토머스 호지스킨(Thomas Hodgskin, 1787~1869)이나 윌리엄 톰프슨(William Thompson, 1775~1833)으로 대표된다. 그로부터 격렬한 노동 운동과 정치 운동이 발생했다.

프루동이 정치 운동에 의해서가 아니라 노동자의 어소시에이션에 의해 자본과 국가를 해소할 수 있다고 생각한 하나의 이유는 1830년대의 프랑스에서는 산업 자본주의도 산업 노동자도 거의 없었기 때문이다. 당시 가장 유력한 사회주의 사상인 생시몽주의는 국가에 의해 산업을 일으키고 노동자에게 그 부를 재분배한다는 것으로, 이를테면 그것은 코포라티즘(corporatism)의 효시이다. 실제로 프랑스에서 대규모의 산업 혁명이 일어난 것은 그 자신이 생시몽주의자였던 나폴레옹 3세(루이 보나파르트)의 시대이며, 사회주의자는 거기에 포섭되었다.

프루동은 일관되게 생시몽주의와 같은 국가 사회주의에 반대했다. 그것은 나중에 맑스가 독일에서 비스마르크의 국가 자본주의에 대응하는 국가 사회주의를 제창한 라살레를 비판한 것과 동일하다. 한편, 1830년대의 독일에서는 산업 자본주의도 사회주의 운동도 전혀 발달해 있지 않았다. 그것들은 단지 관념으로서만 존재했던 것이다. 예를 들어 1842년에 간행된 슈타인(Heinrich Friedrich Karl, Reichsfreiherr vom und zum Stein, 1757~1831)에 의한 『현대 프랑스의 사회주의와 공산주의』라는 소개서가 커다란 영향을 미쳤을 정도였다. 헤겔 좌파란 한마디로 말하자면 프랑스 사회주의·공산주의의 충격에 의해 생겨난 철학자의 운동에 다름 아니다. 그것은 무엇보다도 헤겔 비판으로서 나타났다. 그러나 그것은 헤겔 철학이 그저 지배적이었기 때문만이 아니다. 헤겔 자신이 이미 고전 경제학을 계승하는 동시에 그것을 '철학적으로' 비판하고 있었기 때문이다. 말할 것도 없이 그것은 욕구의 체계인 시민 사회(자본제 경제)가 초래하는 분열이나 모순을 국가(이성)에 의해 넘어선다는 것이다.

헤겔 좌파(청년 헤겔학파)가 공유하고 있던 것은 그와 같은 헤겔에 대한 비판이었다. 그 대표가 포이어바흐이다. 포이어바흐는 코뮤니스트임을 밝히고 있었다. 그것은 프랑스로부터 전해진 공산주의를 독일 철학(헤겔)의 맥락에서 곱씹는 것에 다름 아니다. 그렇지만 포이어바흐에게 뒤흔들린 청년 헤겔학파는 정치경제적인 시점을 가지고자 했던 것만큼 프루동에게 가까웠다. 예를 들어 맑스는 포이어바흐의 방식을 응용하여 헤겔의 『법권리의 철학』을 비판했다. 포이어바흐는 종교 비판에서 감성적인 인간이 그 유적 본질을 신으로서 소외시키고 있다는 것, 그런 까닭에 그것을 회복해야 한다는 것을 주장했다. 마찬가지로 맑스는 부르주아 국가에서는 각 사람이 '욕구의 체계'(헤겔)로서의 시민 사회에서 이기적으로 욕망을 추구하여 계급적 불평등이나 부자유를 초래하고 있음에도 불구하고 환상 공동체로서의 정치적 국가(의회제 민주주의)에서만 '유적, 본질적 존재'라는 것, 즉 자유롭고 평등할 수 있다는 것을 자기 소외로서 파악했다. 여기서 중요한 것은 맑스가 시민 사회를 '사회적 국가'로 간주했다는 점이다.

헤겔은 『법권리의 철학』에서 '시민 사회'에서 '욕구의 체계'로서의 시장 경제뿐만 아니라 그것이 초래하는 모순·대립을 조정하는 사법 기구나 직업 단체(의회)를 찾아내고 있었다. 맑스가 시민 사회를 정치적 국가에 맞서 '사회적 국가'로 간주한 것은 그 때문이다. 만약 이 사회적 국가 차원에서 모순·대립이 지양된다면, 즉 자본제 경제가 지양된다면, 헤겔이 말하는 것과 같은 국가(정치적 국가)는 불필요하다. 주의해야 할 것은 맑스가 정치적 국가에 의해 자본제 경제를 폐기한다는 생각을 이 시기로부터 전 생애를 통해 부정하고 있다는 사실이다. 그것은 헤겔의 생각이고, 라살레와 같은 국가 자본주의, 국가 사회주의적인 사고는 거기에 뿌리박고 있다.

한편 맑스가 지향하는 것은 정치적 국가의 폐기이며, 바로 그 때문에 자본제 경제에 지배된 시민 사회를 사회적 국가로서 재편성하는 것이 요청되는 것이다. 기본적으로 이러한 생각은 프루동에게서 유래하는 아나키즘이며, 맑스는 한 번도 이것을 방기하고 있지 않다. 그러나 이 단계에서는 시민 사회에 대해서나 자본제 경제에 대해 맑스는 아무런 구체적인 고찰도 가지고 있지 않았다. '유적 본질'이라는 개념에 의해 생각하고 있었을 뿐이다. 그것은 포이어바흐의 사고 틀을 넘어선 것이 아니었다. 그러므로 이 시기까지의 맑스가 슈티르너의 눈에 포이어바흐 추종자로서 비쳤다고 하더라도 이상할 것이 없다. 더 나아가 이 시기의 맑스가 프루동을 찬미하고 있었다는 것은 말할 것도 없다.

이와 같은 맥락을 고려하지 않으면, 예를 들어 슈티르너가 『유일자와 그 소유』에서 포이어바흐 또는 포이어바흐 논리를 따르는 헤겔 좌파 일반만이 아니라, 나아가 프루동도 비판한 사실이 이해될 수 없을 것이다. 슈티르너에 따르면, 포이어바흐는 신이나 정신을 부정했지만, 그 대신에 그가 말하는 '인간'(유적 본질) 자체가 신이나 정신의 변형에 지나지 않는다. 그리고 프루동에 관해서도 슈티르너는 다음과 같이 말하고 있다.

> 포이어바흐는 우리에게 이야기한다. '사람들은 사변적 철학을 요컨대 전도시킨다면, 다시 말해 객어를 주어로 하고, 주어를 목적어로 하여 원칙으로 한다면, 노골적이고 순수・무구한 진리를 갖는다'(「아넥도타」 II, 64쪽──원주)고 말이다. 그것에 의해 우리는 확실히 한정된 종교적 입장의 다른 측면, 즉 도의적 입장을 손에 넣을 뿐이다. 예를 들어 우리는 이미 '신은 사랑이다'라고 말하지 않는 대신에 '사랑은 신적이다'라고 말하는 것이다. (『유일자와 그 소유唯一者とその所有』 상, 가타오카 게이지片岡啓治 옮김, 現代思潮社)

신에 대한 공경은 한 세기 이래로 많은 타격을 입어 그 초인적 본질을 '비인간적'이라고 비방하는 것을 들어야만 했기 때문에, 사람들은 다시 그에 대해 자세를 가다듬어 보자는 생각을 도저히 하지 않게 된다. 그런데 그렇게 되자 하나의──다른 최고 존재를 위해 이 최고 존재에게 싸움을 걸기 위해 투기장에 나타나는 것은 거의 언제나 도의적인 적대자뿐이었다. 이리하여 프루동은 뻔뻔스럽게 딱 잘라 말한다(「질서의 창조」외, 36쪽──원주).
'인간은 종교 없이 살아갈 운명에 있다. 그러나 도의의 규칙(la
loi morale)은 영원하고 절대적이다. 오늘날 누가 감히 도덕을
공격하고자 하겠는가?' (같은 책)

슈티르너의 생각으로는 프루동에게서 국가는 부정되고 있지만, 결
국 '사회' 또는 '공동체'가 그것을 대신했을 뿐이다. 거기서는 사회의
일원으로서의 개인만이 인정되고, '이 나'는 무시된다. 슈티르너는
그것을 '나의 소유'(my own)로서 말하고 있다. 그러나 그것은 오히려
프루동의 『소유란 무엇인가』에 대해 말해진 말이다. 실제로 그것은
소유와는 관계가 없다. "'자유'란 하나의 동경, 하나의 낭만적 탄식의
소리, 피안과 미래에 맡기는 기독교적 희망이며, 계속해서 그러할
것이다. '자기성自己性'은 하나의 현실, 바로 여러분 자신의 길을 막아
서는 한에서의 부자유를 스스로 배제한 현실인 것이다. ── 자기 소유
자(das Eigene)는 타고난 자유인이고 본래적인 자유인이다. 그에 반해
자유인(Laie)이란 요컨대 자유를 구하는 자, 몽상가, 공상가에 지나지
않는다."(『유일자와 그 소유』하, 같은 책) 요컨대 슈티르너에게 있어
자유는 소유해야 할 무언가가 아니다. 그러므로 슈티르너는 다른 곳에
서 그것을 '무無'라고 부르고 있다. '나의 소유'란 각자가 단지 각자라
는 것이며, 또한 유일성(unique)이라는 것은 특수한 재능 같은 것을
가리키는 것이 아니다.[11]

• • • •
11_ 이 점에서 슈티르너는 유일자의 예로서 라파엘로와 같은 예술가의 이름을 들었
기 때문에 오해를 불러일으킨다. 예를 들어 맑스는 『독일 이데올로기』에서
라파엘로의 작업이 선행하는 타자의 작업 없이, 또한 사회적 분업 없이 있을
수 없었다는 사실을 지적하고 있다. 이것은 오늘날 식으로 말하자면 저자는

슈티르너는 사람들이 에고이스트라고 주장한다. 하지만 동시에 슈티르너는 통상적으로 에고이스트로 간주되는 사람은 에고이스트가 아니라고 말한다. 예를 들어 사람들이 이익이나 욕망의 추구에 '홀려'(소유되어, possessed) 있다면, 그것은 바로 '나의 소유'를 잃어버리는 것이지 에고이스트일 수 없다. 그러므로 그가 에고이즘을 말하면서 연합(어소시에이션)을 지향하는 것은 조금도 모순되지 않는다. 오히려 슈티르너는 에고이스트만이 어소시에이션을 형성할 수 있으며, 또한 어소시에이션은 그와 같은 것이어야 한다고 말했다. 그는 프루동이 구상하는 어소시에이션에서 교회나 공동체 냄새를 맡고 있었다. 그는 그것이 강요하는 도덕성을 부정했다. 그러나 그렇게 함으로써 슈티르너는 오히려 새로운 윤리를 제기하고자 했던 것이다. 슈티르너는 말한다. 지금까지 사람들은 개인을 같은 가족으로서, 같은 민족으로서, 같은 국민, 같은 인류로서만 승인해 왔다. 요컨대 '고차적인 존재'를 통해서만 개인을 인정해 왔던 것이지, 개인을 단지 개인으로서 인정한 적은 한 번도 없다는 것이다.

하지만 내가 너를 사랑하고, 나의 마음이 너에게서 일용할

• • • •

죽었다. 창작이라는 것은 '인용의 직물'에 다름 아니라고 하는 지적과 동일하다. 그러나 그럼에도 우리가 어떤 작품을 그 저자의 이름으로 부를 수밖에 없는 것은 그것이 '저자'의 '소유'이기 때문이 아니다. 어떤 작품이 다양한 인용의 직물이라고 하더라도 그 작품들이 실제로 이렇게 짜 맞추어졌다는 사실의 일회적인 존재 방식을 고유 명사로 부르는 것 외에 달리 보여줄 수 없기 때문이다. 덧붙이자면, 내가 이 책에서 논의하고 있는 '맑스'도 그와 같은 고유 명사로서 존재하는 것은 말할 것도 없다. 사실 맑스의 작업은 그보다 선행하는 저작이나 그와 동시대의 저작 없이는 있을 수 없었지만, 그것이 맑스의 '유일성'을 지워버리는 것은 아니다.

양식을 보며, 나의 욕구가 만족을 찾는 까닭에 내가 너를 존경하고 또 키울 때, 그것은 네가 그것의 성화된 몸이 되어 있는 무언가 좀 더 고차적인 존재를 위해서가 아닐 뿐만 아니라, 또한 내가 너 안에서 망령을, 요컨대 너에게서 현상하는 정신을 보기 위해서도 아니다. 그것은 바로 에고이스트적인 기쁨을 위해서이다. 너의 본질을 갖춘 너 자신이 내게 있어 가치가 있는 것이다. 생각건대 그것은 너의 본질이 무언가의 좀 더 고차적인 본질이 아니라 너보다 높고 더욱 보편적인 것이 아니기 때문에, 네가 그것인 까닭에 너 자신이라는 그런 방식으로 하여 유일하기 때문인 것이다. (『유일자와 그 소유』 상, 같은 책)

슈티르너가 말하는 것은 가족, 공동체, 민족, 국가, 사회와 같은 '유적 존재'가 강요하는 도덕이 아니라 그것들을 매개로 하지 않고서 실제로 눈앞에 있는 타자를 자유로운 인간으로서 대우하는 그와 같은 윤리이다.[12] 슈티르너가 '에고이스트들의 어소시에이션'으로서 사회

....
12_ 프루동의 사회주의는 윤리-경제적이었다. 프루동은 다음과 같이 말한다. "백만이나 되는 법률 대신에 단 하나의 법률만으로 충분하다. 이 법률이란 어떠한 것일까? 네가 다른 사람에게서 받고 싶지 않은 일을 타인에 대해서 하지 마라. 네가 타인에게서 받고 싶은 것처럼 타인에 대해서 하라. 이것이 그 법률이자 예언자이다. / 하지만 분명히 그것은 이미 하나의 법률이 아니라 바로 정의의 기본적 방식, 모든 행동의 준칙이다."(『19세기 혁명의 일반 이념十九世紀における革命の一般理念』「세계의 명저 42」, 와타나베 가즈渡辺一 옮김, 中央公論新社) 그러나 이 '준칙'이란 칸트가 말한 도덕 법칙에 다름 아니다. 프루동은 그것을 추상적으로 말한 것이 아니다. 그는 교환 자체가 윤리적인 그러한 어소시에이션을 구상한 것이다. 물론 칸트도 도덕 법칙을 실현하는 경제 시스템의 실현을 생각하고 있었다. 이렇게 보면 슈티르너의 프루동 비판은 그 '윤리'를 철저히 하고자 하고, 맑스의 프루동 비판은 그 '경제'를 철저히 하고자 하는 것이라고

주의를 구상한 것은 그런 의미이다. 그렇지 않으면 사회주의는 '사회'(공동체)의 우위라는 것으로 귀결될 것이다. 이와 같이 슈티르너는 오언이나 프루동의 어소시에이션에서 개인을 종속시키는 공동체를 발견하고 그것을 비판한 것이다. 그러나 프루동은 슈티르너가 비판하는 것과 같은 '공산주의'와는 이질적이었다. 그는 그런 의미에서의 어소시에이션(결사)을 부정하고 있었다. 프루동의 사회주의는 오히려 '에고이스트들의 어소시에이션'이었다고 해도 좋다. 그 점은 나중에 『연합의 원리』에서 분명해진다. 연합의 계약이란 "한정된 하나 내지 다수의 목적을 위한 쌍무적이고 실정적인 계약이며, 게다가 그 기본적인 조건은 계약 당사자가 그들이 방기한 이상의 주권과 행동을 스스로 유보하는 것이다."(『연합의 원리連合の原理』「프루동」3, 앞의 책) 그러나 1840년대의 프루동에게서 그 점이 명확하지 않았던 것은 확실하다.

한편 슈티르너의 포이어바흐 비판이 독일에서 지닌 의의는 좀 더 철학적인 것이다. 청년 헤겔학파는 헤겔을 유물론적으로 전도시켰다. 그러나 그들은 헤겔에게서의, 개별을 언제나 일반자(유類)에서 보는 사고를 의심하지 않았다. 그들은 일반자(정신)를 실재로서 보는 사고를 물리쳤지만, 그것을 개별에 내재시켰다. 그러므로 일반자는 다른 형태로 남았던 것이다. 그에 반해 슈티르너는 일반자를 모두 유령이라고 불렀다. 그러나 이것은 개물만이 실재이고 유類는 관념에 지나지 않는다는 유명론적인 발상과는 다르다. 그는 실재론만이 아니라 유명론도 비판했던 것이다. 이러한 점에서 슈티르너가 '나의 소유'에 대해 말한 것은 시사적이다. 실제로 유명론자는 개체의 개체성을 고유 명사

· · · ·
할 수 있다. 하지만 그것들은 분리되는 것이 아니다. 그런 의미에서 우리는 사회주의 문제를 칸트로 거슬러 올라가 생각할 필요가 있다.

(proper name)에서, 이를테면 '소유'(property)에서 찾아내기 때문이다. 그러나 고유 명사는 개별-유類(개체성-일반성)의 논리로부터 벗어난 다. 제1부에서 말했듯이, 고유 명사의 문제를 끝까지 파고 들어가면 우리는 개체성-일반성과는 다른 단독성-보편성(사회성)이라는 축 으로 전환하지 않을 수 없다. 슈티르너는 단지 개별을 유일한 실재로서 끄집어낸 것이 아니라 개별-유(일반성)로 생각하는 것 자체를 물리친 것이다. 그러므로 슈티르너가 그와 같은 에고이스트(유일자)를 발견 했을 때, 그것은 곧바로 '에고이스트들의 어소시에이션'으로 귀결되 는 것이다.[13] "어소시에이션 속에서 너는 에고이스트적으로 살아가는 것에 반해, 네가 고용되는 사회 속에서는 너는 인간적으로, 요컨대 종교적으로 '이 주인 몸의 하나의 지체'로서 사는 것이다."(『유일자와 그 소유』 하, 같은 책)

맑스가 『독일 이데올로기』에서 슈티르너를 비웃으며 비판한 일은 잘 알려져 있다. 그러나 『독일 이데올로기』는 동시대에 출판된 것이

· · · ·

13_ 슈티르너가 말하는 유일성(Eigenlichkeit)은 키르케고르가 단독성(Einzelheit)이 라고 부른 것이다. 슈티르너는 에고이스트만이 연합을 형성할 수 있다고 생각했 다. 그것은 키르케고르가 단독자만이 참으로 기독교도일 수 있다고 한 것과 동일하다. 키르케고르는 현실에 존재하는 기독교회에는 기독교가 존재하지 않는다고 말한다. 그리고 그에게 있어 기독교는 무엇보다도 '윤리 b'에 존립하 는 것이며, 그것은 기독교 교회의 '윤리 a'와는 다른 것이다(『철학적 단편』). 따라서 슈티르너가 기독교를 공격하는 것과 키르케고르가 그것을 옹호하는 것의 차이보다도 그들이 말하는 것의 동일성에 주목해야 한다. 키르케고르는 『이것인가 저것인가』를 1843년에 출판한다. 슈티르너와의 동시대성은 분명하 다. 그들은 따로따로 헤겔 철학의 개별-유라는 회로에서 나오고자 했다. 한편 헤겔 좌파는 헤겔의 관념론을 비판했지만, 결국 헤겔적 사고에 머물렀다. 우리 는 맑스에게서 유물론적이면서 또한 개별-유의 회로로부터의 탈출을 감행한 자를 찾아내야 한다.

아니다. 슈티르너가 급속하게 망각된 것은 맑스의 비판 탓이 아니라 1848년의 혁명 때문이다. 슈티르너가 19세기 말에 높이 평가받게 되었을 때에 비로소 맑스의 비판도 주목받게 되었다. 하지만 그때는 이미 맑스주의자와 아나키즘의 대립이라는 도식 하에서 읽혔기 때문에 그들이 어떠한 관계에 있는지가 충분히 사고된 적이 없었다. 실제로는 맑스가 청년 헤겔학파의 '문제의식'에서 빠져 나오는 데서 슈티르너에 의한 비판이 결정적으로 작용했다는 것은 분명하다. 사실 그 비판이야말로 맑스에게 '인식론적 단절'을 가져왔다고 해도 좋을 것이다. 맑스는 『포이어바흐에 관한 테제』에서 '인간이란 사회적 관계들의 총체(ensemble)이다'라고 썼다. 이 '인간'이란 슈티르너가 유령이라고 부른 '유類'에 다름 아니다. 그 비판에 응답하기라도 하듯이 맑스는 『독일 이데올로기』에서 다음과 같이 말한다. "우리가 그로부터 출발하는 전제들은——현실적 개인들이며, 그들의 행위와 그들의 물질적 생활 조건들이다."

이제 맑스는 현실의 개인들, 다만 사회적 관계들 속에 놓인 개인들로부터 출발한다. 예를 들어 우리는 각자 다양한 사회적 관계, 요컨대 생산 관계만이 아니라 젠더, 가족, 에스닉, 민족, 국가, 그 밖의 관계 차원에 놓여 있다. 더욱이 그것들은 때때로 상호 모순된다. 나의 '본질', 즉 '~인 바의 것'은 그러한 관계들에 의해 규정된다. 나의 본질이라는 것은 그와 같은 사회적 관계들의 총체라고 말할 수밖에 없다. 그러나 '인간(본질)'이라는 상상적 관념은 그와 같은 관계들을 소거해 버린다. 한편 동시에 나는 그러한 관계들에 의해 규정된 '본질'과는 다른 '실존'이다. 나의 실존은 아무런 적극적인 내용을 '소유'하지 않는다는 의미에서 '무無'이다.[14] 그러나 그것이야말로 이러한 소여의 관계성들에 대해 이의를 제기할 수 있게 해준다. 슈티르너가 말하는 '유일자'란 그것이다. 여기서 우리는 맑스와 슈티르너를 대립시켜야 할까?[15] 만약 그렇게 한다면 맑스주의와 아나키즘이라기보다 맑스주의와 실존주의라는 '문제의식'에 사로잡히게 될 것이다. 중요한 것은 슈티르너가 모든 관계들을 괄호에 넣고서 '이 나'의 절대성을 끄집어내었듯이, 맑스가 어떠한 의지나 관념—특히 인간이라는 관념—에 의해서도 지울 수 없는 관계의 절대성을 끄집어냈다는 사실이다. 맑스는 그러한 인식을 『자본』에서 관철하고 있다. 즉 개인들을 관계항에 놓인 자로서만 보는 철저한 시점(자연사적 입장)에서 말이다.

내가 새삼스럽게 말해 두고 싶은 것은 맑스주의자와 아나키즘의 대립 속에서 그들을 보아서는 안 된다는 점이다. 맑스주의에서는 맑스와 엥겔스가 동일시되고 있다. 왜냐하면 '맑스주의'는 엥겔스에 의해 만들어졌기 때문이다. 다른 한편 아나키즘에서는 슈티르너, 프루동, 바쿠닌이라는 서로 다른 사람들이 동일시되고 있다. 그러나 그것은 '맑스주의'에 대항하여 허구적으로 지어진 동일성에 지나지 않는다. 그와 같은 허구 속에서 생각하는 한, 사고는 불모의 것일 수밖에 없다. 기껏해야 '맑스주의와 아나키즘의 통일'과 같은 슬로건이 반복될 뿐이다. 실제로는 맑스, 엥겔스, 프루동 바쿠닌—과 같은 사람들의 관계는 서로 뒤얽혀 복잡한 차이와 동일성의 그물망을 이루고 있다.

• • • •

14_ 슈티르너는 『유일자와 그 소유』를 '나는 나의 사항을 무 위에 놓았다'는 말로 끝맺고 있다. 이것은 아놀드 루게의 '일체를 역사 위에 둔다'(서간집)는 말을 비튼 것이다. 그것은 역사적 관계들에 의해 규정되는 '나'가 아니라 그것들을 결여한, 따라서 무인 바의 '나'의 실존에서 출발한다는 것이다.

15_ 안토니오 네그리와 펠릭스 가타리(Pierre-Félix Guattari, 1930~1992)는 '코뮤니즘이란 단독성의 해방이다'라고 말하고 있다(*Communist Like Us*, Autonomedia, 1990). 이것은 슈티르너와 맑스의 관점을 대립시키지 않고 그것들을 코뮤니즘의 비전에서 종합하는 것이다.

되풀이 하자면, 맑스도 포함하는 독일의 헤겔 좌파는 프루동의 사회주의 이론의 영향을 받아 헤겔을 바꿔 읽은 사람들이다. 그 가운데서 슈티르너가 헤겔 좌파를 비판했는데, 그것은 이미 말했듯이 프루동 비판을 포함한다. 맑스가 헤겔 좌파적인 문제의 규제로부터 벗어난 것은 슈티르너의 비판 이후이다. 그로부터 맑스의, 개개인을 사회적 관계들에서 파악하는 시점과 그와 같은 관계들을 강요하는 자본제 경제의 구조를 탐구하는 의지가 나온 것이라고 말해도 좋을 것이다. 그런 의미에서 아나키스트라는 이유만으로 슈티르너와 프루동을 맑스와 대립시키는 것은 성과를 거두지 못한다.

예를 들어 1858년에 벨기에로 망명한 프루동은 이전의 사회주의자들이 내셔널리즘과 중앙 집권주의에 빠져 들고 있다는 것을 비판하여 『연합의 원리』(1863)를 출판했다. 그는 거기서 '권위와 자유'의 이율배반을 지적하고, '민중'이 황제 보나파르트를 지지한 것의 원인을 자유보다도 권위를 좋아하는 '민중'의 성격에서 발견하고 있다.

> 자유롭거나 민주적인 통치 조직은 군주 정치의 그것보다 복잡하고 학문적이며, 좀 더 근면하지만 좀 더 전광석화 같지는 않은 실천을 동반하고, 따라서 그것은 좀 더 대중적이지는 않다. 거의 언제나 자유의 통치 형태들은 그것보다는 군주제적인 절대주의를 좋아하는 대중에 의해 귀족 정치로 간주되어 왔다. 이로부터 진보적인 인간이 빠져 있고 앞으로도 오랫동안 빠져 있을 일종의 순환 작용이 생겨난다. 물론 공화주의자들이 다양한 자유와 보증을 요구하고 있는 것은 대중의 운명을 개선하기 위해서이다. 따라서 그들이 지지를 구해야만 하는 것은 대중에 대해서지만, 민주적인 형태들에 대한 불신 내지 무관심에 의해 자유의 장애가

되는 것도 민중인 것이다. (『연합의 원리』, 앞의 책)

　프루동이 말하는 '민중' 또는 '대중'에는 사회경제적인 관계들이
빠져 있다. 맑스가『루이 보나파르트의 브뤼메르 18일』에서 1848년
혁명이 보나파르트의 황제 취임으로 귀착된 원인을 사회적 관계들과
대표제 문제를 상세하게 분석하는 것에 의해 밝힌 훨씬 뒤에, 프루동이
아직도 그것을 '민중'이라는 자들의 성격에 돌리고 있는 점은 오히려
이상할 정도이다. 그러나 이와 같은 '민중'이 유령에 지나지 않는다는
것을 최초로 지적한 것은 다름 아닌 슈티르너이다. 그와 같은 비판으로
부터 맑스는 유적 본질적 존재와 같은 유령을 물리치고, 개개인과
그들이 놓여 있는 관계들을 보는 방향으로 향했던 것이다. 한편, 프루
동이 '민중'은 '군주제적인 절대주의'를 좋아한다고 말할 때, 그것은
바쿠닌에게 전적으로 결여되어 있던 통찰이다. 바쿠닌에게 있어 '민
중'은 국가나 지식인의 지배가 없으면 자발적으로 자유 연합의 조직을
만들어내게 되어 있기 때문이다. 그들을 아나키스트로서 한꺼번에
취급하는 것은 맑스와 엥겔스를 동일시하는 것과 마찬가지로 어리석
은 일이 분명하다.

　엥겔스는 프루동적인 사회주의를 혐오하며, 일이 있을 때마다 얼마
나 맑스가 프루동을 부정하고 있었는가 하는 인상을 주고자 하고
있다. 맑스 자신도 프루동을 통렬하게 비판하고 있다. 그러나 단지
그와 같은 언사들로부터 맑스가 프루동을 완전히 적대시하고 있었다
고 생각하는 것은 핵심을 벗어나는 일이다. 맑스가 전 생애에 걸쳐
집요하게 '비판'한 상대는 '비판'할 만한 가치가 있는 자들뿐이며,
그들은 대단히 소수였다. 맑스는 파리에서 프루동과 친하게 교류하고,
후자가『빈곤의 철학』을 쓴 시점에 결별했다고 말해진다. 그 당시

프루동은 노동자가 권력을 잡는 것과 같은 정치 혁명을 부정하고, 자유로운 연합에 의한 '교환 조직'—— 비자본제적인 생산 협동조합, 이자가 없는 교환 은행—— 을 서서히 확대함으로써 자본제 경제와 사유 재산을 사멸시킨다는 생각을 가지고 있었다. 이에 반해 맑스는 계급들과 계급 대립이 존재하는 한, '정치를 경제로 해소한다'는 것은 불가능하고, 노동자 계급의 해방은 '정치적 혁명'에 의할 수밖에 없다고 주장했다. 하지만 이 시기의 이와 같은 대립만으로 프루동과 맑스를 생각할 수는 없다. 어떤 의미에서 그들의 입장은 얼마 지나지 않아 역전된다.

예를 들어 1848년의 프랑스 혁명에서 프루동은 '정치적 혁명'을 지향했으며, 다른 한편 맑스는 1848년에 절정을 맞이한 후 영국에서의 노동 운동의 '정치화'가 이미 기대될 수 없다는 상황 인식 하에서 오히려 비-자본주의적인 생산 협동조합에서 가능성을 찾아내기에 이르렀기 때문이다. 또한 『철학의 빈곤』을 쓴 시점에서 맑스는 그때까지 영향을 받아왔던 프루동을 부정하고, 다음과 같이 리카도를 칭찬했다.

리카도는 가치를 구성하는 부르주아적 생산의 현실적 운동을 우리에게 그려 보여준다. 프루동은 이 현실적 운동을 사상해 버리고, 리카도가 그토록 훌륭하게 설명한 실존하는 현실적 운동의 이론적 표현에 지나지 않는 자칭 새로운 공식에 의해 이 세상을 다루기 위해 새로운 방법을 발명하고자 광분한다. …… 노동 시간에 의한 가치의 결정은 리카도에게 있어 교환 가치의 법칙이며, 프루동에게 있어서는 사용 가치와 교환 가치를 종합하는 것이다. 리카도의 가치론은 현존 경제생활에 대한 과학적

해설이며, 프루동의 가치론은 리카도 이론의 유토피아적 해석이다. 리카도는 모든 경제적 관계들 안으로부터 자신의 공식을 끌어내고, 이어서 이 공식을 가지고서 모든 현상을——지대, 자본 축적 및 임금과 이윤의 관계 등의, 즉 잠시 생각한 것만으로는 그의 공식과 모순되는 것으로 생각되는 현상들도——설명함으로써 자신의 공식의 올바름을 확증한다. 이것이야말로 바로 그의 이론을 하나의 과학적 체계로 만드는 것이다. (『철학의 빈곤哲學の貧困』, 히라타 기요아키平田清明 옮김, 「맑스-엥겔스 전집」 제4권, 앞의 책)

프루동의 생각은 기본적으로 유통 과정에서 자본제에 대항하는 것이다. 그것은 프루동이 소생산자들에 의거하기 때문이라고 맑스는 생각했다. 실제로 프랑스에서는 산업 자본주의가 발달하지 않았으며, 프롤레타리아트라고 하더라도 직인적인 사람들이 중심이었다. 그러므로 그들의 사회주의는 소생산자들의 자발적인 어소시에이션인 협동조합이나 금융 시스템을 중심으로 하는 것이 된다. 한편 영국에서 자본제 기업은 임노동자를 모아 협동시키는 대공업이 발전하고 있었다. 그와 같은 산업 자본주의에 대해 프루동과 같이 유통 과정에서의 투쟁만으로 대항할 수는 없다. 산업 자본주의 경제의 전 '체계'는 유통 과정만이 아니라 생산 과정으로부터 보는 것에서 비로소 밝혀진다. 이렇게 생각한 후 맑스는 경제학 연구를 본격적으로 시작했다. 그러므로 프루동을 비판한 『철학의 빈곤』이 『자본』에로의 첫 걸음이라고 말할 수 있다. 그러나 맑스가 실제로 걸어간 길은 리카도처럼 자본제 경제의 비밀을 생산 과정에서 보는 것만이 아니라 오히려 그것을 유통 과정이나 신용 과정에서 보고자 하는 것이었다. 도대체 무슨 일이 일어났던 것일까?

맑스는 처음에 이렇게 생각하고 있었다. 자본제 경제는 프루동이 말하는 것과 같은 유통 과정에서의 '교환의 부정의'에서 생겨나는 것이 아니다. 산업 자본주의에서의 잉여 가치는 생산 과정에서의 착취로부터 생겨난다고 말이다. 그러나 잉여 가치가 참으로 실현되는 것은 유통 과정에서이다. 요컨대 노동자가 생산한 것을 노동자 자신이 살 때이다. 그렇다면 생산 과정만으로 생각하는 것은 자본제 경제 전체를 해명하는 것이 아니다. 오히려 산업 자본도 넓은 의미에서 상인 자본의 하나의 변종이라고 보아야 하는 것이다. 자본제 경제를 유통 과정에서밖에 생각할 수 없었다는 이유로 프루동을 비판하고, 생산 과정으로부터 자본제 경제의 전 체계를 생각하고자 한 리카도를 높이 평가했던 맑스는 그 후 역으로 유통 과정에 주목하기 시작했던 것이다. 그 점은 1850년대 말, 요컨대 『자본』에서 '가치 형태'를 받아들인 시점에 가장 명백해진다. 그는 자본의 운동을 G-W-G′라는 일반적 정식에서 보았다. 즉 자본의 본질을 상인 자본에서 보는 것이다.

그러나 문제는 이로부터 어떠한 실천 상의 차이가 나오는가 하는 점이다. 생산 과정에서 자본제 경제를 바라볼 때, 그것에 대한 투쟁은 노동자의 자본에 대한 투쟁, 생산 지점에서의 투쟁이게 된다. 다른 한편 자본제 경제를 유통 과정에서 바라볼 때, 그것에 대한 투쟁은 비자본제 경제를 창출하는 것, 즉 생산-소비 협동조합, 대안 화폐나 은행 등을 창출하는 것이게 된다. 그것들 가운데 어느 쪽인가를 우위에 두는 것은 잘못이다. 그것들의 운동은 모두 필요 불가결할 뿐 아니라 서로 결합되어야만 하는 것이다. 1860년대의 맑스에게는 그와 같은 시점이 확립되어 있다. 예를 들어 맑스는 다음과 같이 쓰고 있다(덧붙이자면 국제노동자협회란 나중에 제1인터내셔널이라고 불리는 것인

데, 여기서는 프루동파가 다수였다).

국제노동자협회의 임무는 노동자 계급의 자연 발생적인 운동을 결합하고 보편화하는 일이지, 그것이 무엇이든 공론적인 학설을 운동에 지시한다든지 강요한다든지 하는 것이 아니다. 따라서 대회는 특수한 협동조합 제도를 창도해야 하는 것이 아니라 약간의 일반 원리를 밝히는 것에만 머물러야 한다.

(가) 우리는 협동조합 운동이 계급 적대에 기초를 두는 현재의 사회를 개조하는 힘들 가운데 하나라는 것을 인정한다. 이 운동의 커다란 공적은 자본에 대한 노동의 예속에 기초하는, 궁핍을 산출하는 현재의 전제적 제도를 자유롭고 평등한 생산자의 연합 사회라는, 복지를 가져오는 공화적 제도로 바꾸어 놓는 것이 가능하다는 것을 실제로 증명하는 점에 있다.

(나) 그러나 협동조합 제도가 개개의 임금 노예의 개인적인 노력에 의해 만들어낼 수 있는 정도의 영세한 형태로 한정되는 한, 그것이 자본주의 사회를 개조하는 것은 결코 가능하지 않을 것이다. 사회적 생산을 자유로운 협동조합 노동의 거대하고 조화로운 하나의 체계로 전화시키기 위해서는 전반적인 사회적 변화, 사회의 전반적 조건의 변화가 필요하다. 이 변화는 사회의 조직된 힘, 즉 국가 권력을 자본가와 지주의 손으로부터 생산자 자신의 손으로 옮기는 것 이외의 방법으로는 결코 실현할 수 없다.

(다) 우리는 노동자에게 소비 협동조합보다는 오히려 생산 협동조합에 종사할 것을 권유한다. 전자는 현재의 경제 제도의 표면에 관계될 뿐이지만, 후자는 이 제도의 토대를 공격하는 것이다.

(라) 우리는 실례와 교도敎導의 쌍방에 의해, 다시 말하면 새로운 협동조합 공장의 설립을 촉진하는 것과 또한 설명하고 설교하는 것의 쌍방에 의해 협동조합의 원리를 선전하기 위해 모든 협동조합이 그 협동 수입의 일부를 할애해 기금을 만들 것을 권고한다.

(마) 협동조합이 보통의 중간 계급적 주식회사(sociétés par actions)로 타락하는 것을 막기 위해 협동조합에서 일하는 모든 노동자는 주주든 아니든 평등한 배당을 받아야만 한다. 단지 일시적인 편법으로서 주주에게 저율의 이자를 지불하는 것에는 우리도 동의한다. (「개개의 문제에 대한 잠정 중앙평의회 대의원에게 내리는 지시」(1867), 「맑스-엥겔스 전집」 제16권, 같은 책)

생산 협동조합은 영국의 로버트 오언에 의해 구상된 것이고, 몇 번이고 좌절하면서도 1850년대 이후 현실에서 융성해 온 운동이다. 맑스는 이것들을 부정하지 않았던 것만이 아니다. 『자본』 제3권에서는 그것을 자본제 생산을 지양하는 것으로서 평가했으며, 『프랑스 내전』에서는 '자유롭고 평등한 생산자의 어소시에이션'에서야말로 '가능한 코뮤니즘'을 발견했다. 그렇지만 이상과 같이 맑스는 그 '한계'를 지적하고 있다. 생산-소비 협동조합은 자본제 경제 안에 있으며, 자본화가 어려운 국소적 영역을 제외하고서는 자본과의 경쟁에 노출되어 몰락할 수밖에 없다. 그러므로 "사회적 생산을 자유로운 협동조합 노동의 거대하고 조화로운 하나의 체계로 전화시키기 위해서는 전반적인 사회적 변화, 사회의 전반적 조건의 변화가 필요하다. 이 변화는 사회의 조직된 힘, 즉 국가 권력을 자본가와 지주의 손으로부터 생산자 자신의 손으로 옮기는 것 이외의 방법으로는 결코 실현할 수 없다."(같은 곳) 말할 것도 없이 이것은 『고타 강령 비판』에서의 맑스의 라살레 비판에서도 분명하듯이, 국가에 의해 생산 협동조합을 관리·육성하고자 한다는 의미가 전혀 아니다. 국가 권력을 생산자 자신의 손으로 옮긴다는 것은 국가 권력을 장악하는 것이 아니라 '정치적 국가'의 지양이어야만 한다. 요컨대 '어소시에이션의 어소시에이션'인 사회적 국가가 국가를 대신해야 하는 것이다.

생산 협동조합은 공산주의를 국유화에 의한 계획 경제로 생각한 맑스주의자들에 의해 경시되어 왔다. 그와 같은 방향으로 이끈 것은 엥겔스이다. 『고타 강령 비판』, 나아가 러시아의 나로드니키(아나키스트) 활동가였던 자술리치(Vera Ivanovna Zasulich, 1851~1919)에게 보내는 편지 등에서는 맑스가 얼마나 생산 협동조합을 근본적으로 간주하고 있었는지가 분명하게 제시되어 있다. 그러나 엥겔스는 『프랑스 내전』을 포함하여 그와 같은 문헌들을 맑스 사후에 이미 상황이 변했다는 단서를 붙여 발표했던 것이다. 또한 엥겔스는 맑스가 프루동파를 평가한다든지 러시아의 나로드니키를 평가한다든지 한 것은 전술적인 동기에서 나온 것에 지나지 않는다는 의미의 말을 하고 있다. 요컨대 엥겔스는 맑스 속에 있던 어소시에이셔니즘을 숨기지는 않았지만, 어떤 의미에서 교묘하게 은폐했던 것이다.

바쿠닌은 라살레의 생각이 맑스로부터 온다고 생각했지만, 이미 말했듯이 국가를 가지고 오는 것만큼 맑스와 인연이 먼 생각은 없다. 그럼에도 불구하고 맑스는 어떠한 통합과 질서도 부정하는 바쿠닌과 다르다. 맑스는 국가의 집권적인 권력을 부정하면서 동시에 다수의 어소시에이션을 종합하는 '중심'을 찾고 있었다. 이것은 언뜻 보아 권위주의와 비슷하나 다른 것이다. 실제로 프루동에 따르면 아나키즘은 혼돈(anarchic)이 아니다. 아나키즘은 하나의 질서이자 통치이다. 프루동은 아나키즘적인 통치라는 표현이 일종의 형용모순을 포함하고 있는 골계로 보인다고 하면서, 아나키즘은 어디까지나 통치(자기통치, self-government)의 형태라고 주장하고 있다. 나아가 아나키즘이란 '정치 기능은 산업 기능으로 환원되고, 사회적 질서는 단지 거래와 교환이라는 사실에서만 유래한다'는 생각이다(『연합의 원리』, 앞의 책). 이 점에서 보면 맑스의 '사회적 생산을 자유로운 협동조합 노동의 거대하고 조화로운 하나의 체계로 전화시킨다'는 구상은 프루동의 이념과 전혀 배치되는 것이 아니다. 그 구상은 어디까지나 국가적 통제와는 무관하다.

프루동은 '권위와 자유'를 단순히 대립으로서가 아니라 이율배반으로서 파악하고 있었다. 그것은 이를테면 '중심이 있어서는 안 된다'와 '중심이 없으면 안 된다'는 두 개의 명제가 성립한다는 것이다. 예를 들어 아나키스트는 '권위'를 부정하지만, 그것이 단지 혼돈·혼란을 초래할 뿐이라면 오히려 정반대로 '권위'가 부활하고 말 것이다. 프루동은 이러한 이율배반을 해결하는 '원리'를 어소시에이션——만년에 그는 그것을 '연맹'(federation)이라고 부른다——에서 찾아냈던 것이다. "그것은 자유와 권위의 균형이 제기한 모든 어려움을 해결한다. 그것과 함께 우리는 통치에 대한 이율배반으로 이해되는 것을 두려워할 필요도 없다."(같은 책) 즉 자유와 권위의 이율배반을 해결하는 것은 하나의 새로운 시스템인 것이다.

두 힘(권위와 자유)이 균형을 이루도록 하는 것, 그것은 그것들을 상호적으로 경외하게 하고 화해시키는, 즉 하나의 법에 그것들을 한정시키는 일이다. 무엇이 권위와 자유보다 우월한 새로운 요소, 즉 쌍방의 동의에 의해 제도의 특징이 되는 새로운 요소를 우리에게 공급하는 것일까?——그것은 계약인데, 그 내용이 대립하는 두 힘에 대해 법이 되어 강제력을 작동시키는 것이다. (『연합의 원리』, 같은 책)

이러한 관점에서 보면, 바쿠닌은 자유보다도 오히려 혼돈을 사랑했다고 말할 수밖에 없다. 혼돈은 권위를 불러낸다. 그러므로 그는 오히려 권위를 사랑했던 것이라고 말할 수도 있을 것이다. 맑스가 바쿠닌파를 비판했을 때, 그는 권위주의자로서 그렇게 했던 것이 아니다. 오히려 맑스는 프루동이 발견한 '권위와 자유'의 이율배반이라는 문제를 바쿠닌보다 심각하게 받아들였다. 실제로 맑스는 프루동파가 성취한 파리 코뮌을 칭찬하고, 그로부터 '가능한 코뮤니즘'의 비전을 얻었던 것이다.

1848년의 시점에 맑스는 블랑키(Louis Auguste Blanqui, 1805~81)를 지지하고 있었다. 요컨대 혁명에서 소수의 전위(당)가 앞서 가지 않으면 안 된다고 생각하고 있었던 것이다. 『공산당 선언』에도 그 흔적이 남아 있다. 그러나 50년대에 맑스의 생각은 변했다. 그런데 바쿠닌은 『공산당 선언』을 증거로 하여 맑스의 집권주의를 비판한다. 바쿠닌의 생각으로는 혁명은 지식인의 지도에 의해서가 아니라 노동자 대중 자신의 자유 연합에 의해 이루어져야만 한다. 그러나 현실에서는 바쿠닌 자신이 지식인의 주도성 없이 해나갈 수 없었다. 그는 집권적인 권력을 부정했음에도 불구하고 역으로 극단적인 트리(tree)형의 비밀 결사(전위당)를 만들고자 했던 것이다. 그는 다음과 같이 말했다. "다음의 점들을 이해해야만 한다. 혁명을 목적으로 하는 결사는 필연적으로 비밀 결사이지 않으면 안 된다는 것, 모든 비밀 결사는 자기의 활동을 효과적이게끔 하고, 개개의 멤버의 안전을 확보하며, 임무를 수행하기 위해 그들을 엄격한 규율에 복종시켜야만 한다는 것."(「국제 혁명결사의 원리들과 조직」)¹⁶

• • • •

16_ 바쿠닌의 비밀 결사론에서 네차예프(Sergey Gennadiyevich Nechaev, 1847~82)와 같은 인물이 나타났다고 하더라도 이상할 것이 없다. 네차예프는 예를 들어 다음과 같이 썼다. "한 사람 한 사람의 동지 주위에는 몇 사람의 제2, 제3의 혁명가가 있어야 한다. 이들 혁명가들은 완전하게는 혁명에 몸을 던지지 않는 사람들이다. 혁명가는 이 사람들을 자신의 관리 하에 있는 공통의 혁명적 자본의 일부로 간주해야 한다. 그는 스스로의 자본의 배당을 언제나 그로부터 최대의 이익을 끌어낼 수 있도록 경제적으로 사용해야만 한다."(「혁명가의 교리 문답」) 네차예프는 그와 같은 원칙에 따라 러시아에서 비밀 결사를 결성하고, 내부에서 동지를 살해했다. 이 사건이 드러난 후, 바쿠닌은 네차예프의 사고방식을 근본적으로 부정하는 편지를 쓴다. 그러나 설령 바쿠닌의 뜻에 반한 것이라 하더라도 그것이 그의 조직론 자체로부터 생겨난 것이라는 사실은 부정할 수 없을 것이다. 만약 레닌의 전위당 이론으로부터 스탈린주의가 필연적으로 생겨났다고 한다면, 1840년대의 러시아 사회주의 운동은 바쿠닌도 포함하여 포이어바흐의 영향에서 시작되고 있다. 젊은 도스토예프스키(Fyodor Mikhailovich Dostoevskii, 1821~81)도 거기에 참가하여 시베리아 유형에 처해졌던 것이다. 도스토예프스키가 나중에 네차예프 사건에 촉발되어 『악령』을 썼다는 사실은 말할 것도 없지만, 혁명 정치에 대한 그의 통찰은 맑스주의자가 아니라 아나키스트 운동에서 온다는 점에 주의해야 한다. 만약 그것이 20세기의 맑스주의자 운동에 타당한 것이라고 한다면, 그것이 맑스주의만이 아니라 아나키즘에도 공통된 문제였다는 것을 의미한다. 아나키스트는 '이성'의 지배를 부정한다. 그러나 '이성'에 의해서만 '이성'의 비판을 이룰 수 있다는 패러독스를 잊어서는 안 된다. 예를 들어 베르그송의 '지성' 비판도 이성에 의한 이성 비판의 하나의 형태이다. 그 점이 잊히면 단적으로 직관이나 생명의 우위가 주장되게 된다. 그러나 그것은 사실은 다른 형태를 취한 '이성의 월권'에 다름 아니다. 예를 들어 소렐(Georges Sorel, 1847~1922)은 베르그송에 기초하여 국가 권력을 힘(force), 노동자 총파업을 폭력(violence)이라고 불렀다. 전자가 억압적인 지성이고, 후자는 생의 약동이라고 한다. 그러나 소렐의 이론이 열매를 맺은 것이 오히려 무솔리니(Benito Amilcare Andrea Mussolini, 1883~1945)의 파시즘에서였다는 것은 우연이 아니다.

그러므로 바쿠닌은 블랑키스트와 그다지 다르지 않다. 왜냐하면 블랑키도 역시 지식인의 권력을 부정했기 때문이다. 그가 말하는 것은 전위(당)가 권력을 장악하는 것이 아니라 혁명이 대중 자신의 봉기에 의해 초래되어 대중 자신에 의해 실행되어야만 하지만, 소수의 자각된 전위가 없다면 그것은 방향을 지니지 못하고서 실패하며, 그런 까닭에 전위가 선도하지 않으면 안 된다는 것이었기 때문이다. 이상의 사정이 보여주는 것은 블랑키스트든 아나키스트든 자각된 소수의 지도자와 대중이라는 구도는 피할 수 없다는 사실이다.[17] 중요한 것은 마치 그와 같은 이원성이 없는 것처럼 둘러대는 것이 아니라 그것이 불가피하다는 것을 인정한 다음, 그것이 고정화되지 않는 시스템을 고안하는 일이다. 맑스는 그와 같은 시스템에 이르는 실마리를 파리 코뮌에서

....

17_ 아나키스트는 지식인의 지도를 혐오하여 '당'을 거부한다. 특히 아나르코 생디칼리스트는 노동자 자신의 운동이라는 사실을 자부하고 있었다. 그러나 노동자라 하더라도 사실은 지식인이고 '당'인 것이다. 트로츠키(Leon Trotsky, 1879~1940)는 그것의 자기기만을 지적하고 있다. "프랑스 생디칼리슴은……과거와 현재에 있어 그 조직과 이론의 점에서 당과 동일한 것이었다. 또한 프랑스의 생디칼리슴이 그 고전적 시기(1905~07)에 '집합적 프롤레타리아트'의 이론이 아니라 '능동적 소수파'의 이론에 다다른 것도 이 때문이다. 사상의 통일에 의해 결합된 능동적 소수파란 당이 아니고 도대체 무엇이겠는가? 또 다른 한편 노동조합 대중 조직이 계급의식이 있는 능동적 소수파를 포함하지 않는다면 그것은 순수하게 형식적인 무의미한 조직이 아니겠는가?"('노동조합과 공산주의勞動組合と共産主義」, 『노동조합론勞動組合論』, 우라타 신이치浦田伸一 편역, 三一書房, 1971) 물론 그것은 트로츠키나 레닌의 집권적인 '당'의 정당함을 의미하는 것이 아니다. 의심스러운 것은 집권적인 당을 거절할 것인지 아니면 그것을 받아들일 것인지 하는 선택지밖에 없다는 생각이다. 그것은 일체의 관료제를 거절할 것인지 그렇지 않으면 관료제를 전면적으로 받아들일지 하는 선택지밖에 없다는 생각과 동일하다. 우리가 생각해야 할 것은 지식인의 지도, 대표제, 관료제를 불가피한 것으로서 인정한 다음, 그 위계적 고정화를 저지할 수 있는 시스템을 찾아내는 일이다.

발견했다. 그리고 기본적으로 그것은 프루동의 생각이었다.

　하지만 엥겔스는 앞에서 말했듯이 파리 코뮌에서 프루동파가 소수
파이자 무력했다는 인상을 주고자 했다.[18] 그것은 맑스와 프루동을

••••
18_ 엥겔스는 맑스에게 있어서의 어소시에이셔니즘 요소를 말소해 버렸다. 그것은
　　의도적인 것이다. 맑스의 『고타 강령 비판』, 나아가 러시아의 나로드니키 활동
　　가였던 자술리치에게 보내는 편지 등에서는 그가 얼마나 어소시에이션(생산-
　　소비 협동조합)을 중시하고 있었는지가 분명히 제시되어 있다. 그러나 엥겔스
　　는 그와 같은 문헌들을 맑스 사후에 이미 역사적 상황이 변했기 때문에 이미
　　타당하지 않다는 단서를 붙여 발표했던 것이다. 또한 엥겔스는 맑스가 프랑스의
　　프루동파를 평가한다든지 러시아의 나로드니키(아나키스트)를 평가한다든지
　　한 것은 전술적인 동기에서 나온 것에 지나지 않는다고 암시하고 있다. 요컨대
　　엥겔스는 맑스 안에 있던 어소시에이셔니즘을 숨기지는 않았지만, 그런 만큼
　　좀 더 교묘하게 은폐했던 것이다.
　　　예를 들어 엥겔스는 1891년에 독일에서 출판된 『프랑스 내전』의 서문에서
　　이렇게 쓰고 있다. "코뮌 의원은 다수파──국민군 중앙위원회에서도 역시 주도
　　권을 잡고 있던 저 블랑키스트와, 소수파──주로 프루동 사회주의학파의 문하
　　생들로 이루어진 국제노동자협회의 회원들로 분열해 있었다. 블랑키스트는
　　당시 그 대다수에서 말하자면 다만 혁명적·프롤레타리아적 본능에 의한 사회
　　주의자였다. 단지 소수의 자들만이 독일의 과학적 사회주의를 알고 있었던
　　저 바이얀 덕분에 더욱더 분명한 원칙적 이해에 도달해 있었을 뿐이었다."(『프
　　랑스 내전』, 엥겔스의 서문, 기노시타 한지木下半治 옮김, 岩波文庫) 그러나 맑스
　　의 사위였던 샤를 롱게가 지적하고 있듯이, 이는 역사적 사실에 대한 속보이는
　　왜곡이다. 예를 들어 바이얀은 이 시기에 프루동파였다(「엥겔스 서문의 약간의
　　점에 대하여」, 岩波文庫, 『프랑스 내전』 수록). 엥겔스는 코뮌에서 프루동파가
　　얼마나 소수파였는지를 강조한다. 프루동파가 '소수파'였다는 것은 확실하다.
　　왜냐하면 그들은 바로 '소수파'라는 이름을 내걸고서 블랑키파나 자코뱅파로
　　이루어진 '다수파'가 하고자 한 집권적 지배에 저항했기 때문이다. 하지만 이
　　'소수파'란 '국제노동자협회'(제1인터내셔널)의 멤버이며, 맑스도 그 가운데
　　한 사람으로서 『프랑스 내전』에 수록된 논문들을 바로 이 협회를 위해 썼던
　　것이다. 파리 코뮌에서 프루동파가 힘이 없었다는 것은 다시 말하면 맑스를
　　포함하는 제1인터내셔널이 힘이 없었다고 하는 것이다.
　　　또한 엥겔스는 코뮌이 중앙은행을 방치한 사실을 비판하고 있다. 실제로

전면적으로 적대케 하고 스스로의 '맑스주의'를 확립하고자 하는 책모이다. 뿐만 아니라 엥겔스는 맑스 사후 『자본』 제3권을 편집할 때에 중요한 원고 개정을 행한다. 맑스는 『자본』 제3권을 위한 노트에서 다음과 같이 말하고 있다.

> 자본제적 생산 부문들 내부에서 [부문 간의] 균형은 불균형에서 벗어나는 부단한 과정으로만 자신을 드러낸다. 왜냐하면 거기서 생산의 [총 사회적] 관련은 맹목적 법칙으로서 생산 당사자들에게 작용하고, 그들이 연합된 지성(associiirter Verstand)으로서, 그 관련을 그들의 공동의 통제 아래 복속시키고 있지 않기 때문이다.

다바타 미노루田畑稔는 엥겔스가 『자본』 제3권을 편집할 때 이상과 같은 맑스의 원문을 다음과 같이 고쳐 썼다는 사실을 지적하고 있다.[19]

• • • •

국가의 통화를 방치한 것 때문에 자본주의는 존속한다. 그러나 엥겔스가 말하는 것과 같은 '국유화'로는 역으로 국가가 강력해질 뿐이다. 샤를 롱게에 따르면 샤를 베슬리 등은 '코뮌의 승리 후에는 프루동주의적인 방식에 의해 주주도 없고 재고금의 필요조차도 없는 국립 은행(la Banque nationale)을 조직하고, 발행 은행권에 대해 보증으로서 유가 증권만을 가지고 할' 것을 생각하고 있었다. 물론 이것이 자본제 국가의 통화를 대신하는 통화나 신용 시스템이 될 수 있을지 어떨지에 대해서는 검토의 여지가 있다. 하지만 자본제를 지양하는 것으로서의 어소시에이션은 통화나 신용 시스템을 포함하는 것이지 않으면 안 된다. 이 점에 대해서는 마지막 장에서 논의하기로 한다.

19_ 이에 대한 고찰은 다바타 미노루의 『맑스와 어소시에이션マルクスとアソシエーション』(新泉社, 1994)에 빚지고 있다. 맑스의 원문과 엥겔스가 고쳐 쓴 것의 번역문도 각각 위의 책 127쪽과 129쪽에서 인용했다. 인용문 가운데의 [ ]은 옮긴이(다바타 미노루)에 의한 보충이다. 또한 히로니시 모토노부廣西元信는 맑스가 노동자가 자발적으로 협동하는 경우 assoziieren(associate)이라고 부르고,

자본제적 생산 부문들 내부에서 개개의 생산 부문의 균형은 단지 불균형에서 벗어나는 부단한 과정으로서만 자신을 드러낸다. 왜냐하면 거기서 총생산의 관련은 맹목적 법칙으로서 생산 당사자들 위에 자기를 강제하고, 그들의 연합된 지성에 의해 파악되고 그것에 의해 지배된 법칙으로서, 생산 과정을 그들의 공동의 통제 아래 복속시키고 있지 않기 때문이다. (『자본』 제3권, 제3편 제15장 제3절)

이것은 거의 범죄적인 원고 개정이다. 엥겔스는 '객관적 법칙의 인식에 의한 지배=자유'로 간주하고 있다. 그 경우 '연합된 지성'은 헤겔적인 이성에 다름 아니다. 그것은 이성=당=국가 관료가 경제 과정을 통제한다는 생각으로 이끌리지 않을 수 없다. 코뮤니즘=국가 집권주의라는 생각은 근본적으로 엥겔스에게서 유래한다. 맑스는 '연합된 지성'이 일거에 성립하는 일 따위에 대해서는 생각하지 않았다. "노동 노예제의 경제적 조건을 자유롭고 연합된(associated) 노동의 조건들로 바꾸는 것은 시간을 요하는 점진적인 일일 수밖에 없다." (『프랑스 내전』, 앞의 책)

맑스가 말하는 '연합된 지성'은 기이하게 들린다. 그러나 그것은 하버마스가 이성을 '의사소통적 이성'으로서, 요컨대 공공적인 대화

• • • •
자본가가 노동자를 고용하여 협동시키는 경우 kombinieren(combine)이라고 불러 의식적으로 구별하고 있음에도 불구하고 종래의 일본어 번역에서는 그것들이 구별 없이 자의적으로 번역되어 왔다는 것을 지적하고 있다(『자본론의 오역 資本論の誤譯』, こぶし文庫). 그러나 그것이 독일어에 대한 이해력과 관계가 없다는 것은 엥겔스나 독일의 맑스주의자들을 보면 분명하다.

와 합의에서 다시 파악하려고 한 것과 비교할 때 이해될 수 있으며, 좀 더 그 함축이 풍부해진다. 맑스가 여기서 독일 관념론의 용어를 사용한 것은 이러한 문제가 일찍이 이성과 감성 또는 합리주의와 경험주의의 문제로서 말해진 것과 연결된다는 것을 보여준다. 예를 들어 흄은 데카르트를 비판하여 동일적인 자기 같은 것은 없고 관념의 연합(association)이 있을 뿐이며, 그에 따라 다수의 자기가 존재한다고 주장했다. 그에 반해 칸트는 실체적인 자기는 없지만, 다수의 자기의 어소시에이션을 통합하는 '초월론적 통각 X'가 있다고 한다. 칸트는 흄과 데카르트 '사이'에 서서 쌍방을 공격하고자 했던 것이다.

이 문제를 정치론으로 치환하여 말하자면, 국가 집권주의는 데카르트적인 주체에 의한 지배에, 아나키즘은 그와 같은 동일적 실체를 부정하는 흄이 말하는 어소시에이션(관념 연합)에 비견될 수 있다.[20] 그러한 의미에서 맑스가 말하는 '연합된 지성'이라는 것은 '초월론적 통각 X'에 대응한다고 해도 좋을 것이다. 맑스의 생각으로는 어소시에

....

20_ 오늘날 볼셰비즘과 아나키즘의 대립은 정치적이라기보다 오히려 철학적으로 표현되고 있다. 예를 들어 들뢰즈가 말하는 것은 아나키즘으로서 읽을 수 있다. 그러나 그는 한편으로 흄이나 베르그송을 칭찬하면서도 다른 한편으로는 스피노자와 더 나아가 라이프니츠도 칭찬하고 있다. 요컨대 그 모두를 긍정함으로써 그들을 암암리에 비판하고 있는 것이다. 그러한 의미에서 들뢰즈가 하고 있는 것은 칸트=맑스적인 트랜스크리틱이라고 말해도 좋을 것이다. 실제로 그는 『니체와 철학』에서 니체의 작업을 칸트의 세 비판의 속편으로 간주하고, 『안티 오이디푸스』에서 맑스와 프로이트의 작업을 '초월론적 비판'으로 간주하고 있다. 그러나 일반적으로 들뢰즈는 미학적인 아나키스트들의 애완물이 되어 있다. 그들은 들뢰즈가 죽기 2년 전의 인터뷰(「회상하기思い出すこと」, 스즈키 히데노부鈴木秀亘 옮김, 『批評空間』 II-9, 太田出版)에서 '나는 완전히 맑스주의자다'라고 말한 것 등을 전적으로 무시한다. 그리고 들뢰즈주의자의 다수는 베르그송주의로까지 퇴행해 버린다.

이션의 어소시에이션에는 이를테면 '초월론적 통각 X' 같은 것이 없으면 안 된다. 그러나 그것은 결코 실체적인 중심(당이나 국가 관료)으로 생각되어서는 안 된다. 이러한 의미에서 맑스는 아키즘(archism, 국가주의)과 아나키즘(anarchism) '사이'에 서서 쌍방을 공격하고자 했다고 해도 좋을 것이다. 구체적으로 말하자면, 그는 바쿠닌과 라살레 사이에 서서 양자를 '비판'한 것이다. 그런 까닭에 맑스는 어떤 때는 아나키스트처럼 보이고 어떤 때는 아키스트처럼 보인다. 그것을 모순이나 모호함으로 간주해서는 안 된다. 거기서 맑스의 트랜스크리틱을 보아야 하는 것이다. 그것은 자유와 권위의 이율배반을 해결하는 것이어야만 한다.

바쿠닌과 같은 타입의 아나키스트는 일체의 권력이나 중심을 부정한다. 거기에는 억압으로부터 해방된 대중이 자유 연합에 의해 스스로 질서를 만들어낼 것이라는 암묵적인 가정이 존재한다. 그러나 프루동 자신이 말했듯이 결코 그렇게는 되지 않는다. 역으로 그것은 강력한 권력을 초래하는 것이다. 또한 개인들의 능력 차이나 권력욕이 없어진다고 가정하는 것에는 아무런 근거도 없다. 오히려 개인들의 능력 차이나 권력욕이 집요하게 남는다는 것을 전제한 데 근거하여, 그것이 고정된 권력이나 계급을 구성하지 않는 그러한 시스템을 생각해야 하는 것이다. 맑스는 그것에 대해 특별히 쓰고 있지 않다. 그러나 주로 프루동파의 구상에 기초하는 파리 코뮌을 옹호하고 높이 평가했을 때, 그는 거기서 '가능한 코뮤니즘'으로 나아가는 열쇠를 발견했다. 그리고 그것은 젊은 시기부터의 그의 생각과 특별히 다른 것이 아니다.

초기 맑스는 헤겔의 『법권리의 철학』에 대한 비판에서 시작하고 있다. 맑스가 거기서 찾아낸 것은 근대 국가에서의 시민 사회와 정치적 국가, 사인과 공인의 분리이다. 각 사람은 공인으로서는 대등하지만,

사인으로서는 자본제 경제가 초래하는 계급적 생산 관계에 속해 있다. 그리고 공인으로서 각 사람이 지니는 것은 입법권, 아니 그보다는 대표자를 뽑는 참정권뿐이며 행정권은 갖지 않는다. 단지 선거에서 투표할 수 있다는 것만이 '국민 주권'의 실체이다. 예를 들어 민주주의 국가에서 기업이나 관청 안에 민주주의가 있는지 없는지 생각해 보면 될 것이다. 맑스는 시민 사회(사회적 국가)를 변혁함으로써 정치적 국가를 지양할 수 있다고 생각했다. 다른 관점에서 말하자면 그것은 사회적 국가로부터 정치적 국가가 소외되지 않는 시스템, 즉 사회적 국가(코뮌)로부터 고정된 권력 체제가 결코 형성되지 않는 그러한 시스템을 확립하는 일이다. 맑스가 파리 코뮌에서 본 것은 그것의 구체적인 형태였다. 그는 그것을 '프롤레타리아 독재'라고 불렀다. 말할 것도 없이 이것은 부르주아 독재라는 말과 마찬가지로 은유이다.

잘 알려져 있듯이 레닌이 말하는 프롤레타리아 독재는 공산당 독재로 귀결되었다. 그 결과 맑스주의자도 결국 프롤레타리아 독재라는 개념을 방기하고 말았다. 하지만 그것이 결국 의회주의로 귀착하게 된다면 아무런 성과도 없을 수밖에 없다. 프롤레타리아 독재라는 오해를 낳기 쉬운 메타포를 고집할 필요는 없지만, 여기에 중요한 문제가 포함되어 있다는 것을 잊어서는 안 된다. 맑스가 말하는 '프롤레타리아 독재'는 말할 것도 없이 '부르주아 독재'에 대응하는 개념이다. 그 경우 '부르주아 독재'는 바로 의회제 민주주의를 의미한다. 절대주의적 전제를 타도하고서 생겨난 의회제 민주주의야말로 부르주아 독재이다. 그렇다면 맑스가 말하는 '프롤레타리아 독재'가 부르주아 독재 이전의 봉건적 전제나 절대주의적 독재와 유사한 것으로 돌아가는 것일 리가 없다. 부르주아 국가는 독재가 재현되지 않는 틀을 생각했다. 삼권분립과 무기명 투표가 그것이다. 그러나 삼권분립은 사실상 유명무실하다. 그것은 다만 시민 사회와 정치적 국가의 이중화를 떠받치는 원리일 뿐이다. 한편 '프롤레타리아 독재'는 독재이기는커녕 국가 권력 그 자체를 폐기할 것을 지향한다. 따라서 '프롤레타리아 독재'는 부르주아 국가 이상으로 권력의 고정화에 대해 민감하지 않으면 안 된다.

파리 코뮌은 입법 기관임과 동시에 행정 기관이었다. 그런 의미에서 파리 코뮌은 근대 국가에서의 시민 사회와 정치적 국가라는 이중성의 지양이다. 그러나 그렇게 공인과 사인의 이중성이 지양된 '사회적 국가'에서도 입법·행정·사법이라는 구분은 남는다. 참여 민주주의를 지속적으로 보증하기 위해서는 몽테스키외(Charles-Louis de Secondat Montesquieu, 1689~1755)가 말하는 삼권분립과는 다른 의미에서 이들의 분립에 주의해야만 한다. 예를 들어 코뮌도 역시 입법 부문·행정 부문·사법 부문을 가지고 있다. 다시 말하면 대표제와 관료를 가지는 것이다. 코뮌에서는 모든 사법관과 행정관을 선거로 선출함과 동시에 해임할 수 있는 제도가 있었다. 하지만 그것에 의해 관료제화, 요컨대 입법·행정·사법 권력의 고정화를 저지할 수 있을까? 막스 베버가 말했듯이 관료제는 분업이 발전된 사회에서는 불가피하고 또한 불가결하기도 하다. 그것을 곧바로 부정하는 것은 가능하지 않다. 오히려 우리는 어소시에이션도 대표제나 관료제를 갖는다는 것을 인정해야만 한다. 그리고 개인들의 능력 차이나 다양성 그리고 권력욕이 존재한다는 것을 인정해야만 한다. 다만 그것들이 현실적인 권력으로 고정적으로 전화하지 않도록 하면 되는 것이다.

이 점에서 우리는 아테네 민주주의로부터 배워야 할 것이 하나 있다. 아테네 민주주의는 참주제를 타도하는 데서 생겨남과 동시에 참주제를 두 번 다시 초래하지 않는 주도면밀한 고안에 의해 성립한다.

아테네 민주주의를 특징짓는 것은 의회에서의 전원 참가 같은 것이 아니라 행정 권력의 제한이다. 행정 권력의 제한은 관리를 제비뽑기로 선출하는 것, 나아가 마찬가지로 제비뽑기로 선출된 배심원에 의한 탄핵 재판소를 통해 철저하게 관리를 감시한 것이다. 실제로 이러한 개혁을 완수한 페리클레스 자신이 재판에 회부되어 실각했다. 요컨대 아테네 민주주의에서 권력의 고정화를 저지하기 위해 채택된 시스템의 핵심은 선거가 아니라 제비뽑기에 있다. 제비뽑기는 권력이 집중되는 장소에 우연성을 도입하는 것이며, 그렇게 함으로써 권력의 고정화를 저지하는 것이다. 그리고 그것만이 참으로 삼권분립을 보증한다. 이리하여 만약 익명 투표에 의한 보통 선거, 요컨대 의회제 민주주의가 부르주아적인 독재의 형식이라고 한다면, 추첨제야말로 프롤레타리아 독재의 형식이라고 해야 하는 것이다. 어소시에이션은 중심을 지니지만, 그 중심은 제비뽑기에 의해 우연화된다. 이리하여 중심은 있음과 동시에 없다고 해도 좋다. 즉 중심은 이를테면 '초월론적 통각 X'(칸트)인 것이다.

한편 아테네 민주주의 시스템으로부터 많은 것을 배웠음에도 불구하고 프루동은 부르주아적 보통 선거를 비판할 때, 그것을 제비뽑기와 다름없다고 말하며 비난한다. 그러나 제비뽑기는 선거를 부정하는 것이 아니라 오히려 선거를 참으로 살리기 위해 필요 불가결하다. 대표자 선거에서는 대표하는 자와 대표되는 자가 고정적으로 분리되어 버리지만, 코뮌에서의 선거도 결국에는 그렇게 되지 않을 수 없을 것이다. 늘 같은 사람이 선출되게 되고, 또한 내부적인 파벌이 생겨나게 된다. 그렇지만 전부를 제비뽑기로 결정하는 것은 무의미하며, 결국 그것 자체가 부정되고 마는 결과가 될 것이다. 예를 들어 아테네에서도 군인은 추첨제에 기초하고 있지 않다. 다만 장군을 매일 교체함으로써 권력의 고정화를 저지했다. 오늘날 제비뽑기가 채택되는 것은 배심원이나, 누가 해도 좋고 또 누구도 하고 싶어 하지 않는 그러한 자리들과 관련해서만이다. 요컨대 제비뽑기는 능력이 동등하든가 아니면 능력이 문제되지 않을 때에만 채택되는 것이다. 그러나 제비뽑기를 채택해야 할 이유는 그 반대이다. 그것은 오히려 선거를 부패시키지 않기 위해서, 그리고 또한 상대적으로 뛰어난 대표자를 뽑기 위해서이다.

그런 까닭에 우리에게 있어 바람직한 것은 예를 들어 무기명 (연기) 투표로 세 명을 뽑고, 그 가운데서 대표자를 제비뽑기로 선출하는 방식이다. 거기서는 최후의 단계가 우연성에 좌우되기 때문에 파벌적인 대립이나 후계자 다툼은 의미를 상실한다. 그 결과 최선은 아니라 하더라도 상대적으로 우수한 대표자가 선출되게 된다. 추첨을 통과한 사람은 자신의 힘을 과시할 수 없으며, 추첨에서 떨어진 사람도 대표자에 대한 협력을 거부할 이유가 없다. 이와 같은 정치적 기술은 '모든 권력은 타락한다'는 따위의 진부한 성찰과는 달리 실제로 효력이 있다. 이렇게 이용될 때 제비뽑기는 장기적으로 보아 권력을 고정시키지 않고 우수한 경영자·지도자를 선출하는 방법이다. 되풀이하지만, 우리는 권력 지향이라는 '인간성'이 변할 거라고 전제해서는 안 되며, 또한 개개인의 능력들의 차이나 다양성이 없어질 거라고 상정해서도 안 된다. 노동자의 자주 관리나 생산 협동조합에서도 이 문제는 소멸되지 않는다. 특히 자본제 기업과 경쟁하지 않으면 안 될 때, 그것들은 크든 작든 자본제 기업의 조직 원리를 채택할 것인가 그렇지 않으면 소멸될 것인가를 강요받게 된다. 그렇다면 처음부터 위계(hierarchy)가 존재한다는 것을 전제해 두어야 한다. 다만 위계가 각 사람의 합의에 의해 성립하고 권력의 고정화가 생기지 않도록 선거와 추첨을 도입하

면 되는 것이다.[21]

그런데 국가와 자본에 대항하는 운동은 그 자신에 있어서도 권력이 집중되는 장에 우연성을 도입하는 시스템을 이끌어 들이지 않으면 안 된다. 그렇지 않으면 이러한 운동은 그것이 대항하는 것과 닮은 것이 될 수밖에 없다. 다른 한편 집권주의적인 피라미드형 조직을 부정하는 데서 시작한 다양한 시민운동은 역으로 이산적이고 단편적인 채 이합집산에 머물고 있다. 그리고 결국 의회 정당의 표밭이 될 뿐이다. 그런 한에서 그것들이 자본과 국가에 대해 유효한 대항을 수행할 수 있다고는 생각되지 않는다. 그럼에도 만약 이와 같은 정치적 기술을 도입한다면 중심화를 조금도 두려워할 필요가 없는 것이다.

· · · ·

21_ 벤저민 바버는 『강한 민주주의』에서 제비뽑기를 포함해서 참여 민주주의를 가능하게 하는 시스템을 제안하고 있다. 다만 바버의 '강한 민주주의'에는 프루동이 말한 '산업적 민주주의', 요컨대 기업 내에서의 참여 민주주의는 포함되어 있지 않다. 후자가 없다면 결국 '약한 민주주의'일 수밖에 없다(Benjamin Barber, *Strong Democracy? Participatory Politics for New Age*, University of California Press, Berkeley, 1984).

제2장 종합의 위기

1. 사전과 사후

『자본』은 경제학 책이다. 따라서 많은 맑스주의자들은 사실은 『자본』에 대해 그다지 관심을 기울이지 않고서 맑스의 철학이나 정치학을 다른 곳에서 찾아 왔다. 또는 『자본』을 그와 같은 철학으로 해석하고자 해왔다. 물론 나는 『자본』 이외의 저작들을 무시하는 것이 아니다. 그러나 맑스의 철학이나 혁명론은 오히려 바로 『자본』에서 찾아야 한다고 생각한다. 일반적으로 말해 경제학이란 인간과 인간의 교환 행위에서 '수수께끼'를 인정하지 않는 학문을 말한다. 그 밖의 영역에는 복잡기괴한 것이 있겠지만 경제 행위는 즉물적(sachlich)이고 명쾌하다. 그것을 토대로 하여 복잡기괴한 것을 밝힐 수 있다고 경제학자는 생각한다. 하지만 넓은 의미에서 교환(커뮤니케이션)이 아닌 행위는 존재하지 않는다. 국가도 민족도 교환의 하나의 형태이고, 종교도 그렇다. 그런 의미에서는 모든 인간의 행위를 '경제적인 것'으로서 생각할 수 있다. 그리고 그것들 가운데 이른바 경제학이 대상으로 하는 영역이 특별히 단순하고 실제적인 것은 아니다. 화폐나 신용이 만들어내는 세계는 신이나 신앙의 세계와 마찬가지로 전적으로 허망한 동시에 무엇보다도 더 강력하게 우리를 유린하는 것이다.

고전 경제학자는 이미 상품의 가치를 노동에서 보고 있으며, 화폐를 단지 그것을 표시하는 것으로서만 보고 있었다. 고전 경제학자들에게 있어 화폐에는 아무런 수수께끼도 없었다. 산업 자본주의에 기초해 생각한 그들은 그 이전의 상인 자본이나 대금업 자본을 부정하고 있었다. 그러나 맑스는 오히려 자본을 상인 자본이나 이자 낳는 자본에서 생각하고자 했다. 그는 자본의 축적 운동을 G-W-G′라는 '일반적' 정식에서 보여주었다. 산업 자본도 예외가 아니다. 나아가 맑스가 주목한 것은 이자 낳는(이자부) 자본 G-G′이다. 맑스가 말하듯이 이들은 '대홍수 이전'부터 존재한다.

> 우리는 상인 자본과 이자 낳는 자본이 자본의 가장 오래된 형태라는 것을 보았다. 그러나 통속적 관념에서는 이자 낳는 자본이 자본 본래의 형태로서 표시된다는 것은 사태의 성질상 당연하다. 상인 자본에서는, 그것이 사기나 노동 또는 그 밖의 무어라고 설명된다 하더라도, 하나의 매개 활동이 수행된다. 이에 반해 이자 낳는 자본에서는 자본의 자기 재생산적 성격, 자기 증식하는 가치, 잉여 가치의 생산이 현묘한 성질로서 순수하게 표시된다. (『자본』 제7권, 제5편 제36장, 사키사카 이츠로向坂逸郎 옮김, 岩波文庫)

그러나 맑스가 '자본의 가장 오래된 형태'로 거슬러 올라가는 것은 역사적인 관심에서가 아니다. 실제로 지금 상인 자본과 이자 낳는 자본의 정식이 존재하고, 그 활동이야말로 세계를 바꿔나가고 있기 때문이다. 맑스가 오래된 형태로 거슬러 올라간 것은 산업 자본주의의 시장 경제라는 이데올로기를 계보학적으로 폭로하기 위해서이다. "이 정식[G-G']은 더 나아가 운동을 규정하는 자기 목적이 사용 가치가 아니라 교환 가치라는 것을 표현하고 있다. 가치의 화폐 형태가 바로 가치의 독립적인 손으로 움켜쥘 수 있는 현상 형태이기 때문에, 현실의 화폐를 출발점으로 하고 또한 종결점으로 하는 유통 형태 G…G'는 돈벌이를, 즉 자본주의 생산의 추진 동기를 가장 분명하게 표현하고 있는 것이다. 생산 과정은 돈벌이를 위한 불가피한 중간항으로서, 즉 필요악으로서 나타나는 데 지나지 않는다. (그러므로 자본주의적 생산 양식 하에 있는 모든 국민은 생산 과정의 매개 없이 돈벌이를 하고자 하는 망상에 주기적으로 시달린다.)"(『자본』 제2권, 제1편 제1장 제4절, 스즈키 고이치로 외 옮김, 앞의 책) 그렇다고 한다면 경제 활동은 단지 사람들이 물건이나 서비스를 교환하는 그러한 것일 수만은 없다.

젊은 맑스는 종교 비판으로부터 경제적 문제로 이행했다. 그러나 『자본』에서 맑스는 경제적 세계야말로 종교적 세계에 다름 아니라는 사실을 발견했다. 그는 다음과 같이 말한다. "상품은 언뜻 보아 자명하고 평범한 것으로 보인다. 하지만 이것을 분석해 보면, 대단히 성가신 것, 형이상학적인 그럴싸함이나 신학적인 비뚤어짐으로 가득 찬 것임을 알 수 있다."(『자본』 제1권, 제1편 제1장 제4절, 스즈키 고이치로 외 옮김, 같은 책) 단순한 상품에 형이상학과 신학의 근본 문제가 숨어 있다.[1] 맑스는 『자본』에서 모든 것을 경제학에 입각해 말한다. 그러나 오히려 그것을 통해 맑스는 다른 어디서보다도 형이상학과 신학의 문제에 몰두했던 것이다.

애덤 스미스는 상품이란 사용 가치와 교환 가치라고 말한다. 하지만 어째서 그렇게 말할 수 있는 것일까? 그것은 상품이 순조롭게 다른 상품(화폐)과 교환된 후이다. 즉 스미스는 사태를 사후적으로 생각하는 것이다. 만약 어떤 물건이 교환되는 데 실패했다고 한다면, 그 물건은 사용 가치조차 갖지 못한다. 그저 폐기될 뿐이다. 그러나 그것을 사후적으로 본 스미스는 그것을 사전에 투사하여 미리 상품에는 교환 가치가 포함되어 있다고 생각한다. 그의 생각으로는 교환 가치란 구매력(purchasing power)이며, 다시 말하면 화폐이다. 요컨대 어떤 상품도 이미 암묵적으로 화폐인 것이며, 그런 까닭에 실제의 화폐는 그것을 표시하는 것일 뿐이다. 그리고 이 교환 가치는 그것의 생산에 필요한 노동(시간)에 의해 결정된다. 따라서 스미스나 리카도에게 있어 화폐는 이차적인 것일 뿐이다. 그러나 스미스나 리카도는 이미 각 상품에 화폐를 내재시킨 다음에 화폐를 소거하고 있는데, 그것은 각 사람에게 신(유적 본질)을 내재시킨 다음에 신을 부정하는 휴머니즘(포이어바흐)과 마찬가지다.

한편 맑스도 상품의 사용 가치와 교환 가치에 대해 말한다. 그러나 그는 그것을 '종합'으로서 파악하고 있다. 다시 말하면 맑스는 그 사태를 '사전事前'에서 보았던 것이다. '사전'에서 볼 때 이 종합이 달성된다는 보증은 없다. 우리는 이 문제를 칸트로 거슬러 올라가 생각해 보기

• • • •

1_ 예를 들어 성서에서는 화폐 경제를 부정하면서도 곳곳에서 그것이 메타포로서 사용되고 있다. 그것은 그리스의 헤라클레이토스 이래의 철학자들에게서도 마찬가지다. 그들은 화폐의 '신학·형이상학적' 성질에 직면했던 것이다. 이 점에 대해서는 마크 셸이 『문학의 경제』에서 깊은 성찰을 보여주고 있다(Marc Shell, *The Economy of Literature*, The Johns Hopkins University Press, 1978).

로 하자. 칸트는 『판단력비판』에서 개개의 구체적 사실을 기성의 법칙 속에서 정리하는 '규정적 판단력'과, 기성의 법칙으로는 정리할 수 없는 예외적 사실에 대해 그것을 포섭하는 새로운 보편성을 탐구하는 '반성적 판단력'을 구별하고 있다. 이 경우 종합 판단의 어려움은 후자에 놓여 있다. 반성적 판단력이 순조롭게 진행된다고 상정하는 것은 '이론적 믿음'일 뿐이다. 그러나 일단 그것이 승인된 다음에는 판단은 규정적인 것이 될 것이다. 우리는 여기서 규정적·반성적이라는 구별을 사전성·사후성의 구별로서 볼 수 있다. 칸트는 『순수이성비판』에서 우선 종합 판단이 성립하고 있다고 간주한 다음, 그 초월론적인 조건을 탐구한다. 그것은 사후적인 입장이다. 그러나 그것은 종합 판단이 용이하다는 것을 의미하는 것이 아니다. 종합 판단은 언제나 어떤 비약을 내포하며 위태롭다. 바로 그렇기 때문에 또한 그것은 '확장적'일 수 있는 것이다. 칸트가 종합 판단에서 어려움을 발견하는 것은 그가 이를테면 '사전'에 서서 생각할 때이다. 또한 그는 초월론적인 고찰 이외에는 언제나 '사전'에서 생각하고 있다고 말할 수 있을 것이다.

이로부터 보면 라이프니츠가 사실 명제를 분석 명제로 간주했을——예를 들어 '루비콘 강을 건넜다'는 것이 '카이사르'라는 주어에 포함되어 있다——때, 그가 사후적인 입장에서 생각하고 있다는 것은 말할 것도 없다. 본질은 결과에서 나타난다고 하는 헤겔도 마찬가지다. 헤겔은 현상과 사물 자체라는 구별을 비웃으며 폐기했다. 그것은 기껏해야 이미 인식된 것과 아직 인식되지 않은 것의 구별에 지나지 않는다는 것이다. 그러나 헤겔이 사물 자체를 폐기하는 것은 오직 '절대정신'이라는 절대적 사후성(끝)에서 보는 것에 의해서일 뿐이다. 그에 의해 모든 생성이 정신의 자기실현으로서 목적론적으로 이해된다.

칸트에 따르면 종합 판단일 수밖에 없는 것을 분석 판단에 의해 증명해 버리는 것이 형이상학이자 사변 철학이었다. 그러나 동일한 것이 사후적인 입장에 서는 사상에 대해 적용된다. 형이상학이란 사후적으로밖에 없는 것을 사전에 투사해 버리는 사고인 것이다. 따라서 니체에게 있어 형이상학 비판은 '계보학적'인 것이 된다. 그러나 이미 칸트의 초월론적 비판은 계보학적이었다. 왜냐하면 그것은 경험주의자나 합리주의자가 출발하는 감각이나 개념이 어떤 상징 형식에 의해 매개된 결과임을 보여주는 것이기 때문이다.

여기서 우리는 헤겔주의적인 사후적 '종합'에 대해 이의를 제기한 사상가로서 키르케고르와 맑스를 발견한다. 그들은 종합 판단이 '목숨을 건 도약'을 필요로 한다는 것을 각자의 맥락에서 주장했다. 예를 들어 키르케고르는 사변이란 뒤로 향하는 것이지만 윤리는 앞으로 향하는 것이라고 말했다. 뒤로 향한다는 것은 사후적이라는 것이며, 앞을 향한다는 것은 사전적이라는 것이다. 그에게 있어 예수가 그리스도라는 것을 아는 것은 '예수라 불리는 인간이 신이다'라는 종합 판단을 의미한다. 헤겔에게 있어 예수가 신이라는 것은 이후 기독교가 확대되었다는 역사적 결과에 의해 증명되지만, 키르케고르는 '동시대적으로', 요컨대 사전에 그것을 알 수 있는가라고 묻는다. 지금 여기서 초라한 인간 예수를 신이라고 보는 것은 '목숨을 건 도약'으로서의 신앙이다.

키르케고르는 인간을 유한성(감성)과 무한성(지성)의 종합으로서 본다. 그러나 이 종합이 성립할지 어떨지는 자기 자신에 의해서는 결정되지 않는다. 그것은 타자(그리스도)를 필요로 한다. 다시 말하면 자기를 종합으로서 실현하기 위해서는 '목숨을 건 도약'이 필요한 것이다. 키르케고르는 이 종합을 '질적 변증법'이라 불렀다. 그러나 내가 여기서 말하고 싶은 것은 오히려 키르케고르와 인연이 없기는커 녕 대립한다고까지 간주되는 맑스에게서, 그것도 특히 『자본』에서 동일한 문제가 발견된다는 점이다. 맑스의 변증법은 헤겔의 그것을 유물론적으로 한 것이 아니라 이를테면 '질적 변증법'인 것이다. 그리 고 이 문제는 종교나 예술, 경제와 같은 영역의 차이를 넘어서 종합 판단에서의 사후성과 사전성의 문제와 관련되어 있다.[2]

맑스는 상품을 사용 가치와 교환 가치의 종합에서 보았을 때, 거기 에 존재하는 어려움을 깨닫고 있었다. 그것은 그가 이를테면 '사전'에 서 보고 있었기 때문이다. 상품이 사용 가치이고 가치라는 것은 감성적 이라는 것과 초감성적이라는 것, 유한적이라는 것과 무한적이라는 것의 '종합'이지만, 그것은 어떤 '도약' 없이 있을 수 없다. 맑스가 거기서 찾아내는 것은 다음과 같은 이율배반이다.

상품은 모두 그것의 소유자에게 있어서는 비사용 가치이고, 그것의 비소유자에게 있어서는 사용 가치이다. …… 상품은 사용 가치로서 실현될 수 있기 전에 먼저 가치로서 실현되어야만

••••
2_ 키르케고르는 이렇게 말하고 있다. "기독교 세계는 스스로는 그것을 알지 못한 채로 기독교를 말살해 버렸다. 그런 까닭에 지금 이루어져야 할 필요한 일은 기독교 세계에 기독교를 재도입하고자 시도하는 것이다."(『기독교의 수련キリス ト教の修練』, 스기야마 요시무杉山好 옮김, 「저작집」, 제17권, 白水社) 경제학자는 화폐를 단지 상품의 가치를 표시하는 수단이라고 간주한다. 실제로는 사람들이 그것을 획득하고자 하여 '목숨을 건 도약'을 반복하고 있음에도 말이다. 여기서 키르케고르의 말을 비틀어 말한다면, 맑스가 고전 경제학에 대해 이루고자 한 것이 표현될 것이다. "경제학은 스스로는 그것을 알지 못한 채로 화폐를 말살해 버렸다. 그런 까닭에 지금 이루어져야 할 필요한 일은 경제학에 화폐를 재도입하 고자 시도하는 것이다." 그것은 상품-화폐(판매)에 존재하는 위기, 또는 지양할 수 없는 비대칭적인 관계를 발견하는 일이다.

한다.

　다른 한편 상품은 가치로서 실현될 수 있기 전에 먼저 사용 가치로서 입증되어 있어야만 한다. 왜냐하면 상품에 지출된 인간 노동은 타인에게 있어 유용한 형태로 지출되어 있는 한에서만 계정에 들어가는 것이기 때문이다. 하지만 그 인간 노동이 타인에게 있어 유용한지 어떤지, 그러므로 그 생산물이 타인의 욕망을 충족시켜 주는지 어떤지를 증명해 줄 수 있는 것은 오직 상품의 교환뿐이다. (『자본』 제1권, 제1편 제2장, 스즈키 외 옮김, 앞의 책)

　다른 곳에서 맑스는 이렇게 말하고 있다. "W-G. 상품의 첫 번째 변태 또는 판매. 상품체로부터 금체로의 상품 가치의 도약은, 내가 다른 곳에서 말했듯이(『경제학 비판』), 상품의 목숨을 건 도약(salto mortale)이다. 이것에 실패하면 상품 쪽은 큰 타격을 받지 않지만, 상품 소유자는 아마도 큰 타격을 받을 것이다."(『자본』 제1권, 제1편 제3장 제2절 a, 스즈키 외 옮김, 같은 책) 하지만 팔리지 않았을 때에는 많은 경우 폐기되고 말기 때문에, 상품도 '큰 타격을 받을' 것이다. 상품에 가치가 있는지 없는지는 이와 같은 교환의 '목숨을 건 도약'에 의해서만 확증된다. 팔리지 않은 상품은, 키르케고르가 말하듯이, 타자에게서 그 근거를 부여받지 못하고서 '절망적으로 자기 자신이고자 하는 형태', 즉 '죽음에 이르는 병'에 놓여 있다. 요컨대 사후적으로 보면 상품은 사용 가치와 교환 가치의 '종합'이지만, 사전에 그것은 존재하지 않는다. 그것이 실현되기 위해서는 다른 상품(등가물)과 교환되어야만 하는 것이다.

　맑스가 『자본』에서 '가치 형태'로서 논의한 것은, 하나의 상품은 다른 상품과 교환됨으로써만 가치일 수 있다는 것이다. 그것은 다른 관점에서 말하자면 맑스가 사용 가치를 중시했다는 것이다. 고전파는 상품들의 등치라는 결과에서 출발했기 때문에, 그 상품이 타인에게 있어 사용 가치(효용)를 가지는지 어떤지는 아무래도 좋았다. 그것들 이 등치되는 이상, 공통의 본질로서 투하된 노동이 포함되어 있다고 생각했던 것이다. 사전의 입장에서 보면, 그 생산에 어느 정도의 노동 이 투하되어 있든지 간에 상품은 타인에게 있어 사용 가치이어야만 한다. 신고전파는 스미스나 리카도의 노동가치설을 '형이상학'이라고 하여 물리치고, 매수자가 발견하는 '효용'에서 시작했다. 신고전파에 게 있어 맑스는 고전파의 아류에 지나지 않았다. 그러나 그들의 오해와 는 반대로 『자본』의 맑스는 상품이 먼저 타인에게 있어 사용 가치가 아니라면 가치일 수 없다는 것을 강조했다. "어떠한 것이든 사용 대상 이 아니고서는 가치일 수 없다. 그것이 효용이 없는 것이라면, 그 안에 포함되어 있는 노동도 효용이 없고 노동으로 받아들여지지도 않으며, 따라서 아무런 가치도 형성하지 못한다."(『자본』 제1권, 제1편 제1장 제1절, 사키사카 이츠로向坂逸郎 옮김, 앞의 책)

『자본』 이전에도 맑스는 고전 경제학을 이런저런 방식으로 비판했 다. 예를 들어 그는 가치의 실체가 노동 시간이라고 하더라도 그것이 '사회적' 노동 시간이라는 것을 강조한다. 다시 말하면 그는 그것이 화폐와의 교환을 통한 규제에 의해 실현되는 것이라는 사실을 잘 알고 있었다. 그러나 고전파도 사실상 노동 가치를 사회적인 균형에서 생각하고 있었던 것이어서, 단지 '사회적'이라는 것을 강조하는 것만 으로 고전 경제학을 넘어섰다고는 할 수 없다. 『자본』 이전의 맑스는 고전파와 마찬가지로 화폐 경제에 의해 조직된 결과로서의 사회적 분업으로부터 역으로 화폐 경제를 설명하고자 했다. 그는 무슨 까닭에 상품의 교환이 화폐를 통하지 않을 수 없는지를 생각하지 않았다. 역으로 그는 노동 자체의 '사회적 성격'이 화폐를 통해 실현된다고 생각했다.

혹은 또한 마지막으로 모든 문화 민족 역사의 여명기에 보이는 것과 같은 자연 발생적인 형태에서의 공동 노동을 취해 보자. 여기서 노동의 사회적 성격은 분명히 개개인의 노동이 일반성이라는 추상적 형태를 취하거나 그의 생산물이 일반적 등가물의 형태를 취하는 것에 의해 매개되지는 않는다. 개인의 노동이 사적 노동이 되는 것과 개인의 생산물이 사적 생산물이 되는 것을 방해하고, 오히려 개개의 노동을 곧바로 사회 유기체의 하나의 분지 기능으로서 나타나게 하는 것은 거기서의 생산의 전제가 되어 있는 공동체인 것이다. 교환 가치로 표시되는 노동은 개별화된 개인의 노동으로서 전제되어 있다. 그것이 사회적인 것이 되는 것은 그 정반대의 형태, 요컨대 추상적인 일반성이라는 형태를 받아들이는 것에 의해서인 것이다.
마지막으로 교환 가치를 낳는 노동을 특징짓는 것은 사람과 사람의 사회적 관련이, 이를테면 거꾸로, 다시 말하면 사물과 사물의 사회관계로서 표시된다는 점이다. 하나의 사용 가치가 교환 가치로서 그 밖의 사용 가치에 관련되는 한에서만, 이러저러한 사람들의 노동이 동질적이고 일반적인 것으로 서로 관련된다. 그러므로 교환 가치란 사람과 사람 사이의 관계라는 것이 옳다 하더라도, 그것은 물건이라는 외피로 감싸인 관계라는 것을 덧붙여 둘 필요가 있다. (『경제학 비판』, 다케다 다카오武田隆夫 외 옮김, 岩波文庫)

맑스는 상품 경제에서는 인간과 인간의 관계가 사물과 사물의 관계로서 나타난다고 한다. 이것은 나중에 루카치에 의해 '물상화'로서 전면에 나오게 되지만, 실제로 그것은 초기의 소외론과 동일한 발상이다. 다시 말하면 사후적으로 발견된 것을 그 이전에다 투사하는 것이다. 사후적으로 보면 상품 경제가 형성하는 사회적 분업은 공동체나 공장 내부에서의 분업과 마찬가지로 보인다. 그러나 공동체나 공장 내의 분업이 의식적이고 또 꿰뚫어 보는 것이 가능한 것인 데 반해, 사회적 분업에서는 인간과 인간이, 또는 그들의 노동이 상호적으로 관계지어져 있다 하더라도 우리는 그것을 투명하게 꿰뚫어 볼 수 없다. 예를 들어 내가 자신의 노동으로 번 돈으로 멜론을 산다고 하자. 아마도 그것은 플로리다의 한 농민이 만든 물건이지만, 그는 자신의 노동이 나의 노동과 등치되었다는 것을 알 수 없다. 나아가 우리의 관계에는 자본이 개재해 있다. 우리가 분업하고 있다고 말할 수 있는 것은 단지 사후적으로, 즉 모든 것을 꿰뚫어 볼 수 있는 시점에서부터 뿐이다.

『자본』에서도 위와 같은 생각이 존재하는 것은 확실하다. 그러나 맑스는 동등한 노동이 포함되어 있기 때문에 이질적인 상품이 등가치라는 생각에 반대하여 다음과 같이 말하고 있다.

> 사람들이 그들의 노동 생산물을 서로 가치로서 관련시키는 것은 이들 물건들이 그들에 의해 같은 종류의 인간 노동의 단순한 물질적 외피로 간주되기 때문이 아니다. 오히려 그 역이다. 그들은 그들의 서로 다른 종류의 생산물을 서로 교환에서 가치로서 등치시킴으로써 그들의 다양한 노동을 서로 인간 노동으로서

등치시킨다. 그들은 이것을 의식하지는 못하지만 그렇게 하고 있다. 그러나 가치의 이마에는 가치란 무엇인가는 쓰여 있지 않다.

오히려 가치는 어떠한 노동 생산물이든 사회적인 상형문자로 전환시켜 버린다. 나중에 가서야 사람들은 스스로의 사회적 생산물의 비밀을 찾아내고자, 즉 상형문자의 의미를 풀어보고자 한다. 왜냐하면 사용 대상의 가치로서의 규정은 언어와 마찬가지로 인간의 사회적 산물이기 때문이다. 노동 생산물은, 그것이 가치인 한에서, 그 생산에 지출된 인간 노동의 단지 물적인 표현에 지나지 않는다는 후세의 과학적 발견은 인류의 발전사에서 획기적인 것이긴 하지만, 이러한 발견에 의해 노동의 사회적 성격이 노동 생산물 자체의 물적 생활로서 나타난다고 하는 외관이 없어지는 것은 결코 아니다. (『자본』 제1권, 제1편 제1장 제4절, 스즈키 외 역, 앞의 책)

각 상품은 등치됨으로써만 공통의 본질을 지니는 것이다. 추상적 노동 또는 '사회적' 노동 시간은 이러한 교환(등치)에 의해 사후적으로 발견되는 데 지나지 않는다. 오히려 '사회적' 관계란 '의식되지 않는' 관계이다. 맑스는 노동가치설을 부정하지 않는다. 그것은 사후적으로는 타당하기 때문이다. 그리고 노동 가치는 산업 자본주의 단계에서 화폐에 의한 가격을 통해 모든 생산물에 강요되는 것이기 때문이다. 실제로 세계 경제에서의 경쟁은 생산에 필요한 노동 시간의 단축이나 노동의 생산성을 둘러싸고 이루어지고 있다. 그러나 그것은 자본제 경제의 수수께끼를 아무것도 설명하지 못한다. 거기서는 화폐가 망각되어 있다. 그것은 또한 자본이 망각되고 있다는 것을 말한다.

2. 가치 형태

『자본』이 그 이전의 저작들——『경제학 비판』이나 『정치경제학 비판 요강』——과 결정적으로 다른 것은 거기서 가치 형태론이 출현한 다는 사실이다. "고전 경제학의 근본적 결함 가운데 하나는 그것이 상품, 특히 상품 가치에 대한 분석에 의해 가치를 바로 교환 가치로 만드는 가치 형태를 발견하는 것에 성공하지 못했다는 점이다. A. 스미스나 리카도와 같은 그것의 가장 뛰어난 대표자들에 있어서도 고전 경제학은 가치 형태를 전적으로 아무래도 좋은 것 또는 상품 자체의 성질에 있어 외적인 것으로서 다루고 있다."(『자본』 제1권, 제1편 제1장 제4절) 하지만 그것은 그때까지의 맑스 자신에게도 꼭 들어맞는다. 『자본』 이전의 맑스는 아무리 비판적이라 하더라도 리카 도의 사고 범위 안에 있었다고 하지 않으면 안 된다. 알튀세르는 『독일 이데올로기』 무렵에 맑스의 인식론적 단절이 있었다고 하지만, 만약 그렇게 말하고 싶다면 『정치경제학 비판 요강』으로부터 『자본』에 걸쳐 결정적인 '단절'이 있는바, 그것이 가치 형태론인 것이다.[3]

• • • •

3_ 중금주의나 중상주의에 반해 고전 경제학자가 생산을 중시한 사실을 맑스는 높이 평가한다. 그러나 고전 경제학자들은 생산물을 상품이나 화폐이게끔 하는 '가치 형태'를 보지 못했다. 다시 말하면 고전파는 생산물과 상품을 구별하지 않았다. 그것은 생산물이 교환되지 않고서도 노동에 의해 만들어진 것만으로 가치가 있으며, 그 가치가 화폐로 표시된다는 생각이다. 중상주의를 처음으로 부정한 것이 중농주의자 케네(『경제표*Tableau économique*』)라는 사실에 주목해야 한다. 그는 이윤의 원천을 토지의 자연력에서 찾았다. 다시 말하면 가치 형태가 형성하는 세계의 자율성을 부정하고, 부富의 원천을 자연의 생산력(자연 의 증여)에서 찾았던 것이다. 고전파는 기본적으로 케네의 노선을 따르고 있다.

．．．．

다만 그것을 인간의 분업에 의한 생산력으로 바꿔 말했을 뿐이다. 이렇게 바꿔 말한 데에는 가치를 형성하는 것은 인간의 노동뿐이라고 하는 생각이 놓여 있다. 맑스는 『고타 강령 비판』에서 그와 같은 고전파-라살레적인 생각을 비판하여 인간이 생산할 뿐만 아니라 자연도 생산한다는 것을 강조한다. 그가 그렇게 말한 것은 단지 라살레의 암묵적인 지주 계급 옹호를 비판하기 위해서만이 아니다. 그것은 『자본』을 관통하는 중요한 인식이다. "인간은 그 생산에서 자연 스스로 하도록 하는 것 외에 다른 방법이 없다. 즉 오로지 소재의 형태를 변경하는 것 외에 다른 방법이 없는 것이다. 나아가 이 제작의 노동 자체에서도 인간은 끊임없이 자연력의 도움을 받고 있다. 따라서 노동은 그것이 생산하는 사용 가치, 즉 소재적 부富의 유일한 원천이 아니다. 윌리엄 페티(William Petty)가 말하듯이 노동은 그것의 아버지이고 토지는 그 어머니이다."(『자본』 제1권, 제1편 제1장 제2절, 사키사카 이츠로向坂逸郎 옮김, 岩波文庫) 이것은 노동력과 토지라는 요소가 자본이 의거함에도 불구하고 스스로 만들어낼 수 없는 것이라는 문제와 관련된다. 하지만 중요한 것은 역시 인간에 의한 생산이건 자연에 의한 생산이건 간에 그것들이 가치 형태에 의해 조직된다는 점이다. 중농주의자도 고전 경제학자도 그 차원을 무시해 버렸다. 그들은 가치의 생산과 물건의 생산을 동일시한 것이다. 그것은 또한 자본제 경제와 공업 문명을 동일시하는 생각이 되기도 한다. 이로부터 산업 자본주의가 초래하는 문제를 단지 근대 공업·테크놀로지의 문제로서 바라보는 시점이 생겨난다. 고전 경제학자가 노동을 중시한 것은 확실히 획기적인 일이었다. 그러나 그것은 '교환'의 어려움이 초래하는 화폐와 신용의 세계라는 차원을 경시하게 만드는 것으로 된 것만이 아니다. 그것은 사회적 교환을 투명하게 꿰뚫어 볼 수 있다고 하는 착각을 가져다주었다. 그것은 화폐를 통해 실현되는 사회적 분업과 공장 내의 분업을 동일화하는 일이다. 이것은 전 사회를 하나의 공장처럼 계획적으로 통제하는 '사회주의'(국가주의)로 귀결된다. 이것이 오직 국소적이고 또한 일시적으로만 잘 진행된다는 것은 분명하다. 많은 경우 실패는 농업 문제에서 가장 현저하게 나타난다. 농업은 그 절반 정도는 '자연에 의한 생산'에 기초하기 때문이다. 그러나 실패의 원인은 교환에 부수되는 본질적인 어려움을 얕본 데 놓여 있다. 그리고 중요한 것은 자연 발생적·무정부적인 것을 의식적으로 제어하고자 하는 엥겔스 이후의 맑스주의 주류의 생각이 고전 경제학의 사고방식에서 파생되었다는 점이다. 그들은 왜 교환이 화폐 없이는 이루어지지 않는가 하는 문제를 맑스처럼 심각하게 생각하지 않았던 것이다.

집권적 계획 경제론자는 단지 고전파의 연장으로서 나오는 것만이 아니다.

여기서 '가치를 바로 교환 가치로 만드는 가치 형태'란 무엇을 의미하는 것인가? 교환 가치란 스미스가 말하듯이 구매력(purchasability)이다. 그리고 스미스의 생각으로는 모든 상품이 다른 상품을 사는 힘(직접적 교환 가능성)을 지닌다. 그런 의미에서 화폐는 특별한 것이 아니다. 금이 화폐가 될 수 있는 것은 그것이 투하된 노동에 의해 교환 가치를 지니기 때문이다. 이렇게 생각하게 되면, 화폐는 특별히 중요한 것이 아니다. 스미스나 리카도는 금 화폐를 특별한 것으로 본 중상주의자·중금주의자를 비웃었다. 그러나 화폐와 상품이 다르다는 것은 분명하다. 실제로 상품으로 다른 상품을 사는 것은 가능하지 않지만, 화폐라면 어떠한 상품이라도 살 수 있다. 즉 상품은 교환 가치를 갖지 않는 것이다. 그러면 화폐에게만 교환 가치가 있는 것은 왜인가? 맑스는 이것을 노동가치설에 기초하여 설명하고자 고심했다. 그러나 결국 잘 되지 않는다.

••••

고전파의 노동가치설을 비웃은 신고전파로부터도 나온다는 것에 주의해야 한다. 예를 들어 시장 사회주의를 주창한 O. 랑게(Oscar Lange, 1904~65)는 계획 경제에 의해 자원의 합리적 배분이 가능하다는 것을 보여주고자 했다. 그러나 그의 이론은 바로 왈라스(마리 발라, Marie Esprit Léon Walras, 1834~1910)의 일반 균형론에 기초하는 것일 뿐만 아니라 오히려 사회주의 경제에서야말로 일반 균형론이 참으로 실현된다고 하는 것이다. 랑게의 생각으로는 중앙 계획 당국이 일반 균형론에서의 경매인의 역할을 수행하는 것이며, 그것은 컴퓨터의 발전에 의해 더욱더 실현 가능해진다. 소련 붕괴 이후의 시장 사회주의자도 기본적으로 그렇게 생각하고 있다고 말할 수 있을 것이다. 그러나 그와 같은 계획이 가능한 것은 그 전체가 투명하게 통찰될 수 있는 닫힌 공간에서뿐이다. 맑스는 화폐가 공동체와 공동체 사이의 교역에서 시작된다는 것을 강조하고 있다. 하나의 '공동체' 내부에서는 본래 화폐가 필요 없다. 그러므로 하나의 공동체나 국가 속에서 화폐를 폐기하는 것은 오히려 용이하다. 그러나 그것은 화폐의 '지양'이 아니다. 국소적으로 화폐를 폐기하더라도 그것은 공동체 외부와의 교역에서 요구되며, 결국 그 내부에서도 암묵적으로 가치 척도로서 기능한다.

그러나 『자본』에서 그는 화폐의 일반적 구매력을 노동가치설과 관계없이 설명하는 데 성공한다. '가치를 바로 교환 가치로 만드는 가치 형태'를 도입함으로써 성공한 것이다. 뒤에서 상세히 말하겠지만, 모든 상품이 하나의 상품에 의해 가치 표현하는 형태가 그 하나의 상품(일반적 등가물)을 화폐이게끔 한다. 동시에 그 하나의 상품(=화폐)에 다른 상품을 사는 힘이 배타적으로 주어지는 한편, 그것 이외의 상품은 다른 상품과 직접적으로 교환하는 힘을 방기한다. 다시 말하면 맑스는 노동 가치를 전제하지 않고서 어떤 물건을 화폐(교환 가치를 지니는)로 만든다든지 상품(교환 가치를 지니지 않는)으로 만든다든지 하는 것을 가치 형태—상대적 가치 형태와 등가 형태—에서 발견하고자 했던 것이다.

가치 형태론은 다음과 같이 전개되고 있다. 우선 '단순한 가치 형태'에서 상품 A의 가치는 상품 B의 사용 가치에 의해 표시된다. 그때 상품 A는 상대적 가치 형태, 상품 B는 등가 형태에 놓여 있다. 맑스는 단순한 가치 형태를 다음과 같은 예에서 보여준다.

(상대적 가치 형태)　　　　(등가 형태)

20자의 아마포　　＝　　한 벌의 저고리

이 등식이 보여주는 것은 20자의 아마포는 스스로에게 가치가 있다고 말할 수 없으며, 한 벌의 저고리와 등치된 후에야 비로소 그 자연 형태에 의해 가치를 보여줄 수밖에 없다고 하는 것이다. 한편 한 벌의 저고리는 언제라도 전자와 교환될 수 있는 위치에 존재한다. 등가 형태가 한 벌의 저고리에 대해 마치 그것 자신 속에 교환 가치(직접적 교환 가능성)가 내재해 있는 것처럼 보이게 하는 것이다. "상품이 등가 형태에 있다는 것은 그 상품이 다른 상품과 직접적으로 교환될 수 있는 형태에 있다고 하는 것이다."(『자본』 제1권, 제1편 제1장 제3절, 스즈키 외 옮김, 앞의 책) 화폐의 수수께끼는 이러한 등가 형태에 숨어 있다. 맑스는 그것을 상품의 페티시즘이라고 불렀다. 물론 이 단순한 등식에서는 한 벌의 저고리가 언제나 등가 형태로 있는 것이 아니다. 20자의 아마포도 역시 등가 형태에 설 수 있기 때문이다.

　　물론 아마포 20자=저고리 한 벌 또는 20자의 아마포는 한 벌의 저고리의 가치가 있다는 표현은 저고리 한 벌=아마포 20자 또는 한 벌의 저고리는 20자의 아마포의 가치가 있다는 역의 관계도 포함하고 있다. 하지만 그렇다고 하더라도 저고리의 가치를 상대적으로 표현하기 위해서는 이 등식을 역으로 해야만 하며, 그리고 그렇게 하면 곧바로 저고리 대신 아마포가 등가물이 된다. 따라서 동일한 상품이 동일한 가치 표현에서 동시에 양쪽의 형태로 등장할 수는 없는 것이다. 이 두 형태는 오히려 대극적으로 서로를 배제한다.

　　이제 어떤 상품이 상대적 가치 형태로 있는지, 그렇지 않으면 맞서 놓인 등가 형태로 있는지는 오로지 그것이 가치 표현에서 그때그때마다 차지하는 위치에 달려 있는데, 요컨대 그 상품이 자신의 가치가 표현되는 상품인가, 그렇지 않으면 자신에게서 가치가 표현되는 상품인가에 달려 있는 것이다. (『자본』 제1권, 제1편 제1장 제3절 A, 스즈키 외 옮김, 같은 책)

　　중요한 것은 어떤 물건이 상품인지 화폐인지는 그것이 놓인 '위치'에 따른다는 점이다. 어떤 물건이 화폐가 되는 것은 그것이 등가 형태에 놓이기 때문이다. 그 어떤 물건은 금이나 은이라 하더라도 상대적 가치 형태에 놓일 때는 상품이다. "상대적 가치 형태와 등가 형태는 서로 의존하고 교호적으로 제약하는 불가분의 요인이지만, 동시에 서로 배척하거나 대치되는 양 극단이다."(같은 곳) 단순한 가치 형태에 서는 아마포가 상대적 가치 형태에 있는 것인지 등가 형태에 있는 것인지가 결정될 수 없다. 구체적으로 말하자면, 아마포의 소유자가 아마포와 저고리를 교환했을 때 아마포로 저고리를 샀다고 생각한다 면 아마포는 등가물이지만, 다른 한편으로 저고리의 소유자는 저고리 로 아마포를 샀다고 생각할 수 있는데, 요컨대 저고리가 등가물이라고 말할 수 있는 것이다.

다음으로 형태 Ⅱ '확대된 가치 형태'는 다음과 같다.

(상대적 가치 형태)		(등가 형태)
	=	저고리 한 벌
	=	차 10파운드
	=	커피 40파운드
아마포 20자	=	소맥 1쿼터
	=	금 2온스
	=	철 ½톤
	=	그 밖의 상품

여기서 아마포는 저고리 이외의 많은 물건들과 교환된다. 그러나 이 경우에서도 아마포가 상대적 가치 형태에 있는 것인지 등가 형태에 있는 것인지는 아직 결정될 수 없다. 그것이 결정되는 것은 형태 Ⅲ, '일반적 가치 형태'가 형성될 때이다.

(상대적 가치 형태)		(등가 형태)
저고리 한 벌	=	
차 10파운드	=	
커피 40파운드	=	
소맥 1쿼터	=	아마포 20자
금 2온스	=	
철 ½톤	=	
A 상품 X량	=	
등등의 상품	=	

　이때 아마포는 일반적 등가물이 된다. 다시 말하면 그것만이 구매력 (직접적 교환 가능성)을 지닌다. 그와 더불어 다른 것들이 등가 형태에 설 수 없게 된다. 쉽게 말하자면, 화폐가 아닌 모든 상품은 구매될 수는 있어도 구매할 수는 없게 되는 것이다. 이러한 세 번째 형태의 형성은 홉스(Thomas Hobbes, 1588~1679)가 『리바이어던』에서 말한 사회 계약과 유사하다. 맑스 자신이 그것을 '상품 사이의 공동 사업'이라고 부르고 있다.

　네 번째 형태, 즉 '화폐 형태'는 '일반적 가치 형태'의 발전으로서 존재한다. 그러나 화폐 형태의 핵심은 이미 일반적 가치 형태에서 제시되어 있기 때문에 여기서는 서술하지 않는다. 중요한 것은 이와 같은 발전을 역사적인 발전으로 혼동해서는 안 된다는 점이다. 맑스는 그와 반대로 좀 더 발전된 형태가 덮어 감추고 있는 것을 초월론적=계보학적으로 거슬러 올라감으로써 발견하고 있다. 화폐 형태에서는 금이나 은만이 일반적 등가 형태의 위치를 점하며, 다른 모든 물건은 상대적 가치 형태에 놓인다. 그 결과 다음과 같이 생각되고 만다.

> 하나의 상품은 다른 상품들이 자신들의 가치를 전면적으로 이 하나의 상품으로 나타내는 까닭에 비로소 화폐가 된다고는 보이지 않고, 역으로 이 하나의 상품이 화폐인 까닭에 다른 상품들이 자신들의 가치를 일반적으로 이 하나의 상품으로 나타내는 것으로 보인다.
>
> 과정을 매개하는 운동은 운동 자체의 결과 속에서 사라져 버리고, 아무런 흔적도 남아 있지 않다. 상품들은 스스로는 아무것도 하지 않는데도 불구하고 자기 자신의 가치의 모습이 자기 바깥에 자신과 나란히 존재하는 상품체로서 완성되어 있는 것을 발견한다. 이들 사물, 즉 금이나 은은 땅속 깊은 곳에서 나온 채로, 동시에 모든 인간 노동의 직접적인 화신이다. 바로 이로부터 화폐의 마술이 생겨난다. (『자본』 제1권, 제1편 제2장, 스즈키 외 옮김, 같은 책)

화폐 형태가 없애 버리는 것은 가치 형태 자체라고 말할 수도 있다. 요컨대 어떤 사물을 화폐 또는 상품이게끔 하는 그 '형식'이 보이지 않게 되는 것이다. 그 결과 중상주의자나 중금주의자가 그러했듯이, 금 자체에 특별한 가치가 있다는 듯이 생각되고 만다. 한편 고전파 경제학자들(스미스, 리카도)은 그것을 부정하고, 각각의 상품에 내재적인 가치가 있으며, 화폐는 단지 그것을 표시하고 있을 뿐이라고 주장했다. 이러한 생각에 기초하여 리카도 좌파나 프루동은 화폐를 폐기하고 노동 증표나 교환 은행을 만들 것을 구상했다. 맑스가 말하는 화폐 형태에서 금이 리바이어던이라고 한다면, 고전파는 그와 같은 절대 왕권 체제를 무너뜨리고 그것을 이를테면 입헌 군주제로 만들었다고 말할 수도 있다. 나아가 그런 의미에서 사회주의자들은 상품의 민주주의 체제를 만들고자 했다고 해도 좋을 것이다. 요컨대 그들은 화폐=왕 없이 해결하고자 했던 것이다.

그러나 그것은 정말로 화폐=왕을 지양하는 것이 아니다. 예를 들어 절대 주권자(절대 왕정)를 무너뜨리고서 출현한 국민 국가에서 인민 주권이 주창되지만, 그와 같은 인민이 이미 절대 왕정에 의해 그 윤곽을 부여받은 것이라는 점이 망각되어 있다. 인민은 이미 국가의 인민인 것이다. 마찬가지로 상품을 남겨 두고서 화폐를 부정하는 것은 우스꽝스럽다. 상품도 화폐와 마찬가지로 가치 형태에서 비로소 존재하는 것이다. 따라서 고전파 경제학에서 화폐가 무시되고 있는 것은 화폐 형태, 즉 가치 형태가 무시되고 있는 것에 다름 아니다.

그런데 맑스가 가치 형태를 도입하는 계기가 된 것은 새뮤얼 베일리의 리카도 비판을 만난 일이었다고 해도 틀림이 없을 것이다. 리카도에 따르면 모든 상품에는 내재적인 가치가 있으며, 그 가치는 투하 노동 시간에 의해 결정된다. 그 경우 화폐도 금이고, 그 가치는 그 생산에 필요한 노동 시간에 의해 결정된다. 그것을 날카롭게 비판한 것이 베일리였다. 간단히 말하자면, 베일리의 생각에 상품의 가치는 다른 상품의 사용 가치에 의해 상대적으로 표현되는 것이고, 그것을 넘어선 '절대적 가치'는 없다. "가치는 무언가 절대적이고 내재적인 것을 지시하는 것이 아니라 두 개의 대상이 교환될 수 있는 상품으로서 서로에 대해 맺는 관계인 데 지나지 않는다." "가치는 둘 사이의 관계를 지시하는 것이고, 어떠한 상품에 대해서도——명시적으로든 암묵적으로든——다른 상품과의 관련 없이는 술어화될 수 없다." "가치를 무언가 내재적·절대적인 것으로 간주하는 생각이 생겨난 것은 다른 상품들

내지 화폐와의 항상적인 관련이라는 이러한 사정에서이다."(『리카도 가치론의 비판リカアド價値論の批判』, 스즈키 고이치로鈴木鴻一郎 옮김, 「세계고전문고」 제9권, 日本評論社) 특히 베일리의 다음과 같은 지적은 중요하다. "가치란 동시대 상품들 간의 관계이다. 왜냐하면 이와 같은 상품만이 서로 교환될 수 있기 때문이다. 그리고 우리가 어떤 시기의 하나의 상품의 가치를 다른 시기의 그것의 가치와 비교한다면, 그것은 단지 이 상품이 이들 서로 다른 시기들에 다른 어떤 상품에 대해 지니고 있던 관계를 비교하는 것에 지나지 않는다."(같은 책) 이것은 상품들이 그때마다 이를테면 공시적으로 하나의 관계 체계를 이룬다는 것을 의미한다.

맑스가 이와 같은 비판에 크게 흔들렸다는 것은 의심할 수 없다. 사실 『자본』에서 그는 각 상품의 가치를 곧바로 노동 가치로 환원하지 않고, 그것을 다른 상품과의 관계로부터 생각하고자 했다. 그것은 어떤 의미에서 사용 가치(효용)로부터 출발하는 것이다. 하지만 화폐에 주목하고 있는 맑스의 관점에서 보면, 베일리도 고전파와 마찬가지로 화폐를 무시하고 있다. 베일리는 하나의 단순한 사실을 잊고 있었다. 그것은 상품과 상품은 직접 관계할 수 없다는 것, 모든 상품이 서로 관계하는 것은 화폐를 매개로 함으로써만 가능하다는 것이다. 베일리에게 있어 사람들이 어떤 상품을 화폐와 교환할 때, 그것은 금이라는 상품과 교환하는 것과 동일한 것이라고 간주된다. 이때 금이 상품이 아니라 화폐라는 것이 무시된다. 베일리는 금이든 무엇이든 어떤 사물이 화폐인 것은 그것이 일반적 등가 형태(또는 화폐 형태)에 놓이기 때문이라는 것을 보지 못했다. 상품의 관계 체계는 다양한 상품이 직접 서로 관계하는 것이 아니라 일반적 등가물인 하나의 상품과의 관계에 의해 구성된 것인 것이다.

베일리의 생각은 내재적인 노동 가치를 부정하고, 사용 가치(효용)로부터 출발하여 가격 체계의 균형을 상정한다는 의미에서 신고전파의 시조——다만 부당하게도 그들에 의해 인지되고 있지 않다——라고 해야 한다. 고전파만이 아니라 그들의 노동가치설을 형이상학으로서 부정한 신고전파 경제학자들도 교환이 화폐를 통해 이루어지지 않을 수 없다는 것을 중시하지 않았다. 그들에게 있어 화폐는 가치 척도 또는 교환 수단일 뿐이다. 그와 같은 '화폐의 중립성' 하에서 왈라스의 일반 균형 이론이 성립한다. 신고전파 경제학자들은 시장을 한 사람의 경매인 하에서 상품의 가격이 조정되는 장으로 간주한다. 그러나 실제의 시장에서는 동시에 매매가 이루어지는 것이 아니다. 맑스가 말했듯이 화폐가 저장되는 것에 의해 판매와 구매는 분리되는 것이다. 일반 균형 이론은 화폐를 중립화(=무화)시킴으로써 성립하는 추상적인 가설에 지나지 않는다. 반反고전파 혹은 반맑스파 경제학자들 가운데 빅셀(Johan Gustaf Knut Wicksell, 1851~1926)은 화폐의 중립성을 의심하는데, 그는 시장 이자율과 자연 이자율의 괴리가 누적적으로 가격 하락을 불러일으킨다는 것, 다시 말하면 화폐 경제가 본래적으로 불균형적이라는 사실을 보여주었다(『국민경제학 강의』). 또한 하이에크(Friedrich August von Hayek, 1899~1992)도 시장이 일반 균형 이론으로 정리되지 않는 분산적(disperse)이고 경쟁적인 장이라는 것을 지적하고 있다.

그러나 화폐의 중립성을 부정한 것은 맑스가 최초이다. 일반적 등가 형태가 생겨나는 '가치 형태 Ⅲ'과 관련하여 맑스는 상품의 가치 체계가 자기 언급적인 체계를 이룬다는 것을 지적하고 있다. "그것은 마치 무리를 이루어 동물계의 갖가지 유類, 종種, 아종亞種, 과科 등등을 형성하는 사자와 호랑이, 토끼와 그 밖의 모든 현실의 동물들과 나란히,

또한 그것들 외에도 여전히 동물이라는 것, 즉 동물계 전체의 개체적 화신이 존재하고 있는 것과 같은 것이다.'(『자본』 초판) 맑스는 여기서 집합론의 패러독스 또는 자기 언급적인 패러독스와 동일한 것을 시사하고 있다. 고전파나 신고전파가 화폐를 단순한 매체로 간주했다고 하는 것은 화폐를 메타 차원에 두고 상품의 대상 차원(object level)으로부터 구별했다는 것을 의미한다. 그러나 이와 같은 '논리적 유형화'(logical typing)는 유지될 수 없다. 왜냐하면 이자율의 변동이 보여주듯이 화폐가 상품으로서 취급되는 경우, 메타 차원에 있는 것(class)이 대상 차원(member)으로 하강하는 사태가 생겨나기 때문이다. 고전파도 신고전파도 화폐를 중립화=소거했지만 그러한 것은 가능하지 않은 것이다.

맑스가 가치 형태론을 도입함에 있어 종래의 사고와 단절한 것은 이미 분명하다. 거기에는 커다란 전회가 놓여 있다. 오히려 이것이야말로 '코페르니쿠스적 전회'라고 불러야 하는 것이다. 그 의의는 단순한 경제학 문제에 머물 수 없다. 베일리의 리카도 비판은 맑스에게 있어 칸트로 하여금 '교조주의의 선잠에서 깨어나게 했다'고 하는 흄의 비판과 유사하다. 요컨대 리카도가 교조주의적(합리주의적)이라고 한다면, 베일리는 흄——흄 자신의 경제 이론과는 별도이다——과 같이 회의주의적(경험주의적)인 것이다. 그 경우 칸트는 합리주의에도 경험주의에도 서지 않고 그러한 사고들에서 선행해 있되 의식되고 있지 않은 '형식'을 보고자 했다. 그것이 초월론적인 거슬러 올라감이다. 마찬가지로 맑스는 베일리의 리카도 비판을 받아들였지만, 동시에 베일리도 비판한다. 그는 발전된 자본제 경제의 현실로부터 출발한 리카도나 베일리가 전혀 보지 못하는 가치 형태, 즉 어떤 물건을 화폐나 상품이게끔 하는 '형식'(가치 형태)으로 거슬러 올라갔던 것이다.

되풀이 하자면, 맑스의 생각에서 어떤 사물, 예를 들어 금을 화폐이게끔 하는 것은 금이라는 물질의 성질이 아니다. 금이 화폐인 것은 그것이 화폐 형태(일반적 등가 형태)에 놓여 있기 때문이다. 물론 그것은 금이 아니라도 좋다. 맑스가 발견한 것은 사물을 화폐이게끔 하는 '형식', 또는 사물을 상품이게끔 하는 형식인 것이다. 그때 지금까지 모호하게 되어 있던 많은 사항들이 선명해진다. 예를 들어 고전 경제학에서는 사물(또는 서비스)과 상품이 구별되지 않았다.[4] 그것은 또한 사물과 사용 가치가 구별되지 않는다는 것이기도 하다. 맑스도 종래의 관용에 반쯤은 따르고 있다. 그러나 엄밀하게 말하자면, 사물은 사용 가치가 아니다. 가치 형태에서 하나의 상품의 가치는 다른 상품의 사용 가치에 의해 제시된다. 그 경우 사용 가치란 가치의 소재적 형식이다. 예를 들어 언어학에서는 음성과 음운이 구별된다. 음성이 물리적인 것인 데 반해, 음운은 시니피앙, 요컨대 의미 작용의 '소재적 형식'이다. 이런 의미에서 가치 형태의 도입 이후, 상품이나 화폐가 아니라 그것들을 상품이나 화폐이게끔 하는 언어적인 형식으로 거슬러 올라

••••

4_ 고전파는 재화(또는 그 생산)와 상품(또는 그 생산)을 구별하지 않는다. 그것들을 구별하지 않는다는 것은 자본주의적 상품 경제에 의해 조직된 생산과 그렇지 않은 사회적 생산을 구별하지 않는 것이다. 다른 관점에서 말하자면 고전파는 결국 모든 생산이 자본제 생산이 된다고 가정하고 있었다고 할 수 있을 것이다. 물론 그와 같은 가정은 잘못이다. 자본제적 상품 경제는 세계적인 분업 체계를 형성한다 하더라도 결국 생산 전체를 뒤덮는 것이 아니다. 그것은 다만 비자본제적 생산이나 비상품 생산에도 자본제적 생산의 '의제擬制'를 부여할 뿐이다. 예를 들어 맑스는 다음과 같이 말하고 있다. 독립적인 소농은 "자기 자신을 노동자로서 충당하는 자기 자신의 고용자(자본가)로 간주되고, 또한 자기 자신을 자기의 차지 농업자로서 충당하는 자기 자신의 토지 소유자로 간주된다. 그는 임금 노동자로서의 자신에게는 노임을 지불하고, 자본가로서의 자신에게는 이윤을 청구하며, 토지 소유자로서의 자신에게는 지대를 지불한다."(『자본론』 제3권)

갔다고 말할 수도 있을 것이다.

칸트는 경험주의자가 출발하는 감각 데이터는 이미 감성의 형식에 의해 구성된 것이라고 말했다. 그리고 우리가 아는 것은 그와 같은 '현상'이지 사물 자체가 아니라는 것이다. 마찬가지로 맑스가 명확히 한 것은 고전파 경제학이 가치 형태에 의해 구성된 세계를 대상으로 하고 있을 뿐이라는 사실이다. 상품 경제는 상품 형태를 취하는 한에서의 사물 또는 그 생산을 조직하는 것이다. 상품 경제가 아무리 확대되더라도 끝까지 거기에 들어가지 않는 것이 남는다. 실제로 자본주의적 상품 경제는 그 '한계'를 그것이 생각하는 대로 조직할 수 없는 것에서 발견한다. 나중에 말하게 되듯이 그것은 산업 자본이 의거하면서도 스스로 만들어낼 수 없는 외부, 즉 자연 환경과 인간이다.

따라서 『자본』에서의 가치 형태의 도입은 맑스에게 있어 획기적인 태도의 변경이다. 헤겔적인 변증법적 발전이라는 서술 체재는 남아 있지만, 맑스가 이루고자 한 것은 현재의 의식에 있어 자명하게 되어 있는 것을 뒤집어엎는 그러한 초월론적인 거슬러 올라감에 다름 아니다. 다른 관점에서 말하자면, 맑스의 태도 변경이란 사물이 아니라 사물이 놓이는 관계의 장을 우위에 두는 일이다.

3. 자본의 충동

맑스의 가치 형태론은 화폐의 역사적 기원을 논의한 것이 아니다. 그것은 화폐에 의한 교환을 초월론적으로(거슬러 올라가는 방식으로)

고찰한 것이다. 예를 들어 애덤 스미스는 화폐의 기원을 물물 교환(barter)에서 찾아내고, 다음과 같이 말하고 있다.

> 이렇게나 많은 이익을 낳는 이 분업은 본래 그것에 의해 생겨나는 사회 전반의 부유함을 예견하고 의도한 인간의 지혜의 소산이 아니다. 분업이라는 것은 이러한 넓은 범위에 걸친 유용성에 대해서는 무관심한, 인간의 본성에서의 어떤 성향, 즉 어떤 물건을 다른 물건과 거래하고 교역하고 교환하고자 하는 성향의 완만하고 점진적이긴 하지만 필연적인 귀결인 것이다. 도대체 이 성향은 이 이상으로는 설명될 수 없는, 인간에게 갖추어져 있는 본능의 하나인 것인가, 그렇지 않으면, 아마도 이쪽이 한층 더 확실해 보이지만, 이성과 언어라는 인간 능력의 필연적인 귀결인 것인가? 이 문제는 우리의 당면한 연구 주제에는 들어오지 않는다. 이 성향은 모든 인간에게 공통된 것으로 어떠한 다른 동물에게서도 발견되지 않는 것이다. (『국부론國富論』, 제1편 제2장, 오코치 가즈오大河内一男 옮김, 中公文庫)

그러나 물건과 물건의 교환이 반드시 화폐 경제를 초래하는 것은 아니다. 그것은 예를 들어 증여와 답례라는 호수제에 의해서도 이루어지기 때문이다. 그리고 호수제에 의한 교환과 화폐 경제에 이르는 교환은 근본적으로 이질적이다. 후자에서는 물건과 물건이 교환되는 듯이 보일지라도, 실제로 그것들은 가치 형태 하에 있다. 요컨대 물물 교환에서 사실상 어떤 물건이 등가물로 간주되는 것이다. 거기서는 비대칭적인 가치 형태──상대적 가치 형태와 등가 형태──가 존재한다. 그러나 그 발전으로서의 화폐 형태는 역으로 그것을 잊어버리게 만든다. 그리고 그로부터 역사적으로 거슬러 올라가 발견되는 기원으로서의 물물 교환이라는 것은 그와 같은 가치 형태에 대한 망각에 기초하고 있다.

맑스가 의심한 것은 이러한 기원론——스미스와 동시대에 루소나 헤르더 등의 언어 기원론이 많이 저술되고 있다——이 가지고 있는 전제들이다. 스미스가 생각하는 물물 교환은 이미 자본제 시장 경제로부터 생각된 모습이다. 거기서는 화폐라는 매개를 통해 물건이나 서비스가 교환되고 있는 것으로 보인다. 그 경우 화폐가 그 자체로 금(금속)이라면, 그와 같은 교환은 물물 교환에 다름 아닐 것이다. 스미스가 화폐의 기원에서 물물 교환을 찾아낼 때, 그것은 각각의 상품에는 노동 가치가 내재하고 화폐는 그것을 표시하는 데 지나지 않는다는 그의 견해와 동일한 것이다. 하지만 이 견해는 상품과 화폐의 교환에 존재하는 관계의 비대칭성을 은폐한다. 화폐 형태에 서는 자와 상품 형태에 서는 자의 관계는 대칭적이지 않다. 그리고 이 비대칭성이 역력하게 나타나는 것은 산업 자본주의 단계에서이다. 즉 그것은 노동력이라는 상품밖에 갖지 못한 자(임노동자)와 그것을 사는 화폐를 가진 자(자본가)의 관계이다. 그것은 상호 자유로운 법적 계약 관계이지 봉건적 지배 관계가 아니다. 그러나 산업 자본주의적 경제에서의 계급 관계는 바로 판매와 구매, 상품과 화폐(자본)의 비대칭적 관계(형식)에 의해 형성된다. 스미스는 화폐의 기원을 논의하면서 그 논의를 통해 교환 관계의 대칭성을 영구적인 자연 형태(본능)인 것 같은 인상을 주고 있다. 그에 반해 맑스는 경험적·역사적으로 거슬러 올라가는 것이 아니라 초월론적으로 거슬러 올라감에 의해 가치 형태, 즉 상대적 가치 형태와 등가 형태를 발견했다. 그것은 다시 말하면 상품 교환이 결코 대칭적인 관계일 수 없다는 것이다.

맑스는 이후 '교환 과정'이라는 장에서 상품 교환의 발생을 역사적으로 고찰하고 있는 것으로 보인다. 거기서 맑스가 말하는 것은 그 발생이 공동체와 공동체 사이에서 시작된다는 점이다. "상품 교환은 공동체가 끝나는 곳에서, 즉 공동체가 다른 공동체 또는 그 구성원과 접촉하는 지점에서 시작된다. 그러나 물건은 그것이 일단 공동체의 대외 생활에서 상품이 되면 곧바로 반작용하여 공동체의 대내 생활에서도 상품이 된다."(『자본』 제1권, 제1편 제2장, 스즈키 외 옮김, 앞의 책) 그러나 이것은 역사적이라기보다는 초월론적인 고찰이다. 왜냐하면 이것은 단지 태고에만 생겨난 것이 아니라 현재도 진행되고 있는 일이기 때문이다. 이 '공동체'는 가족, 부족에서 국가에 이르기까지 다양한 차원에서 생각된다.

상품 교환이 공동체와 공동체 사이에서 시작된다는 것은 무엇을 의미하는 것일까? 첫째로 그것은 공동체 안에서의 '교환'과는 다르다는 것이다. 공동체에서 교환의 원리는 증여-답례의 호수성이다. 예를 들어 현재 상품 경제가 가장 진전된 나라에서도 가족 내부에 분업은 있어도 상품 교환은 없다. 거기에서는 '사랑'이라 불리는 증여의 호수성이 작용하고 있다. 둘째로 그것은 공동체와 공동체 사이의 접촉에서 생기는 폭력적인 강탈과 다르다는 것이다. 이 증여와 강탈은 상품 경제 이전에는 일반적인 것이고, 상품 교환은 단지 주변적인 것에 머문다.

칼 폴라니(Karl Polanyi, 1886~1964)는 시장 경제 이전의 교환에서 증여의 호수성과 재분배가 중요했다고 말한다(『거대한 전환』). 그러나 '재분배'란 본래 강탈의 하나의 형태이며, 계속적으로 강탈하기 위해 이루어진다. 예를 들어 봉건 영주는 농촌 공동체 위에 있으면서 농촌 공동체로부터 생산물을 강탈하지만, 그것을 지속하기 위해서는 지나치게 빼앗아서는 안 되고, 농민을 외적으로부터 보호하며, 그들에게는 가능하지 않은 관개나 그 밖의 '공공적' 사업을 하지 않으면 안 된다. 그러므로 농민이 연공年貢을 바치는 것은 마치 답례나 의무인 것처럼 표상된다. 즉 강탈은 호수성의 형태를 가장하는 것이다. 이러한 '재분배' 형태는 절대주의 왕권 국가나 국민 국가의 형태에서도 본질적으로 변하지 않는다. 국가 기구는 거두어들인 세금을 재분배함으로써 계급 대립을 완화하거나 실업 문제를 해결하고자 한다. 하지만 그것도 자주 국가나 정치가에 의한 '증여'로서 받아들여진다.

강탈은 강제적이지만, 증여의 호수성에도 또 다른 강제력이 존재한다. 증여는 증여 받은 자에게 답례할 것을 강요한다. 예를 들어 포틀래치(potlatch)⁵에서 전형적으로 보이는 예이지만, 상대에게 어쩔 수 없이 증여하고 증여 받은 쪽은 그에 대해 배가 되는 답례를 한다. 이러한 강제력은 교환에서의 계약 이행을 강요하는 힘과는 다르다. 그 힘은 인류학자가 그것을 발견한 지역에서 마나(mana)⁶라든가 하우(hau)⁷라고 불리는데, 심리적인 채무 감정이다. 기능주의적인 인류학자는 그와 같은 증여의 호수성이 결과적으로 교환을 가져온다고 해석하고 있지

• • • •

5_ [옮긴이] 북미 태평양 연안의 원주민 사회에서 보이는 관습의 하나로서 의례적인 선물 경쟁, 즉 갚을 수 없을 정도의 과도한 증여로서 상대를 강제적으로 복종시킴으로써 명예를 얻으려고 하는 행위이다. 그것은 상대를 지배하기 위해 행해지는 것이 아니다. 공동체의 위신을 지키기 위해서, 다시 말하면 다른 공동체의 위협에서 해방되기 위해서 행해지는 것이다. 그것은 또한 공동체 내부의 동일성을 강화하기 위한 것이기도 하다.

6_ [옮긴이] 폴리네시아 원주민의 말로서 주술력 내지 비인격적인 초자연력 또는 그에 따르는 명예와 권위 등을 가리킨다.

7_ [옮긴이] 뉴질랜드의 원주민 마리오족의 언어로서 주력呪力, 즉 무생물이나 식물에 깃든 영과 힘을 말한다.

만, 그 동기는 상품 교환과는 전적으로 다르다. 상품 생산이 생산 일반의 일부이듯이, 상품 교환은 교환 일반의 일부여서 전 영역을 뒤덮는 것일 수는 없다. 그것이 노동력을 상품화함으로써 사회적 심부에 미치는 자본제 경제에 이르러서도 여전히 그렇다. 강탈과 증여라는 교환 형태는 상품 생산과 교환이 구석구석까지 침투한 것처럼 보이는 상태에서도 존속한다.

이른바 맑스주의자는 경제적인 것이 토대적 하부 구조이고, 국가나 네이션은 상부 구조라는 견해를 취해 왔다. 그에 대해 상부 구조에는 상대적인 자율성이 있으며, 그것 자체의 형식을 찾아내야 한다는 비판이 이루어진다든지 하기도 했다. 그러나 애초에 그와 같은 '역사적 유물론'의 견해는 조금도 맑스적이지 않다. 예를 들어 자본주의적 경제는 하부 구조일까? 화폐와 신용의 세계는 경제적이라기보다는 종교적인 환상적 구조가 아닐까? 우리는 지금도 그것에 휘둘리고 있다. 역으로 말하자면, 국가나 네이션도 종교적인 환상이라 하더라도, 그것들이 불가피하게 존재하는 것은 자본과 마찬가지로 그것들에게 있어서도 현실적으로 불가피한 기반이 있기 때문이 아닐까? 그러므로 아무리 국가나 네이션이 환상(가상)이라고 이야기한다 하더라도, 결코 그것을 해소할 수 없는 것이다. 자본과 국가와 네이션은 각기 다른 '교환'의 원리에 기초하는 것이라고 생각되어야 한다. 그것들이 구별되지 않는 것은 부르주아적인 근대 국가에서 그것들이 삼위일체(trinity)가 되었기 때문이다. 먼저 그것들의 '교환' 원리를 구별하는 데서 시작하도록 하자. 그것은 국가와 네이션을 역사학적으로 보는 것이 아니라, 교환 형태로서 초월론적으로 거슬러 올라가는 데서 보는 것이다. 그때 우리는 이미 보았듯이 세 가지 교환 형태(증여의 호수제, 수탈과 재분배, 화폐에 의한 상품 교환)를 발견한다. 나아가 또 하나의 교환 형태가 있는데, 우리는 그것을 어소시에이션이라고 부른다. 이것은 앞의 교환 형태들과는 다른 원리에 기초한다. 왜냐하면 어소시에이션에서의 교환은 국가나 자본과 달리 비착취적이고, 또한 농업 공동체와 달리 그것의 호수제는 자발적인 동시에 비-배타적(개방적)이기 때문이다.

앞의 세 가지 '교환' 원리 가운데 근대에 들어서서는 상품 교환이 확대되어 다른 교환을 압도했다고 말할 수 있다. 그러나 그것은 전면화될 수 없다. 첫째로 그것은 맑스가 말하듯이 '계약이라는 형태를 취하는 법 관계'(『자본』 제1권, 제1편 제2장)이어서 이미 계약 이행을 폭력적으로 보증하는 국가를 전제한다. 둘째로 그것은 공동체를 완전하게는 해체할 수 없다. 예를 들어 상품 교환은 가족을 시장 경제화 할수 없으며, 가족에 의존할 수밖에 없다. 또한 농업 같은 것도 자본주의화가 완전하게는 가능하지 않다. 자본제 경제는 인간과 자연의 생산에 관해서는 가족이나 공동체에 의거할 수밖에 없으며, 그런 의미에서 비자본제 생산을 근본적으로 전제한다. 그런 까닭에 이러한 형태들은 아무리 자본제 시장 경제가 전 지구화 된다 하더라도 잔존한다. 우리는 나중에 국가와 네이션에 대해 논하겠지만, 여기서는 자본·국가·네이션이 각각 '교환'의 상이한 형태에 뿌리박고 있다는 사실을 지적해 두는 데 그친다. 왜냐하면 이러한 좁은 의미의 교환에 존재하는 어려움을 해명하는 것이 먼저 이루어져야만 하기 때문이다.

애덤 스미스는 상품 교환과 교환 일반을 구별하지 않았다. 그것은 또한 상품 교환에 의한 '사회적 분업'과 공동체 내부의 분업을 동일시한다는 것을 의미한다. 그것은 시장 경제의 원리를 초역사적인 원리로 삼는 것이다. 그것에 이의를 제기하는 자는——폴라니도 그 가운데 한 사람이다——상품 교환 이외의 교환 형태를 내놓는다. 예를 들어 레비스트로스나 바타유(Georges Bataille, 1897~1962)는 교환을 넓은 의미로 이해하려고 했다. 레비스트로스는 친족의 구조를 여자의 교환에서 생각했다. 바타유에 따르면 증여도 역시 교환의 하나의 형태이고, 또한 상품 경제는 '일반 경제학'의 일부에 지나지 않는다.[8] 그러나 그렇게 말하는 것은 다만 자본제 시장 경제의 역사성과 부분성을 보여줄 뿐이며, 상품 교환 자체에 존재하는 문제를 보는 것이 아니다.

상품 교환은 합의에 따른 것임에도 불구하고 계급 관계를 초래한다. 그러나 그것은 강탈에 기초하는 계급 관계와는 다른 것이다. 자본제 경제에서의 계급 관계는 상품(소유자)과 화폐(소유자)의 관계에서 유래한다. 그것은 상품과 상품이 교환되지 않으며, 어떤 등가물(화폐) 없이 그것들이 서로 교환되지 않는다는 것에 따른 것이다. 따라서 상품을 가진 자와 화폐를 가진 자의 입장은 근본적으로 다르다. 이리하여 맑스는 그것을 상품 소유자나 화폐 소유자가 아니라 상품이나 화폐를 그와 같은 것이게끔 하는 가치 형태로 거슬러 올라가 살펴보는 것이다. 각각의 사람은 상품 소유자가 되거나 화폐 소유자가 될 수 있다. 하지만 상품과 화폐(상대적 가치 형태와 등가 형태)라는 관계는 변하지 않는다. 자본은 자기 증식하는 한에서 자본이다. 그것은 인간적

••••

8_ 자본제 경제를 그 이전의 원리에 의해 극복할 수는 없다. 언뜻 보아 시장 경제의 원리에 이의를 제기하는 것으로 보일 때, 그것은 자본제 경제의 어떤 단계적인 국면을 이데올로기적으로 지원하고 있을 뿐이다. 예를 들어 바타유는 전후 아메리카에 의한 해외 원조(마셜 플랜)를 '탕진'으로서 보았다. 그가 말하는 '일반 경제학'은 미개 사회를 설명하기 위해서보다는 사실상 국가에 의한 케인스주의적인 경제 개입을 근거지우기 위해 생각되었던 것이다. 한편, 미개 사회에서의 '증여' 시스템에 대해 획기적인 고찰을 행한 인류학자 마르셀 모스(Marcel Mauss, 1872~1950)는, 다른 한편으로 거기서 협동조합적인 사회의 원리를 끄집어내고자 했다. 이 점에 대해서는 제2부 제4장에서 논의한다.

'담지자'가 누구이든, 그들이 어떻게 생각하든 관철되지 않으면 안 된다. 그것은 개개인의 욕망이나 의지와는 관계가 없다.[9] 여기서 『자본』 서문의 말을 다시 한 번 인용하고자 한다.

> 어쩌면 오해할지도 모르기 때문에 한마디 해두기로 하자. 나는 자본가나 토지 소유자의 모습을 결코 장밋빛으로 그리지 않는다. 그리고 여기서 문제가 되는 것은 경제적 범주(카테고리)의 인격화인 한에서의, 일정한 계급 관계와 이해관계의 담지자인 한에서의 인간에 지나지 않는다. 경제적 사회 구성의 발전을 자연사적 과정으로서 파악하는 나의 입장은 다른 어떤 입장보다도 더 개인을 관계들에 책임이 있다고 생각하지 않는다. 개인은 주관적으로는 어느 정도 관계들을 초월하고자 하더라도 사회적으로는 역시 관계들의 산물이다. (『자본』 제1권, 「제1판 서문」, 스즈키 외 옮김, 앞의 책)

개개인은 여기서 주체일 수 없다. 하지만 개개인은 화폐라는 범주의 담지자로서는 주체적(능동적)일 수 있다. 그런 까닭에 자본가는 능동적이다. 하지만 자본의 잉여 가치는 총체로서의 임노동자가 스스로가

....

9_ 맑스가 자본가를 '자본'의 인격적 담지자로 본 것은 주식회사가 일반화하는 시기에 더욱 중요하다. 주식회사에서는 자본과 경영, 자본가(주주)와 경영자의 분리가 생겨난다. 그 결과 경영자는 자신을 단지 복잡한 일을 하는 노동자로 간주하게 된다. 그러나 '주관적'으로 어떻게 생각하든지 간에 그들은 자본의 자기 증식을 위해 활동해야만 하며, 그렇지 않으면 해고될 것이다. 그것은 또한 '주관적'으로는 이윤이나 착취를 부정하고 있는 '사회주의 국가'의 당 관료에 대해서도 타당하다.

만든 물건을 되사는 것에 의해서만 실현된다. 요컨대 자본은 '파는 입장'에 한 번은 서야만 하고, 그때는 '사는 입장'에 선 임노동자의 의지에 종속된다. 여기에는 '강탈'과 관련된 헤겔의 '주인과 노예'의 변증법과는 다른 변증법이 존재한다. 신고전파 경제학자는 이러한 역전을 내포한 범주적 관계를 보지 못하고, 단지 소비자와 기업을 경제 주체로서 상정한다. 마치 소비자의 수요에 대해 기업이 어떻게 대응하는가가 시장 경제의 핵심이라는 듯이 말이다. 그것은 생산 과정에서의 계급적 지배밖에 보지 못하는 많은 맑스주의자와 나쁜 대조를 이루고 있다.

고전파든 신고전파든 경제학자는 사람들이 각자의 이익(이윤 또는 효용)을 최대한으로 만들려고 행동할 때, 그것이 어떠한 사회적 균형을 가져오는지를 밝히는 것을 과제로 삼고 있다. 기본적으로 그것은 '시장 경제' 틀의 문제이지 자본주의가 무엇인지를 묻는 것이 아니다. 그들은 그 이익을 최대한으로 추구하는 개인이나 기업에서 출발한다. 그러나 이와 같은 개인들은 상품 경제 안에서 생겨난 것이자 역사적인 존재이다. 그들의 '욕망' 자체가 이미 매개되어 있다. 그 점을 보기 위해서는 발달한 산업 자본이 아니라 그 이전의 자본 형식으로 거슬러 올라가지 않으면 안 된다.

고전 경제학이 화폐를 무시한 것은 그 이전의 중상주의가 무역에 의한 화폐의 축적을 목표로 했기 때문이다. 화폐는 언제든지 그 무엇과도 직접적으로 교환할 수 있는 권리를 준다. 그런 까닭에 사람들은 화폐를 가진 입장에 서고자 한다. 거기에 화폐의 물신숭배가 존재한다. 그러나 이러한 중금주의의 환상을 비판하는 것이 맑스의 과제는 아니었다. 고전 경제학자가 이미 전 시대의 중상주의에 기초하는 화폐 물신적 사고를 비웃으며 비판했기 때문이다. 맑스는 고전 경제학이 그때까지 화폐를 중시한 중상주의의 생각에 반대하고, 상품의 가치를 생산 과정에서 보려고 한 점을 위대한 업적이라고 인정한다. 그럼에도 불구하고 맑스는 오히려 화폐의 수수께끼를 고집하고 있었다.『경제학 비판』에서 맑스는 다음과 같이 쓰고 있다.

사회적 생산 관계가 대상이라는 형태를 취하고, 그 때문에 노동에서의 사람과 사람의 관계가 오히려 사물들의 관계 및 사물이 사람에 대해 취하는 관계로서 표시된다는 것, 이것을 흔해빠진 자명한 것으로 생각하게 하는 것은 다름 아닌 일상생활의 습관이다. 상품의 경우에는 이와 같은 신비화가 아직은 대단히 단순하다. 교환 가치로서의 상품들의 관계는 오히려 사람들의 그들 상호 간의 생산 활동에 대한 관계라는 생각이 많든 적든 모두의 머릿속에 존재한다. 좀 더 고도의 생산 관계들에서는 단순하게 보이는 이러한 외관도 자취를 감춰버린다. 중금주의의 모든 착각은 화폐를 하나의 사회적 생산 관계를 표시하는 것이라고 간주하지 않고 일정한 속성을 지니는 자연물이라는 형태에서 본 데서 유래한다. 중금주의의 착각을 비웃는 요즈음의 경제학자들도 그들이 좀 더 고도의 경제학 범주들, 예를 들어 자본을 다루는 단계가 되면 곧바로 동일한 착각에 빠져 있다는 것을 속속들이 드러내고 만다. 그들이 서툴게나마 간신히 물건으로서 포착했다고 금방 생각한 것이 곧바로 사회관계로서 보이고, 겨우 사회관계로서 고정해 둔 것이 또다시 물건으로서 그들을 우롱하려드는 경우에 보이는, 그들의 소박한 경탄의 고백 속에서 뜻밖에도 그들의 착각이 폭로되어 있다. (『경제학 비판』, 앞의 책)

고전 경제학자에게 있어 '화폐의 마력'은 사라졌다. 화폐는 그들에게 있어 상품의 내재적인 가치(노동 시간)를 표시하는 척도이거나 유통 수단에 지나지 않았다. 따라서 고전 경제학자들은 시장에 의한 재화·서비스의 생산과 교환의 조정을 중시한다. 그러나 이것은 자기 증식하는 화폐로서의 자본의 '신비'를, 또는 자본주의의 근본적인 동력을 보지 못하는 것이다. 나아가 그것은 사는 입장에 있는 자본과 노동력 상품을 파는 수밖에 없는 임노동자의 비대칭적인 계급 관계를 보지 못한다. 또한 그것은 자본이 자기 증식적이기 때문에 한 번은 반드시 '파는' 입장에 서지 않으면 안 되는 데서 생겨나는 '위기'를 보지 못한다.

맑스가 유통에 관해 말하고 있는 것을 요약하자면 다음과 같다. 상품 W-화폐 G-상품 W′라는 유통 과정에서 W-G(판매)와 G-W′(구매)가 분리되어 있다는 것, 그 때문에 교환의 범위가 시간적·공간적으로 무한하게 확대될 수 있다는 것, 그러나 이 과정에는 언제나 W-G 또는 W′-G(이 과정에 포함되는 반대 과정으로서의 판매)에 '목숨을 건 도약'이 존재하는 까닭에 '공황의 가능성'이 있다는 것 등이다. 유통이 W-G-W′로 표시된다면, 그 과정은 동시에 G-W와 W′-G라는 반대 과정을 포함하고 있다. "화폐 운동은 상품 유통의 표현에 지나지 않지만, 역으로 상품 유통은 화폐 운동의 결과로서만 나타난다."(『자본』제1권, 제1편 제3장 제2절 b, 사키사카 옮김, 앞의 책) 따라서 W-G-W′와 G-W-G′는 동일 과정의 표리 관계에 있는 것처럼 보여도 결정적으로 다르다. 그 주도권은 화폐(소유자)에게 장악되어 있다.

되풀이해서 말하지만, 자본이란 G-W-G′(G+ΔG)라는 운동이다. 통속 경제학에서 자본이란 자금을 말한다. 그러나 맑스에게 있어 자본이란 화폐가 생산 시설·원료·노동력, 그 생산물, 또다시 화폐로 '변태해 가는' 과정의 총체를 의미한다. 이 변태가 완성되지 않으면, 요컨대 자본이 자기 증식을 완성하지 않으면, 그것은 자본이 되지 못한다. 그러나 다른 한편으로 이 변태 과정은 상품 유통으로서 나타나기 때문에 거기에 은폐되어 버린다. 따라서 고전파나 신고전파 경제학에서 자본의 자기 증식 운동은 상품의 유통이나 재화의 생산=소비 안으로 해소되어 버린다. 산업 자본의 이데올로그는 '자본주의'라는 말을 싫어하여 '시장 경제'라는 말을 사용한다. 그들은 그렇게 함으로써 마치 사람들이 시장에서 화폐를 통해 물건을 서로 교환하고 있는 것처럼 표상한다. 이 개념은 시장에서의 교환이 동시에 자본의 축적 운동이라는 것을 은폐하는 것이다. 그리고 그들은 시장 경제가 혼란할 때, 그 혼란을 초래하는 것으로서 투기적인 금융 자본을 규탄하기도 한다. 마치 시장 경제가 자본의 축적 운동의 장에서는 없는 것처럼 말이다.

그러나 재화의 생산과 소비로서 보이는 경제 현상에는 그 이면에 근본적으로 그것과는 이질적인 어떤 도착된 지향이 존재한다. G'(G+ΔG)를 구하는 것, 그것이 바로 맑스가 말하는 화폐의 페티시즘이다. 맑스는 그것을 상품의 페티시즘으로서 보았다. 그것은 이미 고전 경제학자가 중상주의자가 지녔던 화폐의 페티시즘을 비판했기 때문이며, 더 나아가 각 상품에 가치가 내재한다는 고전 경제학의 견해에서야말로 화폐의 페티시즘이 암묵적으로 살아남아 있었기 때문이다. 그러므로 여기서 말하는 상품의 페티시즘은 소비 사회에서의 상품의 페티시즘──예를 들어 사람들을 상점의 쇼윈도에 붙박아두는──과 혼동되어서는 안 된다. 오히려 그것은 소비하는 대신 언제라도 그렇게 할 수 있는 '권리'를 가지고자 하는 충동이며, 그 충동이 하나의 상품(금)을 숭고한 것으로 만드는 것이다.

내가 여기서 초점을 맞추고자 하는 것은 자본의 자기 증식이 어떻게 가능한가(그것에 대해서는 제2부 제3장에서 서술한다)가 아니라, 왜 자본주의 운동이 끝없이(endlessly) 이어지지 않을 수 없는가 하는 물음이다. 사실 자본주의 운동은 무목적적(end-less)이기도 하다. 화폐(금)를 추구하는 상인 자본=중상주의가 '도착'이라 하더라도, 실은 산업 자본도 역시 그 '도착'을 이어받고 있다. 실제로 산업 자본주의가 시작되기 전에 신용 체계를 포함해 모든 장치가 완성되어 있으며, 산업 자본주의는 그 가운데서 시작되는 동시에 그것을 자기 식으로 개편한 데 지나지 않는다. 그러면 자본주의적인 경제 활동의 동기를 부여하는 그 '도착'은 무엇일까? 그것은 말할 것도 없이 화폐(상품)의 페티시즘이다.

맑스는 자본의 원천에서 바로 화폐의 페티시즘을 고집하는 수전노(화폐 축장자)를 발견하고 있다. 화폐를 가진다는 것은 언제 어디서든 어떤 것과도 직접적으로 교환할 수 있는 '사회적 질권'[10]을 갖는 것이다. 화폐 축장자란 이 '권리' 때문에 실제의 사용 가치를 단념하는 사람을 가리킨다. 화폐를 매체가 아니라 자기 목적으로 하는 것, 요컨대 '황금욕'이나 '치부 충동'은 결코 물건(사용 가치)에 대한 필요나 욕망으로부터 오는 것이 아니다. 역설적이게도 수전노는 물질적으로 욕심이 없다. 바로 '천국에 보화를 쌓기' 위해 이 세상에서 욕심이 없는 신앙인처럼 말이다. 수전노에게는 종교적 도착과 유사한 점이 있다. 사실 세계 종교도 유통이 일정한 '세계성'——공동체들 '사이'에

. . . .

10_ [옮긴이] 채권자가 그의 채권의 담보로서, 채무자 또는 제3자로부터 받은 물건 또는 재산권을 채무의 변제가 있을 때까지 유치함으로써, 채무의 변제를 간접적으로 강제하는 동시에, 변제가 없을 때에는 그 목적물로부터 우선적으로 변제를 받는 권리를 말한다.

서 형성되어 이윽고 공동체들에게도 내면화되는——을 지닐 수 있었을 때에 나타났다. 만약 종교적인 도착에서 숭고한 것을 발견한다면, 수전노에게서도 그래야 할 것이다. 수전노에게서 비열한 심정(ressentiment)을 발견한다면, 종교적인 도착에서도 그래야 할 것이다.

화폐 축장자는 황금 물신을 위해 자신의 욕정을 희생한다. 그는 금욕의 복음에 충실한 것이다. 다른 한편 그가 유통으로부터 화폐로서 끌어낼 수 있는 것은 그가 상품으로서 유통에 투입한 것일 뿐이다. 그는 생산하면 할수록 많이 팔 수 있다. 그러므로 근면과 절약, 그리고 탐욕이 그의 주된 덕목을 이루며, 많이 팔고 적게 사는 것이 그의 경제학의 모든 것을 이룬다. (『자본』 제1권, 제1편 제1장 제3절, 스즈키 외 옮김, 앞의 책)

화폐 축장의 '동기'는 물건(사용 가치)에 대한 욕망——타인의 욕망에 매개된 것이건 아니건 간에——에 있는 것이 아니다. 이 동기를 심리적으로나 생리적으로 발견하고자 하는 시도는 모두 수전노보다 천박하다고 하지 않으면 안 된다. 왜냐하면 수전노의 동기에는 이를테면 '종교적'인 문제가 숨어 있기 때문이다.

그런데 화폐를 축적하면 언제든 물건을 획득할 수 있기 때문에 당사자가 물건을 축적할 필요는 없다. 따라서 축적은 화폐의 축적으로서만 시작되는 것이다. 그것은 물건을 축적하는 것에 기술적으로 한계가 있기 때문이 아니다. 애초에 화폐 경제의 권역 바깥에 있는 어떠한 '공동체'에서도 자기 목적적인 축적에 대한 충동 같은 것은 있을 수 없다. 역으로 거기서는 바타유가 말하듯이 잉여 생산물이 탕진되어 버린다. '축적'은 필요나 욕망에 기초하기는커녕 그것들에 전적으로 반하는 '도착'에 뿌리박고 있다. 역으로 축적이야말로 우리에게 필요 이상의 필요, 더욱더 다양한 욕망을 부여한다. 물론 수전노의 축적과 자본가의 축적은 다르다. 화폐 축장자가 '많이 팔고 적게 사며', 유통 과정으로부터 끊임없이 벗어나고자 하는 데 반해, 자본가는 G-W-G′(G+ΔG)라는 자기 운동에 적극적으로 뛰어들지 않으면 안 되기 때문이다.

> 사용 가치는 결코 자본가의 직접적인 목적으로서 취급되어서는 안 된다. 개개의 이득도 역시 그러해서, 자본가의 직접적인 목적으로 취급되어야 하는 것은 오직 이득의 쉼 없는 운동일 뿐이다.
> 이러한 절대적인 치부 충동, 이러한 정열적인 가치 추구는 자본가에게서나 화폐 축장자에게서 공통된 것이지만, 화폐 축장자가 광기의 자본가에 지나지 않는 데 반해, 자본가 쪽은 합리적인 화폐 축장자이다. 화폐 축장자는 가치의 쉼 없는 증식을 화폐를 유통으로부터 구해내고자 함으로써 추구하지만, 좀 더 현명한 자본가는 화폐를 언제나 새롭게 유통에 내맡김으로써 달성한다. (『자본』 제1권, 제2편 제4장 제1절, 스즈키 외 옮김, 같은 책)

상인 자본의 운동에 동기를 부여하는 것은 수전노의 축적 충동(화폐 페티시즘)과 동일하다. 상인 자본에 의한 화폐의 축적은 결과적으로 물건의 축적을 가져온다. 그것은 각지의 다양한 생산물이 어딘가에 저장되는 형태가 아니라 유통 과정이나 생산과 소비 과정 자체의 확대로서 나타난다. 동일한 것이 산업 자본에 대해서도 말해질 수 있다. 산업 자본은 고전 경제학이 생각하듯이 재화(사용 가치)의 증대를 목적으로 하는 것이 아니다. 베버가 산업 자본주의의 동기에서 사용 가치에 대한 '금욕'을 본 것은 그런 의미에서 올바르다. 요컨대 청교도들은 '합리적인 수전노'인 것이다. 그것이 결과적으로 재화의 확대를 초래한다 하더라도, 재화 자체가 오히려 거부되고 있다는 것에서 자본주의의 '충동'을 보지 않으면 안 된다. 그러므로 또한 소비에 대한 욕망이나 통속적인 의미에서의 '물질주의'를 부정하는 것은 자본주의에 대한 비판일 수 없다.

앞에서 인용했듯이 맑스는 상인 자본과 이자 낳는 자본이 자본의 가장 오랜 형태라고 말했다. 그러나 그 근저에는 화폐 축장자가 존재한다. 실제로 대금업이나 이자가 성립하는 것은 화폐 축장에 의해 유통 과정에서의 화폐가 부족하기 때문이다. 따라서 세계사적으로 '인류'를 형성하는 자본의 운동(축적 충동) 자체는 결코 합리적인 동기를 지니고 있지 않다. 그것은 일종의 '반복 강박'이다. 그것이 전면적이되는 것은 자본제 생산――요컨대 상품 경제가 노동력이라는 상품을 포섭하고, 상인 자본을 단순히 상업 자본으로서 그 일부를 분담시키는 시점――에서지만, 이 반복 강박은 상인 자본이나 수전노로 거슬러 올라감으로써만 밝혀진다.

4. 화폐의 신학 · 형이상학

공동체 '사이'에서 성장하는 상인 자본이나 상품 경제는 원리적으로 세계성을 지니고 있다. 영국에서 산업 자본이 확립된 후에 나온 고전 경제학자는 상인 자본 또는 중상주의를 깔보며 부정했다. 그러나 자본제 생산은 중상주의 또는 중금주의 안에서 시작되었다. 부분적일 수밖에 없는 자본제 생산이 세계를 움직인다면, 그 힘은 상품 경제의 사회성(세계성)에서 오는 것이다. "화폐가 세계 화폐로 발전하듯이 상품 소유자는 코즈모폴리턴으로 발전한다. 애초에 인간들 사이의 코즈모폴리턴적인 관련은 다만 그들의 상품 소유자로서의 관련에 지나지 않는다. 상품은 그 자체가 종교적, 정치적, 국민적, 언어적인 모든 장벽을 초월해 있다. 상품의 일반적인 말은 가격이고, 그 공통의 본질은 화폐이다."(『경제학 비판』, 앞의 책) 예를 들어 칸트가 말하는 코즈모폴리터니즘의 현실적 기반은 상품 경제에 놓여 있다. 실제로 칸트는 상업의 발전에서 '영원한 평화'의 기초를 찾아내고 있었다.

산업 자본주의가 우위에 선 시대의 고전 경제학자들이 보지 못한 것은 상품 경제가 지니는 '신학적' 성격이다. 젊은 맑스는 다음과 같이 말했다. "독일에서 종교 비판은 이미 끝났다. 그리고 종교 비판은 모든 비판의 전제이다."(『헤겔 법철학 비판 서설』, 하나다 게이스케花田圭介 옮김, 「맑스-엥겔스 전집」 제1권, 大月書店) 나아가 '종교 비판은 현실 비판으로 대체되어야만 한다'고 쓰고 있다. 그러나 맑스가 그렇게 말한 것은 종교를 이성적으로 폐기시키고자 하는 계몽주의자에 대해서였다. "민중의 환상적 행복으로서의 종교를 폐기하는 것은 민중의 현실적 행복을 요구하는 일이다. 민중이 자신의 상태에 대해 그리는 환상을 버리라고 요구하는 것은 그 환상을 필요로 하는 상태를 버리라고 요구하는 일이다. 따라서 종교 비판은 종교를 후광으로 하는 이 고통스러운 세계에 대한 비판을 포함하고 있다."(같은 책) 맑스가 말하고자 하는 것은 종교가 '현실의 불행'에 뿌리박고 있기 때문에, 그것이 해소되지 않는 한 종교를 폐기할 수 없다는 것이다. 종교를 아무리 이론적으로 비판하더라도 소용없다. 그것은 실천적으로 해결될 수밖에 없다.

하지만 동시에 맑스는 바로 화폐 경제에서 현세적인 종교를 발견하고 있었다. 맑스의 경제학 비판은 종교 비판의 연장으로서 존재한다. 이 점과 관련해서 '인식론적 단절' 따위란 있을 수 없다. 그는 고전 경제학의 달성을 높이 평가했지만, 동시에 고전 경제학자들이 비웃은 중금주의에서 오히려 자본주의의 본래적인 동기를 찾아내고 있다. 맑스는 황금이라는 '사물'이 숭고하다고 하는 사태를 평생 가볍게 여기지 않았다. 물론 그의 생각에 이러한 숭고함은 사물에 있는 것이 아니라 거기에 각인된 '보편적인 교환 가능성'에 있다. 고전 경제학자는 사물 자체를 숭고로서 바라보는 황금 숭배(중금주의)를 비웃었다. 그러나 중상주의 시대에 국제 경제는 세계 화폐로서의 금에 의해 유지되고 있었다. 그것은 산업 자본주의 이후에도 마찬가지며, 세계 공황에서 사람들은 갑자기 중금주의로 되돌아오는 것이다.[11] 『자

• • • •

11_ 장-조제프 구(Jean-Joseph Goux, 1943~)는 앙드레 지드(André(-Paul-Guillaume) Gide, 1869~1951)의 『위폐범들』(Les Faux Monnayeurs, 1926)을 예로 들어 금 본위제와 문학의 리얼리즘을 대응시켜 전자의 붕괴와 후자의 해체를 관계지우고 있다(『언어 주조자들言語の金使い』(Les monnayeurs du langage), 쓰치다 도모노리土田知則 옮김, 新曜社). 그러나 프랑스나 영국에서의 태환제 정지는 제1차 세계 대전의 결과이고, 또한 이러한 나라들에서의 국제적 헤게모니의 몰락이기도 하다. 그러므로 또한 '아버지'의 몰락으로서 표상되기도 한다. 실제로는 국제적인 결제에서 금=화폐가 필요하고, 이 시기에 아메리카=달러가 금과의 태환성을 지닌 기축 통화가 되었다. 요컨대 금 본위제는 끝나지 않았던 것이다. 금 본위제가 끝난 것은 달러의 태환제가 정지된 1972년 이후이다. 구는 앙드레 지드의 『위폐범들』이 언어(통화)가 지시 대상이나 관념으로부터 자립하는 세계를 포착한 것으로서 선구적이라고 말한다. 그러나 지드뿐만 아니라 이 시기의 하이 모더니즘(high modernism)도 케인스주의적인 통화 관리가 국제적 결제에서 암묵적으로 금 본위제에 의거하고 있었듯이 기본적으로 모던의 권역 내에 존재한다. 그것과의 유추에서 말하자면, 아메리카가 달러의 태환제를 정지시킨

본』의 맑스는 이렇게 말할 수 있었을 것이다. 중금주의 비판은 영국에서는 이미 끝났다, 그리고 그것이 모든 비판의 전제이다, 라고 말이다.

『경제학·철학 초고』에서 맑스는 인간과 인간을 분리하는 동시에 결합하는——다시 말하면 공동체를 해체하고 사회적으로 개개인을 결부시키는——이러한 화폐의 신비와 관련해 셰익스피어를 인용하여 다음과 같이 말하고 있다.

셰익스피어는 화폐에 대해 특히 두 가지 속성을 부각시키고 있다.

(1) 화폐는 눈에 보이는 신이고, 모든 인간적이거나 자연적인 속성들을 그 반대의 것으로 변화시키는 것이며, 사물들의 전반적인 도착과 전도이다. 화폐는 가능하지 않은 모든 것을 형제처럼 친하게 만든다.

(2) 화폐는 일반적인 창부娼婦이며, 인간과 국민들의 일반적인 중개역이다.

화폐가 모든 인간적이고 자연적인 성질을 전도시키고 도착시

- - - -
1970년대에 '포스트모던'이라 해야 할 사태가 각 영역에서 시작되었다. 거기서는 화폐가 유통되는 것은 금과 같은 뒷받침이 있기 때문이 아니라 단지 사람들이 유통된다고 생각하기 때문에 유통되는 데 지나지 않는다고 하는 견해가 나온다. 그리고 금 화폐가 오리지널이고 신용 화폐는 그로부터 파생된 것이라고 하는 생각은 부정된다. 오리지널 자체가 복제품이라고 그들은 말한다. 바로 포스트모더니즘이다. 그러나 실제로는 달러의 금 태환을 정지시킨 후, 아메리카는 준비금을 축적하고 있으며, 그것이 아메리카에서의 신용 제도를 뒷받침하고 있다. 오히려 바로 그 때문에 금 태환이 정지되었던 것이다. 따라서 금 본위제를 모던으로 간주한다면, 현행 시스템은 그것을 벗어나는 것이 아니다. 요컨대 자본제 경제를 넘어서지 않는 것이 참으로 포스트모던이라고 하는 일은 있을 수 없는 것이다.

키는 것, 가능하지 않은 모든 것을 형제처럼 친하게 만드는 것——
신적인 힘——은 인간의 소외된 유적 본질, 외화되면서 자기를
양도하고 있는 유적 본질로서의 화폐의 본질 속에 존재한다. 화폐
는 인류의 외화된 능력이다.

　　내가 인간으로서의 자격으로는 이룰 수 없는 것, 따라서 나의
모든 개인적인 본질적 힘들이 이룰 수 없는 것, 그것을 나는
화폐에 의해 이룰 수 있다. 따라서 화폐는 이들 각각의 본질적
힘들 모두를 그것이 그 자체로서는 그렇지 않은 어떤 것, 즉
그 반대의 것으로 변화시키는 것이다. (『경제학·철학 초고』,
시로츠카 노보루城塚登·다나카 기치로쿠田中吉六 옮김, 岩波文
庫)

　　이것은 포이어바흐의 『기독교의 본질』에서 신을 인간의 유적 본질
의 자기 소외로서 보는 논리를 화폐에 적용한 것이라는 것이 통설이다.
따라서 '초기 맑스로 돌아가라'는 운동이 있는 한편, 알튀세르를 비롯
하여 이러한 소외론을 폐기한 데서 후기 맑스의 획기적인 전회가
있다고도 여겨진다. 그러나 나는 그 모두에 대해 의문을 지니고 있다.
첫째로 포이어바흐의 종교 비판은 헤겔적인 용어를 사용하고 있지만
본질적으로 헤겔과 다르다. 왜냐하면 헤겔에게서 자기 소외는 자기
본질이 자기 자신에 대립하고 자기가 그것에 무릎을 꿇고 배례하는
도착 현상이 아니기 때문이다. 포이어바흐의 생각은 오히려 칸트의
숭고론에서 유래한다고 해야 한다. 즉 숭고라는 감정은 감성적으로
압도하는 대상에 직면했을 때에 생기는데, 사실은 대상에서 오는 것이
아니라 감성적인 유한성을 넘어서는 이성의 무한성을 직관하는 것에
서 온다. 그럼에도 불구하고 그것은 대상 자체로부터 오는 것처럼

받아들여진다. 그런 의미에서 숭고란 인간의 본질적 능력들의 '자기 소외'이다. 하지만 이것은 종교와는 다르다.

포이어바흐는 감성적이고 유적 본질존재인 인간이 그 유적 본질을 소외된 형태로 파악하고 있는 것이 종교이며, 그렇게 소외된 유적 본질을 되찾아야만 한다고 생각했다. 그러나 이와 같은 종교 비판은 칸트보다 후퇴해 있다. 왜냐하면, 첫째로 칸트는 이미 도덕적인 것으로서의 종교 이외의 종교를 부정하고 있었기 때문이며, 둘째로 숭고는 위압적인 자연에 대한 종교적인 '두려움'이 없어졌을 때에만 있을 수 있기 때문이다. 따라서 숭고에서 발견되는 논리를 종교 비판에 적용할 수는 없다. 숭고 자체가 이미 종교의 부정이기 때문이다. 칸트가 말하는 숭고는 바로 단순한 자연적인 대상에서 발견되지 않으면 안 된다. 요컨대 숭고는 사람들이 충분히 계몽되고 세속적이 되었을 때 성립하는 감정이다. 그렇다면 맑스가 포이어바흐의 종교 비판을 세속적인 자본주의 경제로 돌렸다고 하는 것이 사실이라 하더라도, 오히려 맑스의 화폐론은 칸트의 숭고론에서 보았을 때 좀 더 잘 이해될 것이다. 나아가 포이어바흐의 자기 소외론과 달리 칸트의 숭고론에는 문자 그대로 자본주의에 대한 인식이 포함되어 있다. 칸트가 말하는 것과 같은 '몰관심성'에 의해 발견되는 미美는 이미 사용 가치의 질적 차이에 무관심한 상품 경제의 산물이다. 그러나 미는 아직 사용 가치= 쾌감 원칙과 분리될 수 없다. 숭고는 오히려 사용 가치=쾌감 원칙에 근본적으로 반하는 것으로서 나타난다.

그러므로 자연의 숭고에 관한 마음 듦은 소극적인 마음 듦일 뿐이다(미에 관한 마음 듦은 **적극적이지만**). 즉 상상력이 자기 자신의 자유를 스스로 **빼앗는** 감정인 그러한 경우에 상상력은 경험적 사용의 법칙과는 다른 법칙에 따라 합목적적으로 규정되기 때문이다. 그렇지만 이것에 의해 상상력은 자신이 희생으로 바친 것보다 커다란 확장과 위력을 얻지만, 이러한 것의 근거는 상상력 자신에게조차 감추어져 있다. (『판단력비판』 상, 앞의 책)

숭고에서는 불쾌를 통해 모종의 쾌가 얻어진다. 칸트는 그것을 '자신이 희생으로 바친 것보다 커다란 확장과 위력'을 얻는 일이라고 생각한다. 그것은 바로 잉여 가치의 문제이다. 그 점은 다음과 같은 구절에서 명백하다.

젊은이여! 만족해 버리는 일(오락, 탐닉, 연애 등등의 것들에 대하여)이 없도록 하는 것이 좋다. 그것은 이와 같은 만족을 전혀 갖지 않고자 하는 스토아적인 사고방식을 따르는 것이 아니라, 점점 더 증대하는 향락을 언제라도 미래에 가지고자 하는 세련된 에피쿠로스적인 사고에서 말하는 것이다. 이렇게 당신의 삶의 감정의 현금 소유액을 검약하는 것은 향락을 연기함으로써——설령 생애의 최후에 이르러 소지한 현금 사용을 대체로 단념하게 될지라도——사실은 당신을 더욱더 부유한 사람으로 만든다. 향락을 뜻대로 할 수 있다는 의식은 모든 관념적인 것이 그렇듯이 저 향락과 함께 소진되며, 이리하여 전체의 양을 감소시키면서 감관을 만족시키는 바의 모든 것에서도 한층 유효하며 또한 그 미치는 범위도 광대하다. (『인간학』 제1편, 25d, 사카타 도쿠오坂田德男 옮김, 岩波文庫)

프로이트는 '마조히즘의 경제적 문제'에 대해 생각했지만, 칸트는 이를테면 숭고에서의 경제적 문제를 생각했던 것이다. 그 경우 그는 숭고를 자본의 축적 충동에 비유하고 있다. 요컨대 칸트가 말하는 '향락의 연기'는 베버가 '자본주의 정신'으로서 파악한 프로테스탄티즘, 아니 그보다는 좀 더 본질적으로 맑스가 '합리적인 수전노'로서 파악한 바로 자본가의 정신에 다름 아니다. 실제로 그것은 소비하는 쾌락보다는 언제나 직접적인 교환 가능성의 '권리'를 보유하며, 나아가 그것을 확대하는 것에서 얻어지는 쾌락이다. 근대 자본주의는 사용 가치(소비)에 대한 욕망으로부터 설명된다. 그러나 자본 축적의 끊임없는 운동은 쾌감 원칙에서나 현실 원칙에서가 아니라, 프로이트적으로 말하자면 그것들의 '피안'에 있는 충동(죽음 충동)으로서 볼 수 있어야 한다.

그러나 경제학과 관련해 칸트 자신은 애덤 스미스의 '노동가치설'에 서 있었다. 칸트에게 있어 화폐는 수수께끼가 아니었으며, 숭고도 아니었다. 그는 '상품이 어떻게 해서 화폐가 되는가'를 물으며 다음과 같이 말하고 있다.

> 그런데 그런 까닭에 화폐라고 불려야 하는 물건은 그것 자신이
> 그것을 제조하기 위해 또는 그것을 조달하여 다른 사람들에게
> 건네기 위해 다음과 같은 분량의 노동이 소비된 것이 아니어서는
> 안 된다. 즉 이 노동은 다음과 같은 노동과, 요컨대 그것에 의해
> (자연적 또는 인공적 산물에 속하는) 물품이 취득되었을 것이고
> 또한 그것과 전자의 노동이 교환되는 노동과 서로 같은 것이
> 아니어서는 안 되는 것이다.

하지만 처음에는 물품이었던 것이 마지막에는 화폐가 되었다는 것은 어떻게 해서 가능할까? 처음에는 단지 (궁정 내의) 자기의 하인들의 몸을 꾸민다든지 빛낸다든지 하기 위해 사용되었던 어떤 재료(예를 들어 금, 은, 동 또는 조가비라 불리는 일종의 아름다운 조개껍질, 또는 콩고에서처럼 마쿠테라고 불리는 일종의 대자리, 또는 세네갈에서처럼 철로 만든 막대기, 그리고 기니 해안에서는 흑인 노예조차)의 위대하면서도 권력 있는 낭비자가, 즉 나라의 임금이 자기의 신하들에게서 (물품으로서의) 이 재료로 공조貢租를 징수하고, 또한 이 재료의 조달에 들이는 노동이 그것에 의해 자극 받아야 할 사람들에게 (시장 또는 거래소에서의) 그들 사이의, 또한 그들과의 거래 관계 일반의 규정들에 따라 바로 동일한 재료로 지불하는 경우가 그러하다. ── 그러한 것에 의해서만 (나의 의견에 따르면) 어떤 물품이 신민들 상호간에서의 노동의 거래 관계의, 이리하여 또한 국부의 거래 관계의 법으로 정해진 수단, 즉 화폐가 될 수 있었던 것이다. (『인륜의 형이상학人倫の形而上學』 제1부, 요시자와와 덴자부로吉澤伝三郎・오다 유키오尾田幸雄 옮김, 「전집」 제11권, 理想社)

칸트는 화폐란 어떤 물품을 생산하는 노동과 다른 물품을 생산하는 노동의 거래 관계를 나타내는 것이라고 생각한다. 그러나 그는 왜 그리고 어떻게 해서 서로 다른 노동이 등치되는가에 대해서는 묻지 않는다. 직인의 아들이었던 칸트는 고전 경제학자와 마찬가지로 상인 자본이나 중상주의를 싫어했다. 그가 '종합 판단'을 확장적이라고 말한 것은 이윤(잉여 가치)이 이를테면 생산 과정에 있어야지 결코 유통 과정에서의 차액을 목표로 한 '투기'(사변: speculation)에 있어서는 안 된다는 의미로 이해될 수 있을 것이다. 칸트가 생각하고 있던 것은 아직 독일에는 거의 존재하지 않았던 산업 자본제 생산이 아니라 독립 소생산자들의 어소시에이션이다. 그런 의미에서 그가 생각하고 있던 화폐는 자본으로 전화하지 않는 화폐이다. 나는 그것에 대해서 나중에 말하게 될 것이다. 그러나 지금 화폐에 대해 생각할 때 참조해야 하는 것은 칸트의 화폐론 자체가 아니라 오히려 『순수이성비판』이다. 왜냐하면 화폐는 단순한 가상이 아니라 이를테면 초월론적 가상이며, 우리는 그것을 쉽게 제거할 수 없기 때문이다.

그렇지만 칸트가 도덕의 문제를 단지 주관적인 차원에서 생각하지 않았던 것에 주의해야 한다. 앞에서 말했듯이 그는 도덕성의 근간을 '너의 인격과 모든 타자의 인격에서의 인간성을 결코 단지 수단으로서만이 아니라 언제나 동시에 목적으로서 대하도록 행위하라'는 정언 명법에서 찾아내고 있다. 다시 말하면 칸트에게 있어 타자를 수단으로 하는 것은 긍정되어야 할 대전제인 것이다. 그것은 분업과 교환 위에 성립하는 '사회적' 생활에 대한 긍정적인 인식이다. 스미스의 경제학은 윤리학의 일부이며, 그는 에고이즘을 긍정한 데 기초하여 에고이즘이 초래하는 모순들을 넘어서기 위해 '동정'을 가져왔다. 오늘날에도 시장 경제의 폐해를 반성하는 경제학자들은 스미스가 말하는 '동정'으로 되돌아가고자 한다. 한편 칸트는 스미스가 말하는 '도덕 감정'을 비판하고, 도덕성을 선험적인 법칙으로서 파악하고자 했다. 이것은 칸트의 윤리학이나 '목적의 나라'라는 이념을 단지 주관적인 것으로 보이게 한다. 그러나 그것은 현실적·경제적 기반을 결여한 것일 수 없다. 칸트가 '목적의 나라'를 규제적 이념으로서 본 것은 자본제 경제에 대한 비판을 포함한다. 자본제 경제는 '타자의 인격에서의 인간성을 목적으로서 대한다'는 것을 치명적으로 불가능하게 하기 때문이다.

맑스는 미래에 대해 말하기를 거부했다. 『독일 이데올로기』에서 그는 엥겔스가 쓴 문장에 이렇게 난외에 가필하고 있다. "공산주의란 우리에게 있어 성취되어야 할 무언가의 상태, 현실이 그것을 향해 형성되어야 할 무언가의 이상이 아니다. 우리는 현 상태를 지양해 나가는 현실의 운동을 공산주의라고 부른다. 이 운동의 조건들은 지금 실제로 존재하는 전제로부터 생겨난다."(하나자키 고헤이花崎皋平 옮김, 合同出版) 하지만 이 현실을 구성하는 힘 자체는 자본주의로부터 온다. 코뮤니즘은 그런 의미에서 자본주의의 운동에 부수하며, 자본주의 그 자체가 산출하는 대항 운동으로 존재한다. 코뮤니즘은 칸트의 용어로 하자면 '구성적 이념'——현실이 그것을 향해 형성되어야 할 무언가의 이상——이 아니다. 그러나 그것은 하나의 '규제적 이념'——현실을 끊임없이 비판할 근거를 부여하는 이상——이다. 그런 까닭에 자본주의를 해명하는 일은 참으로 윤리학적인 과제이다.

5. 신용과 위기

처음에 말했듯이 칸트는 사후적인 것을 사전에 투사하는 형이상학을 물리쳤다. 하지만 동시에 그는 미래에 목적론적인 상정을 하는 것이 비록 가상이라 하더라도 불가결하다는 것을 인정하고, 그것을 '초월론적 가상'이라 부르고 있다. 칸트의 생각으로는 과학적 인식에서조차 '믿음'을 필요로 하는 것이다. 자본제 경제를 지탱하고 있는 것은 이러한 초월론적 가상으로서의 '신용'이다. 상품은 그 생산에 아무리 많은 노동 시간이 소비되었다고 하더라도 팔리지 않으면 그 가치를 실현할 수 없다. 사후적으로는 상품의 가치가 사회적 노동 시간에 있다고 말해도 좋다. 하지만 사전에는 그것을 알 수는 없으며, 또한 그 보증도 없다.

그럼에도 불구하고 자본은 자기 증식하기 위해서는 어떻게 해서든 W-G′(판매)의 과정을 통과하지 않으면 안 된다. 이것에 실패하면 G-W, 즉 화폐를 상실하고 물건만을 가진 상태로 끝나버리기 때문이다. 이 위험을 우선 당장 회피하는 것이 '신용'이다. 그것은 맑스의 표현에 따르면 판매 W-G를 '관념적으로 선취하는' 일이다. 즉 그것은 약속 어음을 발행하고 나중에 결제하는 형태를 취한다. 이때 매매 관계는 채권 · 채무 관계가 된다. 제도로서의 '신용'은 유통의 확대와 함께 '자연 성장적'으로 생겨나고, 또한 그것이 유통을 확대한다고 맑스는 말하고 있다. 신용 제도는 자본 운동의 회전을 가속화하는 동시에 영속화한다. G-W-G′라는 과정의 끝까지 기다릴 필요가 없는 까닭에 자본가는 새로운 투자를 수행할 수 있기 때문이다. 자본제 경제의 확대는 신용의 확대이다.

하지만 신용이 '자연 성장적'이라는 것은 그것이 유통 안으로부터 생겨난다는 것, 다시 말하면 그것이 사회적으로 통용되기 위해 국가의 강제력에 빚지고 있지 않다는 것이다. 이 문제는 화폐와 관련하여 중요하다. 맑스는 '유통 수단'으로서의 화폐를 논의할 때 주화가 '국가의 일'이라고 말하고, 나아가 지폐(국가 지폐)에 대해 그것이 유통되는 것은 국가의 '유통 강제력'에 의한다고 말하고 있다. 그러나 이와 같은 말을 오해해서는 안 된다. 맑스가 중시하고 있는 것은 '지불 수단'으로서의 화폐로부터 출현하는 형태, 다시 말하면 은행권과 같은 '신용 화폐'이기 때문이다. 맑스는 다음과 같이 쓰고 있다. "신용 화폐는 우리에게 있어 단순한 상품 유통의 입장으로부터는 아직 전혀 알려져 있는 않은 관계들을 전제한다. 하지만 덧붙여 말해 두자면, 본래의 지폐가 화폐의 유통 수단으로서의 기능으로부터 생겨나듯이, 신용 화폐는 화폐의 지불 수단으로서의 기능에 그것의 자연 발생적인 근원을 가지고 있다."(『자본』 제1권, 제1편 제3장, 岩波文庫) 맑스가 이 문제에 대해 상세하게 논의하는 것은 제3권에서이다.

나는 앞에서[제1권 제3장 제3절 b] 어떻게 해서 단순한 상품 유통으로부터 지불 수단으로서의 화폐의 기능이 형성되며, 그것과 더불어 상품 생산자나 상품 거래업자 사이에 채권자와 채무자 관계가 형성되는지를 분명히 했다. 상업과, 유통을 염두에 두고서만 생산하는 자본주의적 생산 양식이 발전함에 따라 신용 제도의 이러한 자연 발생적 기초는 확대되고 일반화되며 완성된다. 화폐는 여기서는 대체적으로 지불 수단으로서만 기능한다. 요컨대 상품은 화폐와의 교환에서가 아니라 일정 기일에 지불한다는 서면상의 약속과의 교환에서 팔리는 것이다. 이러한 지불 약속을 우리는 간단화하기 위해 모두 어음이라는 일반적인 범주 하에 합쳐도 좋을 것이다. 이와 같은 어음은 그것 자신이 또한 만기·지불일까지는 지불 수단으로서 유통된다. 그리고 이것이 본래의 상업 화폐를 이룬다. 어음은 마지막에 채권 채무의 상쇄에 의해 결제되는 한에서는 완전히 화폐로서 기능한다. 그 경우 화폐로의 종국적 전화가 수행되는 것은 아니기 때문이다. 이와 같은 생산자나 상인들 사이의 상호 전대前貸가 신용의 본래적인 기초를 이루고 있듯이, 그들의 유통 용구, 즉 어음이 본래적인 신용 화폐, 즉 은행권 등의 기초를 이룬다. 이러한 신용 화폐는 금속 화폐의 유통이든 국가 지폐의 유통이든 화폐의 유통에 기초하는 것이 아니라 어음의 유통에 기초한다. (『자본』 제3권, 제5편 제25장, 스즈키 외 옮김, 앞의 책)

여기서 맑스는 상징 화폐(지폐)를 신용 화폐로서 파악하고, 그 기원을 상업 신용에서 보고자 한다. 은행 신용은 상업 신용의 발전 형태이다. 실제로 은행권(banknote)이란 은행이 발행하는 어음(note)에 다름 아니다. 은행은 은행권을 발행함으로써 그것이 소유하는 준비금 이상의 신용을 '창조'하는 것이다. 오늘날 지폐는 중앙은행이 발권하는 것이라고 간주되고 있다. 그 경우 은행은 은행권을 발권할 수 없지만, 예금 구좌에 의해 신용을 '창조'한다. 그러나 중앙은행이 발권을 독점하는 제도는 은행권과 같은 지폐를 국가 지폐로 혼동하는 견해를 낳고 있다. 영국에서는 1848년에 필 조례에 의해 잉글랜드 은행이 발권을 독점하는 중앙은행이 되었다. 그 이전에 은행은 각각 발권하고 있었으며, 그런 의미에서 중앙은행 제도를 부정하는 하이에크의 주장 (은행의 민영화)은 반드시 엉뚱한 생각이 아니다. 중요한 것은 지폐(은행권)가 유통되는 것은 국가의 강제력에 의해서가 아니라는 점이다. 국가에 의한 강제는 국제적 관계에서는 기능하지 않으며, 따라서 국내에서도 충분히 기능하지 않는다.

좀 더 이야기하자면, 지폐가 유통되는 것은 단지 금과의 태환제에 의한 것도 아니다. 그것이 '신용 화폐'로서 기능하고 있는 것에 기초하는 것이다. 그렇지 않으면 지폐는 곧바로 환금되고 말 것이다. 그런 까닭에 달러가 1971년에 금 태환을 정지시킨 후에도 기축 통화로서 기능하고 있는 것은 특별히 수수께끼 같은 사항이 아니다. 국제적인 신용 관계가 지속되고 있는 사이에, 또는 그것을 지속시키고자 각 나라들이 노력하고 있는 사이에 불환 화폐는 유통된다. 그렇지 않다면 태환 화폐라 하더라도 빠르게 환금되어 유통되지 않게 된다. '신용'이라는 차원을 무시해서는 화폐를 총체적으로 이해할 수 없는 것이다.

그러나 신용의 본질은 기본적으로 '판매'의 위기를 회피하는 데 있다. 그것은 현재의 위태로움을 미래로 미루는 일이다. 왜냐하면 나중에 화폐로 결제해야만 하기 때문이다. 그리고 이렇게 시간적으로 뒤로 미루는 것은 자본의 운동 G-W-G′를 어떤 의미에서 역전시킨다. '파는' 입장의 위태로움은 신용에 의해 이미 팔린 것이 되기 때문에 곧바로 나타나지는 않는다. 그것은 결제 때 화폐로 지불할 수 있을지 어떨지 하는 위태로움으로 변형된다. 신용 제도 하에서 자본의 자기 증식 운동은 축적을 위해서라기보다는 오히려 '결제'를 무한히 뒤로 미루기 위해 강요된 것이 된다. 요컨대 자본의 운동이 개별 자본가들의 '의지'를 정말로 넘어서서 자본가에 대해 강제적인 것이 되는 것은 이때부터이다. 예를 들어 설비 투자는 대개 은행으로부터의 융자로 이루어지지만, 자본은 빚과 이자를 갚기 위해 도중에 활동을 정지할 수가 없다.

자본의 자기 증식 운동을 촉진하고 '판매'의 위태로움을 감쇄하는 '신용'이 자본의 운동을 무한(endless)히 강제한다. 총체적으로 보면 자본의 자기 운동은 마치 자전거 타기처럼 바로 '결제'를 무한히 뒤로 미루기 위해서 존속하지 않으면 안 된다. 왜냐하면 만약 거기에 '끝'이 있다면 신용은 붕괴하기 때문이다. 물론 '결제'의 시간은 때때로 불의의 기습처럼 나타난다. 그것이 공황이다. 공황은 신용의 붕괴이며, 그것은 신용이 충분히 발전되어 있는 곳에서만 나타난다. 그러나 신용은 단순한 환상이나 이데올로기가 아니다. 화폐 경제가 거대한 환상의 체계를 형성하고 있다는 것이 옳다고 하더라도, 그 환상이 붕괴되었을 때 사람들이 발견하는 '현실적인 것'은 자연물이 아니라 화폐라는 사실에 주의해야 할 것이다.

　화폐 공황이 발생하는 것은 지불의 계속적인 연쇄와 그 결제의 인위적 조직이 완전하게 발전되어 있는 곳에서뿐이다. 이 기구가 비교적 일반적으로 교란되는 것과 더불어, 그것이 어떠한 곳에서 발생하건 간에, 화폐는 돌연한 동시에 매체도 없이 계산 화폐라는 관념적으로만 존재했던 모습으로부터 경화로 전환된다. 화폐는 비속한 상품에 의해 대체될 수 없게 된다. 상품의 사용 가치는 무가치한 것이 되며, 그 가치는 그 자신의 가치 형태 앞에서 사라진다. 조금 전까지만 해도 부르주아는 호경기에 도취되어 자신만만하게 화폐 따위는 공허한 환상이라고 외쳐대고 있었다. 상품이야말로 화폐다. 그러나 화폐야말로 상품이 되었다! 이제는 전 세계 시장에서 그렇게 울려 퍼진다. 사슴이 신선한 물가를 찾아 울듯이, 세계 시장의 마음은 유일한 부(富)인 화폐를 찾아 울부짖는다. 공황에서는 상품과 그것의 가치 변용인 화폐 간의 대립이 절대적 모순으로까지 높아진다. 따라서 화폐의 현상 형태는 여기서는 어떠하더라도 좋은 것이 된다. 화폐 기근은 금으로 지불되든 신용 화폐, 예를 들어 은행권으로 지불되든 개의하지 않는다. (『자본』 제1권, 제1편 제3장 제3절 b, 사키사카 옮김, 앞의 책)

　공황에서 사람들이 확실한 것으로서 발견하는 것은 상품이 아니라 화폐이다. 다시 말하면 물건이 아니라 물건을 획득할 수 있는 **권한**, 또는 상대적 가치 형태가 아니라 등가 형태인 것이다. 공황 직전에는 신용의 과열이 있다. 자본은 이윤율이 저하하고 이자율이 높아지고 있음에도 불구하고 서로 경쟁하며 투자를 계속한다. 다시 말하면 공황은 자본이 스스로의 '권한' 이상으로 상상적인 확장을 수행할 때 발생하는 것이다. 칸트는 이성의 월권행위를 사변적(speculative)이라 부르며 비판했지만, 공황(crisis)은 실제로 자본의 투기적(speculative)인 확장을 비판(criticize)한다. 다시 말하면 균형적 발전을 상정하고 있던 고전 경제학을 비판하는 것이다. 그런 의미에서 맑스에게 『자본』을 쓰도록 한 것은 잉여 가치 이론(리카도 좌파가 이미 그것을 주장하고 있었다)이 아니라 이러한 자본주의의 병적인 증후로서의 공황이다. 맑스는 이를테면 정신 분석적으로 거슬러 올라감으로써 그것을 근본적으로 '가치 형태', 다시 말하면 결코 지양할 수 없는 비대칭적인 관계에서 찾아냈던 것이다. 공황은 판매와 구매, 구매와 지불의 분리에서 발생 '가능성'을 지닌다. 그러나 그것은 자본(자기 증식하는 화폐) 자체의 '가능성'이기도 하다. 다시 말하면 잉여 가치, 신용, 공황은 서로 분리될 수 없는 것이다.[12]

물론 이러한 공황의 '주기성'을 설명하기 위해서는 산업 자본에

••••

12_ 맑스는 신용 제도에 대해 이렇게 쓰고 있다. "자본주의적 생산의 대립적인 성격에 기초해서 수행되는 자본의 가치 증식은 현실의 자유로운 발전을 일정한 점까지만 허용하며, 따라서 실제로는 생산의 내재적인 속박과 제한이 되어 있지만, 이 제한이 끊임없이 신용 제도에 의해 깨진다는 것이다. 그런 까닭에 신용 제도는 생산력의 물질적 발전과 세계 시장의 형성을 촉진시키며, 새로운 생산 형태의 이와 같은 물질적 기반을 일정한 정도의 높이까지 끌어올리는 것은 자본주의적 생산 양식의 역사적 사명이다. 그와 동시에 신용은 이러한 모순의 폭력적인 폭발, 즉 공황을 촉진시키며, 따라서 낡은 생산 양식의 해체 요소들을 촉진시키는 것이다."(『자본』 제3권, 제5편 제27장, 스즈키 외 옮김, 앞의 책)

대한 고찰로 들어가야만 한다. 그러나 공황이 중요한 것은 그것이 자본주의를 붕괴시키기 때문이 아니다. 사실 공황은 자본주의적인 '해결' 방식이고 경기 순환(호황-공황-불황-호황) 과정의 일부에 지나지 않는다. 공황과 그것에 이어지는 불황은 자본과 노동력의 폭력적인(=자유주의적인) 재편성인 것이다. 또한 맑스가 목격한 것과 같은 고전적인 주기적 공황은 프로이트가 조우한 성적 억압에 의한 히스테리 환자와 마찬가지로 이제는 볼 수가 없다. 하지만 자본주의가 근본적으로 '신용'의 세계인 이상, 공황은 언제나 따라붙는 것이다.

이미 분명하듯이 경제적 과정은 이른바 하부 구조가 아니다. 그것은 오히려 '종교적' 과정이다. 예를 들어 자본주의의 시간성은 끝이 끊임없이 뒤로 미루어진다는 의미에서 유대=기독교적인 시간성과 유사하다. 하지만 내가 말하고 싶은 것은 경제 현상을 종교와의 유비에서 보는 것이 아니다.[13] 오히려 종교는 근본적으로 살아 있는 자의 죽은 자에 대한 채무 감정, 또는 이 세상과 저 세상 사이에서의 '교환'에 뿌리박고 있다는 의미에서 '경제적'이다. 경제적이라는 것을 경멸해서는 안 된다. 오히려 자본, 국가, 네이션, 종교는 모두 교환이라는 관점, 즉 '경제' 관점에서 보아야만 하는 것이다. 좁은 의미의 종교를 믿든 믿지 않든 현실의 자본주의는 우리를 끊임없이 그것과 유사한 구조 안에 둔다. 우리를 움직이고 있는 것은 이념이 아니며, 또한 현실적인 필요나 욕구도 아니다. 굳이 말하자면 교환 또는 상품 형태

• • • •

13_ 『자본』에는 성서로부터의 인용이 많은데, 어떤 의미에서 맑스는 산업 자본을 '신약'으로서, 상인 자본이나 대금업 자본을 '구약'으로서 보고 있다고 말할 수 있다. '신약'은 '구약'의 실현인 한에서 후자를 필요 불가결한 것으로 함에도 불구하고, '신약'인 한에서 후자를 부정하지 않으면 안 된다. 고전 경제학이 이전 시대의 중상주의 경제학에 대해 취한 태도는 그것과 동일한 것이다.

자체에 배태되어 있는 형이상학이며 신학인 것이다. 맑스가 코뮤니즘을 생각한 것은 이러한 자본주의——지역적인 공동체에 종속된 사람들을 그곳으로부터 분리하고, 역으로 상호 분리되어 있던 사람들을 '사회적'으로 결합한다——자체의 논리 때문이다. 자본으로서의 화폐는 다음과 같이 말할 것이다. "너희는 내가 땅 위에 평화를 주러 온 줄로 생각하지 말라. 평화가 아니라 칼을 주러 왔다. 나는 아들이 제 아버지를, 딸이 제 어머니를, 며느리가 제 시어머니를 거슬러서 갈라서게 하러 왔다. 사람의 원수가 제 집안 식구일 것이다. 나보다 아버지나 어머니를 더 사랑하는 사람은 내게 적합하지 않고, 나보다 아들이나 딸을 더 사랑하는 사람도 내게 적합하지 않다."(『마태복음』10장, 34절)

산업 자본이 확립된 단계, 요컨대 상품 경제가 노동력의 상품화에 의해 생산 전체를 규제하기 시작했을 때, 그 이전의 사회를 생산의 관점에서 보는 시점이 열린다. 그것이 역사적 유물론이다. 그러나 산업 자본주의를 해명하는 것은 그 이전의 사회를 이해하는 데 도움이 되지만, 그 역은 참이 아니다. "인간 해부는 원숭이 해부의 열쇠다." (「경제학 비판 서설」, 『경제학 비판』, 앞의 책)[14] 자본제 경제는 생산력

••••

14_ 맑스는 『정치경제학 비판 요강』에서의 자본제 경제에 대한 고찰로부터 '자본제 생산에 선행하는 형태들'을 생각했다. 하지만 이것은 '세계사'를 설명하는 것이 아니다. 자본제 생산의 역사적 특이성을 이해하기 위한 것이다. 그러므로 미개한 공동체로부터의 발전 단계에 관해 일정한 순서나 코스를 필연적인 것으로서 상정할 수는 없으며, 또한 맑스는 그와 같은 것을 의도한 것이 아니다. 거기에 있는 다양성은 요소들의 조합의 변형이지 필연적인 것이 아니다. 그런 까닭에 막심 로댕송(Maxime Rodinson, 1915~2004)은 그것들을 일반적으로 '전前자본주의적 착취 시스템'이라 부를 것을 제창하고 있다(『이슬람과 자본주의イスラームと資本主義』, 야마우치 히사시山内昶 옮김, 岩波書店). 이 책 제2부 제2장 3에서

과 생산 관계, 혹은 하부 구조와 상부 구조와 같은 개념으로는 이해할 수 없다. 우리가 알아야 할 것은 자본이 인간의 '교환'에 존재하는 어려움에서 배태된다는 점, 따라서 그것을 폐기하는 것이 쉽지 않다는 점이다. 그러나 불가능하지는 않다는 것을 덧붙여 두자.

역사적 유물론자는 자연과 인간의 관계, 인간과 인간의 관계가 역사적으로 어떻게 변천했는지를 생각한다. 그러나 거기에 빠져 있는 것은 그것들을 조직하는 자본제 경제에 대한 고찰이다. 그것을 위해 우리는 '교환'의 차원, 그리고 그것이 가치 형태를 취하는 것의 불가피성을 보아야만 한다. 중농주의자나 고전 경제학자는 '생산'으로부터 출발하여 모든 것을 꿰뚫어 보는 시점을 취했다. 그러나 사회적 교환은 우리에게 있어 언제나 꿰뚫어 보이지 않는, 그런 까닭에 자립적인 힘으로서 나타나 있으며, 그것을 폐기하는 것은 쉽게 이루어질 수 없다.

자본은 맑스가 말하듯이 판매(W-G)와 구매(G-W)가 공간적·시간적으로 분리되는 데서 발생한다. 이 분리가 잉여 가치를 가져올 뿐만 아니라 신용 공황도 초래한다. 그러나 이와 같은 분리 없이 직접적인 교환이 가능하다고 생각하는 것은 잘못이다. 루카치 이래로 자본제 경제에서는 인간과 인간의 관계가 사물과 사물의 관계로서 나타난다는 '물상화' 이론이 번창해 왔다. 그러나 그것은 봉건적 계급 관계와 비교하여 자본제 경제를 보는 것이다. 그러면 그때까지 꿰뚫어 보였던

· · · ·

말했듯이, 전자본주의적 시스템은 강탈(재분배)과 증여의 호수성의 형식에 기초한다. 하지만 자본제 사회에서 그것들은 단지 폐지되는 것이 아니라 근대 국가라는 형식으로 변형된다. '전자본주의적 착취 시스템'에 대한 고찰이 필요한 것은 그것이 단지 과거의 것이 아니라 현재에서도 변형되어 존재한다는 관점에서만이다.

직접적 관계가 자본제 경제에서 '사물과 사물의 관계' 하에서 물상화된 것처럼 보인다. 그러나 상품 경제에서의 인간의 '사회적' 관계는 오히려 자본에 의해 형성되는 것이며, 처음부터 사물과 사물의 관계를 통해 나타난다. 애초에 우리는 서로 누구와 관계하고 있는지를 알 수 없다. 그러나 그와 같은 '분리'가 공동체나 국가에 의해 닫힌 사람들을 '사회적'으로 결합하여 이를테면 코스모폴리스를 형성하는 것이다. 이러한 '사회적 관계'에서 우리는 서로 관계 맺고 있다는 것을 알 수 없지만, 그것은 동시에 우리가 서로 '무관계'하다는 것도 불가능하게 만든다. 예를 들어 현재 세계의 과반수의 사람들이 기아 상태에 있지만, 선진국 사람들이 그것과 '무관계'하다고 말할 수 없다. 하지만 그 '관계'를 명시할 수도 없다. 그런 까닭에 관계론적인 세계가 물상화되어 있다는 따위의 생각은 본래 사후적인 원근법적 도착에 지나지 않는다. 그것은 자본의 운동이 현실에서 세계적으로 '사회적 관계'를 조직한다는 것을 보지 못하고 있다.[15]

....

15_ 물상화론은 (생산 과정을 중시한다는 점에서) 암묵적으로 모든 사회적 · 경제적 관계를 꿰뚫어 보는 시점을 전제하고 있다. 그런 까닭에 이 생각은 실천적으로는 그 의도에 반해 중앙 집권적인 권력 통제로 귀결된다.

제3장 가치 형태와 잉여 가치

1. 가치와 잉여 가치

여기까지 우리는 자본의 자기 증식 '충동'에 대해 말해 왔다. 하지만 G-W-G'라는 과정에서 자기 증식은 어떻게 해서 가능한 것일까? 단순하게 말하자면 싸게 사서 비싸게 파는 것에 의해서이다. 고전파는 그것을 상인 자본의 특징이라고 하여 부정하고, 산업 자본에서의 이윤이 유통 과정에서가 아니라 생산 과정에 있다는 것을 강조했다. 그들이 노동가치설을 취한 것은 그 때문이다. 그들은 유통 과정을 단지 이차적인 것으로 간주하고, 생산 과정에서의 이윤으로부터 이자와 지대를 도출하고자 했다. 그러나 영국에서 자본제 생산이 시작되었을 때에는 이미 신용 체계가 완성되어 있으며 주식회사까지 존재하고 있었다. 그것을 형성한 것은 상인 자본주의이다. 초기의 산업 자본가는 도매제 공업을 시작한 상인이다. 산업 자본주의와 그 이론가들은 스스로의 '기원'을 잊고 있는 것이다. 자본제 경제가 구성하는 '환상적인' 체계는 결코 생산 과정으로부터만 설명될 수 있는 것이 아니다. 맑스가 유통 과정으로부터 설명하기 시작하는 것은 자본의 본성이 상인 자본의 정식 G-W-G′에 있기 때문이며, 그것에 의해 형성된 세계 시장 없이 자본제 생산은 있을 수 없기 때문이다.

고전파는 산업 자본의 이윤이 등가 교환에 의한다는 것, 따라서 그것은 생산 과정에 있다는 것, 요컨대 분업과 협업에 의한 생산력의 상승에 있다는 것을 주장했다. 맑스 역시 유통 과정으로부터 잉여 가치가 나오지 않는다고 말하고 있다. "한 나라의 자본가 계급 전체가 스스로 자기로부터 속여 취할 수는 없다. 따라서 이런저런 이유를 아무리 되풀이해서 둘러댄다고 하더라도 결과는 마찬가지다. 등가 교환이라면 잉여 가치는 나오지 않으며, 부등가 교환이라 하더라도 잉여 가치는 역시 나오지 않는다. 유통 또는 상품 교환은 아무런 가치도 창조하지 않는 것이다."(『자본』 제1권, 제2편 제4장, 「세계의 명저 43」 스즈키 고이치로鈴木鴻一郎 외 옮김, 中央公論社) 그러나 동시에 맑스는 잉여 가치가 생산 과정에서만으로는 실현되지 않는다고 하고 있다.

> 총상품량, 총생산물은 불변 자본과 가변 자본을 보전하는 부분도, 잉여 가치를 표시하는 부분도 판매되어야만 한다. 그것이 판매되지 않는다거나 일부밖에 판매되지 않는다거나 하면, 또는 생산 가격 이하의 가격으로밖에 판매되지 않는다면 노동자는 분명히 착취는 되었지만, 그의 착취는 자본가에게 있어 착취로서 실현되지 않은 것이어서, 착취된 잉여 가치가 전혀 실현되지 않는 경우도 있고 부분적으로만 실현되는 경우도 있을 뿐 아니라, 심지어 그의 자본의 일부 또는 전부의 상실을 수반하는 경우마저

도 있다. 직접적 착취의 조건과 그 실현 조건은 동일하지 않기 때문이다. 두 조건은 시간적으로나 장소적으로 다를 뿐 아니라 개념적으로도 다르다. 직접적 착취 조건은 사회의 생산력에 의해서 제한되어 있을 뿐이지만, 실현의 조건은 다양한 생산 부문들 사이의 균형 관계와 사회의 소비 능력에 의해 제한되어 있다. (『자본』제3권, 제3편 제15장 제1절, 스즈키 외 옮김, 앞의 책)

맑스가 말하는 것은 생산 과정에 무엇이 있거나 간에, 잉여 가치가 실현되는 것은 유통 과정에서라는 것이다. 하지만 그것은 잉여 가치가 유통에서는 발생하지 않는다는 앞의 주장과 모순된다. "따라서 자본은 유통에서 생겨날 수 없으며, 더욱이 유통을 떠나서 생겨날 수도 없다. 자본은 유통 안에서 생겨날 수밖에 없는 동시에 유통 안에서 생겨나서는 안 되는 것이다. …… 화폐의 자본으로의 전화는 상품 교환에 내재하는 법칙을 기초로 하여 전개되어야 하며, 따라서 등가의 교환이 그 출발점으로 간주된다. 아직은 자본가의 유충에 지나지 않는 우리의 화폐 소유자들은 상품을 그 가치로 사고 그 가치로 팔지만, 그럼에도 불구하고 그 과정의 끝에서는 그가 투입한 것보다 더 많은 가치를 끌어내야만 한다. 그가 나비로 성장하는 것은 유통 부문에서여야만 하며, 또한 유통 부문에서여서는 안 된다. 이것이 문제의 조건이다. 자, 여기가 로도스다, 여기서 뛰어라."(『자본』제1권, 제2편 제4장 제2절, 스즈키 외 옮김, 같은 책)

다시 한 번 주의해 두지만, 이것은 상인 자본에 한정된 사항이 아니다. 산업 자본에서의 잉여 가치도 유통에서 발생해야만 하는 동시에 유통에서 발생해서는 안 되는 것이다. 따라서 우리는 우선 이것을 상인 자본에서 생각해 보아야만 한다. 맑스가 말했듯이, 하나의 가치 체계 안의 유통 부문에서 잉여 가치를 얻는 것은 부등가 교환이자 사기이다. 그러나 상이한 가치 체계들 사이에서 교환이 이루어질 때, 각각의 가치 체계 안에서는 등가 교환이 행해지고 있음에도 불구하고 잉여 가치가 얻어진다. 즉 맑스가 제시한 이율배반은 복수 체계를 가져오는 것에 의해 해소되며, 그것 이외에는 불가능하다.

맑스는 '가치 형태론' 다음의 '교환 과정론'에서 이렇게 말하고 있다.

> …… 다른 한편으로 내가 이전에 말했듯이 서로 다른 가족이나 종족이나 공동체가 접촉하는 지점에서 생산물의 교환이 발생한다. 왜냐하면 문화의 초기에는 자립적으로 만나는 것은 사적인 개인이 아니라 가족이나 종족이기 때문이다. 서로 다른 공동체는 그들의 자연 환경 속에서 서로 다른 생산 수단이나 생활 수단을 발견한다. 그러므로 그들의 생산 양식과 생활양식 그리고 생산물은 서로 다르다. 서로 다른 공동체가 접촉할 때, 생산물의 상호적 교환을 야기하고, 그들의 생산물을 점차로 상품으로 전화해 가는 것은 이러한 자연 발생적으로 발전된 차이인 것이다. 교환은 생산 부문에서의 차이를 만들어내는 것이 아니라, 이미 다르게 존재하는 것들을 연관시키고, 이리하여 그것들을 확대된 사회의 총생산에서의 다소간에 상호 의존하는 부문들로 전화시키는 것이다. (『자본』 제1권, 제4편 제12장 제4절, 스즈키 외 옮김, 같은 책)

교환의 기원을 위와 같이 보는 것은 애덤 스미스가 그러했듯이 물물 교환으로부터 점차적으로 화폐에 의한 교환이 시작된 것과 같은 인상을 준다. 그러나 우리에게 있어 중요한 것은 맑스가 교환의 근저에서 공동체 사이의 차이를 발견했다는 점이다. 차이는 본래 자연적인 소여 조건에 의해 주어졌다. 상인 자본은 이러한 차이, 요컨대 공동체와 공동체 사이에서 발생한다. "고대의 상업 민족들은 에피쿠로스의 신들처럼, 또는 오히려 폴란드 사회의 숨구멍 안의 유대인들처럼 세계 사이사이에 존재한다."(『자본』 제3권, 제4편 제20장, 사키사카 옮김, 앞의 책) 그러한 까닭에 상인 자본주의는 종래의 생산과 생산 관계를 전면적으로 뒤덮어 그것을 변화시키는 데까지 이르지 못했다. 상인 자본주의는 언제나 부분적인 것일 뿐이었다. 그러나 그것은 차액을 추구함으로써 각각의 공동체가 갖지 못하는 사회적·세계적 결합을 산출했다.

이와 같은 공동체들이 확대 또는 통합되어 근대 국가가 되었다고 하더라도 사정은 마찬가지다. 다시 한 번 강조하지만, 우리는 맑스가 말하는 '사회적'이라는 말에 주의해야만 한다. 그것은 게마인샤프트(Gemeinschaft)가 아니지만, 게젤샤프트(Gesellschaft)도 아니다. 왜냐하면 게젤샤프트는 상품 경제가 확립되었을 때 성립하는 또 하나의 공동체이기 때문이다. 그 내부에서만 생각한다면 화폐는 단지 가치를 표시하는 것이자 교환의 매개체에 지나지 않는다. 그럼에도 불구하고 맑스가 말하는 '사회적' 교환이란 다른 체계와의 사이에서 이루어지는 교환, 나아가 자신이 누구와 생산물을 교환하는지 알지 못하는 교환을 말한다. 그러므로 공동체와 공동체 사이에서 이루어지는 교환의 '사회적' 성격은 오히려 외국과의 교역에서 나타난다. 거기서 화폐는 세계 화폐·보편적 상품으로서 나타난다.

그러나 주화로서의 화폐는 그 보편적 성격을 상실하고 하나의 국민적·지방적 성격을 받아들인다. …… 화폐는 하나의 정치적 칭호를 받아들이고, 나라가 다르면 이를테면 다른 언어로 말하는 것이다. …….

이미 지적했듯이 금과 은이 나타나는 것은 교환 자체가 나타나는 경우와 마찬가지로 본원적으로는 하나의 사회적 공동단체의 범역範域 내부에서가 아니라, 그것이 끝나는 곳, 그것의 경계에서이며, 요컨대 그 공동단체가 다른 공동단체와 접촉하는 그다지 많지 않은 지점에서이다. 이리하여 금과 은은 이제 상품 자체로서, 모든 장소에서 상품으로서의 그 성격을 계속해서 유지하는 보편적 상품으로서 정립되어 나타난다. (『맑스 자본론 초고집』 제1권, 자본론 초고집 번역위원회 옮김, 大月書店)

중상주의 시대에 중상주의자가 금에 얽매였던 것은 단순한 황금 숭배에 의해서가 아니다. 국제적 상품 교환에서 금이 최종적인 결제 수단이 되기 때문이다. 맑스는 좀 더 덧붙여 이렇게 말하고 있다. "근대의 경제학자가 아무리 중상주의를 넘어섰다고 믿는다 하더라도, 일반적 공황의 시기에는 1600년과 마찬가지로 1857년에도 금과 은은 전적으로 이 규정[일반적 부의 물질적 대표]에서 등장한다."(같은 책) 무역 차액으로부터 금을 얻는 중상주의를 부정한 '근대의 경제학자'는 화폐를 단순한 가치 척도·유통 수단으로 간주한다. 그러나 그것은 가치를 하나의 공동체(국가)에서만 생각하는 것이며, 복수의 공동체(가치 체계들)가 존재한다는 것을 무시하는 일이다. 국제적 교역에서는 금 화폐와 같은 세계 화폐가 불가결하다. 또한 화폐가 단순한 유통 수단에 머무르지 않고 자본으로 전화하여 활동하는 것은 서로 다른 가치 체계 사이에서의 교역이 있기 때문이다.

고전파의 노동가치설은 기본적으로 단일 시스템에서 생각되고 있다. 그 때문에 그들은 복수의 서로 다른 생산 부문에서 각각 평균 이윤을 확보하는 생산 가격을 설명할 때, 노동가치설을 철회하거나 수정해야만 했다. 한편 신고전파는 고전파의 노동가치설을 부정하고 효용(사용 가치)으로부터 가치(가격)를 생각하고자 했다. 그들은 '한계 효용'이라는 개념에 의해 심리적인 요소에 호소하지 않고서 수요와 공급의 균형점을 찾아냈다. 그러나 고전 경제학이 노동 가치를 말한 것은 그들도 시장에서의 가격 균형을 상정했기 때문이다. 그들은 개개의 (무정부적인) 생산이나 교환이 '사후적'으로 하나의 균형 상태로 자리 잡는 메커니즘에 주목했던 것이다. 또한 '한계적'인 사고방식은 이미 리카도의 '수확 체감의 법칙'에서 엿보이는 것이지 신고전파가 창시한 것이 아니다. 이러한 균형 이론은 수학적으로 아무리 정치精緻하다 하더라도 결국은 단일 체계에서밖에 생각될 수 없는 것이다.

그러나 여기서 다른 가치 체계를 상정한다면 동일 상품에 대해 각각의 균형 가격과는 다른 '가치'를 상정할 수밖에 없다. 단일 체계에서 생각하는 한, 화폐는 체계에 체계성을 부여하는 '무無'에 지나지 않는다. 그러나 서로 다른 가치 체계가 있을 때, 화폐는 그 사이에서의 교환으로부터 잉여 가치를 얻는 자본으로 전화하는 것이다. 한편 맑스는 스미스나 리카도가 노동가치설을 방기·수정한 것에 반해 오히려 그들 이상으로 노동가치설을 고집한 것으로 보인다.[1] 그러나 그 의미

• • • •

1_ 맑스는 어떤 의미에서 리카도의 노동가치설을 리카도 이상으로 관철시키고자 했다고 할 수 있다. 왜냐하면 예를 들어 리카도는 형편이 나빠지면 노동가치설을 일부 수정하여 표준적인 자본 구성과 회전 기간을 가지는 부문 이외에는 가치가 투하 노동만으로 결정되지 않는다고 생각했기 때문이다. 그러나 이미 베일리에 의한 리카도 비판과 관련해 말했듯이, 맑스는 각 상품에 가치가 내재한다는

•••••
생각을 부정하고 있었다. 각 상품의 가치는 상품들의 관계가 하나의 체계를 이룰 때, 그 한계 내에서 주어진다. 그러므로 그 가치의 실체가 노동 시간이라 하더라도, 그것은 이미 화폐와의 교환에 의해 조정된 후의 것이다. 다시 말하면 그것은 '사회적 노동 시간' 또는 '추상적 노동 시간'이다. 즉 맑스가 말하는 '사회적 노동 시간'은 개개의 상품 생산에 필요한 실제의 노동 시간이 아니라 생산물이 화폐와의 교환을 통해 '사회적으로' 규제된 후에 발견되는 노동 시간이다. 단순한 상품 교환이건 자본제 생산에서의 그것이건 어쨌든 간에 노동 시간을 양적으로 측정할 수는 없다. 우리가 아는 것은 가격뿐이다. 그러나 자본이 노동의 생산성을 높이는 일에 열심인 것, 바로 그것이 필요 노동 시간의 단축에 다름 아니라는 것, 또한 그 차이가 세계 각국의 가치 체계를 계층적으로 규정한다는 것은 의심할 여지가 없다.

더 나아가 여기서 덧붙여 두자면, 맑스는 『자본』에서 편의상 '단순 노동'을 상정한다고 하고 있지만, 이 경우 '단순'이란 노동의 성질로부터 오는 것이 아니다. 사용 가치로서의 노동의 다양성과 복잡성은 양적으로 측정할 수 없다. 그것이 양적인 것이 되는 것은 이미 상품 교환에 의해, 다시 말하면 임금의 양으로서 사회화되어 있기 때문이다. 따라서 지적 노동도 역시 단순 노동과 양적으로 비교될 수가 있다. 상품들의 생산에 필요한 노동 시간이 그것들을 등치시키는 것이 아니라, 상품들의 등치가 그것들의 생산에 필요한 사회적 노동 시간을 규정하는 것이다. 그 경우 노동의 질적 차이는 문제가 되지 않는다. 주요한 노동 형태가 제2차 산업(제조)에서 제3차 산업(서비스)으로 이행했다고 하더라도, 이상의 논의를 수정할 필요는 없다.

우노 고조宇野弘藏는 맑스가 가치 형태론의 단계에서 가치의 실체로서 노동 시간을 꺼낸 것은 잘못이며, 그것은 산업 자본주의적인 생산 과정의 단계——거기서는 노동력이 상품이 되고, 또한 기계적 생산을 위해 '노동 시간'이 어느 정도 객관화되는——에서 말해져야 한다고 하고 있다. 이것은 '노동 가치'라는 것이 산업 자본주의적 경제에 특유한 것이라는 것을 의미한다. 다시 말하면 그것을 비자본제적 경제에 관해 적용해서는 안 되며, 나아가 자본주의를 넘어서는 경제에서도 적용해서는 안 된다는 것이다. 이런 점에서 오언이나 프루동의 노동 화폐는 암묵적으로 자본주의적 시장 경제에 의거하고 있다. 자본제 경제를 지양하는 것은 노동 가치를 지양하는 것이다. 코뮤니즘이란 맑스의 생각으로는 '각 사람이 자기의 노동에 따라 받는' 사회가 아니라 '각 사람이 능력에 따라 일하고 필요에 따라 받는' 사회이다. 다시 말하면 그것은 노동에 의한 가치 규정(가치 법칙) 자체의 폐기이다. 맑스가 자본제 경제와 관련해 노동가치설을 인정하는

는 전혀 다르다. 고전파가 단일 시스템에서 성립하는 균형 가격을 노동 가치로 치환했을 뿐인 데 반해, 맑스는 복수 시스템으로부터 출발하며, 그 때문에 '사회적·추상적' 노동 가치를 필요로 했던 것이다. 복수 시스템 사이에서 하나의 상품의 가격은 서로 다르다. 그러면 그 상품의 '가치'는 무엇인가? 그렇게 생각했을 때, 하나의 체계의 균형 가격과는 다른 것으로서, '추상적 노동'으로서의 가치가 가정되는 것이다. 하지만 중요한 것은 복수 시스템이 있다는 것, 그로부터 잉여 가치가 발생한다는 것, 그런 까닭에 화폐가 자본으로 전화한다는 것이다.

이미 베일리는 리카도를 비판했을 때 상품의 가치가 단독으로 존재하는 것이 아니라 하나의 관계 체계 안에서 규정된다는 것을 지적하고 있었다. 그것은 동일한 상품이 다른 체계에서는 가격이 다르다는 것을 의미한다. "가치란 동시대의 상품들 간의 관계이다. 왜냐하면 이와 같은 상품들만이 상호 교환될 수 있기 때문이다. 그리고 우리가 어떤 시기의 하나의 상품의 가치를 다른 시기의 그 가치와 비교한다면, 그것은 다만 이 상품이 이러한 서로 다른 시기들에서 다른 어떤 상품에 대해 지니고 있었던 관계를 비교하는 것에 지나지 않는다."(『리카도 가치론의 비판』, 앞의 책) 요컨대 상품들은 그때마다 이를테면 공시적으로 하나의 관계 체계를 이루고 있는 것이다. 베일리는 이것을 시간적으로 생각하고 있지만, 공간적으로도 마찬가지 말을 할 수 있다. 동일한 하나의 상품은 다른 체계에 놓이면 그 균형 가격이 다른 것이다.

• • • • •

것은 그것을 강요하고 있는 경제 시스템을 폐기하기 위해서이다. 하지만 노동가치설을 부인하는 이데올로그야말로 자본주의의 영속을 바라고 있다. 노동 가치를 참으로 부정하기 위해서는 전혀 다른 교환 형태와 통화가 필요 불가결하다. 그것에 대해서는 마지막 장에서 말하고자 한다.

이 차이는 단순한 부동浮動에 의한 것이 아니라 관계 체계의 차이에 따른 것이다. 그러나 이러한 서로 다른 체계들 사이에서 교역이 이루어진다면 어떻게 될 것인가? 거기서 잉여 가치가 발생한다. 맑스가 균형 가격과 다른 '가치'를 고집하는 것은 그것이 근본적으로 복수 체계와 관계되기 때문이고, 나아가 잉여 가치와 관계되기 때문이다.

2. 언어학적 접근

생산물은 노동 없이 있을 수 없다. 그런 까닭에 고전 경제학은 노동을 가치 실체로 삼는다. 그러나 생산물을 가치이게끔 하는 것은 가치 형태, 다시 말하면 상품의 관계 체계이다. 물건이나 노동이 그 자체로 어떤 것을 가치이게끔 하는 것이 아니다. 그와 반대로 물건이나 노동은 가치 형태에 의해 비로소 경제적 대상이 된다. 고전파는 경험적 가격을 넘어서 존재하는 노동 가치를 생각하고, 신고전파는 그것을 부정하여 경험적 가격의 차원에 머무르고자 했다. 그들 모두가 보지 못하는 것은 가격과 노동 가치가 모두 가치 형태(관계 체계) 안에서 조정되고 규정된다는 사실이다. 앞에서 말했듯이, 가치 형태는 언어적인 것이다. 따라서 이것을 이해하기 위해 언어학 모델을 빌려도 좋을 것이다. 그러나 그렇게 해서 곧바로 알 수 있는 것은 언어학 자체가 경제학 모델을 따르고 있다는 사실이다. 예를 들어 야콥슨은 다음과 같이 말하고 있다.

경제학과 언어학의 오랜 역사에서 이 두 교과를 결합하는 문제가 반복해서 생겨났다. 계몽주의 시대의 경제학자들이 언어학적 문제에 손을 댄 일이 상기될 것이다. 예를 들어 안느-로베르-자크 튀르고(Anne-Robert-Jacques Turgot, 1727~81)는 백과전서를 위해 어원 연구를 다루며, 애덤 스미스는 언어의 기원을 논의한다. 순환, 교환, 가치, 생산과 투자, 생산자와 소비자 등의 사항에 대해 소쉬르의 교리에 미친 G. 타르드(Gabriel Tarde, 1843~1904)의 영향은 잘 알려져 있다. '동적 공시태', 즉 체계 내부의 모순과 그 부단한 움직임 등과 같은 공통의 주제가 두 분야에서 서로 비슷한 발전을 이루었다. 기본적인 경제학 개념들이 기호학적 해석의 시도에 반복해서 덧붙여졌다. …… 현재 탈콧 파슨스(Talcott Parsons, 1902~1979)는 화폐를 '대단히 고도로 특수화된 언어', 경제상의 거래를 '일종의 회화', 화폐의 유통을 '메시지의 송달' 그리고 화폐 체계를 '문법적 · 통사적 코드'로서 조직적으로 다루고 있다. 그는 언어학에서 개발된 코드와 메시지 이론을 공공연하게 경제적 교환에 적용하고 있다. (『일반 언어학—般言語學』, 가와모토 시게오川本茂雄 외 옮김, みすず書房)

실제로 소쉬르가 언어를 공시적 체계(랑그)로서 고찰하고자 했을 때 경제학 모델을 사용하고 있다. '공시적'이란 어떤 임의의 순간을 가리키는 것이 아니라 일정한 균형 상태를 의미한다. 소쉬르는 그때까지 하나의 항목을 체계로부터 분리하여 그 변화를 역사적으로 고찰하고 있던 언어학에 맞서, 관계 체계에서의 하나의 항목의 변화가 체계 전체를 변화시켜 새로운 체계를 형성한다고, 그리고 언어의 통시적인 변화는 체계의 변화로서 이해되어야만 한다고 생각했다. 그것은 하나의 균형 상태로부터 다음 균형 상태로의 이행이다. 이와 같은 생각은 분명히 스위스에 있던 경제학자 파레토(Vilfredo Pareto, 1848~1923)의 일반 균형론에서 얻어진 것이다. 그러나 만약 그와 같은 것에 머문다면 이러한 언어학을 경제학에 다시 적용하는 일은 성과가 없는 동의반복일 뿐이다. 야콥슨이 들고 있는 것과 같은 예들은 그러한 것들이며, 단지 신고전파 경제학을 바꿔 말하는 것에 지나지 않는다.

그러나 소쉬르는 그 이전에 결정적으로 신고전파 이론과 다르다. 그는 '언어에는 차이밖에 없다, 언어는 가치다'라고 말한다. 이와 같은 것은 단일 체계(랑그) 안에서는 말할 수 없다. 소쉬르가 가치에 대해 말하는 것은 다른 랑그를 가지고 올 때이다. 그의 생각으로는 어떤 말이 다른 체계로 '번역'된 경우에, 동일한 '의미'를 가짐과 동시에 각각의 체계에서의 다른 말과 맺는 관계의 차이에 따라 그 '가치'가 달라진다. 그로부터 소쉬르는 시니피앙과 필연적으로 연결되는 의미(시니피에), 또는 내재적인 의미 같은 것은 없다고 설명하고 있다. 하지만 옐름슬레우(Louis Hjelmslev, 1899~1965)가 지적했듯이 하나의 공시적 체계에서 생각하는 한, 시니피앙과 시니피에는 분리될 수 없다. 그렇기 때문에 의미(가격)와 다른 '가치'라는 개념은 오직 복수의 서로 다른 체계를 생각했을 때에만 필요 불가결한 것이다.

맑스는 일반적으로 화폐를 언어와 유추하여 보는 생각을 부정하고 있다. "화폐를 언어와 비교하는 것도 이것[화폐를 혈액과 비교하는 것]에 못지않게 잘못이다. 관념의 경우, 가격이 상품과 나란히 존재하게 되듯이 관념이 언어로 전화하고, 그 결과 관념의 독자성은 해소되고 그 사회적 성격이 이념과 나란히 언어 안에 존재하게 되는 것은 아니다. 관념은 언어로부터 분리되어서는 존재하지 않는다. 관념이 통용되고 교환 가능해지기 위해서는 우선 그 모국어로부터 외국어로 번역되어야만 하지만, 그것 역시 여러 가지 유추를 일으킨다. 하지만 그 경우 유추는 언어 안에 있는 것이 아니라 언어의 이국성(Fremdheit) 안에 있다."(『정치경제학 비판 요강』 화폐에 관한 장) 요컨대 언어와 화폐의 유추가 중요하다면, 그것들을 '이국성'에서 볼 때뿐이다.

소쉬르가 경제학의 비유를 가지고 오는 것은 언어의 '의미'와 구별 되는 것으로서의 '가치'에 대해 말할 때뿐이며, 그는 그것을 상이한 통화를 예로 들어 설명하고 있다.[2] 이러한 유추에 따르면, 의미는 가격 이고 가치는 가격을 결정하는 관계 체계에 관계된다. 하나의 공시적 체계에서 하나의 상품은 다른 모든 상품과 관계지어진다. 하나의 상품 을 화폐와 교환한다는 것은 단지 두 가지 것(어떤 상품과 금)만의 관계가 아니라 그것을 다른 모든 상품과의 관계 체계 안에 두는 일이

- - - -

2_ 소쉬르는 언어의 가치에 관해 다음과 같이 말하고 있다. "이 물음에 답하기 위해 우리는 우선 언어 바깥에서도 모든 가치가 이 역설적인 원리에 의해 지배되 고 있는 것으로 보인다는 점을 인증하고자 한다. 그것들은 반드시 다음과 같은 것들로 이루어진다. / 1. 그 가치의 결정을 필요로 하는 것과 교환할 수 있는 하나의 닮지 않은 것. / 2. 그 가치가 당면의 문제인 것과 비교할 수 있는 몇 개의 닮은 것들. / 어떤 가치가 존재하기 위해서는 이들 두 요인이 필요하다. 이리하여 5프랑화의 값어치가 있는 바의 것을 결정하기 위해서는 다음의 것들을 알아야만 한다. 1. 그것은 무언가 다른 물건, 예를 들어 일정량의 빵과 교환할 수 있다는 것. 2. 그것은 동일한 체계에 속하는 하나의 닮은 가치, 예를 들어 1프랑화나 다른 체계에 속하는 화폐(1달러 등)와 비교할 수 있다는 것. 마찬가지 로 낱말 역시 무언가 닮지 않은 것, 즉 관념과 교환할 수 있고, 게다가 무언가 동일한 성질의 것, 즉 다른 낱말과 비교할 수 있다. 그런 까닭에 그것의 가치는 무언가의 개념과 '교환'될 수 있다는 것, 다시 말하면 무언가의 의의를 지닌다는 것을 인증한 것만으로는 결정되는 것이 아니다."(『일반언어학 강의一般言語學講義』제2편 제4장, 고바야시 히데오小林英夫, 岩波書店) 소쉬르의 언어학은 단일 시스템의 언어학이 아니다. 그것은 근본적으로 다른 언어와의 교환(번역)을 전제 한다.

다. 하나의 상품의 가격은 단지 화폐와의 등치 관계에 의한 것이 아니라 모든 상품과의 관계를 집약하고 있다. 그 경우 관계 체계가 달라지면 하나의 상품의 가격은 각각에서 다르다. 이것은 균형 가격을 상정하더라도 필연적으로 존재하는 차이이다. 그렇게 상이한 관계 체계들 사이에서의 교환은 각각에서 등가 교환이라 하더라도 차액(잉여 가치)을 가져온다.

다시 한 번 말하자면, 맑스가 균형 가격과 구별된 '가치'를 고집하는 것은 하나의 체계만이 아니라 복수의 서로 다른 체계들을 생각하고 있기 때문이다. 맑스는 가치를 경험적인 것으로서 제시하지 않으며 그럴 수도 없다. 경험적으로는 균형 가격밖에 없기 때문이다. 그것은 경험적으로는 잉여 가치가 없고 이윤만이 있다는 것과 동일하다. 맑스가 '가치'로서 발견한 것은 '추상적 · 사회적 노동'이지만, 그것은 복수 체계를 전제하는 것이다. 맑스가 말하는 '가치'에는 이미 잉여 가치, 요컨대 화폐가 자본으로 전화하는 비밀이 포함되어 있다. 그러나 복수 체계 사이에서 잉여 가치가 얻어진다고 하더라도 그것은 각각의 체계 당사자에게 있어서는 꿰뚫어 보이지 않는다. G-W-G′라는 과정에서 G-W와 W-G′는 각각 다른 시간이나 장소에서 일어나기 때문이다.

맑스는 다음과 같이 말한다. "유통은 생산물 교환의 시간적, 장소적, 개인적 제한을 깨트리지만, 그것은 바로 생산물 교환의 경우 자기의 노동 생산물의 양도와 타인의 노동 생산물의 획득의 직접적 일치가 유통에 의해 판매와 구매의 대립으로 분열되기 때문에 다름 아니다. 이러한 두 개의 독립된 서로 대립하는 과정이 내적 통일을 이룬다는 것은 그 내적 통일이 외적 대립으로 자기를 나타낸다는 것과 동일한 것이다. 상품의 전체 변태의 서로 보완하는 두 단계 사이에 존재하는 시간상의 간격이 지나치게 커지게 되면, 즉 판매와 구매 사이의 간격이

지나치게 두드러지게 되면, 판매와 구매 사이의 본질적인 통일이 강력하게 주장한다——공황을 만들어냄으로써 말이다."(『자본』제1권, 제1편 제3장 제2절 a, 스즈키 외 옮김, 앞의 책).

중요한 것은 자본을 가능하게 하는 것이 동시에 공황의 가능성도 준다는 점이다. 여기에 자본주의의 '운명'이 있다. 맑스가 말하듯이 화폐에 의해 판매와 구매는 공간적으로도 시간적으로도 분리된다. 화폐를 가진 자는 그것으로 언제, 어디서, 무엇을 사도 좋다. 이것을 다시 언어론적으로 보면, 화폐는 음성 언어에 대한 문자 언어에 비교될 것이다. 쓰인 텍스트는 언제, 어디서, 누구에게 읽힐지 모른다. 음성이라면 그 장의 타자에게 이해 가능하다 하더라도, 쓰인 것은 다른 랑그에서 읽히고 만다. 리카도나 프루동의 화폐에 대한 혐오는 문자에 대한 혐오와 유사하다. 그것은 어느 쪽이든 모두 매개적인 커뮤니케이션에 대한 혐오이다. 따라서 그로부터 직접적이고 꿰뚫어 볼 수 있는 교환이 '상상'된다. 데리다가 『그라마톨로지에 대하여』에서 말했듯이, 플라톤 이래의 철학이 문자를 혐오하고, 투명한 직접적 교환=커뮤니케이션을 상상해 왔다고 한다면, 그것은 경제에서는 화폐에 대한 혐오로서 나타난다고 해도 좋을 것이다. 그러나 플라톤의 문자 비판이 이미 문자를 전제하고 있듯이, 고전 경제학자가 출발하는 물물 교환이나 로빈슨 크루소 이야기와 같은 교환은 이미 암묵적으로 화폐(일반적 등가물)를 전제한다.

교환이 화폐에 의한 매개를 거쳐야만 한다는 '필연성'을 부정하는 경제학이나 '사회주의'는 그런 의미에서 '형이상학'이다. 맑스는 다음과 같이 말한다. "그러므로 가치라는 것의 이마에는 그것이 무엇인가 하는 것은 쓰여 있지 않다. 오히려 가치가 어떠한 노동 생산물이든 하나의 사회적 상형문자로 전환시킨다. 나중에 이르러서야 사람들은 이 상형문자의 의미를 풀어보고자 하고, 그들 자신의 사회적 산물—
틀림없이 가치로서의 사용 대상들에 대한 규정은 언어와 마찬가지로
사회적 산물이다—의 비밀을 찾아내고자 한다."(『자본』 제1권, 제1
편 제1장 제4절, 스즈키 외 옮김, 같은 책) 이렇게 맑스는 상품 형태를
'사회적 상형문자'—그것은 데리다 식으로 말하자면 원-에크리튀르
이다—로서 보고 있다. 맑스가 말하고자 하는 것은 화폐가 2차적인
것이 아니라는 것, 상품 형태에 이미 그것이 존재한다는 것이다.

  여기서 나는 이러한 '사회적' 교환의 불투명성으로부터 예술적 가
치의 문제를 생각한 비평가를 예로 들고자 한다.

  요컨대 예술 작품이란 하나의 대상물(objet)이고, 어떤 개인들
에게 어떤 종류의 작용을 행하고자 만들어진, 인간에 의한 제작
물입니다. 개개의 작품이란 때로는 말의 물질적인 의미에서의
물체(objet)이고, 때로는 춤이나 연극처럼 행위의 연쇄이며, 때로
는—음악이 그렇습니다만—마찬가지로 행위에 의해 산출되
는 계기적 인상의 합계입니다. 이러한 대상물을 기점으로 하는
분석에 의해 우리는 예술 개념을 명확히 하고자 시도할 수 있습니
다. 이러한 대상물이야말로 바로 우리의 탐구의 확실한 요소라고
간주할 수 있는 것입니다. 이러한 대상물을 고찰함으로써, 그리
고 또한 한편으로는 그것들의 작자에게로 거슬러 올라가고, 다른
한편으로는 그것들이 감동 작용을 미치는 사람들에게 거슬러
올라감으로써, 우리는 '예술'이라는 현상이 두 개의 각각 완전히
구별된 변형 작용에 의해 대표될 수 있다는 사실을 발견합니다
(그것은 경제학에서 생산과 소비 사이에 존재하는 관계와 동일
한 관계입니다).

대단히 중요한 것은 이들 두 변형 작용——작자로부터 시작하여 제조된 **물체**에서 끝나는 변형 작용과 그 물체, 요컨대 작품이 소비자에게 변화를 가져다준다는 의미에서의 변형 작용——이 서로 완전히 독립해 있다는 사실입니다. 그 결과로서 이 두 **변형 작용은 각각 별도로 생각되어야** 하는 것입니다.

여러분은 작자, 작품, 관객 또는 청자라는 세 항을 등장시켜 명제를 세우게 됩니다. —— 그러나 이 세 항을 통합하는 그러한 관찰의 기회는 결코 여러분 앞에 나타나지 않을 것이라는 의미에서, 그러한 명제는 무의미한 명제인 것입니다. …….

…… 내가 다다르는 점은 다음과 같습니다. —— 예술이라는 '가치'는(이 말을 사용하는 것은 결국 우리가 가치의 문제를 계속해서 연구하고 있기 때문입니다만) 본질적으로 지금 말한 두 영역[작자와 작품, 작품과 관찰자]의 동일시 불가능, 생산자와 소비자 사이에 매개항을 놓아야만 하는 저 필연성에 종속되어 있다는 것입니다. 중요한 것은 생산자와 소비자 사이에 정신으로 환원될 수 없는 무언가가 있으며, 직접적인 교섭이 존재하지 않는다는 사실, 그리고 작품이라는 매개체는 그 작품에 감동하는 사람들에게 작자의 인품이나 사상에 대한 어떤 개념으로 환원될 수 있는 그 무엇도 가져다주지 않는다는 사실입니다. …….

…… 예술가와 타자(독자), 이 두 사람의 내부에서 각각 무슨 일이 일어났는지, 그것을 엄밀하게 비교하기 위한 방법 같은 것은 절대로 언제가 되더라도 존재하지 않을 것입니다. 그뿐만이 아닙니다. 만약 어느 한편의 내부에서 일어난 일이 다른 편에 직접적으로 전달된다고 한다면 예술 전체가 붕괴할 것이고, 예술이 지니는 모든 힘이 사라지고 말 것입니다. 타자의 존재에 작용

하는 새로운 삼투되지 않는 성질의 요소의 매개가 무슨 일이 있어도 필요한 것입니다. ……. (발레리, 「예술에 대한 고찰藝術に ついての考察」, 시미즈 도루淸水徹 옮김, 「전집」 제5권, 筑摩書房)

이리하여 발레리(Paul Valéry, 1871~1945)는 작품의 가치의 궁극적인 근거를 양쪽 과정이 서로 분리되어 있고 꿰뚫어 보이지 않는다는 데서 찾고 있다. 그가 직접 비판하고 있는 것은 헤겔적인 미학이다. 즉 헤겔의 미학——맑스주의 미학도 마찬가지다——은 이 양쪽 과정이 동시에 보이는 장소에 서 있으며, 그런 까닭에 역사도 역시 꿰뚫어 보이는 것이다. 덧붙이자면, 발레리는 이와 같은 견해를 『자본』에서 얻었다고 해도 틀림없을 것이다.[3]

이러한 관점에서 보면, 자본가란 서로 다른 체계들의 양쪽에 서는 자라고 할 수 있다. 상인 자본가는 그렇게 함으로써 상이한 관계 체계들에서의 차이로부터 잉여 가치를 얻는다. 고전 경제학자는 싸게 사서 비싸게 파는 상품 자본을 부등가 교환이나 사기에 기초한다고 간주하

• • • •

3_ 발레리는 『자본』에 대해 이렇게 쓰고 있다. "간밤에 다시 읽었네(조금만), 『자본』을 말이네! 나는 그것을 읽은 몇 안 되는 사람들 중의 한 사람이네. 조레스[당시 대표적인 사회주의자] 자신은——(읽지 않은 것으로 보이네). …… 『자본』이라는 이를테면 이 두꺼운 책에는 대단히 주목할 만한 것들이 쓰여 있네. 다만 그것을 일부러 찾아내기까지 한다면 말이네. 이것은 상당한 자부심의 산물이네. 자주 엄밀함의 점에서 불충분하다든지 무익하게 무턱대고 현학적이라든지 하긴 하지만, 몇몇의 분석에 대해서는 경탄하지 않을 수 없네. 내가 말하고 싶은 것은 사물을 파악할 때의 방식이 내가 꽤 빈번하게 사용하는 방식과 유사하다는 것인데, 그의 말은 상당히 자주 나의 말로 번역될 수 있는 것이라네. 대상의 차이는 중요하지 않네. 그것에 결국이라고 말하자면, 대상은 동일한 것이기 때문에!(1918년 5월 11일, 지드에게 보내는 편지, 야마다 히로아키山田廣昭 옮김) (A. Gidde-P. Valery, *Correspondence 1890-1942*, Gallimard, 1955, pp. 472-3)

고, 이와 대조적으로 산업 자본이 등가 교환에 의한다는 것, 그 이윤은 생산 과정에 있다는 것, 요컨대 분업과 협업에 의한 생산력의 상승에 있다는 것을 주장했다. 그러나 상인 자본은 특별히 부등가 교환에 기초하고 있는 것이 아니다. 어떤 상품이 어떤 지역에서 자연적인 조건에 의해 대량으로 생산된다면, 그 지역의 상품들의 관계 안에서 규정되는 가격은, 그것이 생산되지 않거나 부족한 지역에서의 가격과는 다를 것이다. 상인은 눈치 빠르게 싼 데서 사서 비싼 곳에서 판다. 그 차액으로부터 잉여 가치를 얻는다 하더라도 그것은 사기가 아니다. 교환은 각각의 가치 체계에 의해 정당하게 행해지기 때문이다.

3. 상인 자본과 산업 자본

그러면 산업 자본은 어떨까? 고전 경제학자는 이윤을 유통 과정이 아니라 생산 과정에서 찾는다. 리카도 자신은 그것을 리카도과 사회주의자들처럼 잉여 노동의 착취라고는 생각하지 않았지만, 그러한 생각이 끌어내질 여지가 있었다. 그는 상품의 자연 가격에 이윤——그것이 지대와 이자로 분배된다——을 내재시켰기 때문이다.[4] 이미 말했듯이 맑스의

4_ 리카도에게서 잉여 가치 이론을 끄집어낸 최초의 사람은 딜크(Charles Wentworth Dilke)로, 그는 팸플릿 『국민적 어려움의 근원 및 구제』(*The Source and Remedy of the National Difficulties, deduced from Principles of Political Economy in a Letter to Lord John Russell*, London, 1821)을 썼다. 나아가 토머스 홉킨스의 『노동옹호론』(*Labour defended against the Chains of Capital, or the Unproductiveness in*

잉여 가치론은 그것을 답습하는 것처럼 보인다. 그 결과 맑스의 잉여 가치론은 공격에 노출되든가 아니면 스라파(Piero Sraffa, 1898~1983) 이후의 네오 리카도학파에 의해 옹호된다. 예를 들어 오키시오 노부오(置塩信雄, 1927~2003)나 모리시마 미치오(森嶋通夫, 1923~2004)는 이윤율이 양이라면 잉여 가치율도 양이라는 것, 요컨대 잉여 노동이 존재한다는 것을 수학적으로 증명했다.[5] 그러나 리카도는 화폐를 단지 2차적인 것으로 간주하고 노동 가치로부터 출발한다. 그것은 리카도가 단일 체계 안에서 생각하고 있다는 것에 다름 아니다. 우리에게 있어 중요한

• • • •

Capital, proved with reference to the Combinations amongst Journeymen, by a Labourer, 1825)이 출판되었다. 리카도의 『경제학 및 과세의 원리』 초판이 나온 것이 1817년이기 때문에 극히 빠른 반응이라고 해야만 한다. 그들의 이론은 1820년대 이후 영국 노동 운동의 근거가 되었다. 잉여 가치=착취의 이론이 맑스의 '발견'이 아니라는 것은 분명하며, 맑스 자신이 공정하게 그것을 인정하고 있다. 예를 들어 그는 딜크의 팸플릿에 대해 다음과 같이 평가한다. "거의 알려지지 않은 이 팸플릿(약 40쪽)……은 리카도를 넘어서는 본질적인 하나의 진보를 포함한다. 그것은 직접적으로 잉여 가치를, 또는 리카도가 명명한 바로는 '이윤'(자주 또한 '잉여 생산물')을, 또는 이 팸플릿의 필자가 부른 바로는 '이자'를 '잉여 노동'으로서 나타내고 있다. 즉 노동자가 자신의 노동 능력의 가치를 보전하는 바의, 또는 자신의 임금의 등가를 생산하는 바의 노동량을 넘어서서 무상으로 행하는 노동으로서 나타내고 있는 것이다. 가치를 노동에 귀착시키는 것이 중요했던 것과 전적으로 마찬가지로, 잉여 생산물에서 나타나는 잉여 가치를 잉여 노동으로서 나타내는 것이 중요한 것이다. 이것은 사실상 애덤 스미스에게서 말해지고 있으며, 또한 리카도의 전회의 한 가지 주요 계기를 이룬다. 그러나 그것은 그에게 있어 어디서도 절대적인 형태로는 표명도 확정도 되어 있지 않다."(『잉여 가치 학설사剩餘價値學說史』, 「맑스-엥겔스 전집」 제26권 제3분책, 大月書店)

5_ 오키시오 노부오는 196년 전후에 '이윤율이 양이라면 반드시 잉여 노동이 행해지고 있다'는 명제가 생산 가격을 전제해서도, 또는 좀 더 일반적인 가격을 전제해서도 논증될 수 있다는 것을 보여주었다(『맑스 경제학——가치와 가격의 이론マルクス經濟學——價値と價格の理論』. 筑摩書房).

것은 복수의 서로 다른 가치 체계가 존재한다는 사실, 그리고 그 사이에서의 교환에서 잉여 가치가 발생한다는 사실이다.

맑스의 독자성은 자본의 일반적 정식 G-W-G′를 산업 자본에서도 보고자 했다는 점에 있다. 다시 말하면 맑스는 잉여 가치를 생산 과정에서만이 아니라 유통 과정에서도 보고자 했던 것이다. 그의 생각으로는 산업 자본이 상인 자본과 다른 것은 그것이 상인 자본이 알지 못한 어떤 상품을 발견했다는 점에 있다. 그것이 '노동력 상품'이다. 산업 자본은 특수한 상품, 요컨대 노동력 상품을 사서 그 생산물을 노동자 자신에게 파는 것으로부터 잉여 가치를 얻는다. 신고전파는 소비자와 기업을 경제적인 주체로서 생각하고 있다. 노동자는 단지 노임으로서 생산 비용의 일부이다. 그러나 산업 자본의 잉여 가치는 노동자가 노동력을 팔고 그 생산물을 소비자로서 되산다고 하는 넓은 의미의 '유통 과정'에서만 존재한다. 물론 개별 노동자는 자신이 만든 해당 물건만을 사는 것이 아니다. 그러나 총체적으로 보면, 노동자는 그들 자신이 만든 것을 사는 것이다. 이것은 잉여 가치가 개별 자본에서가 아니라 사회적 총체에서 생각되어야만 한다는 것을 의미한다. 예를 들어 맑스는 다음과 같이 말하고 있다.

어떤 자본가도 자신의 노동자에 대해서는 그 노동자에 대한 자기의 관계가 소비자에[대한] 생산자의 관계가 아니라는 것을 알고 있으며, 또한 그 노동자의 소비를, 즉 그의 교환 능력, 그의 임금을 가능한 한 제한하고 싶어 한다. 물론 어떤 자본가도 다른 자본가의 노동자가 자신의 상품의 가능한 한 커다란 소비자이기를 바란다. 하지만 각각의 자본가가 자신의 노동자에 대해서 지니는 관계는 자본과 노동의 관계 일반이며 본질적인 관계이다.

그러나 바로 그것에 의해 환상이, 즉 자신의 노동자를 제외한 그 밖의 노동자 계급 전체는 노동자로서가 아니라 소비자 및 교환자로서, 화폐 지출자로서 자신을 상대하고 있다——개개의 자본가를 다른 모든 자본가로부터 구별한다면 그에게 있어 이것은 진실이지만——는 환상이 생겨난다. …….

자본을 지배[·예속] 관계로부터 구별하는 것은 바로 노동자가 소비자 및 교환 가치 정립자로서 자본과 상대하며, 화폐 소지자의 형태, 화폐의 형태로 유통의 단순한 기점——유통의 무한히 많은 기점들 가운데 하나——이 된다는 것이어서, 여기서는 노동자의 노동자로서의 규정성이 사라져 버린다. (『맑스 자본론 초고집』 제2권, 1858년 1월, 와타나베 노리마사渡辺憲正 옮김, 大月書店)

이와 같은 생산의 장과 판매의 장의 분리가 노동자를 소비자 일반으로 변화시켜 버린다. 그 결과, 신고전파 경제학자는 소비자를 주권자로 하고 그 수요를 기업이 충족시키는 것처럼 생각한다. 다른 한편으로 이 분리는 생산 관계를 추상한, 소비자로서의 주체성이라는 환상을 낳는다. 그것은 소비 사회의 현상으로서 나타나는 것만이 아니다. 예를 들어 기업에 대한 소비자의 항의나 보이콧 활동은 실제로는 노동자의 운동임에도 불구하고 그것과 분리되거나 때로는 적대한다.

그러나 이러한 맑스의 고찰에서 보아야 하는 것은 잉여 가치를 개별 자본의 운동 과정으로만 생각할 수 없다는 사실이다. 자본은 최종적으로 생산물을 팔지 않으면, 요컨대 생산물이 상품으로서 가치를 획득하지 않으면 잉여 가치 자체를 표현할 수 없다. 그러나 그것을 사는 사람은 다른 자본이거나 다른 자본 아래에 있는 노동자이다.

각 자본은 이윤을 추구할 때 될 수 있는 대로 임금을 깎으려고 하거나, 가능한 한 긴 시간 동안 일하게 하려고 한다. 하지만 모든 자본이 그렇게 하면 잉여 가치를 실현할 수 없다. 왜냐하면 생산물을 사는 소비자는 노동자 자신이기 때문이다. 이리하여 개별 자본이 이윤을 확보하고자 하면 할수록 총체적으로 불황이 악화된다. 실제로 1930년대의 대불황 하에서 '총자본'은 이러한 경향을 역전시켰다. 즉 대량 생산과 고임금에 의해 불황을 탈출하고자 했던 것이다. 그것이 포디즘(fordism)이라고 불리고 있다. 이후 '소비 사회'가 출현한다. 그러나 그것은 맑스의 이론적 고찰을 넘어서는 사태가 아니다. 포디즘 또는 케인스주의란 사회적 총자본이 개별 자본의 이기주의를 억제함으로써 역으로 개별 자본의 이윤을 확보하는 것을 의미한다. 그것은 각 사람이 이기주의적으로 이익을 추구하는 것이 결과적으로 모든 사람의 이익이 된다는 애덤 스미스의 생각에 대한 부정인 것처럼 보인다. 또한 그것은 소비를 장려함으로써 근면과 저축을 장려하는 '프로테스탄티즘과 자본주의 정신'(베버)을 부정한 것처럼 보인다. 그러나 이것들은 맑스적으로 볼 때 전혀 근본적인 변화가 아니다. 그것은 잉여 가치의 실현을 개별 자본에서나 생산 과정에서만 보는 시점에게 있어서만 불가해할 뿐이다.

맑스는 잉여 가치를 절대적 잉여 가치와 상대적 잉여 가치로 나눈다. 절대적 잉여 가치는 노동일의 연장이나 노동 강화에 의해 잉여 가치를 얻는 것이고, 상대적 잉여 가치는 노동일은 그대로 두고 단지 노동의 생산성을 높임으로써 간접적으로 노동력의 가치를 떨어뜨리는 것으로부터 잉여 가치를 얻는 것이다. 예를 들어 노동일의 연장, 즉 노동자가 자기 노동력의 가치, 즉 사회적으로 필요한 노동 시간 이상으로 일함으로써 잉여 가치가 얻어진다는 설명은 언뜻 보면 당연한 듯이 보인다. 그러나 그것은 곧바로 어려움에 부딪힌다. 예를 들어 자본가가 도산하는 경우, 그것은 그들이 잉여 가치를 얻을 수 없었다는 것을 의미하는데, 그렇다면 그들은 노동자를 '착취'하지 않은 양심적인 자본가라는 것이 되어버린다. 이와 같은 궤변이 통용되는 것은, 첫째로 구체적인 노동 시간을 가치 실체로 간주하기 때문이지만, 둘째로 잉여 가치를 단지 생산 과정으로부터만 찾아내고자 하기 때문이다. 앞에서 인용했듯이, 맑스는 잉여 가치가 궁극적으로 실현되는 것은 유통 과정에서라는 것을 잘 알고 있었다. 그러나 단순한 유통 과정으로부터는 잉여 가치가 나오지 않는다. '여기가 로도스다, 여기서 뛰어라hic Rodus, hic salte'는 맑스의 말이 토로된 것은 바로 여기다.

이것을 해결하기 위해서는 역시 복수 체계를 가지고 오는 수밖에 없다. 산업 자본은 상인 자본의 경우와는 다르지만, 역시 어떤 복수 체계의 차이로부터 잉여 가치를 얻는다. 노동력(상품)은 다른 상품과 서로 관계하고 의존하는 가치 체계 안에 있다. 또한 맑스가 노동력의 가치에 대해 '일정한 국가, 일정한 시대'에서 서로 다르다고 말할 때, 그것은 노동력의 가치가 공시적인 관계 체계에서 생각되어야만 한다는 것을 의미한다. 하지만 그것이 단일 체계에서 생각되었다면 잉여 가치는 존재할 수 없다. 그 경우에는 상인 자본이 단순한 사기일 뿐이듯이, 산업 자본도 문자 그대로 착취밖에 아닐 것이다. 그러나 산업 자본에서의 잉여 가치는 시간적으로 새로운 가치 체계를 창출함으로써 나오는 것이다. 그런 까닭에 산업 자본주의에 고유한 잉여 가치는 상대적 잉여 가치이다——그것은 기술 혁신에 의해 노동 시간을 단축함으로써 노동력의 재생산에 필요한 상품들의 가치를 내리고, 실질적으로 노동력의 가치를 내리는 것으로부터 얻어진다. 상대적 잉여 가치는 이중의 의미에서 exploitation(개발＝착취)이다.

고전파는 '이윤'을 '분업과 협업'에 의한 생산성의 향상에서 찾고 있었다. 그것을 가져오는 것은 자본가이기 때문에 이윤은 자본가에 귀착된다. 한편 리카도 좌파는 그것을 잉여 가치의 착취라고 간주하고, 프루동은 그것을 '도둑질'이라고 말했다. 이것은 노동자들의 분업과 협업이 생산 수단을 사유한 자본의 손으로 조직되는 까닭에 생긴다. 따라서 노동자들이 스스로 생산 수단을 공유하고 분업과 협업으로 해나간다는 '생산 협동조합'의 구상이 생겨났다. 하지만 이러한 생각은 이윤이 얻어졌다고 하는 경우에 대한 사후적인 고찰에 기초하는 것이다. 실제로 이윤이 얻어질 것인지 어떤지는 알 수 없는 것이다. 여기에 생산 협동조합의 어려움이 놓여 있다. 자본제 기업은 끊임없이 다른 기업과의 경쟁 속에서 기술 혁신의 동기를 부여받고 있지만, 생산 협동조합도 그것과 경쟁하지 않으면 안 된다. 그렇지 않으면 자본제 기업이 얻는 것과 같은 이윤——협동조합에서는 그것이 노동자에게 분배된다——이 얻어지지 않는다. 하지만 생산 협동조합이 자본제 기업과 경쟁할 수 있기 위해서는 단지 외부로부터의 융자가 필요할 뿐 아니라 내부에서 '분업과 협업'을 유효하게 조직하고 기술 혁신을 가져올 '경영자'가 필요 불가결하다. 이러한 인식이 없기 때문에 생산 협동조합의 대부분은 망하거나, 자본제 기업과의 경합이 없는 영역에서 국소적으로 살아남거나 아니면 자본제 기업처럼 되고 만다. 이점에 대해서는 뒤에서 이야기하고자 한다.

맑스는 동일한 문제에 대해 고전파의 고찰을 계승하여 '다수의 힘을 하나의 종합력으로 융합시킴으로써 생겨나는 새로운 힘'이라고 부른다. 그러나 맑스는 그로부터 다음과 같이 말하고 있다.

부분 노동자는 상품이라는 것을 생산하지 않는다. 그들의 공동 생산물이 비로소 상품으로 전화하는 것이다. …… 자본가는 백 명의 자립적인 노동력의 가치에 대해 지불하지만, 백 명의 결합된 노동력에 대해서는 지불하지 않는다. 독립된 인격으로서의 노동자들은 동일한 자본과 관계하지만, 상호적으로는 관계하지 않는 개별적인 사람들이다.

노동력의 사용 가치는 나중에 수행되는 힘의 발휘로서 비로소 성립한다. 그러므로 노동력의 양도(Veräußerung)와 노동력의 실제적인 발휘(Äußerung), 요컨대 사용 가치로서의 그 존재는 시간적으로 서로 떨어져 있다. (『자본』 제1권, 제2편 제4장 제3절, 스즈키 외 옮김, 앞의 책)

고전파나 리카도 좌파와 동일한 것으로 보이지만, 맑스가 여기서 '사전'과 '사후'라는 시간성을 가지고 들어오는 것에 주의해야 한다. 뒤에서 말하게 되듯이, 잉여 가치는 이윤과 달리 개개의 기업 내에서는 생각될 수 없다. 자본의 축적 운동을 가능하게 하는 잉여 가치는 총체적으로 노동자가 노동력을 팔고, 그 돈으로 그들이 만든 것을 되사는 것에서 생겨난다. 노동력을 판 시점에서의 가치 체계 a와 그들이 생산물을 파는 가치 체계 b 사이에 차이가 있을 때만 잉여 가치가 가능하다. 그것이 바로 상대적 잉여 가치이다. 그러나 상대적 잉여 가치는 끊임없는 기술 혁신에 의해서만 확보된다. 따라서 우리는 산업 자본도 역시 두 개의 서로 다른 시스템 '사이'로부터 잉여 가치를 얻는다는 것을 발견하는 것이다. 맑스가 말하듯이 개개의 노동자는 '결합'의 결과로서 산출한 것을 사전에 요구할 수 없다. 여기에는 시간적인 전후 관계로부터 생겨나는 불가피한 '불투명성'이 존재한다. 따라서 산업 자본에서의 잉여 가치는 사기가 아니다. 그러나 그것은 상인 자본이 사기가 아닌 것과 같은 의미에 지나지 않는다. 만약 상인 자본을 부등가 교환이라고 하여 공격한다면, 산업 자본에 대해서도 그렇게 하지 않으면 안 된다.

산업 자본주의에서의 기술적 발전은 그런 까닭에 불가피하다. 하지만 거기서 얻어지는 초과 이윤(특별 잉여 가치)이 슘페터(Joseph Alois Schumpeter, 1883~1950)가 말하듯이 기업가 정신으로서 칭찬되는 것이라면, 상인 자본가가 얻는 잉여 가치에 대해서도 지역적인 가격차를 알아채는 기민함이나 원격지까지 향해 가는 모험심에 대한 정당한 몫으로 간주해도 좋을 것이다. 또한 슘페터는 그와 같은 '기업가 정신'이 쇠퇴함으로써 자본주의가 종언한다고 말하고 있다. 하지만 그것은 차이를 '개발'할 수 없게 되었을 때 자본주의가 끝난다는 말일 뿐이다. 차이가 없어지면 '기업가 정신'이 쇠퇴하는 것은 당연하다. 그러나 자본은 무엇을 해서라도 차이를 발견하거나 만들어내지 않을 수 없다.

이리하여 상인 자본이 이를테면 '공간적'인 두 개의 가치 체계의— 더욱이 거기에 속하는 사람들에게 있어서는 보이지 않는— 차액에 의해 생겨나는 것에 반해, 산업 자본은 노동의 생산성을 높임으로써 '시간적'으로 서로 다른 가치 체계를 만들어내는 것에 기초하고 있다. 노동 생산성의 상승은 기존 시스템 안에서 서로 다른 시스템을 만들어 낸다. 따라서 등가 교환이라는 겉보기에도 불구하고 차액을 얻는 것이 가능한 것이다. 이 차액은 머지않아 해소되고, 새로운 수준에 따른 가치 체계가 형성된다. 그러므로 자본은 그 차액을 끊임없이 만들어내지 않으면 안 된다. 이것이 산업 자본주의 시대에서의, 일찍이 없었던 빠른 속도의 기술 혁신의 동기를 부여하는 동시에 그 조건을 이룬다. 각종의 이데올로그들은 이와 같은 기술 혁신을 찬미하거나 비난한다.

하지만 필요한 것은 그것이 무엇에 의한 것인지를 밝히는 일이다. 자본은 세계를 문명화하기 위해서가 아니라 바로 스스로가 존속하기 위해서 기술 혁신의 운명을 짊어지고 있다. 거의 무익하다고 생각되는 그러한 기술 혁신이나 차이화도 바로 자본이 존속하기 위해서는 필요 불가결한 것이다.[6]

여기서 오해를 피하기 위해 덧붙이자면, 노동력의 가치가 떨어진다는 것은 임금이 내려간다거나 궁핍화한다는 것과 아무런 관계도 없다. 그것은 단지 기존의 가치 체계에 비해 '상대적으로' 떨어질 뿐이다. 새롭게 형성된 가치 체계에서는 저하된 노동력의 가치가 저하된 생산물의 가치와 대응한다. 그러므로 결과적으로는 노동자의 생활 조건이 개선되고 노동일도 단축된다. 이와 같은 '개선'과, 그럼에도 불구하고 자본이 상대적 잉여 가치를 얻는다는 것은 전혀 모순되지 않는다.

거듭 덧붙여 두자면, 상인 자본이 공간적인 가치 체계의 차이로부터 잉여 가치를 얻는 데 반해, 산업 자본은 시간적으로 서로 다른 체계를 만들어냄으로써 잉여 가치를 얻지만, 자본은 잉여 가치를 어디서 얻더라도 아무 상관이 없다. 예를 들어 19세기 영국의 산업 자본은 인도에

••••
6_ 기술 혁신이 자본의 상대적 잉여 가치 실현에 의해 그 동기를 부여받고 있다는 것은 확실하다. 그러나 동시에 다음과 같은 점을 잊어서는 안 된다. 기술 혁신이 자본에 의해 이루어지기 때문에 아무리 뛰어난 과학 기술이 발견되더라도 그 채택이 대폭적으로 지연되는 경우가 있다. 그것이 이윤을 낳지 않을 때, 또는 기득권을 손상시킬 때, 자본은 그것을 채택하지 않는 것이다. 근년의 예를 들자면, 1970년대의 '석유 위기'에서 자동차 연료로서 가솔린으로부터 태양 전지로의 대체가 검토되고, 그 기술적 발전이 기대되었음에도 불구하고, 국제 석유 자본의 반대로 그것이 봉쇄되었다. 그 결과 지구 온난화가 위기적인 것으로까지 진행되었다. 또한 기술 혁신의 다수가 본질적으로 불필요한 동시에 유해한 것—군사 기술이 대표적이다—을 위해 이루어지고 있으며, 필요한 사항으로는 향하고 있지 않다.

서 매입한 면을 기계에 의해 생산하고, 그것을 다시 인도로 수출함으로써 이윤을 얻었다. 그 잉여 가치는 인도와의 가치 체계의 차이 없이는 있을 수 없다. 그것은 인도의 수공업을 괴멸시키고, 역으로 원료로서의 면화 생산을 증대시켰다. 오늘날에도 사태는 본질적으로 동일하다. 산업 자본은 원료만이 아니라 노동력에서도 좀 더 값싼 것을 찾아 장소를 이동한다. 국내의 임금이 상승하면 기업은 외국으로 공장을 옮겨 값싼 노동력을 얻는다. 요컨대 자본은 언제나 차액으로부터 잉여 가치를 얻는 것에 의해 자기 증식하는 것이며, 그 차이가 어디서 얻어지든 아무 상관이 없는 것이다. 따라서 산업 자본주의적 경제에서도 상인 자본적인 활동은 주식이나 환율을 포함하여 차액이 발생하는 모든 지점에 존재한다. 이와 같은 상인 자본적인 활동의 편재가 부동浮動하는 가격을 '균형'에 가깝게 만든다. 그럼에도 불구하고 산업 자본을 특징짓는 것이 기술 혁신에 의한 상대적 잉여 가치의 창출이라는 것은 확실하다. 경제학자들은 전 지구적인 금융 자본의 투기가 '실체 경제'를 벗어나 있다고 경고한다. 그러나 그들이 잊고 있는 것은 '실체 경제'라는 것 역시 '빈틈虛'에 의해 움직여지고 있다는 것, 그리고 그것이 자본제 경제라는 사실이다.

4. 잉여 가치와 이윤

맑스는 『자본』 제1권에서 자본 일반을 고찰하고, 제3권에서 비로소 개개의 자본, 요컨대 다양한 서로 다른 부문에서의 자본을 다루고 있다. 다시 말하면 제1권에서 가치나 잉여 가치를 논한 것에 반해, 제3권에서는 생산 가격이나 이윤을 논하고 있다. 맑스는 제3권의 서두에서 그 의도를 다음과 같이 설명한다.

이 제3권에서 문제로 삼는 바의 것은 이 통일에 대해 일반적 반성을 시도하는 것일 수 없다. 중요한 것은 오히려 전체로서 본 자본의 운동 과정으로부터 나오는 구체적인 형태들을 찾아내어 서술하는 일이다. 자본들은 현실의 운동에서는 구체적인 형태로, 즉 직접적 생산 과정에 있는 자본의 모습도 유통 과정에 있는 자본의 모습도 다만 특수한 요인으로만 나타나는 그러한 구체적인 형태로 서로 마주하고 있다. 따라서 우리가 이 제3권에서 전개해 가는 자본의 모습들은, 그것이 사회의 표면에서 다양한 자본의 상호적인 행동으로, 즉 경쟁에서 드러나고 또한 생산 당사자 자신의 일상적 의식에서 나타날 때의 형태로 한 걸음 한 걸음 다가가는 것이다. (『자본』 제3권, 제1편 제1장, 스즈키 외 옮김, 앞의 책)

당사자들의 '일상적 의식', 요컨대 산업 자본가나 그 경제학자들에게 그것은 어떻게 나타나는 것일까? 그들에게 있어 잉여 가치 같은 것은 없다. 이윤이 모든 것이다. 그리고 이윤이란 생산 가격에서 비용 가격을 뺀 것이다. 나아가 이윤에서 이자나 지대를 지불하고 자기 소비를 뺀 부분이 재투자로 향한다. 거기에는 맑스가 말하는 것과 같은, 잉여 가치를 가져오는 가변 자본=노동력 상품과 불변 자본=생산 수단·원료라는 구별이 없다. 오직 고정 자본(stock)과 유동 자본(flow)이라는 구별이 있을 뿐이다. 노동은 비용 가격의 일부이고, 생산 수단이나 원료의 비용(cost)과 구별되지 않는다. 이윤은 총투하 자본에 의해 얻어진다고 간주된다. 각각의 자본은 비용 가격의 삭감을 꾀함으로써 좀 더 많은 이윤을 얻고자 한다. 그들의 '일상적 의식'에는 그렇게 보이고 있다. 그런데 자본들은 중공업으로부터 농업에 이르기까지 다양한 산업 부문으로 나뉘어 있다. 하지만 각각의 이윤율은 평균 이윤율에 다가간다. 왜냐하면 이윤율이 높은 부문에는 많은 자본이 참가하고, 낮은 부문에서는 자본이 철수하거나 생산을 보류하기 때문이다. 평균 이윤율이 성립하는 균형 상태에서 다양한 부문의 생산 가격은 각각 평균 이윤을 얻을 수 있는 가격이 된다. 물론 동일 산업 부문에서는 평균 이윤 이상의 '초과 이윤'을 얻고자 하는 자본의 치열한 경쟁이 있다. 그것이 각각의 부문의 생산성(자본의 유기적 구성)을 높인다.

자본제 사회에서의 경험적 의식에게 있어 사태는 위에서처럼 보일 뿐이다. 수요·공급에 의해 부동하는 시장 가격과는 다른 균형 가격(생산 가격)을 발견할 수 있다면 그 이상의 것은 불필요하고, 따라서 가치나 잉여 가치와 같은 개념은 형이상학에 지나지 않는다고 하는 것이 신고전파의 견해이며, 그것은 당사자들의 '일상적 의식'에 합치된다. 하지만 이와 같은 '일상적 의식'을 반성하는 것에 의해서만 잉여 가치에 대해 생각할 수 있는 것이다. 맑스의 서술 전개와는 반대로 우리는 오히려 이로부터 제1권으로 거슬러 올라가야만 한다. "실제로도 이윤율이 역사적으로 출발점인 것이다. 잉여 가치와 잉여 가치율은 상대적으로 눈에 보이지 않는 것이고 탐구되어야만 할 본질적인 것이지만, 이윤율 쪽은, 따라서 잉여 가치의 이윤으로서의 형태 쪽은 현상의 표면에서 나타난다."(『자본』 제3권, 제1편 제2장, 스즈키 외 옮김, 같은 책)

그러나 제3권에서 맑스가 그것을 '잉여 가치의 이윤으로의 전화(전형)'로서 말한 것이 그에 대한 공격을 불러일으켰다. 예를 들어 뵘바베르크(Eugen von Böhm-Bawerk, 1851~1914)는 『맑스 체계의 종결』(*Zum Abschluss des Marxischen Systems*)에서 이 제3권은 제1권의 가치론과 모순되며, 사실상 그것을 방기한 것이라고 비판했다. 그 이래로 맑스를 옹호하는 입장으로부터 다양한 의견이 제출되는데, 그것은 전형 문제(transformation problem)로서 알려져 있다. 하지만 제3권에서 맑스가 제1권의 관점을 방기했다는 것은 완전히 잘못이다. 이것과 비교할 만한 것으로서 칸트가 '제1비판'에서 주관 일반을 다루고, '제3비판'에서 다수의 주관으로부터 출발한 사실을 상기해야 한다. 이 차이는 보통 과학 인식과 미적 판단의 차이로서 이해되고 있다. 그러나 과학 인식에서도 다수의 주관이 있으며, 하나의 주관이 주장하는 가설이 승인되기 위해서는 다른 주관의 합의가 필요하다는 것은 말할 것도 없다. 그러면 칸트는 왜 제1비판에서는 그렇게 하지 않았을까? 다수의 주관에 선행하는 초월론적인 형식·범주를 먼저 분명히 할 필요가 있었기 때문이다. 마찬가지로 맑스가 제1권에서 자본 일반을 고찰한 것은 자본의 축적을 가능하게 하는 조건을 초월론적으로 고찰하고자 했기 때문이다. 그것은 상품의 가치를 가치 체계 안에서 보는 것, 그리고 자본의 잉여 가치를 그와 같은 가치 체계의 차이 또는 차이화에서 찾아내는 것이다. 제3권에서 맑스는 다수의 자본을 다룬다. 그러나 동시에 경험적으로 이윤이나 이윤율로서 나타나는 것이 어떻게 해서 가능한 것인지를 초월론적으로 물었던 것이다.

그런데 이 '전형 문제'는 본래 스미스나 리카도가 마주친 문제이다. 스미스는 노동가치설에 따라 각 상품에 고유한 가치가 있다고 간주한다. 그러나 어떤 균형 상태에서 어떠한 자본이라도 동일한 평균적 이윤율을 얻는다고 하면, 그와 같은 이윤을 가능하게 하는 상품의 가격—스미스는 자연 가격, 맑스는 생산 가격이라고 부른다—은 그것의 본래의 가치로부터 유리된다. 스미스는 노동가치설을 취하면서도, 이 문제에 직면하자 그것을 방기하고 '지배노동설'로 변했다. 산업들 사이에서의 균등한 이윤율을 성립시키는 가격은 투하 노동량에 비례하지 않기 때문이다. 어떤 부문에서도 이윤율이 같아지게 되면, 그 생산물의 '생산 가격'은 본래의 '가치'보다 높거나 낮지 않으면 안 된다. 그 때문에 리카도는 노동가치설을 일부 수정하여 표준적인 자본 구성과 회전 기간을 가지는 산업 부문 이외에는 가치가 투하 노동만으로는 결정되지 않는다고 생각했다. 요컨대 노동 가치와 자연 가격의 관계는 맑스 이전부터 중요한 문제였던 것이다.

일반적으로 맑스는 노동가치설을 유지하면서 이 어려운 문제를 해결하고자 했다고 말해진다. 뵘바베르크 이후 신고전파 경제학자들은 맑스의 모순을 공격하고 가치나 잉여 가치 자체를 추방하고자 해 왔다. 그러나 얄궂게도 스라파 이후의 네오 리카도학파의 흐름 속에서 잉여 가치율과 이윤율의 대응이 수학적으로 증명되고 있다. 하지만 나는 그것으로 맑스가 하고자 했던 것이 이해될 것이라고는 생각하지 않는다. 왜냐하면 맑스의 노동가치설은 리카도의 그것과는 근본적으로 이질적이기 때문이다. 이미 말했듯이 맑스는 투하된 구체적인 노동 시간이 가치를 규정하는 것이 아니라 역으로 가치 체계가 사회적 노동 시간을 규정한다고 생각했다. 다시 말하면 맑스는 투하 노동을 가치이게끔 하는 형식 체계를 초월론적으로 밝히고자 해 왔던 것이다. 잉여 가치에 대해서도 마찬가지다. 그것은 이윤과 달리 초월론적인 개념이고, 따라서 눈에 보이는 것이 아니다. 리카도에게는 그러한 구별이 없기 때문에 형편이 나빠지게 되면 노동가치설을 철회하는 것이다.

맑스는 『자본』 제3권에서 이윤율과 잉여 가치율을 다음과 같이 구별한다. 이윤율은 잉여 가치를 가변 자본(노동력)과 불변 자본(원료, 생산 수단 등)의 총화로부터 본 비율이고, 잉여 가치율은 가변 자본(노동력)으로부터 본 비율이다. 여기서 잉여 가치율이 일정하다고 가정한다면 불변 자본의 비율이 높은 자본에서는 이윤율이 낮아질 것이다. 그럼에도 불구하고 어떤 부문의 자본에서나 평균 이윤율이 확보되는 것은 왜일까? 새삼스레 말하자면, 리카도가 부딪친 것은 불변 자본과 가변 자본의 비율이 서로 다른——맑스의 말로 하자면 '자본의 유기적 구성'이 서로 다른——산업 부문에서 동일한 이윤율이 얻어져야만 한다면, 생산 가격은 투하 노동 가치로부터 유리되고 만다는 문제이다. 그래서 리카도는 생산 가격이 가치대로 되는 것은 표준적인 유기적 구성의 자본에서만이라고 생각했다. 한편 그것에 대한 맑스의 해결은 총자본의 '총잉여 가치'가 각각의 부문에서 이윤율이 균등해지도록 생산 가격 안에 배분되어 있다는 것이다.

이 기묘한 생각에 맞서 다른 해답을 시도하는 것은 쉽다. 예를 들어 유기적 구성의 고도화는 노동 생산성을 증대시키고 잉여 가치율을 높인다. 그런 까닭에 가변 자본 부분이 적더라도 그 자본의 이윤율은 올라가 평균 이윤율에 다가간다는 것이다. 이것은 엥겔스가 제3권 서문에서 비판적으로 인용하고 있듯이 G. C. 스티벨링(Georg Christian Stiebeling, 1830~1895)이 일찍부터 제시한 해결이다. 하지만 맑스는 자본의 유기적 구성의 변화가 사실상 노동 생산성의 변화를 수반한다는 것을 인정하면서도, 여기서는 미리 노동 생산성을 불변하는 것으로 가정하고 있다. 다시 말하면 잉여 가치율을 일정하다고 가정하는 것이다. 요컨대 맑스는 어떤 공시적인 체계를 생각하고 있는데, 거기서는 총자본의 잉여 가치율이 일정하다고 상정되는 것이다. 우리의 생각에 산업 자본의 잉여 가치는 통시적인 복수 체계의 차이로부터 얻어진다. 그러나 그것을 공시적으로 보면 어떻게 될까? 맑스가 생각한 것은 시간적인 차이를 공간적인 차이로 치환하는 것이다. "이전에 동일한 자본에 대해 시간적으로 잇따라 일어난 변화로서 고찰한 것을, 이번에 는 다양한 생산 분야들에 서로 나란히 존재하는 투자들 사이의 동시에 존재하는 구별로서 고찰하는 것이다."(『자본』 제3권, 제2편 제8장, 스즈키 외 옮김, 같은 책) 이 방법은 다른 곳에서도 사용되고 있다. "그래서 앞에서 말한 이윤율 방정식 p′=m′v/c를 여러 가지 가능한 경우들에 응용하는 데로 옮겨가 보자. 우리는 m′v/c의 개개 인수의 값을 차례로 변화시켜 이러한 변화들이 이윤율에 미치는 영향을 확정 할 것이다. 이리하여 우리는 많은 경우들의 여러 가지 계열들을 얻게 되지만, 이 경우들을 우리는 동일한 자본이 차례로 변화한 활동 상태로 보든가 또는 경우에 따라서는 산업 부문이나 나라를 달리하여 동시에 병립해 있는 여러 가지 자본을 비교를 위해 끌어들인 것으로 볼 수 있다."(『자본』 제3권, 제1편 제3장, 사키사카 옮김, 岩波文庫)

맑스는 유기적 구성에서 낮은 것과 높은 것이 다른 부문들로서 공간적으로 병존하는 것과, 자본 일반이 유기적 구성에서 낮은 단계로 부터 높은 단계로 시간적으로 이행하는 것을 동일한 것이라고 간주한 다. 후자의 경우에는 상대적 잉여 가치가 얻어진다. 그것을 역으로 공간적인 위상으로 전환하면, 유기적 구성이 높은 쪽이 낮은 쪽으로부 터 상대적 잉여 가치를 획득한다고 생각할 수 있다. 예를 들어 극단적 인 경우로서 모든 것이 자동화되어 로봇에 의해 생산할 수 있는 그러한 기업을 생각해 보자. 그렇다면 여기서 가변 자본은 제로이고 잉여 가치율도 제로이다. 그럼에도 불구하고 평균이윤율이 확보된다. 맑스는 그것을 총자본의 총잉여 가치가 생산 가격을 통해 배분되기 때문이라고 생각한다. 그와 같은 자본은 노동자를 직접 착취하지는 않지만, 다른 개별 자본 밑에서 일하는 노동자를 간접적으로 착취하는 것이다.

총잉여 가치가 개별 자본에 배분된다는 맑스의 생각은, 첫째로 자본의 잉여 가치가 총체로서의 노동자가 만든 것을 노동자가 되사는 것에 존립한다는 것을 의미한다. 둘째로 그것은 잉여 가치가 개별 자본에서는 불투명할 수밖에 없다는 것을 의미한다. 그 결과 자본과 임노동의 관계는 사라져 버린다. "자본의 모든 부분이 한결같이 초과 가치[이윤]의 원천으로서 나타남으로써 자본 관계가 신비화되는 것이다."(『자본』제3권, 제1편 제2장, 스즈키 외 옮김, 앞의 책) 개별 자본의 '일상적 의식'에 있어 노동자는 비용 가격의 일부에 지나지 않으며, 또한 다른 자본을 위해 일하는 노동자는 단지 '소비자'에 지나지 않는다. 그런데 다른 한편으로 자본과 임노동 관계를 되찾는다 하더라도, 리카도 좌파가 생각했듯이 개별 자본에서의 생산 과정에서 잉여 가치가 착취된다고 간주한다면 이치가 맞지 않게 된다. 유기적 구성이 높은 자본, 예를 들어 자동화가 진행되어 노동자가 거의 없는 기업에서는 노동자가 착취되지 않는 것처럼 보이기 때문이다. 그러나 거기서 투하 노동량과 비례하지 않는 이윤율이 얻어지는 것은 맑스의 생각으로는 다른 자본이 얻은 잉여 가치가 배분되고 있기 때문이다. 요컨대 그것은 다른 자본 아래서 일하는 노동자들을 착취하고 있는 것이다. 그러므로 개별 자본의 생산 과정에서만 착취를 말하는 것은 곤란할 뿐만 아니라 종종 유해하기까지 하다. 이것은 리카도 좌파의 이론에 기초하는 노동조합 운동이 융성하면서도 보수화해 간 이유이기도 하다. 일정한 개별 자본이 얻는 이윤에는 다른 부문의 자본의 노동자나 독립 소생산자로부터 얻어진 잉여 가치가, 또한 한 나라의 총자본이 얻는 이윤에는 해외(식민지)의 노동자로부터 얻어진 잉여 가치가 배분되어 있다. 그러나 그것이 언제나 꿰뚫어 볼 수 없게 되어 있는 것이다.[7]

그런데 총잉여 가치가 개별 자본에 배분된다고 맑스가 생각한 것은 공시적인 균형 체계에서이다. 물론 그것은 경험적인 차원이 아니라 초월론적인 차원에서 발견된다. 우리는 여기서 이와 같은 부문들의 공간적 병존을 시간적으로 변환해 보아야 한다. 현실에는 압도적으로 우세하고 기술 혁신과 확대가 진행되는 산업 부문과, 평균 이윤율을 얻을 수 없기 때문에 축소되고 마는 부문이 있다. 평균 이윤율에 의한 균형 체계는 산업 부문의 폭력적인 도태와 재편성 과정을 은폐한다. 나아가 동일 부문에서도 자본은 끊임없이 다른 자본과의 경쟁에 노출되어 있다. 그들은 노임에 들어가는 비용을 삭감하는 기술 혁신을 지향한다. 그리고 실제로는 더 싸게 된 것을 그것보다는 비싸게, 하지만 생산 가격보다는 싼 가격에 판매함으로써 '초과 이윤'을 얻을 것을 지향한다. 맑스는 이러한 초과 이윤을 노리는 개별 자본의 활동이 기술 혁신을 가져온다고 생각한다. 슘페터는 그로부터 산업 자본주의의 본질을 끊임없는 '창조적 파괴'라고 말하고 있다. 그러나 '창조적 파괴'는 항상적으로 생기는 것이 아니다. 한 번 새로운 설비 투자를 하면 그렇게 간단하게는 갱신할 수 없기 때문이다. 실제로 이러한

• • • •

7_ '사회적 자본——즉 개별 자본이 그 단편을 이루는 데 지나지 않는 총자본'(『자본』 제2권, 제3편 제20장 제1절, 사키사카 이츠로 옮김, 앞의 책)이라고 맑스는 말한다. 여기서 나는 '총자본'을 국가적 총자본과 세계적 총자본으로 구별해서 생각해야 한다고 생각한다. 세계적 총자본은 국가적 총자본이 개별 자본에 대해 취하는 것과 같은 태도를 개개의 국가적 총자본에 대해 취한다. 예를 들어 제2차 세계대전 후의 아메리카의 해외 원조(마셜 플랜)나 국제통화기금(IMF) 등의 설립은 그 예이다.

도태는 평균 이윤율이 저하했을 때, 요컨대 공황이나 불황기에 극적으로 생겨난다. 우리는 원리적으로 자본이 기술 혁신에 의한 상대적 잉여 가치에 기초한다는 사실을 강조했다. 그러나 이 과정은 순조롭게 이루어지는 것이 아니라 경기 순환이라는 형태를 취할 수밖에 없다. 제3권에서 맑스가 하고자 한 것은 그것이 무엇에 의한 것인지를 분명히 하는 일이다.

자본제 경제에서의 경기 순환은 개별 자본이 어떻게 행동하든지 간에 피할 수 없다. 그것은 총자본의 총잉여 가치와 관계되기 때문이다. 자본제 경제의 경기 순환이란 다음과 같은 것이다. 호황기에는 노동자가 대량으로 고용되기 때문에 노임이 올라가고 그것이 이윤율을 저하시킨다. 그러나 개별 자본은 일정한 불변 자본을 투하한 이상, 이윤율이 내려가도 간단하게는 축소할 수가 없다. 특히 호황기에는 신용이 과열되어 있기 때문에 이윤율의 저하가 그 자체로 분명하지 않다. 거기서 갑자기 공황이 일어나 실체를 폭로한다. 그 결과 수많은 기업이 도산하고 노동자는 해고된다. 하지만 그 후 이자율의 저하와 함께 자본은 불변 자본(기술 혁신의 도입)에 대한 투자로 향한다. 여기서 자본의 유기적 구성이 전반적으로 상승하는 것이다. 그것이 호황기로 향하면 그때까지 과잉이었던 노동력이 흡수되고 역으로 노임이 올라간다. 그것이 이윤율을 끌어내린다. 이윤율이 내려가고 있음에도 불구하고 자본은 신용의 팽창 때문에 확대를 계속하고자 한다. 그래서 공황이 일어난다. 이것이 맑스가 관찰하고 있던 시기의 경기 순환, 즉 쥐글라르 파동(Juglar Cycle)[8]이라 불리는 단기적인 경기 순환이다.

. . . .

8_ [옮긴이] 슘페터의 경기 순환론에서는 약 50년 주기의 콘드라티예프 파동, 7년에서 10년 주기의 쥐글라르 파동, 그리고 약 40개월 주기의 키친 파동이라는 경기의

이 순환을 통해 자본은 총체적으로 '유기적 구성'을 높인다. 이로부터 돌이켜보면, 노동 시간의 연장(절대적 잉여 가치)은 '유기적 구성'을 변화시키지 않고서(요컨대 설비 투자를 하지 않고서) 생산량을 늘리고자 하는 호황기에 고유한 현상이라는 것을 알 수 있다.

여기서 다시 한 번 절대적 잉여 가치와 상대적 잉여 가치의 구별로 돌아가 보자. 맑스가 우선 절대적 잉여 가치에서 시작한 것은 서술 순서의 문제에 지나지 않는 것이어서 이것을 중심으로 생각해서는 안 된다. 노동일의 연장은 자본의 유기적 구성을 변화시키지 않고서 투하된 설비 투자를 급격하게 회수하고자 하는, 다시 말하면 수요에 응하기 위해 풀(full) 회전시키고자 하는 호황기의 현상이다. 맑스는 노동일의 연장에 대해 이렇게 말하고 있다. "일정한 이윤을 얻기 위해 고정 자본을 투하하지 않으면 안 되는 시간이 단축된다. 그러므로 노동일을 연장하면 한도 외 시간(잔업 수당)이 지불된다 하더라도— 또한 그것이 표준 노동 시간보다 비싸게 지불된다 하더라도, 특정한 한계까지는—이윤이 증가한다."(『자본』 제3권) 이것은 노동일이 단축된 오늘날에도 호황기에 보이는 현상이다. 노동일의 연장은 반드시 강제에 의한 것이 아니라, 잔업 수당이 지불되기 때문에 노동자가 바라는 경우도 있다. 만약 노동일이 부당하게 강제적으로 연장되는 것이라면, 그것은 노동력의 재생산—다시 말하면 스스로의 건강을 유지하고 아이를 낳아 기르는 일—에 영향을 미친다. 이것에 대해서는 노동자의 저항이 있을 뿐만 아니라, 영국의 공장법이 그러했듯이 부르주아적 국민 국가마저도 간섭할 것이다. 실제로 노동자가 필요

•••••

파동이 이야기되는데, 쥐글라르 파동은 주로 기업의 설비 투자의 변동으로 인해 일어나는 경기 순환을 말한다.

이상으로 노동을 강요당하고 있다는 리카도 좌파의 생각——자주 그것이 맑스의 생각이라고 간주된다——은 노동 운동의 이론적 근거가 되며, 그것이 노동 시간의 단축에 공헌해 왔다. 사실 역사적으로 노동 시간은 끊임없이 단축되고 있다. 물론 자본은 그에 맞서 끊임없이 노동 강화를 생각한다.[9] 그러나 절대적 잉여 가치(노동 시간의 연장이나 노동 강화로부터 얻어지는 잉여 가치)는 자본제 생산이 확대되는 비밀을 밝히는 것이 아니다.

한편 '상대적 잉여 가치'는 기술 혁신에 의해 새로운 가치 체계를 만들어내는 것에 의해서만 얻어진다. 자본이 설비 투자를 하고 '유기적 구성'을 높이는 것은 이자율이 내려가는 불황기이다. 기술 혁신이 이미 있었다 하더라도 그것이 현실적으로 채택되는 것은 이 시기이다. 요컨대 맑스가 서술의 순서로서 말한 두 종류의 잉여 가치는 자본의 축적 과정에서의 순환적 운동의 계기들로서 이해되어야만 한다. 중요한 것은 총자본에 있어서의 상대적 잉여 가치를 가져오는 유기적 구성의 고도화가 불황을 통해 이루어질 수밖에 없다는 것, 따라서 경기 순환이 불가피하다는 점이다.

· · · ·

9_ 노동 강화의 대표적인 예로서 아메리카에서 시작된 테일러리즘(Taylorism)에 기초한 포디즘이 들어진다. 그것은 작업의 세분화와 생산의 자동화(조립 생산)에 의해 노동의 숙련성을 빼앗고 극도의 '노동의 소외'를 초래한다. 그에 반해 일본의 도요타 방식에서는 수요 변동에 곧바로 대응하기 위해 다품종 생산에 대응하는 체제, 그리고 다기능을 지닌 숙련공이 육성된다. 근년에 조절(Regulation)학파는 도요타이즘을 포스트 포디즘으로서 평가하고 있다. 그러나 실제로 도요타이즘은 노동자의 '자주성'을 활용하는, 더욱 교묘한 포디즘에 지나지 않는다. 도요타이즘이 성공한 것은 오히려 계열의 하청 중소기업을 단단히 죄어 착취함으로써 이루어진 결과이다. 이와 같은 기계적 생산에서의 노동 강화의 형태에 의해 자본주의의 역사적 '단계'를 규정하는 것은 일면적이다. 그것은 '절대적 잉여 가치'를 중심으로 생각하는 경향의 연장에 지나지 않는다.

자본은 총체로서 잉여 가치를 획득하기 위해 끊임없이 노동력의 가치를 떨어뜨리는 가치 체계를 창출하지 않으면 안 된다. 하지만 자본이 생각하는 대로는 되지 않는다. 그것은 앞에서와 같은 경기 순환을 통해서만 이루어지는 것이다. 경기 순환이나 공황의 원인은 단지 자본제 생산이 무정부적이기 때문만이 아니다. 우노 고조가 강조했듯이 자본제 경제가 특수한 상품(노동력)에 기초하고 있기 때문이다. 그 상품은 인간인 까닭에 과잉이라고 해서 처리해 버릴 수 없으며, 부족하다고 해서 갑자기 늘릴 수도 없다.[10] 그렇지만 여기서 주의해야 할 것은, 공황이라는 현상은 아무래도 신용 체계를 생각하지 않으면 이해할 수 없다는 점이다. 경기 순환은 대부 자본(화폐 자본)과 산업 자본(현실 자본)의 대립과 상호 관계, 다시 말하자면 이자율과 이윤율의 대립과 상호 관계에서 나타난다. 알기 쉽게 말하자면, '신용'의 팽창 결과로 실제로는 이윤율이 저하하고 있더라도 곧바로는 그렇게 현상하지 않는다는 것이다. 과잉 생산은 단지 그 결과에 지나지 않는다.

여기서 나는 이러한 경기 순환에 단기적인 것과 장기적인 것이 있다는 것을 덧붙여 두어야 할 것이다. 맑스가 고찰한 것은 단기적인 것이다.[11] 그것에 비해 콘드라티예프 파동(kondratiev cycles)[12]이라 불리

· · · · ·

10_ 우노 고조宇野弘藏,『경제원론經濟原論』(『宇野弘藏 著作集』제1권·제2권, 岩波書店),『공황론恐慌論』(같은 저작집 제5권)을 참조.

11_ 맑스가 『자본』을 쓰고 있던 시대에는 약 10년의 주기성을 가지고서 세계 공황이 일어났지만, 이 주기성(쥐글라르 파동)은 면공업을 중심으로 한 자본제 생산의 기술 혁신(자본의 유기적 구성의 고도화)에 고유한 것이다. 이 시기의 기계는 10년 정도밖에 유지할 수 없었다. 맑스가 말하듯이 기계가 '도덕적으로 마멸한' 것이다(『자본』제3권, 제1편 제6장, 하세베 후미오長谷部文雄 옮김, 靑木書店). 그러나 엥겔스가 『자본』제3권, 제5편 제30장에 붙인 각주에서 가리켜 보여주었듯이, 1870년대부터 대불황은 그때까지의 주기적 공황과는 다른 것이 되고

는 50~60년 주기의 경기 순환이 있다. 이것은 단지 경제적 과정으로부터만은 설명될 수 없다고 하지만, 역시 일반적 이윤율의 저하와 좀 더 근본적인 기술 혁신의 채택과 관련되어 있다. 그것은 세계적 공황——대불황과 동시에 자본제 생산의 기축 상품(세계 상품)의 교체를 가져 왔다. 면공업으로부터 중공업, 내구소비재, 나아가 정보 산업으로 교체되었던 것이다. 그것은 전 사회적인 재편성을 초래하지 않을 수 없다. 장기적인 경기 순환이 단지 경제적 차원만으로는 설명될 수 없다고 하는 것은 그러한 구조론적 인과성 때문이다. 그러나 기본적으로 그것은 단기적인 경기 순환과 다르지 않다. 즉 그것은 '자본의 유기적 구성'을 비약적으로 높이는 과정의 일환으로서 보아야 하는 것이다. 이에 의해 자본제 경제는 새로운 '단계'로 들어선다. 그러나 새로운 '단계'는 『자본』에서 제시된 인식, 요컨대 자본제 경제의 '한계'를 넘어서는 것이 아니다.

5. 자본주의의 세계성

맑스는 산업 자본이 다른 종류의 자본을 압도하고, 산업 자본들의

있었다. 콘드라티예프의 '장기 파동'론은 이 문제에 대한 해답이다. 그러나 장기 파동이 공황을 동반하는지의 여부는 국제적 신용 체계의 문제이다.

12_ [옮긴이] 소련의 계량경제학자 N. 콘드라티예프가 발견한 경기 순환의 장기 파동으로 기술 혁신이나 신 자원 개발에 의한 50~60년 주기의 경기 순환을 말한다.

일부로서 재편성한다고 말하고 있다. "산업 자본 이전에 이미 지나갔거나 실제로 쇠멸하고 있는 사회적 생산 상태의 한가운데서 나타난 다른 종류의 자본은 산업 자본에 종속되어 그 기능의 메커니즘을 산업 자본에 적응시켜 변화시킬 뿐만 아니라 이미 산업 자본의 기초 위에서만 운동하며, 그런 까닭에 이 기초와 생사존망을 함께 한다. 화폐 자본과 상품 자본이 독립적인 사업 부문의 담당자로서 기능하고 산업 자본과 나란히 출현한다 하더라도, 그것들은 이미 산업 자본이 유통 분야 내부에서 취한다든지 버린다든지 하는 다양한 기능 형태의, 사회적 노동 분할에 의해 일면적으로 육성된 독립적인 존재 양식일 뿐인 것이다."(『자본』 제2권, 제1편 제1장 제4절, 스즈키 외 옮김, 앞의 책) 그 결과, 상인 자본은 산업 자본 운동의 일부를 분담하는 상업 자본이 된다. 따라서 상인 자본은 고전 경제학에 의해 경시되지만, 자본주의에 대해 생각할 때 우리는 상인 자본으로 거슬러 올라가지 않으면 안 된다.

산업 자본이 우위에 서게 되는 이유는 다음과 같은 점에 있다. "산업 자본이란 잉여 가치나 잉여 생산물의 취득을 자본의 기능으로 할 뿐만 아니라 동시에 그것의 창출도 기능으로 하는 그러한 자본의 유일한 존재 양식이다. 그러므로 산업 자본과 함께 생산은 자본주의적 성격의 것이 되지 않을 수 없다."(『자본』 제2권, 제1편 제1장 제4절, 같은 책) 그것은 산업 자본이 상인 자본처럼 공간적으로 자연적인 여건으로서 존재한 차이로부터 잉여 가치를 얻는 것이 아니라 시간적으로 서로 다른 가치 체계를 만들어냄으로써 잉여 가치를 얻는다는 것이다. 그것이 자본제 사회를 끊임없는 기술 혁신으로 몰아댄다. 그러나 그것은 산업 자본이 공간적인 차이로부터 잉여 가치를 얻는 것을 방해하는 것이 아니다. 그렇기는커녕 산업 자본은 그 초기에나 현재에나 공간적인 차이로부터 잉여 가치를 얻고 있으며, 오히려 그것 없이는 해나갈 수 없는 것이다. 예를 들어 현재 자본은 값싼 노동력을 찾아 해외로 이동하고 있다.

우리의 생각으로는 산업 자본을 상인 자본과 구별하는 것에 대해 마음 쓰기보다는 그것을 상인 자본의 하나의 변종으로 간주해야 한다. 왜냐하면 자본은 어떠한 형태이든 차이로부터 잉여 가치를 얻는 것이지만, 산업 자본과 그 이론가들은 상인 자본이나 중상주의를 부정함으로써 그것을 은폐하기 때문이다.[13] 실제로 영국에서 산업 자본, 즉 자본제 생산은 중상주의적인 국제 무역의 경쟁 속에서 상인 자본의 손에서 시작되었다. 그때 상업 신용, 은행 신용, 나아가 주식회사가 이미 형성되어 있었다는 사실을 덧붙여 두자. 자본제 상품 생산——상품 생산 일반이 아니다——은 예전이나 지금이나 국소적이며, 그것이 모든 생산에서 차지하는 비율은 낮다. 생산의 대다수는 비자본제적인 생산이다. 미래에도 모든 생산이 자본주의적이 되는 일은 있을 수 없다. 그러면 왜 이러한 국소적인 자본제 생산이 '세계'를 압도할 수 있는 것일까? 그것은 자본제 생산 이전에 상인 자본 또는 비자본제적

● ● ● ●

13_ 예를 들어 오늘날 시장 경제의 조정 기능을 찬미하고 있던 사람들은 그것이 잘 되지 않는 이유를 일부의 투기 집단 탓으로 돌리고 있다. 투기꾼은 상품으로서의 자본이나 화폐——주식 시장과 외환 시장——의 가치 체계의 차이로부터 잉여 가치를 얻는 상인 자본이다. 하지만 제조업은 건전하고 투기는 불건전하다는 것은 산업 자본주의=고전 경제학의 이데올로기에 지나지 않는다. 그것은 차이화로부터 잉여 가치를 얻는다는 자신의 상인 자본적인 본성을 상인 자본에 전가함으로써 은폐한다. 제2차 세계대전 이전에 그것은 반유대주의라고 말해졌다. 그것에 대해 맑스는 다음과 같이 말한다. "자본주의적 생산 양식 하에 있는 모든 국민은 생산 과정의 매개 없이 돈벌이를 하고자 하는 망상에 주기적으로 시달린다.]"(『자본』 제2권, 제1편 제1장 제4절, 스즈키 외 옮김, 앞의 책)

상품 생산이 세계적으로 확립되어 있었기 때문이다.

맑스는 근대 자본주의의 '역사적 전제'를 세계 시장의 성립에서 찾아낸다. "상품 유통이 자본의 출발점이다. 상품 생산과 발달한 상품 유통인 상업이 자본을 성립시키는 역사적 전제를 이룬다. 세계 상업과 세계 시장이 16세기에 자본의 근대적 생활사를 연다."(『자본』 제1권, 제2편 제4장 제1절, 같은 책) 세계 시장의 형성이란 그때까지 세계 각지에서 국지적으로 존재한 상품 경제권이 국제적으로 통합되었다는 것이다. 그것은 구체적으로 말하자면 금과 은에 의한 국제 통화 체제가 성립했다는 것이며, 국제적인 결제 수단으로서의 금과 은을 축적하는 중상주의는 거기에 근거를 가지고 있었던 것이다. '세계 화폐'는 각지에 고립되어 자급자족하는 공동체를 사전에 둘러쌌다. 그 후 각 공동체 사람들이 어떻게 생각하고 있든, 또한 실제로 상품 경제로 전화하지 않는다 하더라도 세계 각지의 생산물은 잠재적으로 세계적인 연쇄 관계 안에 놓였던 것이다. 세계 화폐에 있어 그것을 넘어서는 외부는 없다.[14] 자본주의는 이때 '세계 자본주의'로서 성립한

• • • •

14_ 아리스토텔레스의 생각으로는 공동체(cosmos) 외부는 무제한적인 카오스 (chaos)이다. 그것이 중세 유럽에서 지배적인 생각이었지만, 그것은 아리스토텔레스를 알지 못하는 각지의 공동체에서도 마찬가지다. 이것을 근본적으로 뒤집은 것은 화형에 처해진 브루노(Giordano Bruno, 1548~1600)이다. 브루노는 코페르니쿠스의 지동설을 넘어서서 태양도 중심이 아니라는 무한한 우주를 생각하고, '세계와 우주는 별개의 것이다'라고 말한다. "왜냐하면 우주를 하나인 무한이라고 부르는 것은 아무래도 이 두 개의 말을 구별하지 않을 수 없기 때문이다."(『무한한 우주와 세계들에 대하여無限, 宇宙および諸世界』, 시미즈 쥰이치淸水純一 옮김, 岩波文庫) 그의 생각으로는 우주는 하나이고 '세계들을 포함하는 무한의 보편 공간'이다. 토도로프(Tzvetan Todorov, 1939~)는 브루노의 생각이 신대륙 발견에 의해 세계가 닫혀버린 것에서 온다고 말하고 있다(『타자의 기호학』). 요컨대 무제한적인 외부가 없어졌을 때에야 비로소 '무한'이 생각되

다.

월러스틴(Immanuel Wallerstein, 1930~)이 말하는 '근대 세계 시스템'은 실제로는 상인 자본에 의한 국제 신용 체계 안에서 시작된다. 절대주의 국가(왕권)도 그 안에서 활동할 수밖에 없었으며, 그것에 촉진되어 형성되었다. 노동력과 생산 수단을 분리하고 토지를 상품화하는 '원시적 축적'은 국가(절대주의 왕권)에 의해 이루어졌지만, 그것 자체가 국제 경제의 경쟁 속에서 생겨났던 것이다. 영국에서의 자본제 생산은 상인 자본이 국제적 경쟁을 위해 시작한 것이고, 그것은 다른 비자본제적인 상품 생산과 경합하기 위해서였다. 사실 그것은 영국과 해외의 전통적인 수공업 생산을 몰아냈다. 그러나 자본제 생산은 전 영역에 미치지 못하며, 또한 종래의 생산을 전면적으로 해체하는 것도 아니다. 다만 비자본제적인 생산에도 그와 같은 '의제擬制'를 부여함으로써 그것을 자본제 경제 안으로 거두어들인다. 그 결과, 자본제 생산은 국소적임에도 불구하고 전 영역을 덮어버리는 것처럼 보인다.

자본주의를 산업 자본주의로부터 생각하는 것은 단지 이와 같은 '전사前史'를 감추는 것만이 아니다. 그것은 지금도 한 나라 또는 세계에서 자본제 생산이 비자본제 생산과 어떻게 병존하고 있는지를 감춰버린다. 앞에서 말했듯이 맑스는 평균 이윤율이 서로 다른 '유기적 구성'을 가진 자본들 사이에서 성립한다는 것과 관련해 그것을 총잉여가치가 각각의 산업 부문의 자본에 배분되기 때문이라고 생각했다. 그러나 그때 우리는 비산업 자본적 생산 부문도 포함하여 생각해야만

• • • •

었던 것이다. 그러나 우리의 해석으로는 여기서 브루노가 말하는 '세계'란 공동체적이며, '우주'는 사회적이다. 그런 의미에서 브루노는 우주의 관념을 '세계들을 포함하는 무한의 보편 공간', 즉 세계 시장으로부터 얻었다고 해도 좋을 것이다.

한다. 우선 '한 나라 안'에서 생각하면 많은 산업 부문, 특히 자영 농민이나 독립 상품 생산자(소기업)는 사실상 평균 이윤율을 달성하지 못하고 있으며, 이윤율에 대한 의식조차 희박하다. 그들은 스스로나 가족의 노동을 투입함으로써 단순 재생산을 확보하고 있을 뿐이다. 생산 수단을 사유하는 까닭에 프롤레타리아는 아니며, 그런 까닭에 소부르주아적인 자부심을 가지고 있지만, 실질적으로 그들은 산업 프롤레타리아보다 (간접적으로긴 하지만) '착취'당하고 있다. 또한 이러한 부문은 자본의 유기적 구성이 높아짐에 따라 상대적으로 과잉이 된 인구(산업 예비군)를 축적하는(pool) 역할을 수행하고 있다. 호황기에는 그로부터 노동력이 동원된다.

즉 자본제 생산은 그 밖의 생산 형태를 해체하는 것처럼 보이지만, 실제로는 그렇지 않으며 오히려 그것을 보존하고 활용하고자 하는 것이다. 이 점은 프롤레타리아트에 대해서도 말할 수 있다. 예를 들어 월러스틴은 다음과 같이 말하고 있다. "노동력의 프롤레타리아화 과정이 생산자에게 있어 얼마나 유리했는가에 대해서는 이미 진절머리가 날 정도의 연구가 존재한다. 놀랄 만한 것은 얼마나 프롤레타리아화가 진행되었는가가 아니라 그것이 얼마나 진행되지 않았는가 하는 것이다. 왜냐하면 이 역사적 사회적 시스템에게는 일찍이 400년이 넘는 역사가 있음에도 불구하고 완전히 프롤레타리아화된 노동력이라는 것은 오늘날의 '자본주의적 세계 경제'에서도 여전히 50퍼센트에 달했다고는 도저히 말할 수 없기 때문이다."(『역사적 시스템으로서의 자본주의史的システムとしての資本主義』, 가와키타 미노루川北稔 옮김, 岩波書店) 임금 노동자의 다수는 맑스가 말하는 '이중의 의미에서 자유로운' 프롤레타리아가 아니라 세미 프롤레타리아, 요컨대 다양한 일에서 얻는 수입을 공동으로 서로 나누는 세대(household)에 속한다. '이중의

의미에서 자유'라는 것은 한편으로 생산 수단으로부터 자유라는(생산 수단을 갖지 않는다는) 의미임과 동시에, 다른 한편으로는 생산 수단에 수반되는 다양한 전통적 구속으로부터 자유로운 개인이라는 것이다. 월러스틴이 말하듯이 세미 프롤레타리아적인 세대에서는 누군가가 얻은 수입을 모두 함께 사용한다. 이러한 '상호 부조'는 교환이 아니라 증여의 호수성에 기초한다. 동시에 그것은 그들이 아직 '공동체'의 전통이나 규칙에 구속되어 있다는 것도 의미한다. 설령 공동체가 해체되더라도 그것은 '세대' 또는 넓은 의미의 가족으로서 남아 있다.

자본제 생산이 고도로 진전해 있는 나라에서 왜 전근대적인 생산이나 생산 관계가 보존되어 있는 것일까? 이것은 영국이나 북아메리카 이외의 지역에서는 피할 수 없는 문제이다. 전쟁 이전의 일본에서 이 문제는 여러 해에 걸쳐 대단히 많은 학자들에 의해 논의되었다. 그것은 '일본 자본주의 논쟁'[15] 또는 '봉건 논쟁'으로서 알려져 있다.

••••

15_ '일본 자본주의 논쟁'은 또한 '봉건 논쟁'이라고도 불린다. 단순하게 말하자면, 공산당(강좌파)은 코민테른의 프로그램에 기초해 일본 사회의 후진성을 봉건적 지주 지배가 강하게 잔존해 있기 때문이라고 생각하고, 그것을 대표하는 천황제 타도(부르주아 혁명)를 제1의적인 것으로 보았다. 이에 반해 노농당(노농파)은 이러한 '봉건적 잔재'가 자본제 상품 경제 안에서 역으로 생겨난 것이며, 취약한 것이라 할지라도 성립해 있는 입헌 군주제와 보통 선거 하에서의 사회 민주주의적인 혁명을 주장했다. 따라서 장기간에 걸친 이 논쟁에는 정치적인 프로그램의 대립이 강하게 반영되어 있다. 그럼에도 불구하고 이 논쟁은 합법적으로 이루어졌기 때문에, 공산당의 괴멸 이후에도 다수의 학자·지식인이 참가했다. 그 영향은 정치학뿐만 아니라 문학 비평에도 미치고 있다. 그리고 이것을 빼놓고서는 근대 일본의 지적 문제를 이야기할 수 없다. 덧붙이자면, 이에 관한 영어 문헌으로서는 Germaine A. Hoston, *Marxism and the Crisis of Development in Prewar Japan*, Princeton Press, 1986이 있다.

그러나 그것은 일본 고유의 특수한 문제가 아니다. 오히려 영미를 제외한 모든 세계에 타당하다는 의미에서 보편적인 문제이다. 예를 들어 그것은 1970년대에 라틴 아메리카 사회가 '봉건적'인가 아닌가를 둘러싼 에르네스토 라클라우(Emesto Laclau, 1935~)와 월러스틴의 논쟁에서 반복되고 있다. 이 '일본 자본주의 논쟁'에서 한쪽(강좌파)은 다음과 같이 말한다. 즉 일본 사회는 천황제를 정점으로 하는 봉건적인 (=경제 외적인) 지배가 아직도 농후하게 잔존해 있으며, 따라서 그것을 바꾸는 부르주아 혁명이 선행되어야만 한다는 것이다. 다른 쪽(노농파)은 다음과 같이 말한다. 즉 일본 사회는 이미 자본제 경제(근대적 토지 소유) 안에 있고, 지주와 소작인의 관계는 계약 관계에 기초하며, 소작료가 물납物納이긴 하더라도 그것은 화폐 가격을 전제로 한 것이고, 또한 소작료가 높은 것은 경작지에 대해 과잉한 소작인들 사이의 경쟁에 의한 것이라는 것이다. 그리고 그 점이 봉건적인 겉보기를 잔존·강화시키고 있는 것처럼 보이지만, 실제로 그것은 자본제 경제의 소산에 지나지 않으며, 또한 농촌에 노동 인구가 과잉한 것은——그것이 '봉건 유제'를 초래한다——그들을 흡수하는 산업 자본주의적 발전이 늦어지고 있기 때문이며, 그 발전에 의해 머지않아 '봉건 유제'는 소멸할 것이라는 것이다.

언뜻 보면 후자 쪽이 옳은 것처럼 보인다. 그러나 그것은 영국을 역사적인 모델로 한 『자본』에 기초하여 후진적 자본주의 나라에서도 영국이 밟아온 길이 되풀이된다는 생각이다. 그렇지만 그것은 선진국도 후진국도 세계 자본주의의 공시적인 관계 구조 안에 있다는 것을 보지 못하고 있다. 다른 한편 봉건적 유제를 강조한 전자로부터는 단순한 경제적 발전에 의한 결정론을 부정하고 상부 구조를 중시하는 생각이 나왔다. 천황제 파시즘의 수수께끼에 직면한 일본의 좌익 이론가(마루야마 마사오丸山眞男나 요시모토 다카아키吉本隆明)는 그것을 해명하기 위해 정치학·사회학·인류학적 시점을 도입했다. 그것은 1930년대의 파시즘 상황 하에서 그람시가 문화 헤게모니를 중시한다든지 프랑크푸르트학파가 정신 분석을 도입한 것에 대응한다. 일반적으로 그것들은 경제적 결정론을 부정하고 상부 구조의 상대적 자율성을 중시한 맑스주의자들 사이에서는 맑스의 한계를 보완하는 것으로 간주되고 있다. 그러나 앞에서 『루이 보나파르트의 브뤼메르 18일』에 대해 말했듯이, 맑스는 고도의 산업 자본제 생산과 종래의 생산 관계나 계급 구조가 착종하면서 공존하는 가운데 어떻게 해서 정치 형태에서 '보나파르티즘'이 출현하는지를 모든 표상(대표)의 메커니즘에 대한 분석을 통해 밝히고 있었다. 그러므로 파시즘이라는 사태가 맑스적인 분석으로는 감당할 수 없는 무언가를 초래한 것은 아니다. 그와 같은 견해는 단지 맑스를 충분히 읽지 않았기 때문에 나온 것에 지나지 않는다.

따라서 여기서 우리는 고도의 산업 자본주의 사회에서 고대적·신화적인 것이 왜 기능하는가 하는 문제를 상부 구조의 상대적 자율성이 아니라, 왜 고도의 산업 자본주의화가 종래의 생산 관계를 남김없이 다 해체하지 않고 역으로 그것을 보존하고 활용하는가 하는 문제로서, 즉 자본주의에 고유한 문제로서 파악해야만 한다. 예를 들어 일본 자본주의 논쟁에 관해 우노 고조는 대립하는 양자를 비판하면서 다음과 같이 말했다.[16] 세계 자본주의의 제국주의 단계에서 자본주의화를

....
16_ 宇野弘藏, 「자본주의의 성립과 농촌 분해의 과정資本主義の成立と農村分解の過程」(『中央公論』, 1935년 1월호 초간, 『우노 고조 저작집宇野弘藏著作集』 제8권, 岩波書店).

시작한 후진 자본주의 나라에서의 자본주의적 발전 과정은 선진국 영국에서의 발전 과정과 다르지 않을 수 없다. 후진 자본주의 나라는 선진국의 압박에 의해 급속한 자본주의화를 강요받았기 때문에, 국가에 의한 보호 정책과 주식 제도를 이용하여 자본의 집중을 추진하고 급속하게 금융 자본 형태를 실현함과 동시에 기계적 대공업을 수입한다. 그것은 노동 인구를 그다지 흡수하지 않기 때문에 상대적 과잉 인구를 농촌 지역에 머무르게 한다. 그런 까닭에 그것은 소작료의 앙등을 불러오고 봉건적인 외관을 간직한 제도들을 잔존시킨다. 즉 그것은 산업 자본주의의 발전이 늦어진 것에 따른 것이 아니라 역으로 모종의 발전의 결과인 것이다. 이리하여 한편에서는 중공업화가 진행되면서 다른 한편에서는 역으로 '봉건 유제'가 강화되며, 전근대적인 표상이 산출된다. 요컨대 후진국은 단지 선진국 영국이 밟은 과정을 그대로 따르는 것이 아니다. 선진국도 후진국도 우노 고조의 말로 하자면 '세계 자본주의의 공시적 구조'에 입각해서 보지 않으면 안 된다. 그리고 나중에 고찰하게 되듯이, 우리는 여기서 자본과는 별도로 국가의 자율적인 존재를 보아야만 한다.

이와 같은 문제에 관해 『자본』의 맑스는 직접적으로 언급하고 있지 않다. 그러나 생산 가격에 대한 논의는 그것을 암묵적으로 포함한다고 말할 수 있다. 왜냐하면 그것은 서로 다른 생산성을 가진 산업 부문이 공존한다는 사실로부터 출발하기 때문이다. 맑스가 평균 이윤율과 생산 가격에 대해 말한 것은, 이러한 격차가 있는 산업 부문이 어떤 균형 상태에서 존립할 때, 첨단적인 부문이 다른 부문으로부터 잉여 가치를 빼앗는다는 것이다. 자본제 생산이 모든 사회적 생산 가운데서 국소적임에도 불구하고 지배적이 되는 이유는 거기에 있다. 자본제 생산에서의 기술 혁신(노동 생산성의 향상)에 의한 잉여 가치는 단지 동일 부문 사이에서의 초과 이윤(차이)이 아니라 그 밖의 생산 부문과의 차이로부터 얻어지는 것이다.

　이상은 '한 나라 안'에서 생각된 것이지만, 그것은 세계 시장에 대해서도 들어맞는다. 우리는 지금까지 굳이 괄호에 넣어 왔지만, 여기서는 해외 무역을 다루지 않으면 안 된다. "자본주의적 생산은 일반적으로 대외 무역 없이는 있을 수 없다."(『자본』 제2권, 제3편 제20장, 스즈키 외 옮김, 같은 책) 영국에서 면공업을 중심으로 한 산업 혁명이 일어난 것은 국내 시장 때문이 아니다. 그때까지의 중상주의적인 경쟁 속에서 국제적인 패권을 장악하기 위해서이다. 그러나 해외 무역으로부터 이윤을 얻는 중상주의에 반대하고, 또한 그것이 초래하는 보호 관세 정책에 반대한 리카도는 자유 무역이 상호적으로 이익을 얻는 것이라고 주장했다. 자유 무역은 '비교 생산비의 법칙', 요컨대 각국의 생산비 구조에서 비교적 생산력이 높고, 따라서 비교적 적은 노동으로 상품을 생산할 수 있는 생산 부문이 수출 산업 부문으로 특화하고, 이러한 산업 부문의 국제 분업 관계로서 각국 사이에 국제 분업이 형성된다는 것이다.

　물론 이것은 영국을 '세계의 공장'으로 하고 다른 나라를 영국에 원료를 제공하는 것으로 만드는 이데올로기이다. 리카도는 영국의 면직물과 포르투갈의 포도주를 예로 들어 국제 분업을 설명하고 있다. 각 나라가 생산을 '특화'함으로써 서로에게 이익이 된다는 것이다. 그러나 역사적 사실로서 포르투갈은 농업국으로 전화하고 영국 산업 자본에 '종속'되었다. 또한 18세기 말까지 인도의 면제품은 영국을 압도하고 있었지만, 영국은 그것에 대해 높은 관세를 붙여 자국 산업을 보호하고, 산업 혁명 후에 가격에서 인도를 능가한 시점에 자유 무역을 주장했다.[17] 그 결과 인도의 전통적 수공업을 괴멸시켰던 것이다. 그러나 그것은 단지 자유 무역에 의한 것이 아니다. 인도에 관세권을 부여하지 않는 정치적·군사적인 식민지 지배에 의해 가능한 것이다. 이것은 '자유주의'라는 것이 언뜻 보아 정반대처럼 보이고 중상주의의 변종이라는 것을 의미한다. 고전파의 '자유주의'는 영국을 '세계의 공장'으로 삼고 다른 나라를 농업 국가로 만드는 것이며, 그것에 대항하여 다른 지역이 각각 근대 국가――주권이란 경제적으로는 관세권에 다름 아니다――로서 자기를 형성하고 국가적 공업 생산을 추진한 것은 당연하다. 그것에 성공한 국가만이 식민지 지배를 면했던 것이어서, 내셔널리즘의 경제적 기원은 명백하다.

스미스도 리카도도 식민지주의에 반대하고 있었다. 하지만 그것은 식민지화된 지역으로부터의 수탈에 반대했기 때문이 아니다. '세계의 공장'인 영국에게 있어 다른 종주국의 식민지주의에 의해 둘러싸이는 것이 방해일 수밖에 없었기 때문이다. 그러나 식민지 아래 있던 민족들이 독립하고 관세권을 얻는다 하더라도 사태는 본질적으로 달라지지 않는다. 리카도의 비교 우위와 국제 분업이라는 생각은 지금도 '신자유주의' 경제학자들 사이에서 지지받고 있다. 그것에 대해 월러스틴은 세계 시장 가격에서의 중추(core)와 식민지 사이의 교환은 필연적으로 식민지의 희생으로 중추에 이익을 주는 부등가 교환을 결과로서 가져

• • • •

17_ 18세기 초 이래로 인도의 면포綿布는 영국의 중상주의적 보호 정책으로 인해 수입을 제한받고 있었다. 영국의 면제품은 2.5퍼센트의 수입세를 지불하는 것만으로 인도에 유입될 수 있었지만, 반대로 인도의 제품은 1812년에 모슬린 27퍼센트, 캘리코 71퍼센트의 수입 세율을 부과 받고 있었다. 그것이 1831년에 모두 10퍼센트가 된 것은 그 시점에 이미 인도의 면공업이 괴멸하여, 영국은 고율의 보호 관세를 필요로 하지 않게 되었기 때문이다. (쓰노야마 사카에角山榮, 「영국 면공업의 발전과 세계 자본주의의 성립イギリス綿工業の發展と世界資本主義の成立」, 『세계 자본주의의 형성世界資本主義の形成』, 岩波書店)

오며, 일단 부등가 교환이 시작되면 그 결과는 누적적이라고 주장했다. 나아가 사미르 아민(Samir Amin, 1931~)은 비교 우위와 국제 분업이라는 생각을 비판하고, 후진국이 후진성에 머무르는 원인을 이러한 '부등가 교환'과 '종속'에서 찾았다. 영국에서 산업 혁명이 시작되기 전까지 유럽과 비유럽, 특히 아시아와의 사이에 그다지 경제적·기술적 수준의 차이는 없었다. 아시아의 미개발성은 본래 있었던 것이 아니라 산업 자본주의 이후에 창출된 것이다. 대략적으로 보아 이 주장은 올바르다. 그러나 그들의 생각은 지나치게 실체적인 노동가치설에 기초하고 있다. 그들의 주장은 잉여 가치(부등가 교환)가 왜 그리고 어떻게 해서 등가 교환에서 발생하는가 하는 물음에 몰두하지 않고서 '재산은 도둑질이다'라고 말하는 것과 같은 것이다.

월러스틴은 이러한 '종속 이론'의 성과를 이어받으면서 그것을 세계사 안에서 생각하고자 했다. 그러나 그것은 맑스의 『자본』을 넘어서는 것이 아니다. 자본주의는 세계적인 경제 안에서 생각되어야지 한 나라에서만 생각되어서는 안 된다. 왜냐하면 '국민 경제', 아니 그보다는 국민 국가 자체가 세계 시장 안에서 형성되었기 때문이다. 그것은 바로 맑스가 지니고 있던 생각이다. 리카도의 국제 분업론에 대항해 산업 자본주의를 세계 시장과 상인 자본주의로부터 생각한 맑스는 언제나 '세계 자본주의'를 염두에 두고 있었던 것이다.[18] 즉 맑스는 『자본』에서 영국이라는 한 나라가 아니라 세계 자본주의를 논했던 것이다. 그는 '자본제 생산은 일반적으로 외국 무역 없이는 존재하지

....

18_ 1960년대 초에 이와타 히로시岩田弘는 『자본』의 대상이 세계 자본주의라는 것, 다만 그것이 영국이라는 한 나라의 경제 안에 내재화된 것이라는 사실을 밝혔다. (『세계 자본주의世界資本主義』, 未來社)

않는다'고 말하면서 '외국 무역은 전적으로 도외시되어야 한다'고 말하고 있다.(『자본』 제2권, 제3편 제20장, 스즈키 외 옮김, 앞의 책) 그러나 이 이율배반은 그가 '한 나라'의 경제에 그 나머지 세계 경제를 내면화했다고 생각하면 해결된다. 『자본』은 확실히 영국을 모델로 하고 있다. 그래서 다른 후진국에 그것이 적용될 수 있을까 없을까 하는 논의가 생겨났다. 그러나 그가 영국에서 보고 있는 것은 세계 자본주의 이외의 그 어떤 것도 아니다.

예를 들어 맑스는 자본의 유기적 구성의 고도화에 의한 일반적 이윤율의 경향적 저하를 지적하지만, 그것이 해외 무역에 의해 저지된다고 말하고 있다.

외국 무역은 그것이 일부는 불변 자본의 요소를 싸게 하고 일부는 가변 자본과 치환되는 생활필수품을 싸게 하는 한에서, 잉여 가치율을 높이는 동시에 불변 자본의 가치를 작게 함으로써 이윤율을 높이는 활동을 이룬다. 외국 무역이 일반적으로 이러한 의미에서 작용하는 것은 그것이 생산 규모의 확장을 허락하기 때문이다. 이것에 의해 외국 무역은 한편으로는 축적을 촉진하지만, 다른 한편으로는 또한 불변 자본에 비해 가변 자본의 감소를, 따라서 이윤율의 저하를 촉진한다. 마찬가지로 외국 무역의 확대도 자본주의적 생산 양식의 유년기에는 그 기반이었지만, 이 생산 양식의 진전과 함께 그 내적 필연성에 의해, 즉 끊임없이 시장을 확대하고자 하는 이 생산 양식의 욕구에 의해 이 생산 양식 자체의 산물이 되었다. 여기서도 역시 앞에서 서술한 것 동일한 작용의 양면성이 보인다. [리카도는 외국 무역의 이러한 측면을 전혀 보지 못했다.]

또 하나의 문제——이것은 그 특수성 때문에 본래 우리의 연구 범위 밖에 있는 것이지만——는 이런 것이다. 일반적 이윤율은 외국 무역, 특히 식민지 무역에 투하된 자본이 올리는 상당히 높은 이윤율에 의해 끌어올려질까?

외국 무역에 투하된 자본이 상당히 높은 이윤율을 올릴 수 있는 것은, 여기서는 우선 첫째로 생산 조건이 열등한 다른 나라들에서 생산된 상품과의 경쟁이 수행되며, 따라서 선진국은 자국의 상품을 경쟁국보다 더 싸게 팔면서도 그 가치 이상으로 팔기 때문이다. 이 경우, 선진국의 노동이 특별히 비중이 좀 더 높은 노동으로서 실현되는 한 이윤율은 올라간다. 질적으로 좀 더 높은 노동으로서 지불받지 못했던 노동이 그와 같은 노동으로서 팔리기 때문이다. 동일한 관계가 거기로 상품이 보내지고 거기로부터 상품을 들여오는 나라에 대해서도 생겨난다. 즉 이 나라는 수입하는 것보다도 더 많은 구체화된 노동을 현물로 제공하지만, 그럼에도 역시 그 상품을 자기 나라에서 생산하는 것보다 싸게 손에 넣을 수 있기 때문이다. 그것은 바로 새로운 발명이 보급되기 이전에 그것을 이용하는 공장주가 경쟁 상대보다 더 싸게 팔면서도 여전히 자기 상품의 개별적 가치 이상으로 파는 것과, 요컨대 자신이 사용하는 노동의 특별히 높은 생산력을 잉여 노동으로서 실현하는 것과 마찬가지다. 이리하여 그는 초과 이윤을 실현하는 것이다.

다른 한편 식민지 등에 투하된 자본에 대해서 말하자면, 그것이 더욱 높은 이윤율을 올릴 수 있는 것은 식민지 등에서는 일반적으로 발전도가 낮기 때문에 이윤율이 높고, 또한 노예나 쿨리 등을 이용함으로써 노동의 착취율도 높기 때문이다. ……

이와 같은 외국 무역이 국내에서는 자본주의적 생산 양식을
발전시키고, 그것과 더불어 불변 자본에 대한 가변 자본의 감소
를 촉진하며, 다른 한편으로는 외국과의 관련에서 과잉 생산을
낳고, 따라서 또한 비교적 긴 기간으로는 또다시 반대의 작용을
하기도 한다.

　　이리하여 일반적으로 제시되었듯이 일반적 이윤율의 저하를
초래하는 것과 동일한 원인이 이 저하를 저지하고 지연시키며,
부분적으로는 마비시키는 반대 작용을 불러일으키는 것이다.
이 반대 작용은 법칙을 폐기하지는 않지만 그 작용을 약화시킨다.
이러한 것 없이는 일반적 이윤율의 저하는 그만두고라도 이
저하가 상대적으로 완만하다는 것을 이해하기 어려울 것이다.
(『자본』 제3권, 제3편 제14장 제5절, 스즈키 외 옮김, 같은 책)

　여기서 맑스는 하나의 체계(한 나라) 안에서는 결국 이윤율의 저하
가 피할 수 없다는 것을 보여준다. 일반적 이윤율의 저하는 중공업화가
진전된 '제국주의' 단계에서 비로소 생긴 문제가 아니다. '자본제 생산
은 일반적으로 외국 무역 없이는 존재하지 않는다'는 것이다. 맑스는
본래 세계 시장 없이 산업 자본이 존립하지 않는다고 생각하고 있었다.
그러면 맑스는 왜 직접 세계 시장을 다루지 않고 영국 경제의 외부를
그 내부로 집어넣은 형태로 그렇게 한 것일까? 그것은 세계 자본주의
를 세계 여러 나라 '국민 경제'의 총화로서 바라보는 통속적인 견해에
반대하기 위해서이다. 어떠한 국가의 경제도 자율적일 수는 없다.
그것들은 아무리 저항한다 하더라도 세계적인 분업 체제 안에 편입되
지 않을 수 없는 것이다.

　여기서 그 밖의 외국들에서의 생산이 내면화된 '한 나라=세계'에서

보면, 해외 무역에 의한 '부등가 교환' 문제는 한 나라 안에서의 유기적 구성이 서로 다른 부문들로 치환될 수 있다. 이미 말했듯이 유기적 구성이 높은 부문(불변 자본이 차지하는 비율이 높은 부문)에서는 이윤율이 저하할 것임에도 불구하고 왜 평균 이윤율이 확보되는가 하는 물음에 대해, 맑스는 유기적 구성이 높은 자본으로 총잉여 가치가 이전되기 때문이라고 생각했다. 마찬가지로 리카도가 제창하는 자유 무역——비교 우위에 의한 특화와 국제 분업——하에서는 생산 가격에 따른 '공정한' 매매를 통해 주변으로부터 중핵(선진국)으로 잉여 가치가 이전된다고 할 수 있는 것이다. 어떻게 해서 서로 다른 생산 부문에서 똑같게 일반적 이윤율이 성립하는지를 생각했을 때, 맑스는 그것을 세계 자본주의에서 생각하고 있었다고 보아야 한다. 예를 들어 월러스틴은 이렇게 말하고 있다.

중핵과 주변이라는 것은 바로 부르주아에 의한 잉여 가치 취득 시스템의 하나의 혁신적 부분을 가리키는 말에 다름 아니다. 극단적으로 말하자면, 자본주의란 프롤레타리아가 창출한 잉여 가치를 부르주아가 취득하는 시스템이다. 이 프롤레타리아와 부르주아가 서로 다른 나라에 있는 경우, 잉여 가치 취득 과정에 영향을 주어온 메커니즘의 하나가 국경을 넘어서는 가치의 흐름을 컨트롤하는 교묘한 조작이다. 그로부터 중핵·반주변·주변이라는 개념으로 총괄되는 저 '불균등 발전'의 패턴이 생겨나는 것이다. 이 개념은 자본주의 세계 경제의 다양한 형태의 계급 갈등을 분석하는 데서 유용한 지적인 개념 장치이다. (『인종·국민·계급人種·國民·階級』, 와카모리 후미타카若森章孝 외 옮김, 大村書店)

그러나 이 부등가 교환에서 특별히 '교묘한 조작'이 존재할까? 여기에는 아무런 수수께끼도 없다. 수수께끼가 생기는 것은 산업 자본을 상인 자본과 이질적인 것으로 간주하기 때문이다. 상인 자본의 경우, 각각의 가치 체계 내부에서는 등가 교환이면서도 그 체계들 사이의 차이가 교환에서 잉여 가치를 가져온다. 고전파는 산업 자본을 등가 교환으로 하고 상인 자본을 사기나 부등가 교환으로 간주했지만, 사실은 산업 자본에서의 잉여 가치도 원리적으로는 마찬가지다. 상인 자본주의 단계에서 각지의 '불균등 발전'은 본래 자연적인 조건의 차이에 따른 것이었다. 그러나 산업 자본에 의한 공업적 생산물과의 교환에 의해 비산업 자본주의 나라의 산업은 원료 생산 등으로 '특화'되어 더욱더 '불균등'해져 갔던 것이다. 그리고 이 '불균등'은 날마다 재생산된다.

맑스가 일반적 이윤율의 경향적 저하, 프롤레타리아의 궁핍화 또는 계급의 양극 분해의 전망을 말한 것은 이미 19세기 말부터 논박되어 오고 있다. 그러나 예를 들어 영국의 노동자가 맑스가 말하는 '궁핍화 법칙'에 반하여 일정한 풍요로움을 누릴 수 있었던 것은 자본이 해외 무역으로부터 잉여 가치를 얻고, 그것이 영국의 노동자들에게도 어느 정도 재분배되었기 때문이다. 궁핍화는 국내보다도 오히려 해외 사람들에게 생겼던 것이다. 그것은 현재도 생기고 있다. 지구 인구의 과반수가 기아 상태에 있기 때문이다. 앞에서 나는 잉여 가치가 개별 자본에서가 아니라 사회적 총자본에서 생각되어야만 한다고 말했지만, 더 나아가 사회적 총자본은 '한 나라'가 아니라 세계적인 총자본으로서 보지 않으면 안 된다. 『자본』이 '국민(political) 경제학 비판'인 까닭의 하나는 그것이 자본주의를 폴리스(국민 국가)에서가 아니라 세계에서 보려고 한 점에 있는 것이다.

제4장 트랜스크리티컬한 대항 운동

1. 국가와 자본 그리고 네이션

나는 맑스가 산업 자본주의에 대해 생각하기 위해 상인 자본 (G-W-G')으로 거슬러 올라간 것을 강조해 왔다. 하지만 그것은 19세기 이후의 자본주의 발전을 보지 않는다는 것이 아니다. 오히려 그 반대이다. 산업 자본주의와 그것에 대응하는 이데올로기──고전적 맑스주의는 그것에 기초한다──야말로 자본주의의 현대적 발전을 보지 못하게 하는 장애가 되고 있는 것이다. 『자본』은 그 이후의 시대에 타당하지 않다는 비판이 있고, 다른 한편으로 맑스주의자 측에서는 그것을 '창조적으로' 발전시키고자 하는 노력이 계속되어 왔다. 그러나 내가 이 책에서 시도한 것은 그와 같은 것이 아니다. 맑스가 제국주의, 주식회사(자본과 경영의 분리), 금융 자본, 케인스주의 같은 사건에 대해 고찰하지 않은 것은 당연하다. 그러나 과연 그것들은 맑스가 생각지도 못했던 신기한 사태일까? 사실상 그것들은 '형식'으로서는 산업 자본주의가 확립되기 이전에 존재했다. 예를 들어 레닌은 제국주의가 19세기 말에 자본의 수출로 특징지어지는 금융 자본의 시대에 시작된다고 생각했다. 그러나 금융 자본이란 대부 자본(은행)이 독점적인 산업 자본과 유착한 형태이고, 이것은 형식으로서는 중상주의 단계에 있었던 것이다. 또한 제국주의는 중상주의＝절대주의 왕권 시대부터 존재했다. 제국주의는 고대·중세의 '제국'과는 달리 이미 상품 경제의 원칙에 기초하고 있었다. 영국의 자유주의적인 제국은 그 이전의 중상주의 시대의 제국주의가 가져온 성과 위에서 성립했던 것이다. 그렇다고 한다면 제국주의 단계를 자유주의 단계의 변질로서가 아니라 후자에 의해 '억압된 것의 회귀'로 보아야 한다.

19세기 말의 맑스주의자에게 있어 금융 자본의 지배나 제국주의가 신기한 사태로 보였던 것은 맑스가 산업 자본＝고전 경제학의 비판자라는 것을 강조하면서도 실제로는 그들 자신이 그 이데올로기에 깊이 감염되어 있다는 것을 알아채지 못했기 때문이다. 산업 자본주의의 확립과 함께, 또는 고전 경제학적인 사고와 함께 그것에 선행하는 형식은 심하게 억압되었다. 산업 자본의 이데올로기, 예를 들어 베버가 '프로테스탄티즘과 자본주의 정신'으로서 긍정적으로 평가한 이데올로기는 지금도 살아 있다. 그러므로 그것에 반한 것이 일어나면 무언가 결정적인 변화가 일어난 것처럼 표상된다. 근년의 예를 들자면 '카지노 자본주의'라고 말해지는 사태이다. 그것은 사람들이 근면한 생산과 공정한(fair) 교환을 잊고서 '상인 자본적'인 투기로 내달리기 시작했다는 것을 의미하는 듯하다. 그러나 그것은 결코 자본주의의 변질이 아니다. "그러므로 자본주의적 생산 양식 하에 있는 모든 국민은 생산 과정의 매개 없이 돈벌이를 하고자 하는 망상에 주기적으로 시달린다."(『자본』 제2권, 제1편 제1장 제4절, 「세계의 명저 54」, 스즈키

고이치로 외 옮김, 中央公論新社)

『자본』은 그 이후의 사태와 더불어 '발전'하게 된 많은 이론보다 오히려 오늘날의 사태에 더 타당하다. 하지만 『자본』의 예견성은 맑스가 미래를 예견하고자 했기 때문이 아니라 산업 자본주의가 확립되기 이전의 '형식'으로 거슬러 올라가 생각하고자 했기 때문이다. 이미 말해 왔듯이 산업 자본을 고찰하기 위해서는 상인 자본의 정식으로 거슬러 올라가야만 한다. 상인 자본은 가치 체계의 차이로부터 잉여 가치를 얻는다. 하지만 산업 자본도 마찬가지다. 다만 전자가 소여의 공간적 차이로부터 잉여 가치를 얻지만, 후자는 그것을 시간적 차이화에 의해 얻으며, 새로운 공간적 차이를 만들어냄으로써 얻는 것이다. 그러나 그것은 산업 자본이 상인 자본적인 활동을 하는 것을 방해하는 것이 아니다. 자본에게 있어 잉여 가치는 어디서 얻어지든 상관없는 것이다.

자본제 경제는 일반적으로 중상주의, 자유주의, 제국주의, 후기 자본주의라는 역사적 단계로 구별된다. 그러나 거기에서 무언가 근본적인 변화가 있었던 것처럼 생각하는 것은 잘못이다. 예를 들어 많은 노동자가 서비스 부문이나 판매 부문으로 이동한 것, 지적 노동이 중요하게 된 것 등이 '후기 자본주의'의 특징이라고 여겨진다. 그러나 '산업 자본'에 관해 맑스는 '여기서 산업이라는 것은 자본주의적으로 경영되는 모든 산업 부문을 포함한 의미이다'라고 말하고 있다(같은 책). "하지만 생산 과정의 생산물이 새로운 물적인 생산물이 아니고 상품이 아닌 그러한 독립적인 산업 부문이 있다. 그 가운데서 경제적으로 중요한 것은 교통업뿐이지만, 그것은 상품과 인간을 위한 본래의 운수업인 경우도 있다면, 단지 보도, 서신, 전신 등의 전달인 경우도 있다. …… 그 장소적 운동이야말로 운송 수단에 의해 수행되는 생산 과정이다.”(같은 책) 이러한 의미에서 자본에게 있어 잉여 가치를 ‘물건’으로부터 얻든 ‘정보’로부터 얻든 거기에는 아무런 차이도 없다. 산업 자본의 주요한 영역이 ‘정보 산업’으로 이행한다 하더라도 자본의 성질에는 아무런 변화도 없다. 애초에 사이버네틱스의 창시자인 로버트 위너(Rorbert Wiener, 1894~1964)에 따르면, 정보란 물질이 아니지만 관념도 아니다. 그것은 바로 ‘차이’인 것이다.

맑스는 생산 일반과 가치 생산을 구별한다. 어떤 노동이 가치 생산적인지 아닌지는 무엇을 생산하는가가 아니라 ‘차이’를 생산할 수 있는지 어떤지에 달려 있다. 따라서 노동 형태의 변용이 자본제 생산의 형식을 바꾸는 일은 있을 수 없다. 예를 들어 마크 포스터(Mark Poster, 1941~2012)는 맑스가 말하는 생산 양식 대신에 ‘정보 양식’(the mode of information)이라는 개념을 제창하고 있다(『정보양식론』). 그러나 그것은 생산으로부터 역사를 보는 ‘역사적 유물론’에 대한 수정이기는 하더라도 『자본』에 대한 비판일 수는 없다. 왜냐하면 『자본』이 다루는 것은 정보(차이) 생산=자본제 생산이 사회 전체를 조직해 버리는 ‘힘’에 대한 탐구이기 때문이다. 또한 일부의 맑스주의자는 소비 사회에서의 상품의 다양화와 유혹적인 효과에 주목했다. 마치 그것이 『자본』에 결정적인 수정을 초래할 수 있는 것처럼 말이다. 그들은 벤야민의 말, ‘이 새로움이란 상품의 사용 가치로부터 독립된 특질이다’(『보들레르ボードレール』 가와무라 지로川村二郎 옮김, 「벤야민 저작집」 제5권, 晶文社)라는 말을 인용한다. 그러나 새로움이란 차이=정보에 다름 아니다. 자본은 단지 생산물을 만드는 것이 아니라 가치(잉여 가치)를 생산해야만 한다. 요컨대 잉여 가치가 차이의 생산으로부터 얻어진다는 생각에 선다면, 그것은 전혀 새로운 인식이 아니다. ‘자본’에 대해 생각할 때, 우리는 언제나 상인 자본의 정식 G-W-G′에서 생각하지

않으면 안 된다. 그것은 산업 자본주의의 단계적 변질이라는 것이 그 형식에서 오히려 그 이전의 자본 형태의 '억압된 것의 회귀'라는 사실을 분명히 해줄 것이다.

월러스틴의 '근대 세계 시스템론'은 세계 경제를 한 나라 경제(국민 경제)의 총화에서 바라보는 견해를 부정한 점에서 중요하다. 그러나 그것이 획기적으로 보이는 것은 맑스주의자의 대부분이 맑스를 국민 경제학(폴리스적 경제학)의 비판자로서가 아니라 그 연장으로서만 읽어왔기 때문이다. 고전 경제학=자유주의는 스스로의 기원인 중상주의=절대주의적 왕권을 부정하고, 경제와 국가의 분리를 주장해 왔다. 그러나 이것은 이중으로 역사적 기원을 은폐하는 것이다. 이미 말했듯이 자본제 생산은 중상주의적인 국가 속에서, 그 국가적 투자와 보호 속에서 시작되었다. 후발 자본주의 국가(독일이나 프랑스, 일본)에서의 국가의 경제적 개입은 말할 것도 없지만, 영국에서도 산업 혁명은 세계적 패권을 지향하는 국가의 극진한 지원 하에서 이루어진다. 그럼에도 불구하고 자유주의자들은 그 사실을 은폐하고, 마치 자본제 경제가 국가와는 따로 발생하고 자율적으로 존재할 수 있다는 듯이 주장해 왔던 것이다. 따라서 월러스틴의 '근대 세계 시스템'이라는 개념은 우리의 생각으로는 절대주의=중상주의적인 국가——경제 체제가 근대의 기점에 있고, 이후에도 본질적으로 변하지 않는다는 것을 의미한다. 그 내부에서 민주적인 동시에 산업 자본주의적이라 하더라도, 국가들은 근본적으로 절대주의적=중상주의적이다. '자유주의'도 그 하나의 형태이며, 패권 국가가 취하는 경제 정책에 다름 아니다.

맑스는『자본』에서 국가를 괄호에 넣고 있다. 그러나 그것은 국가를 무시하는 것이 아니다.『자본』의 과제는 독일의 중상주의적인 국가 경제학—그가 속류 경제학이라고 부르는—에 맞서 자본의 운동을 원리적으로 파악하는 데 있었다. 당장 국가를 괄호에 넣어도 좋은 것은 국가의 개입도 결국 자본제 경제의 원리들에 따를 수밖에 없기 때문이다. 요컨대 '경제 외적 강제'는 기능하지 않는 것이다. 절대주의 국가가 봉건적 국가—거기서는 경제와 정치가 분리될 수 없다—와 다른 것은 여기에서이다. 하지만 그렇게 말하는 것은 국가가 교환의 원리로부터 출발하는 자본제 경제와는 다른 원리(탈취-재분배)에 의한다는 것, 그리고 그런 의미에서—즉 역사적 유물론으로부터 오는 것과 같은 상부 구조의 상대적 자립성과는 다른 의미에서—어떤 자율성을 지니고서 존재한다는 것을 부정하는 것이 아니다.

『자본』에 국가가 사실상 빠져 있는 것은 맑스주의자에게 국가를 경시하게 했거나, 역으로 『자본』 이전의 맑스의 국가론으로 회귀하게 했다. 일반적으로 초기 맑스의 생각에 따르면 국가는 '환상적 공동체'이고, 중기에서는 계급적 지배 장치라고들 한다. 그러나 이미 말했듯이 『루이 보나파르트의 브뤼메르 18일』에서는 그와 같은 단순한 견해를 넘어서는 성찰이 보인다. 그러면 『자본』의 시기에 맑스는 국가를 어떻게 보고 있었을까? 그것은 『자본』으로부터 몇 안 되는 짧은 말들을 긁어모으는 것에 의해서나 초기·중기의 국가론에 의거하는 것에 의해서가 아니라, 우리 자신이 『자본』의 방법으로 국가를 고찰하는 것에 의해서만 알 수 있다. 맑스는 자본제 경제에 대해 생각하기 위해 자유주의로부터 중상주의로, 산업 자본으로부터 상인 자본으로 거슬러 올라갔다. 마찬가지로 국가에 대해 생각하기 위해서 우리는 부르주아적 법치 국가 이전으로 거슬러 올라가지 않으면 안 되는 것이다.

그러나 우리는 지나치게 먼 과거로 거슬러 올라가서는 안 된다. 예를 들어 봉건 국가나 아시아적 전제 국가 등으로 올라가서는 안 되는 것이다.[1] 우리가 거슬러 올라가야 하는 것은 근대의 절대주의 왕권 국가이다. 절대주의 왕권에서는 경제와 국가가 결합한다고 말해진다. 그러나 사실은 거기서 그것들이 비로소 분리되었다. 봉건 국가에서 경제와 국가는 동일한 것이었다. 이 분리=결합은 구체적으로 말하자면 절대주의 왕권이 한편으로 상인 부르주아지의 활동을 뒷받침함과 동시에 그로부터 세원을 확보한다는 것이다. 그것이 경제 정책으로서의 '중상주의'이며, 그것은 또한 당시의 국제 무역의 결제 수단인 세계 화폐(금)에 의존하는 한에서 '중금주의'였다. 절대주의 왕권은 봉건적인 '경제 외적 강제'를 철폐하고, 나란히 서 있는 다수의 봉건 제후들을 제압하여 그 봉건적 영유권을 사유권으로 변화시켰다. 또한 화폐 공납제를 통해 농업 공동체에 상품 경제를 강요함으로써 봉건제 경제의 부르주아적 재편성을 촉진했다. 이 과정이 이른바 '원시적 축적'인데, 그것이 세계 자본주의 안에서의 국가들 사이의 경쟁에 의해 이루어졌다는 것은 말할 것도 없다.

절대주의 국가와 중상주의가 결부되는 것은 이상과 같은 이유에서이다. 영국에서는 절대주의 왕권이 타도되고, 또한 산업 자본주의=자

1_ 국민 국가의 이데올로그는 마치 처음에 국민과 국가가 있고, 그것이 봉건제로부터 절대주의를 거쳐 국민 국가가 되었다고 생각한다. 그러나 그들은 '기원'을 잊고 있다. 실제로 '국민'이나 '국토'는 절대주의적 왕권 시기에 그 신하나 영토로서 획정되었던 것이다. 봉건제 사회에서 많은 부족이나 민족으로 갈라져 있던 사람들을 모두 신민臣民으로서 하나의 '국민'으로 변용시킨 것은 절대주의 왕권인 것이다. 그러므로 근대의 네이션은 그 역사적인 기원에 관해 애초에 '국민' 같은 것은 없었던 왕조 시대의 역사를 자신들의 것이라는 듯이 '상상'해 버린다. 그러나 내셔널리즘이 집요한 힘을 지니는 것은 단지 표상의 힘에 의해서가 아니다. 그에 대해서는 『네이션과 미학ネーションと美學』(정본 가라타니 고진 전집」 제4권, 岩波書店, 2000)을 참조하기 바란다.

유주의가 확립된 단계에서 경제와 국가가 별개의 것이라고 표상된다. 그러나 실제로 그렇지 않다는 것은 이미 말한 대로이다. 자유주의자는 될수록 국가를 축소하여 '작은 정부'로 만들면 된다고 주장했다. 그러나 그것은 이미 말했듯이 대영제국의 경제 정책을 촉진하기 위해 말해진 것에 지나지 않으며, 거대한 식민지를 껴안고 있는 이상, 그것이 실현되는 일 따위는 있을 수 없다. 하물며 영국 이외의 후진 자본주의 나라에서는 국가와 경제의 밀접한 결합이 있었다는 것은 말할 것도 없다. 그것은 오늘날에 이르기까지 계속되고 있다. 국가는 본질적으로 중상주의적이다. 역으로 중상주의에 대한 고찰은 국가가 무엇인지를 보여준다. 맑스는 중금주의에서 '화폐의 페티시즘'이 전형적으로 생겨난다고 함과 동시에, 그것을 비웃은 고전 경제학자들에 대해서도 그들 역시 공황에 즈음해서는 갑자기 중금주의로 되돌아온다고 말했다. 이 지적은 국가론과 관련해서도 들어맞는다.

부르주아적 민주 국가에서는 국민이 주권자이고 정부가 그 대표라고 여겨진다. 절대주의적 왕=주권자 따위는 이미 비웃어야 할 관념이다. 그러나 바이마르 체제에서 생각한 칼 슈미트는 국가 내부에서 생각하는 한 주권자는 보이지 않지만, 예외 상황(전쟁)에서는 결단자로서의 주권자가 드러난다고 말하고 있다(『정치 신학』). 슈미트는 나중에 이 원리에 의해 결단하는 주권자로서의 히틀러를 정당화했지만, 그것은 단순하게 부정할 수 없는 문제를 내포하고 있다. 예를 들어 맑스는 절대주의 왕권의 자취를 간직한 왕정을 무너뜨린 1848년의 혁명 뒤에 루이 보나파르트가 결단하는 주권자로서 나타난 과정을 분석하고 있다. 맑스가 『루이 보나파르트의 브뤼메르 18일』에서 밝힌 것은 대표제 의회나 자본제 경제의 위기에서 '국가 자체'가 출현한다는 것이다. 황제나 지도자(Führer) 또는 천황은 그 '인격적 담지자'이며,

다름 아닌 '억압된 것(절대주의 왕권)의 회귀'인 것이다.

절대주의 왕권에서는 왕이 주권자였다. 그러나 이 왕은 이미 봉건적인 왕과는 다르다. 실제로 절대주의 왕권에서 왕은 주권자라는 장(position)에 섰을 뿐이다. 맑스는 금이 일반적 등가 형태에 놓였기 때문에 화폐임에도 불구하고 금 자체가 화폐라고 생각하는 것을 페티시즘이라고 불렀다. 그때 맑스는 그것을 다음과 같은 비유로 말하고 있다. "이와 같은 반성 규정은 대체로 기묘한 것이다. 예를 들어 이 사람이 왕인 것은 다만 다른 사람들이 그에 대해 신하로서 행동하기 때문일 뿐이다. 그러나 그들은 반대로 그가 왕이기 때문에 자신들은 신하인 것이라고 믿고 있다."(『자본』 제1권, 제1편 제3장, 주해) 그러나 이것은 단순한 비유가 아니라 그대로 절대주의적 왕권에 타당한 것이다. 고전 경제학에 의해 중금주의가 환상으로서 부정된 것과 마찬가지로, 민주주의적인 이데올로그에 의해 절대주의적 왕권은 부정되었다. 그러나 절대주의적 왕권이 사라져도 그 장소는 빈 곳으로서 남는다. 부르주아 혁명은 왕을 단두대로 보냈지만, 이 장소를 지우지 않는다. 통상적인 상태에서나 국내적으로 그것은 보이지 않는다. 그러나 예외 상황, 즉 공황이나 전쟁에서 그것이 드러나는 것이다.

예를 들어 슈미트가 높이 평가하는 홉스에 대해 생각해 보자. 홉스는 주권자를 설명하기 위해 모든 사람이 한 사람(리바이어던)에게 자연권을 양도하는 과정을 생각했다. 이것은 모든 상품이 하나의 상품만을 등가 형태로 둠으로써 상호적으로 화폐를 통한 관계를 서로 맺는 과정과 동일하다. 홉스는 맑스의 다음과 같은 기술을 선취하고 있다. "마지막 형태, 즉 형태 III에 이르러 드디어 상품 세계에 일반적·사회적인 상대적 가치 형태가 주어지는데, 이것은 상품 세계에 속하는 상품들이 단 하나의 예외를 제외하고 모조리 일반적 등가 형태로부터 배제되기 때문이며, 또한 그런 한에서의 일이다.”(『자본』제1권, 제1편 제1장 제3절 c, 스즈키 외 옮김, 같은 책) 즉 홉스는 국가의 원리를 상품 경제로부터 생각했던 것이다. 그리고 홉스는 주권자가 화폐와 마찬가지로 인격이라기보다는 형태(position)에서 존재한다는 것을 처음으로 발견했다.

홉스가『리바이어던』을 쓴 것은 청교도 혁명 시기이다. 그는 결코 그 이전의 절대주의 왕권을 근거지우고자 한 것이 아니다. 절대주의적인 왕은 ‘왕권신수설’에 의해 근거지어진다. 왕권신수설은 이를테면 왕이 신하를 지배하는 것은 그가 왕이기 때문이라는 생각이다. 홉스와 같은 사회계약설은 절대주의 왕권과는 어울리지 않는다. 사실상 홉스의 이론은 명예혁명 후의 입헌 군주적인 의회제에 타당하다. 그가 말하는 ‘사회 계약’은 오히려 의회에서의 다수결 지배——소수파는 반대한다 하더라도 결정에 따라야만 한다——의 근거지우기를 의미한다. 그러나 홉스가 마치 절대주의 국가의 이론가처럼 보이는 것은 왜일까? 그것은 그가 ‘주권자’를 강조했기 때문이다. 하지만 그것은 이미 현실의 인격으로서 주권자가 있는가 어떤가의 문제가 아니다. 국가와 국가 사이에 그것들을 넘어서는 사회 계약이 있을 수 없는 이상, 어디까지나 국가(주권자)는 남는다는 것이다. 그것은 청교도 혁명에 의해 절대주의적인 왕이 사라졌다 하더라도, 그것과 관계없이 ‘주권자’라는 장(position)이 남는다는 것을 의미한다. 국가 주권은 하나의 장이고 거기에 놓인 것이 주권자인 것이다. 영국에서는 명예혁명 후에 거기에 입헌 군주가 놓였다. 그러나 이 주권자라는 장이 남는 것은 공화제라 하더라도 마찬가지다. ‘국가’ 자체, 또는 주권자라는 장 그 자체는 거기에 놓인 국왕이나 대통령과는 구별되어야만 한다.

입헌 군주제 이후의 사상가인 로크(John Locke, 1632~1704)나 흄

(Davd Hume, 1711~76)은 국가를 정부, 요컨대 의회를 통해 인민에 의해 선출된 정부와 동일시하고 있다. 그것은 고전파 경제학이 화폐를 상품에 포함되는 노동 가치로 환원한 것과 유사하다. 그러나 고전 경제학자가 화폐를 단지 각각의 상품에 내재하는 가치의 표시 수단으로 간주한다 하더라도, 또한 민주주의자가 주권자를 국민의 대표로서 간주한다 하더라도 예외적인 위기적 상황——공황이나 전쟁——에서는 화폐나 주권자가 드러나는 것이다. 예를 들어 헤겔은 입헌 군주제에서의 의회에 대해 다음과 같이 말하고 있다.

국가의 최고 관리들 쪽이 필연적으로 국가의 여러 기구나 요구의 본성에 관해 한층 더 깊고 포괄적인 통찰을 갖추고 있으며, 동시에 필연적으로 이 직무에 대한 한층 더 뛰어난 기능과 습관을 구비하고 있고, 의회가 있어도 끊임없이 최선의 것을 이룰 것임에 틀림없지만 의회 없이도 최선의 것을 이룰 수 있다. (『법권리의 철학』제3부 제3장 A. 제301절, 미우라 가즈오三浦和男 외 옮김, 未知谷)

의회의 입장은 조직된 통치권과 협동하여 다음과 같은 매개 활동을 한다는 의의를 지닌다. 즉 한편으로는 군주권이 하나의 극으로서 고립된 형태로 나타나는 일이 없도록 하고, 이에 의해 군주권이 단순한 지배권이나 자의로서 나타나는 일이 없도록 함과 동시에, 다른 한편으로는 여러 지방 자치체나 직업 단체 그리고 개인의 특수적 이익이 고립되지 않도록 하고, 더군다나 개개인이 다수의 군중이나 무리의 모습을 하고 나타나고, 이리하여 비유기적인 의견과 의지를 품고서 유기적 국가를 거스르는 단순한 집단적 폭력이 되는 일이 없도록 하는 매개의 활동이다.
(같은 책, 제302절)

의회의 특징적인 사명은 오히려 보편적 요건인 공적인 업무와 관련해 의회가 함께 알고 함께 결의하는 형태로 정치에 참여할 수 없는 시민 사회의 성원을 위해 형식적 자유의 계기에 대한 정당한 권리가 충족되도록 하는 것이다. 그런 까닭에 우선 첫째로 모두가 안다고 하는 계기가 의회의 토론을 공개함으로써 확장되는 것이다. (같은 책, 제314절)

지식을 갖기 위한 이러한 기회를 공중公衆에게 부여하는 일에는 좀 더 일반적인 측면이 있다. 요컨대 이리하여 여론이 비로소 진실한 사상에 도달하고, 국가의 상태와 개념과 요건을 통찰하게 되며, 따라서 비로소 이것들에 대해 한층 더 이성적으로 판단하는 능력을 얻음과 동시에, 다음에는 또한 관청이나 관리의 직무, 재능, 덕, 기능을 잘 알아 이를 존중하게 된다. 이렇게 의회가 공개됨으로써 이들의 재능 쪽도 그 힘을 신장하는 유력한 기회를 얻음과 동시에, 커다란 명성을 떨칠 기회를 얻는 것이지만, 그것과 마찬가지로 이 공개는 또한 개개인이나 다수 군중의 자만심에 대한 교정 수단이며, 그들을 위한 도야 수단, 더욱이 최대의 도야 수단 가운데 하나이다. (같은 책, 제315절)

헤겔에 따르면 의회의 사명이란 시민 사회의 합의를 얻어냄과 동시에, 시민 사회를 정치적으로 도야하고 국정에 대한 사람들의 지식과 존중을 강화하는 데 있다. 그러나 이것을 헤겔 자신의 의회 경시,

또는 프로이센 민주주의 미발달 탓으로 돌릴 수는 없다. '발달'이란 바로 이와 같은 '도야'가 진척되는 일인 것이다. 보통 선거와 함께 인민 주권이라는 생각이 정착한다. 그러나 그 인민이란 이미 국가에 의해 '도야'된 국민인 것이다. 슈티르너가 말했듯이, 거기서는 각 사람이 주권자(에고이스트)일 수 없다. 입헌 군주제이건 공화제이건 의회제 민주주의를 개개의 시민의 의견이 대표되는 과정이라고 보는 것은 환상이다. 그것은 실질적으로 관료 또는 그와 유사한 사람들이 입안한 것을 국민이 스스로 결정한 것처럼 믿게 하는 절차이다. 그것은 설령 사회 민주주의 정부라 하더라도 다르지 않을 뿐만 아니라 오히려 그 이상으로 관료나 그와 유사한 사람들이 입안한 것에 기초하게 된다.

그런데 초기 맑스는 위와 같은 헤겔의 생각을 비판했다. 맑스의 생각으로는 시민 사회(사회적 국가)가 기저에 있고, 정치적 국가는 그것의 자기 소외태이다. 그러나 맑스가 거기서 말하는 '시민 사회'란 이미 '국가'에 의해 구분되고 조직된 것이다. 시민이란 국민인 것이다. 그러므로 설사 정치적 국가를 해소한다 하더라도 시민 사회 자체에 국가가 남아 있다. 슈티르너가 비판한 것은 이를테면 이것이다. 이 시기에 맑스는 국가를 다른 국가를 전제함이 없이 생각하고 있었다. 그 때문에 국가가 시민 사회로 환원되지 않는 자율성을 지닌다는 것을 보지 못한다. 실제로 맑스는 헤겔의 『법권리의 철학』을 비판했을 때, 헤겔이 지적한 어떤 중요한 한 가지 점을 놓치고 있다. 그것은 국가(주권자)는 오히려 외적으로 다른 국가에 맞서 존재한다는 점이다. 헤겔은 이렇게 말하고 있다. "지금까지의 것은 내부로 향해진 주권이어서, 그것은 외부로 향해진 또 하나의 측면도 갖고 있다. 그런데 예전의 봉건적 군주제에서 국가는 외부를 향해서는 확실히 주권을 지니고 있었지만 내부를 향해서는 군주뿐만 아니라 국가도 주권을 지니지 못했다. 첫째로, 국가나 시민 사회의 특수한 업무들이나 권력들은 뿔뿔이 흩어진 자립적인 직업 단체나 교구의 형태로 조성되어 있고, 따라서 전체는 하나의 유기적 조직이라기보다 오히려 하나의 집합체였다. 둘째로, 그것들은 개인들의 사적인 소유물이고, 그런 까닭에 그들이 전체를 고려하여 이루어야 할 사태는 그들의 의견(믿음)이나 기호에 맡겨져 있었다."(같은 책, 제278절)

맑스는 포이어바흐적인 사고를 방기함과 동시에 초기의 국가론도 방기한다. 그것은 『루이 보나파르트의 브뤼메르 18일』을 보면 명백하다. 맑스는 거기서 국가를 군주, 대표제, 관료 기구 등의 모든 측면에서 다시 파악하고 있다. 그러나 이것은 국가론으로서 쓰인 것이 아니다. 또한 그 후에도 맑스는 국가를 그것 자체로서 논하지 않는다. 그 결과, 맑스주의자는 초기 맑스의 생각이나 엥겔스의 생각에 기초하여 국가에 대해 생각했다. 예를 들어 그람시(Antonio Gramsci, 1891~1937)는 국가가 계급 지배를 위한 폭력 장치라는 엥겔스의 생각에 대항해 그것이 동시에 이데올로기적 장치이기도 하다는 사실을 강조했다. 따라서 그것은 시민 사회 자체가 국가(권력 장치)이고 문화적 헤게모니 장치라는 것이다. 이것은 국가와 시민 사회를 분리하는 것에 대한 비판이다. 그럼에도 불구하고 이 비판은 국가를 단지 내부적으로 보는 입장에 머물고 있으며, 결국 국가를 시민 사회로 환원하는 것으로 귀착한다. 어떤 자율성을 지닌 것으로서의 국가를 생각하기 위해서는 그것이 다른 국가와의 관계에 있다는 것을 보지 않으면 안 된다. 그람시 이후 국가를 문화적 헤게모니에서 보는 것, 또한 푸코(Michel Foucault, 1926~84) 이후 권력을 국가적 중심이 아니라 모든 장소에서, 아니 그보다는 작용들의 네트워크에서 보아야 한다는 생각이 횡행하고 있다. 한 나라에서만 국가를 생각한다면 확실히 권력에는 중심 같은 것은 없다. 그리고 국가 권력은 '시민 사회＝국가'에서의 권력들의 그물망으로 환원될 것이다. 그러나 절대주의 국가가 세계 자본주의에서 다른 국가와의 경합 속에서 나타났듯이, 현재도 국가는 그 내부가 아무리 사회 민주적이라 하더라도 외부에 대해서는 패권주의적이다.

나는 이미 경제를 하부 구조라고 하고 국가나 네이션을 상부 구조로서 보는 시점에 반대하여, 그것들이 경제적 교환과는 다르지만 넓은 의미에서의 '교환'의 유형들이라는 점을 지적했다(이 책의 제2부 제2장 '3. 자본의 충동' 참조). '교환'의 관계는 넷으로 나뉜다. 첫째, 증여의 호수제(농업 공동체의 내부), 둘째, 수탈과 재분배(봉건 국가), 셋째, 화폐에 의한 교환, 넷째, 어소시에이션이다. 어소시에이션은 상호 부조적이지만, 공동체처럼 폐쇄적이지 않다. 그것은 상품 교환을 통해 공동체에서 나온 개인들에 의해 형성되는 자발적인 교환 조직이다. 그것들을 그림으로 제시하면 아래와 같이 된다. 다만 여기서 봉건 국가라고 부르고 있는 것은 엄밀하게 규정된 '봉건제'와는 대응하지 않는다. 정확하게는 '전前자본주의적 착취 시스템'이라고 불러야 한다.[2]

••••

2_ 앞에서 말했듯이, 맑스는 『정치경제학 비판 요강』에서 '자본제 생산에 선행하는 형태들'에 대해 논의하고, 그것을 다음과 같이 구분했다. 원시적 씨족 사회, 동양적 전제 국가(아시아적 생산 양식), 고전 고대적 노예 사회, 서양적 봉건제. 그러나 이것을 헤겔의 세계사와 같이 일정한 역사적인 발전 단계로 간주해서는 안 된다. 다케우치 요시로竹內芳郎는 이들의 다양성이 정복 민족과 비정복 민족의 생산 양식의 차이에 의해 생겨난다고 생각하고, 다음과 같이 셋으로 나누고 있다(『국가와 문명國家と文明』, 岩波書店, 1975).

　A. 피정복민의 씨족 사회에는 손을 대지 않고 그 토지의 공동체 소유를 그대로 국가 소유로 전화시키고, 거기에 직업상의 다름이 있다면 이것을 부족마다 카스

- 교환 형태의 유형

수탈과 재분배	화폐에 의한 교환
증여의 호수성	(어소시에이션)

- 근대 이전

봉건 국가	도시
농업 공동체	(어소시에이션)

- 근대

국가	자본제 시장 경제
네이션	(어소시에이션)

• • • •

트로 고정화하고, 국왕이 씨족 전체, 부족 전체를 넘어선 상위의 통일자가 되어 공동체 성원들을 지배한다. 이것이 '전반적 예종제'이다.

　B. 피정복민의 개인들을 그 씨족 사회로부터 분리하여 노예화하는 경우가 있다. 이것이 고전 고대 유형의 노예 사회이다. (그리스・로마)

　C. 정복 민족은 군사적으로 지배하면서도 내정은 피정복 농경민족 자신에게 맡기고, 그 생산물을 정기적으로 수탈하는 대신 그들을 외적으로부터 보호하는, 일종의 농노제 또는 봉건제, 조형祖型=봉건제, 또는 공납제가 형성된다. (서구와 일본)

　이상의 것들 가운데 A는 아시아적이라고 불리고 있지만, 이것은 세계사적으로 보아 오히려 표준적이며, '아시아적'이라는 지역 명으로 불러야 하는 것이 아니다. 또한 일본의 경우, 맑스가 『자본』에서 말하듯이 봉건제가 성립했다고는 하지만, 동시에 '아시아적'인 전반적 예종제의 유제가 잔존해 있다고도 말할 수 있다. 그것이 천황제이다. 그런 점에서 일본의 '자본주의 논쟁' 또는 '봉건 논쟁'에서는 '봉건 유제'라는 모호한 개념에 기초했기 때문에 성과가 없는 결과로 끝났던 것이다.

레닌은 네이션이란 자본주의 경제가 발전한 결과 통일 시장을 위해 형성된 것으로, 사회주의에서는 소멸한다고 생각했다. 그러나 레닌의 이러한 생각은 자본주의의 전 지구화에 의해 네이션이 소멸한다는 것과 동일한 정도로 잘못이다. 그것은 경제주의적인 환원주의의 잘못이 아니다. 바로 네이션이 국가나 자본과는 다른 '경제' 원리에 뿌리박고 있다는 것을 보지 못하는 데에 그 결함이 있는 것이다. 이와 같은 맑스주의의 일반적인 견해에 맞서 네이션을 상부 구조로 하여 그것을 인류학적 · 정신 분석학적으로 고찰하는 일이 이루어졌다. 그것은 한마디로 말하자면 베네딕트 앤더슨이 말하는 '상상의 공동체'라는 개념으로 요약된다. 그러나 경제적인 것을 현실로 하고 네이션만을 상상의 공동체로 하는 것은 가능하지 않다. 또한 그와 같은 계몽주의적 비판의 효과는 일부의 지식인에게밖에 미치지 않는다. 네이션이 표상으로서 교육이나 문학에 의해 강화되는 것은 확실하다. 하지만 그것은 단지 표상에 의해서 존재하는 것이 아니며, 표상에 대한 비판에 의해 해소될 수 있는 것도 아니다. 맑스는 종교를 계몽적으로 비판한 지식인들에 대해 종교를 필요로 하는 '현실'이 있다는 것, 그것을 해소하지 않는 한 종교를 해소할 수 없다고 말했다. 마찬가지로 지식인이 아무리 경멸하더라도, 네이션도 그것을 필요로 하는 '현실'이 있다고 하지 않으면 안 된다. 그리고 그것은 화폐에 의한 상품 교환과는 다른 호수적인 '교환' 관계에 뿌리박고 있다. 따라서 화폐와 마찬가지로 네이션은 단순한 환상이 아니라 초월론적인 가상이라고 말할 수 있을 것이다.

베네딕트 앤더슨은 네이션=스테이트가 본래 이질적인 네이션과 스테이트의 '결혼'이었다고 말하고 있다.[3] 그것은 중요한 지적이지만,

....
3_ 베네딕트 앤더슨의 「창조된 '국민 언어'創られた「國民言語」」(『文學界』, 2000년

그 전에 역시 근본적으로 이질적인 두 가지 것의 '결혼'이 있었다는 점을 잊어서는 안 된다. 국가와 자본의 '결혼'이 그것이다. 국가, 자본, 네이션은 봉건 시대에는 명료하게 구별되어 있었다. 즉 봉건 국가(영토, 왕, 황제), 도시 그리고 농업 공동체로 구별되어 있었던 것이다. 그것들은 서로 다른 '교환'의 원리에 기초하고 있었다. 이미 말했듯이, 첫째로 국가는 수탈과 재분배로서의 교환의 원리에 기초하고 있었다. 둘째로 그와 같은 국가 기구에 의해 지배되고 상호 고립된 농업 공동체는 그 내부에서는 자율적이고, 상호 부조적이고 호수적인 교환을 원리로 한다. 셋째로 그러한 공동체와 공동체 '사이'에서 시장, 즉 도시가 성립한다. 그것은 상호적 합의에 의한 화폐적 교환이다. 봉건적 체제를 붕괴시킨 것은 이러한 자본주의적 시장 경제의 침투이다. 한편, 그것은

· · · ·

10월호)를 참조. 또한 이 논문에서 앤더슨은 인도네시아에서 네이션으로서의 동일성을 환기하고 형성한 것은 국가이며, 그것은 네덜란드의 식민지주의적인 국가 기구에서 시작된다고 말하고 있다. 이것은 절대주의적인 국가 기구가 네이션에 선행한다는 것을 보편적으로 보여주고 있다. 절대주의 국가는 서구에서는 15, 16세기에 출현했지만, 그것은 지나가 버린 형태가 아니다. 절대주의 국가가 수행한 역할은 다른 지역에서 좀 더 나중에 또는 지금도 다른 형태로 반복되고 있다. 예를 들어 발전도상국 유형의 독재 정체를 그러한 관점에서 다시 볼 수 있다. 부족들이나 민족, 종파 등이 착종된 지역에서 중앙 집권적인 국가 체제가 형성될 때, 그것은 왕제이든 사회주의 체제이든 절대주의적인 형태를 취한다. 그들이 '생각하고 있는 것'과 '실제로 행하고 있는 것'은 별개이다. 내친김에 말하자면, 부르주아 혁명의 담당자가 반드시 실제의 부르주아는 아니다. 맑스가 말했듯이, 부르주아 사상가와 부르주아는 다른 존재이다. 예를 들어 일본의 메이지 유신(1868)이 하급 무사나 지식인에 의해 이루어졌기 때문에 부르주아 혁명이 아니었다는 맑스주의자들이 많이 있다. 그러나 영국에서도 프랑스에서도 혁명의 실제 담당자는 지식인이나 토지 소유자, 독립 생산자 등이었다. 담당자가 누구이든 그것이 자본제 경제의 조건들을 실현하는 것인 한에서 그것은 부르주아 혁명인 것이다.

이미 말했듯이 절대주의적 왕권 국가를 산출한다. 그것은 상인 계급과 결탁하여 다수의 봉건 국가(귀족)를 무너뜨림으로써 폭력을 독점하고 봉건적 지배(경제 외적 지배)를 폐기한다. 그것이야말로 국가와 자본의 '결혼'이다.

거기서 봉건 지대는 국세가 되고, 관료와 상비군이 국가적인 장치가 된다. 절대주의 왕권 하에서 그때까지 다양한 부족이나 신분으로 있었던 사람들은 모두 왕의 신민이 됨으로써 나중의 국민적 동일성의 기반을 구축한다. 상인 자본(부르주아지)은 이 절대주의적 왕권 국가 안에서 성장하고, 또한 통일적인 시장 형성을 위해 국민의 동일성을 형성했다고 말할 수 있다. 그러나 그것만으로는 내셔널리즘의 감정적 기반은 만들어지지 않는다. 네이션의 기반에는 시장 경제의 침투와 함께, 또한 도시적인 계몽주의와 함께 해체되어 갔던 농업 공동체가 있다. 그때까지 자율적이고 자급자족적이었던 각 농업 공동체는 화폐 경제의 침투에 의해 해체됨과 동시에 그 공동성(상호 부조나 호수제)을 네이션(민족) 안에서 상상적으로 회복하는 것이다.

앤더슨은 개체의 죽음에 의미를 부여한 종교가 쇠퇴한 뒤에 네이션이 그 대리 역할을 수행한다고 지적하고 있지만, 그 경우 종교가 구체적으로 농업 공동체로서 존재했다는 사실이 중요하다. 종교의 쇠퇴란 공동체의 쇠퇴와 동일한 것을 가리킨다. 왜냐하면 종교는 '프로테스탄티즘'과 같은 근대 종교의 형태에서는 쇠퇴하지 않고 오히려 발전하고 있기 때문이다. 네이션은 지성적인(홉스적인) 국가와 달리, 농업 공동체에 뿌리박고 있는 상호 부조적 '감정'에 기반을 두고 있다. 그리고 네이션은 농업 공동체가 그러하듯이 다른 네이션에 대해 배타적이다. 그러나 이렇게 말하는 것은 단지 내셔널리즘을 감정으로부터 설명하는 것이 아니라 교환 관계로부터 설명하는 것이다. 예를 들어 니체는 독일어로 죄의식(Schuld)이 경제적인 부채(Schuld)에서 유래한다고 말하고 있다. 그 경우 이 부채는 사람들이 증여에 대해 지는 부담감이다. 다시 말하면 이런 종류의 감정 밑바탕에는 교환 관계가 숨어 있는 것이다.

물론 국가와 네이션이 정말로 '결혼'하는 것은 부르주아 혁명에서이다. 다시 말하면 자본, 국가, 네이션은 그때에 분리할 수 없는 것으로서 통합된다. 그러므로 근대 국가는 자본=네이션=스테이트(capitalist-nation-state)라고 불려야 한다.[4] 그것들은 상호적으로 보완하고 또 보강하도록 되어 있다. 예를 들어 각각의 사람들이 경제적으로 마음껏 자유롭게 행동하고, 그것이 경제적 불평등과 계급적 대립으로 귀결되면, 그것을 국민(nation)으로서의 상호 부조적인 감정에 의해 그것을 제거하고, 국가에 의해 규제하여 부를 재분배한다고 하는 식이다. 그 경우 자본주의만을 타도하고자 하면, 국가적인 관리를 강화하게 되거나 네이션의 감정에 발이 걸리게 된다. 바로 그렇기 때문에 이러한 자본=네이션=스테이트를 넘어서는 것은 쉽지 않다.

예를 들어 프랑스 혁명에서는 '자유, 평등, 우애'라는 슬로건이 주창되었다. 그 경우 '평등'은 '자유'로서의 평등에 머물 수 없다. 실제로 1791년 국민공회는 평등을 부의 평등이라고 해석하고 그것을 추구했다. 이것은 1893년 '테르미도르 반동'에 의해 끝났지만, 국가에 의한

....

4_ 자본=네이션=스테이트라는 삼위일체는 상호적으로 보완하는 세 개의 교환 형태에 기초한다. 코포라티즘, 복지 국가, 사회 민주주의와 같은 것들은 오히려 그와 같은 삼위일체의 완성이지 그것을 지양하는 것이 아니다. 자본주의 경제의 전 지구화는 그것들을 해체시키지 않는다. 예를 들어 유럽 내부(EU)에서 네이션=스테이트의 틀이 극복되었다고 하더라도 외부에 대해서는 거대한 수퍼스테이트로서 나타날 뿐이다.

부의 재분배라는 생각은 남았다. 나중에 그것은 생시몽주의로서 지배적이게 된다. 한편 '우애'는 프랑스 혁명에서 민족이나 언어를 넘어선 '시민'의 연대를 의미했지만, 나폴레옹 단계에서 그것은 프랑스 국민이라는 의미로 전화해 있었다. 이리하여 '자유·평등·우애'의 이념은 자본=네이션=스테이트로 전화했던 것이다. 그것을 삼위일체의 체계로서 이론적으로 파악한 것이 독일의 철학자 헤겔이다. 헤겔은 한편으로 '욕망의 체계'로서의 시민 사회의 '자유'를 긍정하면서, 그것이 초래하는 부의 불평등을 시정하는 것이 이성적인 국가=관료라고 생각했다. 또한 그는 '자유'와 '평등'의 모순을 넘어서는 것으로서의 '우애'를 네이션에서 찾아내고 있다. 따라서 자본=네이션=스테이트의 삼위일체성을 가장 훌륭하게 보여주는 것이 헤겔의 『법권리의 철학』이다. 사람들은 이로부터 자유주의도, 내셔널리즘도, 복지 국가론도, 슈미트적인 주권자론도 끄집어낼 수가 있으며, 나아가 그것들에 대한 비판까지 끄집어낼 수 있다. 그러므로 자본제=네이션=스테이트를 지양하는 열쇠를 찾아내기 위해서는 새삼스럽게 헤겔의 『법권리의 철학』에 몰두할 필요가 있다.[5]

맑스의 작업은 『법권리의 철학』에 대한 비판으로부터 시작했다. 그러나 그것은 초기 단계에서 끝난 것이 아니다. 어떤 의미에서 그것은

5_ 밥 제숍은 1970년대 이후, 맑스주의자가 국가란 단순한 경제적인 계급 구조의 반영이 아니라 그것 자체의 자율성을 가진다는 것, 그리고 시민 사회의 이해관계들의 조절(Regulation)을 수행한다는 것을 보게 되었다는 점을 지적하고 있다(Bob Jessop, *State Theory*, The Pennsylvania State Unversty Press, 1990). 그러나 이것은 그다지 새로운 생각이라고 할 수 없다. 그것은 헤겔이 강조한 사항에 다름 아니다. 그러므로 우리는 새삼스럽게 헤겔의 『법권리의 철학』과 대결할 필요가 있다. 그렇지 않으면 위의 관점은 결국 사회 민주주의적인 조절로 귀착되고, 자본제=네이션=스테이트를 지양하는 길을 제시하지 못한다.

『자본』에서야말로 달성되었다고 해야 한다. 실제로『자본』에서 맑스는 예전에 부정했던 헤겔의 변증법적 서술에 의해 자본제 경제의 전체를 밝히려고 했던 것이다. 그러나 국가나 네이션에 대한 고찰은 거기에는 없다. 우리가 이루어야 하는 것은 맑스의 초기로 돌아가는 것이 아니라『자본』의 시점으로부터『법권리의 철학』을 재고하는 것이다. 즉 이미 시사했듯이 자본만이 아니라 국가나 네이션을 '경제적'인 구조, 다시 말하면 교환 형태들의 연관으로서 다시 파악하는 것이다. 그때 이 삼위일체의 고리로부터 나가는 출구가 발견된다.

그런데 헤겔이『법권리의 철학』에서 쓰고 있는 것은 이미 완성된 자본제=네이션=스테이트의 상호 연관을 변증법적으로 파악하는 것이지 그것들이 현실에서 어떻게 해서 형성되었는지를 파악하는 것이 아니다. 그러나 어디서 그것이 완성되어 있었는가? 헤겔은 영국을 모델로 생각하고 있었다. 그러므로『법권리의 철학』은 오히려 당시 독일의 상태에 대한 비판일 수도 있었던 것이다. 이 책에 쓰여 있는 것이 영국이나 네덜란드, 프랑스 등의 선진국을 제외한 지역에서 오히려 장래에 실현되어야 할 것이었다는 사실에 주의해야 한다. 오늘날에서조차 그것이 실현되어야 할 과제인 국가들과 민족들이 존재한다. 다시 말하면 자본제=네이션=스테이트의 형성은 결코 쉽지 않은 것이다.

그람시는 혁명 운동을 기동전, 진지전, 지하전이라는 전쟁 형태의 비유로 말했다. 그 경우 기동전이란 정치적 국가와 직접적으로 싸워 권력을 장악하는 것이며, 진지전이란 정치적 국가의 통치 장치 배후에 있는 시민 사회의 헤게모니적인 지배 장치와 싸우는 것이다. 그람시는 러시아 혁명에서 통용되었던 것이 시민 사회가 성숙한 서구에서는 통용되지 않는다는 것을 다음과 같이 지적하고 있다. "동방에서는 국가가 모든 것이고, 시민 사회는 원생적이고 젤라틴(gelatin) 모양이었다. 서방에서는 국가와 시민 사회 사이에 적정한 관계가 있고, 국가가 흔들리면 곧바로 시민 사회의 튼튼한 구조가 모습을 드러냈다. 국가는 제1선 참호에 지나지 않으며, 그 배후에는 요새와 포대의 튼튼한 계열이 있었다."(「진지전과 기동전——트로츠키론」, 『신군주론』) 그러나 이러한 시민 사회의 성숙이란 오히려 자본=네이션=스테이트가 확립되어 있는가 어떤가에서 볼 수 있어야 한다. 이탈리아에서 그람시가 지도한 레닌주의적인 공장 점거 투쟁이 파시스트에 의해 분쇄되었던 것은 후자가 내셔널리즘에 호소했기 때문이다. 한편 러시아에서는 국가, 자본, 네이션이 통합되어 있지 않았다. 요컨대 러시아에서 전쟁은 황제를 위한 것이지 네이션을 위한 것이 아니었기 때문에, 오히려 사회주의 혁명이 내셔널리즘을 환기할 수 있었던 것이다. 또한 대부분의 '사회주의' 나라의 경우, 혁명은 민족 독립 해방 운동과 동일한 것이었다. 거기서 국가 기구나 자본은 식민지 세력과 결탁하고 있었기 때문에, 내셔널리즘을 환기한 것은 사회주의자였다. 하지만 이들 '성공'한 예들은 자본=네이션=스테이트의 삼위일체가 확립된 후에 그것에 어떻게 대항할 것인지를 가르쳐 주지 않는다.

자본주의의 전 지구화 하에서 국민 국가가 소멸할 것이라는 전망이 자주 말해지고 있다. 해외 무역에 의한 상호 의존적인 관계의 그물망이 발달했기 때문에, 이미 한 나라 안에서의 경제 정책이 이전만큼 유효하게 기능하지 않게 된 것은 확실하다. 그러나 스테이트나 네이션이 그것에 의해 소멸하는 일은 없다. 예를 들어 자본주의의 전 지구화(신자유주의)에 의해 각국의 경제가 압박당하면, 국가에 의한 보호(재분배)를 요구하고, 또한 내셔널한 문화적 동일성이나 지역 경제 보호와 같은 것으로 향한다. 자본에 대한 대항이 동시에 국가와 네이션(공동체)에 대한 대항이어야만 하는 이유가 여기에 있다. 자본제=네이션=스테이트는 삼위일체인 까닭에 강력한 것이다. 그 가운데 어느 것인가를 부정하고자 하더라도 결국 이 고리 안으로 회수되어 버릴 수밖에 없다. 그것은 그것들이 단순한 환상이 아니라 각각 다른 '교환' 원리에 뿌리박고 있기 때문이다. 자본제 경제에 대해 생각할 때, 우리는 동시에 그것과는 다른 원리에 서는 것으로서의 네이션이나 스테이트를 고려하지 않으면 안 된다. 다시 말하면 자본에 대한 대항은 동시에 네이션=스테이트에 대한 대항이어야만 하는 것이다. 그런 의미에서 사회 민주주의는 자본주의 경제를 넘어서는 것이 아니라 오히려 자본제=네이션=스테이트가 살아남기 위한 최후의 형태이다.

　자본제 화폐 경제는 자율적인 힘을 가지고 있다. 하지만 그것은 아무리 전체 생산을 뒤덮으려 하더라도 결국 부분적이고 기생적일 수밖에 없다. 그것은 스스로가 만들어낼 수 없는 것, 임의로 처리할 수 없는 '외부'를 가지고 있다. 그것은 즉 토지(넓은 의미의 자연 환경)와 노동력 상품의 담지자인 인간이다. 그리고 바로 거기에 국가와 네이션이 관계하고 있다.[6] 자본제 시장 경제는 인간과 자연의 '재생산'

••••
6_ 토지와 인간의 재생산이란 이를테면 '자연의 생산'이고 자연에 의한 '증여'이다. 반자본주의적인 내셔널리스트가 '피와 대지'를 강조하는 것은 이유가 없는 것이 아니다. 그것들은 자연에 의해 증여된 것이다. '있다'를 '그것이 준다, es gibt'라는 독일어 표현에서 보는 하이데거의 존재론은 케네(François Quesnay, 1694~1774) 이래의 농본주의 사고와 연결되어 있다. 그러나 하이데거는 결코 '숲의 철인'이 아니다. 하이데거가 '국가사회주의노동자당'을 지지한 것은 그것이 산업 자본이 초래한 노동자 문제를 해결할 것이라고 생각했기 때문이다. 나치의 생물학적 인종 이론을 부정한 하이데거의 반유대주의는 반反-상인 자본주의(반反-국제적 금융 자본주의)이어서, 오히려 그의 생각은 고전파의 이론으로 귀착되는 것이다. 다만 그것은 '생산'을 기축에 두는 동시에 그것을 '자연의 생산'과의 융합에서 실현하고자 하는 것이다. 파시즘은 자본주의를 유지한 채로 노동에서

과 관련해 네이션＝스테이트의 개입을 필요 불가결한 것으로 한다. 우노 고조는 노동력 상품을 자본 자신이 만들어낼 수 없다는 점에서 자본제 경제의 '한계'를 찾아내고 있다. 노동력 상품은 단순한 상품이 아니다. 필요하다고 해서 늘릴 수도 없고, 불필요하다고 해서 폐기할 수도 없다. 노동력 상품이 부족할 경우 임금을 상승시켜 이윤율을 저하시킨다. 그러나 그것은 공황·경기 순환을 불가피하게 할 뿐이지 자본주의 경제를 정지시키는 것이 아니다. 자본은 노동력의 과부족을 '산업 예비군'에 의해 처리하고 있다. 국내의 농업이나 중소기업, 또는 발전도상국이 예비지(reserve) 역할을 한다. 선진국 자본은 임금이 올라가면 해외로부터 노동자를 불러들이거나 해외로 생산을 옮긴다. 물론 이것들이 내셔널리즘의 반발을 불러일으킨다 하더라도, 그것이 자본주의를 정지시키는 것은 아니다.

동일한 것이 환경 문제에 대해서도 말해질 수 있다. 자본제 생산은 지금 한 세기도 안 되는 동안 인류가 장기간에 걸쳐 형성하고 유지해 온 농업적인 자연 환경의 재생산(recycle) 시스템을 해체시켜 버렸다. 그 결과 환경오염이 전 지구적인 규모로 생겨났다. 그러나 그것을 테크놀로지나 근대적 '세계관'의 문제로서 보는 것은 일면적인 파악일 뿐이다. 그와 같은 사람들은 맑스를 근대주의자라고 하여 부정한다. 그러나 『자본』의 맑스는 역사를 인간과 자연의 관계, 넓은 의미에서 '환경'의 관점에서 보는 시점을 유지하고 있었다. "자본주의적 생산은

'소외된' 노동자에게 충분한 여가를 주고, 자연 환경에 의한 '본래성'의 회복을 가져오고자 하는 대항 혁명 운동이다. 그것은 전쟁과 필연적으로 결부되어 있는 것이 아니다. 따라서 그것이 역사적으로 취한 특질을 사상한다면, 파시즘은 그렇게 의식되고 있지 않지만 지금도 유력하다고 말하지 않으면 안 된다. 그것은 일부의 생태주의자(ecologist)에 대해서도 말할 수 있다.

그에 의해 대 중심지로 집적되는 도시 인구가 점점 더 우세하게 됨과 동시에, 한편으로는 사회의 역사적 동력을 집적하지만, 다른 한편으로는 인간과 토지 사이의 신진대사를, 즉 인간이 식료와 의료(衣料)의 형태로 소비하는 토양 성분의 토지로의 복귀를, 따라서 영속적인 토지 비옥도의 영구적인 자연 조건을 교란한다. 이리하여 동시에 자본주의적 생산은 도시 노동자의 육체적 건강과 농촌 노동자의 정신생활을 파괴한다.”(『자본』제1권, 제4편 제13장 제10절, 사키사카 옮김, 앞의 책)

그러나 『자본』에서 중요한 것은 공업과 농업의 구별이 아니라 '자본주의적 생산 양식'과 생산 일반의 구별, 또는 '가치'에 의해 조직된 세계와 그렇지 않은 세계의 구별이다. 상품화와 공업화는 연결되어 있기는 하지만 별개의 사항이다. 환경오염과 관련하여 지금까지의 자연을 제패하는 사고방식을 바꾸어 '자연과의 공생'을 도모해야 한다고 말하는 사람들이 있다. 그때 전자본주의적 생산 양식의 사회(농업 공동체)가 바람직한 모델로서 평가된다. 그러나 그것은 선진 산업국 사람들의 낭만파적인 몽상에 지나지 않는다. 현실의 환경오염 피해는 '자연과의 공생'에 있던 발전도상국에서 가장 잔혹하게 나타나고 있기 때문이다.

환경 문제는 그것 자체로 산업 자본주의를 저지하는 힘이 될 수는 없다. 현실적으로 환경오염을 저지하기 위해 가장 유효한 방법은 폐기물 처리의 비용을——예를 들어 탄소세라는 형태로——생산 비용에 포함시키는 일이다. 그것은 지금까지 자유재로 간주되었던 것을 상품으로서 보는 일이다. 예를 들어 애덤 스미스 이래로 공기나 물은 사용 가치는 있지만 교환 가치가 없는 것의 대표적인 예로서 생각되어 왔지만, 이제 그것들은 상품 생산의 대상이 되고 있다. 요컨대 환경 문제는 상품 경제와 사유화의 한층 더한 심화로 귀결된다. 그 결과 환경 위기와 식량 위기는 새로운 제국주의적인 국가들 사이의 대립을 초래할 것이다. 자본과 국가는 외양에는 개의치 않고 존속을 꾀할 것이고, 국민들은 거기에 휘말릴 것이다. 그리고 그것은 '공공적 합의'에 의해 이루어질 것이다. 제1차 세계대전에서 제2인터내셔널의 각국의 사회 민주주의자들이 참전을 지지했던 것처럼 말이다. 우리 앞에 환경오염이 초래하는 비참함은 확실히 다가오고 있다. 그것은 산업 자본이 초래한 것이고, 그것을 억제하지 않는 한 파국은 피할 수 없다. 그러나 그것에 대한 대항이 어려운 것은 우리가 자본=네이션=스테이트 안에 있기 때문이다. 그 회로의 밖으로 나가는 방법이 없는 한 우리에게 희망은 없다. 그리고 그 출구는 여전히 어소시에이션에서밖에 없다.

2. 가능한 코뮤니즘

그래서 중요해지는 것이 제4의 교환 유형, 즉 어소시에이션이다. 프루동에 의해 명확히 된 어소시에이션(연합)의 원리는 나머지 세 가지 교환과는 근본적으로 다르다. 어소시에이션은 윤리적–경제적인 관계의 형태이다. 앞에서 말했듯이 맑스도 1860년대에 코뮤니즘을 '어소시에이션의 어소시에이션'이 자본·국가·공동체를 대체한다는 데서 찾아내고 있었다. 그러나 이와 같은 생각이 급속하게 사라져 간 것은 단지 파리 코뮌의 좌절 때문이 아니며, 하물며 맑스가 바쿠닌파를 제1인터내셔널로부터 쫓아냈기 때문도 아니다. 그것은 1860년대에 독일·아메리카·프랑스 등에서 진행된 중공업 발전의 결과이다. 맑스는 1860년대에 쓰고 있던 『자본』 제3권에서 주식회사와 더불어 경합하는 것으로서 생산 협동조합을 생각하고 있었지만, 그것은 머지 않아 급격히 퇴색해 버렸다. 그러나 그것은 단지 주식회사에 패배했기 때문이 아니다. 영국의 소규모 주식회사도 역시 중공업화 단계에서 국가적인 거대 자본에 기초하는 독일과의 경쟁에서 가라앉고 있었던 것이다. 기본적으로 섬유 산업이 중심이었던 그 이전 단계에서 생산 협동조합은 주식회사에 어느 정도 대항할 수 있었다. 동일한 것을 바쿠닌이 의거한 스위스 시계 직인들의 어소시에이션에 대해서도 말할 수 있다. 그것은 급성장해 온 독일과 아메리카의 기계적 생산 앞에서 어쩔 수 없이 몰락하지 않을 수 없었다.

이후 엥겔스나 독일 사회민주당은 자본의 거대화를 오히려 역설적으로 환영하고, 그것을 국유화하면 곧 사회주의라고 생각하게 되었기 때문에 생산 협동조합을 경시하기 시작했다. 그러나 이것은 산업 자본주의에서의 불가역적인 진행이 아니다. 예를 들어 1990년대 이후 세계 자본주의에서의 '세계 상품'이 내구소비재로부터 정보 산업으로 이행하고 있지만, 그것에 동반하여 국가적인 코포라티즘에 의거한 거대 기업의 해체를 통해 국제적 자본에 의한 독점·과점의 확대가 진행되고 있는 한편, 벤처 기업으로 보이는 것과 같은 중소기업들의 네트워크가 융성하고 있다. 더욱이 후자는 본래 생산 협동조합으로 조직되는 것이 가능한 것이고, 그런 의미에서 현재는 맑스가 영국에서 생산 협동조합을 고찰했던 시기와 유사해졌다고 해도 좋을 것이다. 그러므로 우리는 『자본』을 중공업 이전, 국가 자본주의 이전의 고전으로서가 아니라 역으로 신자유주의(전 지구적인 자본주의) 시대에 되살아나는 텍스트로서 읽어야 하는 것이다.

1848년 이후 가두에서의 대중의 봉기-혁명과 같은 운동은 대륙에서도 과거의 것이 되었다.[7] 영국에서는 더욱더 그렇다. 차티스트 운동[8]은 1848년에 정점을 맞이했다. 1850년대에는 어느 정도 보통 선거가 실현되고, 노동조합은 노동 귀족이라는 말이 생겨날 정도로 정착했다. 현재 우리는 『자본』을 읽을 때 거기서 화려하고 낭만적인 혁명의 예견이 아니라, 맑스가 노동 운동마저 그 안으로 삼켜 버리는 자본제 경제 안에서 그것에 대항할 수 있는 논리를 찾아내고자 했다는 것을 보아야 한다. 특히 주의해야 할 것은 보통 맑스의 '발견'이라고 여겨지는 잉여 가치론이 리카도 좌파의 것이라는 사실, 맑스의 고전 경제학 비판은 그것에 대한 비판을 함의하고 있다는 사실이다. 19세기 전반에 차티스트 운동을 폭발적으로 초래하고, 더 나아가 그 후에 체제 내적인 노동조합주의를 가져온 것은 생산 과정의 중시, 그리고 거기서 잉여 가치의 착취를 찾아내는 이론이다. 영국 자본의 잉여 가치는 아일랜드나 인도 등의 해외 식민지로부터도 얻어지고 있기 때문에, 잉여 가치를 생산 과정에서만 찾아내는 것은 기만적이다. 노동조합의 투쟁은 암묵

....

7_ 청교도 혁명 이래로 부르주아 혁명은 언제나 폭력 혁명이었다. 만약 사회주의 혁명이 폭력적이었다면, 그것은 바로 거기서 부르주아 혁명(봉건적 유제의 일소) 또는 국민 국가의 형성이 아직 이루어지지 않았기 때문이다. 그런 까닭에 지금도 여전히 많은 지역에서 폭력 혁명이 필요한 곳이 있는데, 그것을 부르주아 국가의 이데올로그가 비난하는 것은 부당하며 핵심을 벗어나 있다. 그들은 스스로의 과거를 잊고 있는 것이다. 그렇지만 부르주아 국가(자본과 국가)를 '지양'하는— 단지 그것을 '규제'하는 것이 아니라—것은 이미 폭력 혁명일 수 없다. 그런 의미에서 나는 이와 같은 운동을 혁명 운동이라기보다 대항 운동이라 부르고 싶은 것이다.

8_ [옮긴이] 1830년대에서 1840년대에 걸쳐 일어난 영국 노동자의 정치적 권리, 특히 보통 선거권을 비롯한 참정권의 확대를 목표로 한 운동.

적으로 해외 식민지로부터의 잉여 가치에 대한 분배를 요구하는 것이
된다. 다시 말하면 영국이라는 한 나라의 자본과 노동은 이해관계를
공유하게 된다. 이것은 나중에 크든 작든 다른 선진 자본주의 나라들에
서도 생긴 현상이다. 예를 들어 19세기 말에 베른슈타인은 '사회 민주
주의적' 관점에서 독일 제국의 식민지주의를 긍정하고 있다.

　이러한 노동 운동의 보수화에 대해 그것을 혁명적인 것으로 만들고
자 하는 시도가 반복되었다. 그러나 그것은 변함없이 자본 축적의
비밀을 생산 과정에서만 찾아내는 이론에 기초하고 있다. 그리하여
노동자의 의식을 '외부 주입'에 의해 변혁하는 일이 기도되거나 공장
점거-총파업이 자본제 경제의 숨통을 끊는 것으로 간주되었다. 기본
적으로 이러한 방식들은 실패한다. 왜냐하면 노동자를 생산 지점에서
주체이게끔 하는 것은 기본적으로 어렵기 때문이다. 실제로 총파업이
가능해지는 것은 그것에 의해 국가와 자본을 타도하기 이전에 패전
등의 결과로서 이미 국가와 자본이 일시적으로 마비되어 있는 상태에
서인 것이다. 노동 운동의 혁명화가 실패한 또 하나의 이유는 자본
쪽이 고전파-신고전파적인 사고를 벗어났다는 사실이다. 예를 들어
케인스는 유효 수요를 만들어냄으로써 만성적인 불황(자본주의의 위
기)을 극복할 수 있다고 생각했다. 이것은 단지 국가의 중상주의적
개입이 아니라 사회적 총자본이 국가라는 형태로 등장했다는 것을
의미한다. 맑스가 지적했듯이 자본가는 자신의 노동자에게는 될수록
임금을 지불하고 싶지 않지만, 다른 자본가에 대해서는 그들의 노동자
에게 많이 지불하기를 바란다. 왜냐하면 다른 자본의 노동자는 소비자
로서 나타나기 때문이다. 하지만 모든 자본가가 그렇게 한다면, 불황이
이어지고 실업자가 범람하여 자본주의 체제의 위기가 된다. 그래서
총자본이 개별 자본의 그와 같은 태도를 역전시켰던 것이다. 대량

생산, 고임금, 대량 소비라는 포디즘이 바로 그것이다. 그리고 이것들이 '소비 사회'를 만들어냈다. 여기서 종래의 노동 운동은 자본주의 시스템 안으로 편입되어 탄압받는 것이 아니라 오히려 장려된다. 또한 노동자가 어느 정도 경영에 참가하는 것도 장려된다. 이와 같은 체제에서 노동자의 경제적 투쟁은 소비의 증대–자본의 축적으로서 자본제 경제의 '호순환'을 뒷받침하는 것이 된다. 그 결과 생산 과정에서 자본주의 타도의 계기를 찾아내는 것은 점점 더 불가능해지는 것으로 보인다. 그러나 그것은 본래 불가능한 것이다.

만년의 엥겔스는 독일 사회민주당의 합법화와 약진 후에 의회주의적인 혁명이 가능하다고 생각하게 되었다. 카우츠키(Karl Kautsky, 1854~1938)는 베른슈타인을 '수정주의자'라고 부르며 비난했지만, 베른슈타인이 엥겔스의 저작권 상속인인 것을 보면 이미 엥겔스 안에도 그와 같은 생각이 있었다고 말할 수 없는 것은 아니다. 베른슈타인은 어쨌든지 간에 적어도 카우츠키는 후기 엥겔스의 노선을 계승했다고 해도 틀림이 없다. 그러나 선진국에서 국가에 의한 잉여 가치의 재분배는 암묵적으로 내셔널리즘을 강화한다. 왜냐하면 앞에서 말했듯이 잉여 가치는 단지 국내에서뿐 아니라 국외에서도 얻어지는 것이어서, 그 재분배에 대해서는 자본도 임노동자도 공통의 이해관심을 가지기 때문이다. 제1차 세계대전에서 각국의 사회 민주주의자나 노동자는 전쟁 지지로 돌아서고, 제2인터내셔널은 와해되고 말았다. 따라서 레닌이 카우츠키를 '배교자'로서 비판한 것은 올바르다. 하지만 레닌이 형성한 제3인터내셔널(코민테른)도 머지않아 소연방이라는 국가의 이익에 종속되는 것으로 전락했다. 이것은 꼭 맑스주의자가 '민족' 문제를 경시했기 때문이 아니다. 그것은 그들이 '국가' 문제를 경시했기 때문이다. 애초에 생산 과정에서만 착취를 찾아내고 그것을 국가 권력에 의해 해소하고자 할 때, 그것은 자국의 이익을 추구하는 내셔널리즘을 초래하지 않을 수 없는 것이다.

20세기 말에 베른슈타인의 사고방식이 승리한 것은 분명하다. 그러나 베른슈타인은 그것을 19세기 후반의 영국 사회와 사회주의 운동의 경험으로부터 배웠다. 1850년대 이후 영국에서 노동자 계급은 일정한 풍요로움과 소비 생활을 누리기 시작했다. 그러므로 J. S. 밀(John Stuart Mill, 1806~73)과 같은 사회 민주주의자가 오히려 유력해졌던 것이다. 맑스가 『자본』을 쓴 것은 그와 같은 상황에서이다. 오늘날 일부의 전직 맑스주의자들은 '맑스로부터 밀로 돌아가라'고 말하고 있지만, 그들은 밀의 생각이 지배적으로 되어가는 시대에 맑스가 『자본』을 썼다는 사실을 생각하지 않는다. 이미 '주인과 노예'의 변증법에 따라 생각하는 것은 가능하지 않다. 요컨대 자본제에서의 임노동을 노예나 농노 노동의 변형으로 간주한 데 기초하여 실제의 노동을 담당하는 '노예'의 승리로 끝난다고 한 '변증법'은 통용되지 않는 것이다. 맑스는 자본제 경제와 그 지양의 문제를 그때까지와는 근본적으로 다른 시점에서 생각하고자 했다.

『자본』에서는 서문에 명시되었듯이 자본가와 임노동자가 자본(화폐)과 노동력(상품)이라는 경제적 범주의 '담지자'로서만 발견된다. 대체로 맑스주의자는 언제나 『자본』을 언급함에도 불구하고 실제로는 그것에 대해 불만이다. 거기서 주체적인 실천의 계기를 찾아내기가 어렵기 때문이다. 그러나 그것은 전혀 『자본』의 결함이 아니다. 『자본』은 자본제 경제를 '자연사적 입장', 즉 '이론적' 시점으로부터 바라보는 것이다. 거기서 주체 차원이 나오지 않는 것은 자명하다. 따라서 우노 고조가 『자본』으로부터 말할 수 있는 것은 공황의 필연성이지 혁명의 필연성이 아니며, 혁명은 '실천적' 문제라고 생각한 것은 올바르다. 하지만 이 '실천적'이라는 것은 오히려 칸트적인 의미에서 생각되어야 한다. 요컨대 자본의 운동에 대항하는 운동은 '도덕적'인 것이다. 자본의 운동이 초래하는 착취, 소외, 불평등, 환경 파괴, 여성 차별 등에 대한 대항 운동은 '도덕적'이다. 한편 맑스는 『자본』에서 개개인의 '책임'을 괄호에 넣고 있지만, 그것은 도덕적인 차원을 부정하는 것이 아니다. 사회주의가 도덕적인 것을 계기로 하고 있고, 맑스 자신도 그러했다는 것은 분명하다.[9] 다만 맑스는 '경제적 범주'를 무시하고 생각할 수 있는 도덕적 운동이 좌절하지 않을 수 없다는 점을 지적했던 것이다. 경제적 범주란 말할 것도 없이 화폐와 상품 또는 생산물들을 화폐나 상품이게끔 하는 가치 형태를 말한다.

....

9_ 사회주의는 단지 도덕적일 뿐만 아니라 또한 미적인 태도에서도 시작되고 있다. 이 점은 이미 자본제 생산에서 노동의 기쁨이 상실된 것을 규탄한 러스킨(John Ruskin, 1819~1900)에게서도 보인다. 윌리엄 모리스(William Morris, 1834~96)는 이러한 미학적 측면으로부터 맑스주의에 접근하고, 코뮤니즘을 노동이 예술인 그러한 유토피아로서 보았다. 하지만 여기서 '예술'을 좁은 의미로 생각해서는 안 된다. 어떠한 노동도 그것이 '관심'을 괄호에 넣고 이루어진다면, 놀이이자 예술 활동을 닮아간다. 맑스는 다음과 같이 썼다. "공산주의 사회에서 각 사람은 그것만으로 고정된 어떠한 활동 범위도 갖지 않으며, 어디서나 자기가 좋아하는 분야에서 자신의 기술을 연마할 수 있으며, 사회가 생산 전반을 통제하는 것이다. 그러므로 나는 하고 싶다고 생각하는 대로 오늘은 이 일을, 내일은 저 일을 하고, 아침에는 사냥을 하고, 낮에는 낚시를 하고, 저녁때는 가축을 돌보며, 저녁 식사 후에는 비평을 할 수 있게 되고, 그러면서도 결코 사냥꾼도, 어부도, 목동도, 비평가도 되지 않을 수 있는 것이다."(『독일 이데올로기』, 앞의 책) 그러나 이것이 반드시 비현실적인 이야기인 것은 아니다. 예를 들어 자원봉사자는 경제적 교환 가치로부터 보아서, 또한 정신노동과 육체노동이라는 고래로부터의 가치 서열에서 보아서 하등하고 더럽다고 여겨지는 일을 기쁘게 받아들인다. 하지만 그것은 그들이 그것을 직업으로서 하지는 않기 때문이다. 그것은 많은 노동을 고통이게끔 하는 것이 노동의 성질이 아니라 노동을 단지 교환 가치에 대한 '관심'에 종속시키는 경제에 의한 것이라는 것을 증명하고 있다.

다시 한 번 말하자면 『자본』에서는 주체가 등장할 수 없다. 주체는 관계의 장에 의해 규정되어 있다. 그러나 자본가는 '자본'이라는 장에서는 한에서 능동적이다. 그것은 화폐, 요컨대 '사는 입장'(등가 형태)이 가지는 능동성이다. 한편 노동력 상품을 파는 사람은 수동적일 수밖에 없다. 그러나 여기에 노동자가 유일한 주체로서 나타나는 구조론적인 장이 존재한다. 그것은 자본제 생산에 의한 생산물이 팔리는 장, 요컨대 '소비'의 장이다. 그것은 노동자가 화폐를 가지고서 '사는 입장'에 설 수 있는 유일한 장이다. "자본을 지배(예속) 관계로부터 구별하는 것은 바로 노동자가 소비자 및 교환 가치 정립자로서 자본을 상대하고, 화폐 소유자의 형태, 화폐의 형태로 유통의 단순한 기점— 유통의 무한히 많은 기점들 가운데 하나—이 된다는 것이어서, 여기서는 노동자의 노동자로서의 규정성이 제거되는 것이다."(『맑스 자본론 초고집』 제2권, 1858년 1월, 와타나베 노리마사渡辺憲正 옮김, 大月書店) 자본에게 있어 소비는 잉여 가치가 최종적으로 실현되는 장이며, 소비자의 의지에 종속될 수밖에 없는 유일한 장이다.

신고전파 경제학자는 소비자를 경제 주체의 하나로 간주한다. 하지만 효용을 최대한으로 실현하고자 하는 사람으로서 상정되는 이 주체는 결코 주체적이지 않다. 그것은 '시장 경제'에서의 '수요'의 요소일 뿐이며, 소비나 차이화에 대한 욕망으로 내몰리는 수동적 존재에 지나지 않는다. 또한 '소비자'는 자본가와 독립 생산자를 모두 포함하기 때문에, 그것은 자본-임노동이라는 '관계'를 지워버린다. 소비자로서의 주체성은 자본-임노동의 관계로부터 분리되어 있을 때에는 그저 추상적인 주체일 뿐이다. 그러므로 '소비'라는 장은 맑스주의자에게 있어 이차적이고 기만적인 것으로 비쳐져 왔다. '소비 사회'에 대한 대부분의 비판적 고찰에도 사실은 그와 같은 생각이 숨어 있다. 그러나 산업 자본을 존속시키는 잉여 가치는 원리적으로 총체로서의 노동자가 만든 물건을 그들 자신이 되사는 것에만 존재한다. 생산 과정이 어떠하든 유통 과정에서만 잉여 가치가 실현된다. 그곳은 자본이 판매자로서 '목숨을 건 도약'을 하지 않으면 안 되는 장이다.

판매와 구매, 또는 생산과 소비는 화폐 경제에서 분리되어 있다. 이러한 분리가 노동자와 소비자를 분리시키고, 마치 기업과 소비자가 경제 주체인 것처럼 보이게 만든다. 또한 그것은 노동 운동과 소비자 운동을 분리시킨다. 노동 운동이 형해화함에 따라 소비자 운동은 다양한 형태로 고조되어 왔다. 그것은 환경 보호, 페미니즘, 마이너리티 등의 운동을 포함한다. 일반적으로 그것들은 '시민운동'이라는 형태를 취하며, 노동 운동과의 연결을 갖지 않거나 그에 대해 부정적이다. 그러나 소비자 운동은 사실은 입장을 바꾼 노동자 운동이며, 또한 그런 한에서 중요하다. 역으로 노동 운동은 소비자의 운동인 한에서 그 국지적인 한계를 넘어설 수 있다. 노동력의 재생산으로서의 소비 과정은 육아·교육·오락·지역 활동을 포함해서 광범위한 영역에 미치기 때문이다. 그리고 현재의 맑스주의자는 이러한 재생산 과정에 대한 중시를 그람시의 선구적 고찰로부터 얻고 있다. 그러나 내가 유통 과정을 중시하는 것은 그것과는 다른 의미에서이다. 그람시는 공장 점거 투쟁에 실패하고서 옥중에 있었을 때, 그 실패의 원인이 노동력의 재생산 과정에서의 자본과 국가의 지배에 있다고 생각하고, 가정, 학교, 교회 등과 같은 문화적 헤게모니와의 투쟁을 중시했다. 이것이 맑스주의의 '문화론적 회귀'(프레더릭 제임슨)의 계기가 된다. 그러나 이 생각은 근본적으로 생산 과정을 중심으로 하는 것이고, 문화적·이데올로기적 장치를 비판함으로써 노동자를 '물상화'로부터 일깨우고자 하는 것이다. 따라서 재생산 과정의 중시는 생산 과정

중시의 연장일 뿐이다.[10]

그러나 내 생각으로는 노동력의 재생산 과정이란 자본이 그 운동을 완결하기 위해 통과하지 않으면 안 되는 유통 과정에 다름 아니다. 확실히『자본』에서 노동자의 소비는 노동력 재생산을 위한 수동적인 과정이고, 자본 운동의 단순한 여건에 지나지 않는 것으로 간주되고 있다. 그러나 맑스는『자본』에서 가치 또는 잉여 가치가 유통 과정에서만 최종적으로 실현된다는 것을 강조한다. 그러므로 이 장에서 노동자가 주체가 되는 계기가 존재하는 것이다.『자본』을 고전파로부터 구별하는 것은 사용 가치의 중시, 그리고 유통 과정의 중시였다. 그것

• • • •

10_ 그렇지만 여기서 그람시와 관련해 한마디 해둘 필요가 있다. 그람시는 '기동전'으로부터 '진지전'에로의 이행이 이미 19세기 후반에 있었다고 하고 있다. "이 점에서 유럽에서는 1848년 이후에 생겨나고, 일부 다른 사람들은 그것을 이해한 데 반해, 마치니(Giuseppe Mazzini, 1805~72)나 그 일파는 이해하지 못했던 것, 즉 '기동전'으로부터 '진지전'에로의 정치 투쟁의 이행이라는 문제 — 마찬가지의 이행이 1871년 이후, 그 밖의 경우에도 생겨난다 — 를 고찰해야만 한다는 것은 분명하다."(『신군주론』, 『수동적 혁명의 개념』, 앞의 책) 하지만 이 진지전은 단지 문화적 헤게모니에 대한 투쟁을 의미하는 것일 수 없다. 여기서 아주 흥미로운 것은 그람시가 마하트마 간디의 소극적 투쟁을 높이 평가하고 그것을 '진지전'이라고 부른다는 점이다. "간디의 소극적 저항은 어떤 시점에서는 운동전이 되고, 또한 어떤 시점에서는 지하전이 되기도 하는 진지전이다. 보이콧은 진지전이고, 파업은 운동전이며, 무기와 전투원의 내밀한 준비는 지하전이다." (같은 책) 내가 이해하기에 이것은 1848년 혁명 이후 '기동전'으로부터 '진지전'에로의 이행이 있었다고 하는 지적을 겹쳐서 보면, 노동자 계급의 투쟁이 이미 『자본』이 쓰인 19세기 후반에 보이콧, 요컨대 유통 과정 중심으로 이행했다는 것, 그럼에도 불구하고 많은 사람들이 그것을 이해하지 못했다는 것을 시사한다. 기동전으로부터 진지전에로의 이행은 다른 어디서보다도 영국에서 리카도 좌파에 기초하는 차티스트 운동이 끝난 시점에 현저하게 나타나고 있었다. 이 점에서 나의 시도는『자본』을 이를테면 '진지전'을 위한 논리를 제공하는 것으로서 읽는 것이라고 해도 좋을 것이다.

이 가치 형태론에서 나타난다. 그럼에도 불구하고 고전파의 사고가 맑스주의자들 사이에 강하게 살아남아 있다. 물론 그것은 맑스주의자들만이 아니다. 아나키스트(아나르코-생디칼리스트anarcho-syndicalist)도 마찬가지다. 결국 그들은 모두 다 맑스에 의한 고전 경제학 비판의 의미, 요컨대『자본』의 의미를 이해하지 못하는 것이다.

생산 과정에서 프롤레타리아가 자립적인 주체가 된다는 맑스주의의 통념을 부정한 것은 안토니오 네그리이다. 그는『자본』으로부터『정치경제학 비판 요강』으로 돌아가 거기서 프롤레타리아트의 주체성의 계기를 발견하고자 했다. 내 표현으로 하자면, 그것은 유통 과정에서 노동자가 '사는 입장'에 선다는 것이다. 그것은 바로 노동자가 소비자로서 주체가 된다는 것이다. 생산과 소비의 '분리'는 자본을 성립시키지만, 그것이 또한 자본의 운동을 정지시키는 계기가 된다. 하지만 내가 보기에 네그리는『자본』을 잘못 읽고 있다. 요컨대 잉여 가치가 생산 과정에서만 존재한다는 통념을 따르고 있는 것이다. "잉여 가치 이론은 경제 이론에 착취의 사실을 도입하고, 유통에 대한 맑스적인 이론은 거기에 계급투쟁을 도입한다."(Marx beyond Marx, Autonomedia, 1989. 일역『맑스를 넘어선 맑스マルクスを超えるマルクス』시미즈 가즈미淸水和巳 외 옮김, 作品社) 우리는 오히려 바로『자본』의 가치 형태에서 '계급투쟁'의 계기를 찾아내야만 한다.

생산 과정을 중시하는 사람들은 거기에서의 투쟁이 자본의 축적 운동을 종식시킬 것이라고 생각했다. 그러나 자본제 경제에서 생산 과정이란 자본에 팔린 노동력 상품(임노동자)이 구체적으로 노동하는 장이다. 거기서의 투쟁은 기본적으로 교환 계약의 조건을 바꾸는 투쟁에 다름 아니다. 맑스가 말하듯이 노동조합 운동은 경제적 투쟁에 머문다. 그러나 노동조합 운동은 근본적으로 경제적 투쟁일 수밖에 없으며, 또한 그렇다고 해서 존재 가치를 폄하해서도 안 된다. 그것은 임금·노동일의 단축·노동 조건을 개선하는 데 공헌해 왔다. 이제 그것은 자본제 경제의 여건이다. 그런 까닭에 케인스는 과장되게도 '임금의 하방경직성'이라는 '법칙'을 강조했던 것이다. 그러나 잉여 가치=자본의 축적은 생산 과정에서만이 아니라 유통(소비) 과정에서 비로소 실현된다. 그러므로 유통 과정에서야말로 노동자의 자본에 대한 대항 운동의 거점이 발견되는 것이다.

잉여 가치는 생산 과정만으로는 실현되지 않는다는 것에 더하여, 다음의 것을 지적해 두지 않으면 안 된다. 그것은 잉여 가치는 '사회적' 총자본으로서만 실현된다는 점이다. 이것은 잉여 가치가 전 지구적으로만 실현되는 이상, 그것을 철폐하는 운동이 초국가적(transnational)이지 않으면 안 된다는 것을 의미한다. 개별적인 기업이나 개별적인 한 나라 안의 총자본에 대한 투쟁은 단지 자본제 경제의 일환에 지나지 않게 된다. 노동자는 기업이나 국가 사이에서 서로 분단되어 있다. 그들의 이해관계는 개별 자본의 이해관계와 분리될 수 없으며, 또한 국가들의 이해관계와 분리될 수도 없다. 확실히 선진국의 노동자나 농민은 착취당하고 있지만, 동시에 그들은 국가(총자본)에 의한 다양한 재분배를 받고 있으며, 그 재분배를 통해 다른 나라의 노동자·농민을 '착취'하고 있는 것이다. 생산 과정을 고집하는 한, 노동자 운동은 국가로 분단되고, 또한 더욱 강력한 국가 권력에 의한 통제를 지향하는 것으로 끝나지 않을 수 없다. 그러나 자본의 운동이 전 지구적으로 '사회적 관계들'을 조직할 때, 그것에 따르면서도 역전하는 계기는 그것 자체 안에, 요컨대 유통 과정에 포함되어 있다.

『자본』에서 노동자가 주체적으로 되는 계기는 상품-화폐라는 범주에서 노동자가 위치하는 장이 변경될 때 찾아진다. 즉 자본이 결코 처리할 수 없는 '타자'로서의 노동자는 소비자로서 나타나는 것이다. 그런 까닭에 자본에 대한 대항 운동은 초국가적인 소비자=노동자 운동으로서 이루어질 수밖에 없다. 예를 들어 환경 문제나 마이너리티 문제를 포함하여 소비자 운동은 '도덕적'이다. 하지만 그것이 일정한 성공을 거두어 왔던 것은 자본에게 있어 불매 운동이 두렵기 때문이다. 다시 말하면 도덕적인 운동이 성공하는 것은 단지 도덕성의 힘에 의해서가 아니라 상품과 화폐라는 비대칭적인 관계 자체에 의해 뒷받침되는 것에 의해서이다. 자본의 운동에 대항하기 위해서는 노동 운동과 소비자 운동의 결합이 모색되지 않으면 안 된다. 더욱이 그것은 현존하는 단순한 정치적 연대와는 달리 그것 자체가 새로운 형태의 운동이어야만 한다.

고전파 경제학을 이어받은 맑스주의자는 생산 지점에서의 노동 운동을 우선시하고, 그것 이외의 것을 부차적·종속적인 것으로 간주해 왔다. 그것은 동시에 다음과 같은 것을 의미한다. 생산 과정 중심주의에는 남성 중심주의가 내포되어 있다. 사실상 노동 운동은 남성이, 소비자 운동은 여성이 중심이 되어 왔는데, 그것은 산업 자본주의와 근대 국가가 강제하는 남녀의 분업에 기초하고 있다. 고전파 경제학의 생산 과정 중심주의는 '가치 생산적' 노동을 중시하는 것이기 때문에, 그것은 가사 노동 등의 '생산'을 비생산적이라고 간주하게 된다. 이것은 산업 자본주의와 함께 시작되는 차별이며, 그것이 젠더화되었던 것이다. 따라서 이에 대항하지 않는 '남성적=혁명적' 운동은 참으로 국가와 자본에 대한 대항 운동일 수 없다.

한편 선진 자본주의 나라에서는 그와 같은 노동 운동과 권력 지향에 대한 반발로부터 '시민운동'이 중심이 되고 있다. 거기서는 여성이나 다양한 마이너리티 문제, 그리고 환경 문제가 추구되고 있다. 그것은 어떤 의미에서 유통 과정 중심의 운동이라고 해도 좋다. 일반적으로 소비자 운동은 신고전파의 '소비자 주권'——'소비자는 왕이다'라는 ——이론에 뿌리박고 있다. 그것은 자본제 경제를 소비자의 수요를 기업이 어떻게 충족시킬까 하는 데서 보는 '시장 경제'의 이론이다. 하지만 '소비자'란 애초에 어떤 사람일까? 그것은 노동자 이외의 어떤 사람도 아니다. 시민=소비자로부터 출발하는 것은 생산 관계를 사상해 버리는 일이며, 그것은 또한 해외 노동자와의 '관계'를 사상하는 일이다. 사람들이 생산 과정과 유통 과정으로 분리되어 있는 한, 자본의 축적 운동과 자본주의적인 생산 관계에 저항하는 것은 가능하지 않다. 따라서 자본과 국가에 대한 대항 운동은 단순한 노동자 혹은 소비자 운동이 아니라 초국가적인 '소비자로서의 노동자' 운동이어야만 한다.

일찍이 발전도상국은 '제3세계'라고 불렸다. 그것은 냉전 시대의 세계 정치-경제 시스템에 기초한 것이다. 그 배경에는 발전도상국을 차례차례로 세계 시장으로부터 이탈시켜 그들을 사회주의 진영에 집어넣게 된다면 세계 자본주의가 붕괴된다는 맑스주의자의 전략이 있으며, 또한 그것을 저지하고자 하는 선진 자본주의 국가의 전략이 있었다. 1989년에 전자의 전략은 붕괴했다. 이리하여 자본주의의 전 지구화가 일어났던 것이다. 이미 발전도상국 측에 그들을 '제3세계'로서 통합하는 이념은 없으며, 또한 실제로 그들의 경제 발전 단계에서 여러 갈래로 나뉘어 있다. 그러나 대부분의 발전도상국에서는 압도적인 국제 자본과 그것에 종속된 자본이나 토지 소유 하에서 전통적인 제1차 산업이 붕괴되고, 극단적인 궁핍화가 강요되고 있다. 그와 같은 상태는 자본주의적 세계 시장에 의해 산출된 것이며, 앞으로도 재생산될 것이다. 그럼에도 불구하고 세계 시장으로부터 자기를 격리하여 국가주의적으로 경제를 발전시키는 그러한 가능성은 이제 없다. 그러면 이제 대항할 방법이 없는 것일까? 하나의 방법은 나중에 말하게 되듯이 대체 통화(alternative currency)에 기초한 유통이나 금융 시스템을 구축하고, 그에 토대하여 생산-소비 협동조합을 조직해 나가는 것, 그리고 그것을 선진국의 생산-소비 협동조합과 연결해 나가는 것이다. 그것은 비자본주의적인 교역이고, 또한 국가를 매개로 하지 않는 네트워크에 의한 교역이다. 선진 자본주의 나라에서의 자본주의=네이션=스테이트에 대한 대항 운동은 한 나라의 범위로 한정될 수 없다. 그것은 발전도상국을 무시하고서는 성립하지 않는다. 실제로 지구 온난화를 비롯한 환경 악화가 진행되고 있을 때, 그것이 전 지구적인 운동이어야만 한다는 것은 명백하다.

현재 노동 운동이 쇠퇴하고 소비자 운동이 중심이 되고 있다. 이러한 변화는 언뜻 보아 '코페르니쿠스적 전회'처럼 보인다. 그러나 앞에서(제1부 제1장) 말했듯이 지동설은 고대 그리스 시대부터 있었다. 코페르니쿠스적 전회는 단지 그것을 다시 제창한 것에 있는 것이 아니다. 코페르니쿠스가 가져온 것은 그때까지 프톨레마이오스 이래의 천동설에 따라붙는 천체의 회전 운동의 어긋남이 지구가 태양의 주위를 회전한다고 보는 경우에 해소된다는 생각이다. 그것은 지구나 태양을 경험적으로 관찰되는 것과는 별도로 어떤 관계 구조의 항으로서 파악하는 것이다. 그것은 지동설에 의한 역전 이상으로 중요한 사항이다. 마찬가지의 것이 '소비자로서의 노동자' 운동에 대해서도 말해질 수 있다. 소비자나 보이콧 운동은 이전부터 존재했다. 그러나 그것이 중요한 의미를 지니는 것은 자본의 운동(G-W-G´) 또는 변태(metamorphose)를 가치 형식에서의 장소 변환(transposition)으로서 볼 때이다. 그와 같은 이론적 성찰이 없는 한, 소비자 운동이나 시민운동은 기껏해야 사회 민주주의로 수렴되지 않을 수 없다.

따라서 '소비자로서의 노동자' 운동이 중요한 것은 단지 노동 운동이 쇠퇴했기 때문이 아니다. 이미 말했듯이 자본에 의한 잉여 가치의 착취는 블랙박스에 있고, 그것을 명시하는 것은 가능하지 않다. 그렇다면 그것에 대한 대항도 역시 블랙박스에서 이루어지지 않으면 안 된다. 이 원리는 현재나 미래에서만이 아니라 과거와 관련해서도 타당하다. 이미 말했듯이 19세기 말에 베른슈타인이나 카우츠키의 의회주의에 맞서 로자 룩셈부르크(Rosa Luxemburg, 1871~1919)나 레닌이 노동자의 정치적 총파업(general strike)을 중심으로 하는 전술을 주창했다. 아나르코-생디칼리스트도 마찬가지다. 그러나 그것들은 모두 제국주의 전쟁을 저지하는 것조차 할 수 없었다. 하지만 '만약'이라는 것이 허용된다면, 이때 정치적 총파업과 봉기 대신에 노동자가 평소대로 일하고 또한 자본제의 생산물——어떤 나라의 것이든——을 사지 않는 운동을 했다면 어떠했을까? 이러한 이를테면 총보이콧(general boycott)이 제2인터내셔널 하에서 각국에서 동시에 행해졌다면, 자본이나 국가는 어찌할 도리가 없었을 것이다. 겨우 10퍼센트의 보이콧만으로도 자본에게는 치명적이다. 자본이나 국가는 노동자의 총파업이나 무장 봉기를 억제할 수 있지만, 불매不賣-불매不買 운동을 억제할 수는 결코 없는 것이다. 그것이 바로 '비폭력' 대항이다. 이것을 위해서는 '희생을 두려워하지 않는 강고한 계급의식' 따위는 필요하지 않다. 애초에 타인에게 희생을 요구하는 정치 조직은 그 자체가 (국가적) 권력인 것이다. 요컨대 1848년 이후의 사회주의 운동을 총괄할 때, 우리는 그 오류가 자본제 경제와 국가에 대한 몰이해에 있었다고 결론지을 수 있다. 그 경험에 입각하는 것에 의해서만 새로운 초국가적인 어소시에이셔니스트 운동이 가능해질 것이다.

자본의 자기 증식 운동은 어떠한 위기를 수반하더라도 자동적으로 그치는 일이 없다. 그것을 그치게 하는 것은 윤리적인 개입뿐이다. 그러나 그것은 단지 윤리를 이야기하는 것이 아니다. 그와 같은 윤리적 주체가 성립할 수 있는 장에서밖에 개입은 있을 수 없다. 그리고 그 개입은 국가에 의한 규제를 요구하는 것일 수 없다. 그러면 어디서 어떠한 개입이 가능한 것일까? 되풀이 하지만, 자본의 운동 G-W-G′에서 자본이 만나는 두 개의 위기적 계기가 있다. 그것은 노동력 상품을 사는 것과 노동자에게 생산물을 파는 것이다. 만약 이 가운데 어느 것인가에서 실패하게 되면 자본은 잉여 가치를 획득할 수 없으며, 다시 말하면 자본일 수 없다. 노동자는 여기서 자본에 대항할 수 있다. 하나는 안토니오 네그리가 말하듯이 '일하지 말라'는 것이다. 물론 그것은 '노동력을 팔지 말라'(자본제 하에서 임노동을 하지 말라)는 것이 아니라면 의미를 이루지 못한다. 또 하나는 '자본제 생산물을 사지 말라'는 것이다. 그것들은 노동자가 '주체'가 될 수 있는 장에서 이루어진다. 그렇지만 노동자=소비자에게 있어 '일하지 않는 것'과 '사지 않는 것'을 가능하게 하기 위해서는 동시에 일하며 살 수 있는 대안이 있어야만 한다. 그것이야말로 생산-소비 협동조합이다. 이 '자유롭고 평등한 생산자들의 어소시에이션'(맑스)에는 임노동(노동력 상품)은 없다. 역으로 말하면, 노동력 상품의 지양은 생산-소비 협동조합에 의해서만 가능하다.

　하지만 맑스가 지적했듯이 협동조합은 자본제 경제 안에서는 경쟁에 노출되어 해체되든가 아니면 주식회사로 전화해 버린다. 그 때문에 라살레처럼 국가에 의해 그것을 보호하는 것이 제창되었던 것이다. 물론 맑스는 그와 같은 생각(고타 강령)에 반대했다. 그러나 맑스는 협동조합을 어떻게 확대할 것인가에 대해 아무것도 말하지 않는다.

내 생각에 협동조합의 어소시에이션을 확대하기 위해서는 자본으로 전화하지 않는 대안 통화, 그리고 그것에 기초하는 지불 결제 시스템이나 자금 조달 시스템이 필요 불가결하다. 맑스는 프루동의 대안 통화를 비판했다. 그 때문에 맑스주의자들 사이에서는 대안 통화에 대해 생각된 적이 없다. 맑스 자신은 『고타 강령 비판』에서 협동조합에 의해 조직된 사회에서는 화폐가 필요하지 않다고 생각하고 있는 것으로 보인다. '자본주의 사회로부터 막 생겨났을 뿐인 공산주의 사회'에 대해 그는 다음과 같이 말하고 있다.

> 생산 수단들의 공유에 기초한 협동조합적인 사회 내부에서 생산자들은 그들의 생산물을 교환하지 않는다. 마찬가지로 이 사회에서는 생산물에 대해 소비된 노동이 이들 생산물들의 가치로서, 즉 그 생산물들이 지니는 하나의 대상적 속성으로서 나타나는 것도 아니다. 왜냐하면 이 사회에서는 자본주의 사회와는 반대로 개인적인 노동이 이미 간접적으로가 아니라 직접적으로 총노동의 구성 부분들로서 존재하기 때문이다. …… 개개의 생산자는…… 이러이러한 노동을 급부했다는 증서를 사회로부터 수취하며, 이 증서를 가지고서 사회적으로 비축된 소비 수단들 가운데서 그것과 정확히 같은 양의 노동이 소비되어 있는 소비 수단을 끌어낸다. 개개의 생산자는 어떤 형태로 사회에 제공한 것과 동일한 노동량을 다른 형태로 되찾는 것이다. (『고타 강령 비판ゴータ綱領批判』, 모치즈키 기요시望月清司 옮김, 岩波文庫)

여기서 말하고 있는 '노동 증서'는 오언이나 프루동의 노동 화폐와는 다르다. 맑스는 협동조합적인 사회에서는 하나의 공장 내의 분업과 마찬가지로 조직되기 때문에, 시장처럼 미지의 타자와의 사이에서 이루어지는 '교환'을 하지 않는다고 생각하고 있는 듯하다. 레닌이 이로부터 사회주의를, 사회를 하나의 공장처럼 만드는 것이라고 생각하기에 이르렀다 하더라도 무리는 아니다. 그러나 협동조합적인 어소시에이션이 자본 또는 국가에 의해 통제되는 조직과 결정적으로 다른 점은 전자에서는 각각의 어소시에이션이 협동하면서도 독립해 있다는 것이다. 요컨대 그것들은 결코 '공장'이 되어서는 안 되는 것이다. 그런 까닭에 자본제 안에서 협동조합을 기르고 자본제 기업을 협동조합적으로 다시 짜 가기 위해서는 모종의 대안 통화가 필요 불가결한 것이다. 그리고 협동조합적인 사회가 형성된 후에도 그와 같은 대안 통화가 불가결하다.

그와 같은 대안 통화를 생각하기 위해서 우리는 맑스가 가치 형태론에서 보여준 것과 같은 화폐의 독자적인 위상을 보아야 한다. 화폐는 단지 가치를 표시하는 것이 아니라 그것에 의한 교환을 통해 모든 생산물의 가치 관계를 조정하는 것이다. 따라서 화폐는 모든 상품의 관계 체계의 체계성으로서, 즉 초월론적 통각 X로서 존재한다. 화폐는 가상이라 하더라도 이를테면 초월론적 가상이다. 그것을 단적으로 부정하더라도 다른 형태로 반드시 남는 것이다. 시장 경제에서는 화폐가 실체화되어 버린다. 즉 화폐의 페티시즘, 그리고 화폐의 자기 증식으로서의 자본 운동이 생겨난다. 아니 그보다 부르주아 경제학자는 그것이 자본 운동의 산물이라는 것을 은폐한 데 기초하여 시장 경제의 우월성을 논하고 있는 것이다. 그럼에도 불구하고 자본으로 전화한다고 해서 이러한 화폐에 의한 시장 경제를 폐지해 버리면, 밑천마저 없어지고 만다. 그렇다고 해서 시장 경제를 인정하면서 그것을 국가에 의해 제어해 가고자 하는 사회 민주주의에는 자본과 국가를 지양한다고 하는 전망 같은 것은 전혀 존재하지 않는다. 그들은 화폐를 '중립화'하지만, 그것을 지양하는 것을 결코 생각하지 않는 것이다.

『자본』의 인식으로부터 생겨나는 것은 다음과 같은 이율배반이다. '화폐가 없으면 안 된다'와 '화폐가 있어서는 안 된다'는 것이다. 화폐를 '지양'한다는 것은 이를테면 이 두 가지 요구를 충족시키는 화폐를 만들어내는 일이다. 맑스는 그에 관해 아무것도 말하지 않는다. 확실히 맑스는 프루동의 노동 화폐나 교환 은행을 비판했다. 그러나 그것은 프루동이 노동가치설에 기초하여 노동 시간을 화폐로 하고자 했기 때문이다. 거기에 근본적인 무지가 있었다. 노동 가치는 화폐에 의한 교환을 통해 사후적으로 사회적으로 규제된다. 즉 가치 실체로서의 사회적 노동 시간은 화폐를 통해 형성되는 것이지, 그것이 화폐를 대신하는 일은 있을 수 없는 것이다. 그러므로 노동 화폐는 암묵적으로 시장 가격에 의거하며, 만일 그것을 인위적으로 규제하고자 하면 시장 가격과의 차액 부분만큼 화폐와 교환되어 버린다. 하지만 이와 같은 어려움으로 인해 대안 통화가 모두 배척되어 버리는 것은 아니다. 우리는 『자본』의 고찰에 입각하면서 자본으로 전화하지 않는 화폐를 생각할 수 있다. '화폐가 있어서는 안 된다'와 '화폐가 없으면 안 된다'라는 이율배반을 염두에 두고서 보면, 내게 있어 가장 흥미롭게 생각되는 것은 마이클 린턴(Michael Linton)이 1982년에 고안한 LETS(Local Exchange Trading System, 지역교환거래제도)이다.[11]

. . . .

11_ 프루동에 의한 무상 신용과 교환 은행 이래로 대안 화폐의 시도는 많이 있다. 그것은 사회주의자에 의한 것뿐만이 아니다. 예를 들어 1930년대 대불황 속에서 다양한 지역 통화가 시도되었다──그 대표적인 것으로서 실비오 게젤(Silvio Gesell, 1862~1930)이 구상한 '스탬프 통화'(마이너스 이자의 화폐)가 있다. 그러

나 '화폐가 있어서는 안 된다'와 '화폐가 없으면 안 된다'라는 이율배반을 염두에 두고서 보면, 내게 있어 가장 흥미롭게 생각되는 것은 마이클 린턴(Michael Linton)이 1982년에 고안한 LETS(Local Exchange Trading System, 지역교환거래 제도)이다. LETS는 참가자가 자신의 계좌를 가지고서 자신이 제공할 수 있는 재화나 서비스를 목록에 올려 자발적으로 교환을 행하고, 그 결과가 계좌에 기록되는 다각 결제 시스템이다. LETS 통화는 중앙은행에서 발행되는 현금과는 달리, 재화나 서비스를 제공받는 사람이 그때마다 새롭게 발행하게 되어 있다. 그리고 모든 참가자의 흑자와 적자를 합계하면 제로가 되도록 되어 있다. 이 시스템은 앞으로 기술적으로 발전시켜야 할 여지가 있긴 하더라도 그 기본적인 개념 안에 화폐의 이율배반을 해결할 열쇠가 포함되어 있다.

LETS의 특징은 공동체에서의 호수적 교환 및 자본주의적 상품 경제와 비교하면 확실해진다. LETS는 한편으로 공동체에서의 호수제와 유사하지만, 서로 모르는 사람들 사이에서 광범위하게 교환이 이루어지는 까닭에 시장적이라는 점에서 다르다. 다른 한편으로 자본제 시장 경제와 달리 LETS에서 화폐는 자본으로 전화하지 않는다. 그것은 단지 무이자이기 때문이 아니다. 전체로서 제로섬 원리(집계적 수지 상쇄 원리)에 기초하고 있기 때문이다. 교환이 활발하게 이루어지고 있음에도 불구하고 결과적으로 화폐는 존재하지 않게 된다. 따라서 여기서는 '화폐는 존재한다'와 동시에 '화폐는 존재하지 않는다'라는 이율배반이 해결되어 있다. 맑스의 가치 형태론에서 말하자면, LETS 통화는 일반적 등가물이지만, 그것은 모든 재화나 서비스를 관계지울 뿐 그것 자신이 자립하지는 않는다. 즉 화폐의 페티시즘이 생겨나지 않는 것이다. '교환 가능성'으로서의 화폐를 부지런히 모아두는 것에 의미가 없으며, 적자가 늘어나는 것에 겁먹을 필요도 없다. LETS 통화를 통해 재화나 서비스의 가치 관계의 체계가 완성되지만, 그것들이 '통약 가능한' 것이 되지는 않는다. 따라서 그것들에 '공통의 본질'로서의 노동 가치가 사후적으로 성립하지 않는다.

이것은 맑스의 『고타 강령 비판』에서의 코뮤니즘을 생각하는 데서 시사적이다. 맑스에 따르면 '자본제 사회로부터 막 태어났을 뿐인 코뮤니즘' 단계에서는 이를테면 '각 사람이 그 노동에 따라 받는' 데 반해, 성숙한 코뮤니즘 단계에서는 '각 사람이 능력에 따라 일하고 필요에 따라 받는' 것으로 된다. 일반적으로 맑스주의에서는 초기의 과도적 단계가 사회주의로 여겨지고, 생산력이 발전하면 코뮤니즘에 이른다고 간주되고 있다. 그러나 안토니오 네그리는 그와 같은 생각에 반대한다(Communist Like Us, Autonomedia, 1990의 「후기」). 사회주의란 자본주의의 하나의 형태이며, 그로부터 코뮤니즘으로 이행하는 일은 결코 없다

이와 같이 비자본제적인 생산-소비 협동조합이나 대안 통화가 존재하는 것이 자본제 경제 내측에서의 투쟁——노동력을 팔지 않고 자본제 생산물을 사지 않는 운동——을 떠받친다. 그와 동시에 그것은 자본제 기업을 생산 협동조합으로 바꾸어 가는 것을 촉진할 것이다.

••••

고 생각하는 것이다. 나는 이 생각에 동의한다. 처음부터 사회주의가 아니라 코뮤니즘이 지향되지 않으면 안 된다. 그러나 그 전망에 관해 네그리가 말하는 것은 불명확하다. 내 생각에 LETS에서 그 열쇠가 발견된다. 그것은 노동 가치 자체를 폐기하는 것이며, 거기서는 '각 사람이 필요에 따라 받는' 것이다. LETS와 같은 경제 시스템을 기반으로 하는 것에 의해서만 코뮤니즘에 대한 전망이 열린다.

또한 중요한 것은 LETS가 프루동의 '연합의 원리'와 합치한다는 점이다. 그것은 단지 경제적이 아니라 윤리적인 어소시에이션이다. 공동체에서의 호수제가 공동체로의 귀속을 강제하고, 또한 시장 경제가 화폐의 공동체(국가)에의 참가를 강제하는 데 반해, LETS에서의 사회 계약은 프루동이 말한 '연합'과 동일한 것이다. 즉 개인들은 언제라도 그것을 그만둘 수 있으며, 복수의 LETS에 소속될 수도 있다. 국가에 의한 단일한 통화와 달리 LETS는 복수적이며, 다종다양체로서 존재한다. 더욱이 중요한 것은 다른 지역 통화와 달리, LETS에서는 각 사람이 (단지 계좌에 기록할 뿐이지만) 통화를 발행할 권리를 갖는다는 점이다. 국가 주권의 하나가 화폐 발행권에 있다고 한다면, 이것은 입에 발린 인민 주권이 아니라 각 사람을 진정으로 주권자이게끔 하는 것이다. 그리고 이것은 LETS가 단순한 지역 통화가 아니라는 것, 또는 단순한 경제적 문제가 아니라는 것을 의미한다.

그럼에도 불구하고 LETS는 커다란 어려움을 지니고 있다. 그것은 작은 공동체의 범위를 벗어날 수 없다는 점이다. 그것은 현재의 화폐 경제에 대항할 정도의 규모로 유통될 것을 기대할 수 없다. 기껏해야 자본제 경제에 있어 보완적인 역할을 하는 데 머물 것이다. 새로운 대안 화폐에 있어 필요한 것은 그것이 자본으로 전화하지 않는 그러한 시스템을 가지는 것뿐만 아니라 그것이 광범위하게 유통될 근거를 가지는 것이다. 따라서 나는 현행 화폐와 연결되어 오히려 그것에 기생하는 형태로 서서히 그것을 침식해 가는 그러한 대안 화폐를 생각하고 있다. 그것은 암인 자본제 경제에 대한 대항 암인 대항 운동에게 어울리는 것으로 생각된다.

이와 같은 자본과 국가에 대한 내재적인 동시에 초출적인 대항 운동은 유통 과정, 즉 노동자가 소비자로서 나타나는 장(position)에서 가능하다. 거기서만 개개인이 '주체'가 되는 계기가 존재하기 때문이다. 어소시에이션이란 어디까지나 개개인의 주체성에 기초하는 것이지만, 그것은 이렇게 유통 과정을 축으로 하는 것이 아니고서는 불가능하다.

자본주의적 시장 경제의 사멸은 시장 경제의 사멸이 아니다. 또한 정치적 국가의 사멸은 '무정부적' 상태를 의미하는 것이 아니다. 그와 관련해서 아주 흥미로운 것은 칼 슈미트의 의견이다. 국가 또는 정치적인 차원의 자립성을 강조한 슈미트는 국제적인 연합이 국가를 해소시키는 일은 결코 없다고 한다. 그것은 한 나라 또는 몇 나라의 패권적 지배로 귀결될 뿐이다. 그러나 나치에 적극적으로 참가하면서도 그것의 초국가적인 인종 이론에 반대해 실각할 정도로 국가주의자였던 이 정치 사상가는 국가의 사멸에 관해 다음과 같은 고찰을 남기고 있다. "'세계 제국'이 전 지구·전 인류를 포괄하는 경우에 그것은 따라서 정치적 단위가 아니라 단지 관용적으로 국가라고 불리는 데 지나지 않는다. …… 그것이 이 범위를 넘어서고 또한 문화적·세계관적인, 그리고 그 밖의 무엇이든 '고차의' 단위, 즉 다만 동시에 어디까지나 비정치적인 단위를 형성하고자 할 경우에 그것은 윤리와 경제라는 양극 사이에서 중립 지점을 탐색하는 생산-소비 협동조합일 것이다. 국가도 왕국도 제국도, 공화정도 군주정도, 귀족정도 민주정도, 보호도 복종도, 그것과는 인연이 없는 것이어서, 그것은 대체로 어떠한 정치적 성격도 떨쳐버린 것일 것이다."(『정치적인 것의 개념政治的なるものの概念』, 다나카 히로시田中浩·하라다 다케오原田武雄 옮김, 未來社) 다시 말하면 슈미트도 생산-소비 협동조합의 어소시에이션 이외에 국가를 지양할 길은 없다고 말하고 있는 것이다. 그 경우 국가

는 남지만 이미 정치적인 것이 아니다. 그것에 덧붙여 우리는 다음과 같이 말해도 좋을 것이다. 자본제 시장 경제의 폐기에 의해 시장 경제 또는 화폐가 폐기되는 것은 아니다. 소비-생산 협동조합의 전 지구적인 네트워크는 자급자족적인 공동체로의 회귀가 아니라 열린 시장 경제이다. 그러나 그것은 이미 현재, 사람들이 생각하고 있는 것과 같은 (자본주의적) 시장 경제와는 비슷하나 다른 것일 것이라고 말이다.

자본=네이션=스테이트에 대한 이러한 대항 운동은 '비폭력적'이다. 일반적으로 군사적 봉기에 반해 의회주의는 '비폭력적'이라고 불린다. 그러나 의회주의도 국가 권력을 지향한다. 막스 베버는 다음과 같이 말하고 있다. "국가란 어떤 일정한 영역 내부에서…… 정당한 물리적 폭력 행사의 독점을 (실효적으로) 요구하는 인간 공동체이다." (『직업으로서의 정치職業としての政治』, 와키 게이헤이脇圭平 옮김, 岩波文庫) 강제가 아니라 동의에 의한다 하더라도 권력 행사는 폭력에 기초한다. 그러므로 베버는 정치에 관계하는 자는 '모든 폭력 가운데 숨어 있는 악마의 힘과 관계를 맺는다'고 말한다. 이러한 의미에서 사회 민주주의는 '덜 폭력적'(less violent)이긴 하겠지만 '비폭력적'(non-violent)이지는 않다. 그것은 의회제의 다수결 원리에 의해 장악한 국가 권력에 의해 자본으로부터 세금으로 수탈한 것을 노동자에게 재분배할 것을 지향한다. 그렇다면 극단적인 자유주의자인 하이에크와 같은 관점에서 보면, 베른슈타인과 레닌의 차이는 겉보기만큼 크지 않다. 모두 국가 권력에 호소하기 때문에 '폭력적'이다. 한쪽은 부드러운 국가주의자이고, 다른 쪽은 강경한 국가주의자이다. 그리고 그것들은 모두 임노동의 폐기를 지향하지 않는다는 의미에서 자본주의적이다. 여기서 자본주의=네이션=스테이트는 살아남는 것이며,

오히려 사회 민주주의야말로 그것이 살아남기 위한 최후의 형태이다.

우리가 말하는 '비폭력'은 예를 들어 간디에게서 보이는 그러한 것이다. 그러나 그것을 이른바 '시민 불복종'으로 환원해서는 안 된다. 예를 들어 영국으로부터의 독립 운동을 지도한 마하트마 간디의 '비폭력주의'는 잘 알려져 있지만, 영국 제품의 불매 운동만이 아니라 동시에 생산-소비 협동조합을 육성하고자 한 그의 대항 운동에 대해서는 거의 알려져 있지 않다.[12] 그것이 없다면 보이콧은 그람시가 말하는 '진지전'이 될 수 없다. 또한 이러한 비자본주의적인 협동조합으로의 지향이 없다면, 단지 자국의 자본을 방위하는 내셔널리즘 운동밖에 없게 된다.

칼 폴라니는 자본주의(시장 경제)를 암에 비유했다. 그것은 농업 공동체나 봉건적 국가들 '사이'에서 시작되어, 이윽고 내부로 침입하여 그것들을 스스로에 맞춰 변화시켰지만 여전히 기생적 존재이다. 그런 의미에서 노동자=소비자의 초국가적인 네트워크는 자본과 국

· · · · ·

12_ 개별 자본에 있어 불매 운동만큼 두려운 것은 없다. 1950년대 후반부터 시작된 아메리카의 흑인 공민권 운동은 앨라배마 주 몽고메리에서 일어난, 차별적인 시영 버스에 대한 보이콧 운동으로부터 시작된다. 그 운동을 지도한 마르틴 루터 킹 주니어(Martin Luther King, Jr, 1929~68)는 간디로부터 '비폭력' 저항 정신을 배웠다고 말해지지만, 동시에 그것이 불매 운동(보이콧)으로서 이루어진 것에 주목해야 한다. 그러나 오히려 간디를 모른 채 그가 행한 일을 실행하고자 한 것은 만년의 맬컴 엑스(Malcolm X, 1925~65)이다. 그는 흑인에 의한 생산-소비 협동조합을 조직하고자 했다. 그것은 암묵적으로 자본제 경제에 대한 보이콧 운동인 것이다. 그리고 아마도 그 결과로서 그는 살해되었을 것이다. 그 후 아메리카의 흑인은 사회 복지에 의해 보호받게 되었지만, 그것은 결코 그들을 자립시키는 것이 아니다. 국가에 의한 부의 재분배를 요구하는 사회 민주주의적인 운동이 아니라 스스로 생산-소비 협동조합을 만들어내는 운동이 필요 불가결하다.

가라는 암에 생기는 대항 암에 비유될 수 있을 것이다. 자본을 제거하기 위해서는 그 자본 자신을 가능하게 한 조건을 제거할 수밖에 없다. 유통의 장을 거점으로 한 내재적인 동시에 초출적인 대항 운동은 완전히 합법적이고 비폭력적이며, 어떠한 자본=네이션=스테이트도 손을 댈 수가 없다. 『자본』은 그것에 논리적 근거를 제공하고 있다. 그것은 가치 형태에서의 비대칭적 관계(상품과 화폐)가 자본을 산출하지만, 동시에 거기에 그것을 종식시키는 '전위轉位적인'(transpositional) 모멘트가 있다는 것이다. 그리고 그것을 활용하는 것이야말로 바로 자본주의에 대한 트랜스크리틱이다.

　마지막으로 우리가 물어야 하는 것은 이러한 대항 운동이 대항 암적인 것이기 위해서는 어떠한 조건을 갖추어야만 하는가 하는 것이다. 국가 권력을 타도한다거나 탈취한다는 생각은 언제나 그와 같은 운동을 '국가'와 닮게 만든다. 요컨대 중앙집권적인 트리 형의 조직이 되는 것이다. 볼셰비즘뿐만 아니라 바쿠닌주의도 그러했다. 하지만 그것은 국가에 의해 탄압받든가 아니면 승리했다 하더라도 그것 자체가 국가가 됨으로써 국가가 살아남는다. 그에 반해 일부의 아나키스트가 바라듯이 국가를 그저 파괴하고 혼란에 몰아넣는 것이라면, 역으로 국가가 더욱더 강력한 형태로 소생할 것이다. 화폐와 마찬가지로 국가도 역시 쉽게 폐기할 수 없다. 한편 의회를 통해 국가 권력에 참여하면서 사회를 바꾸어 간다는 사회 민주주의적 전술은 바로 국가가 환영하는 것이다. 그것은 현대 국가 시스템의 일환에 지나지 않는다. 그것들에 맞서 국가를 '지양'하는 운동은 자본이나 국가나 네이션의 교환원리와 다른 것으로서의 어소시에이션을, 그리고 '어소시에이션의 어소시에이션'을 서서히 만들어내는 것이다. 그 경우 이 운동은 그것이 달성해야 할 것을 스스로에게서 실현해 가지 않으면 안 된다. 왜냐하면 어소시에이션은 국가 권력을 장악한 후에 실현되는 것이 아니라 그것 자체가 국가를 대신하는 것이어야만 하기 때문이다.

국가를 '지양'한다는 것은 일종의 국가(사회적 국가)를 형성하는 일이다. 그런 의미에서 이 대항 운동은 일면으로는 국가와 비슷하지 않으면 안 된다. 요컨대 그것은 '중심'을 가져야만 하는 것이다. 그렇지 않으면 그것은 '어소시에이션의 어소시에이션'이 될 수 없으며, 기껏해야 자본제=네이션=스테이트 안의 국소적 부분에서 반항하는 작은 운동 또는 미적인 운동밖에 되지 않는다. 1990년대, 소련의 붕괴 이후에 현저해진 것이 그러한 경향이다. 1968년 이후 세계적으로 그때까지처럼 집권적인 당에 의해 지배되어 온 혁명 운동은 변했다. 그로부터 나온 것은 에스닉(ethnic), 여성, 레즈비언·게이 등의 마이너리티 운동, 소비자 운동, 환경 운동, 기타의 운동들처럼 노동 운동을 축으로한 집권적인 운동에서 부차적인 것으로 간주되어 온 운동들이다. 월러스틴은 그 운동들을 반시스템 운동이라고 부른다. 또한 그것들은 들뢰즈-가타리에 따라 '분자적'(molecular)이라고 불러도 좋을 것이다(그에 반해 집권적인 운동 조직은 몰(mole)적이다). 이 운동들은 이미 아나키즘이라는 말이 사용되지 않는다 하더라도 기본적으로 아나키즘의 부활이며, 동시에 이전에 아나키즘이 지녔던 문제를 내포하고 있다. 즉 그것들은 '중심화'를 극도로 두려워하기 때문에 분산화하고 분열되며, 결국 사회 민주주의적인 정당으로 수렴되어 버린다. 이미 1980년대 초에 프레더릭 제임슨이 그 점을 지적하고 있다. 제임슨은 이 분자적인 운동의 의의를 인정하면서도, 아메리카의 맥락에서는 그 반대의 요소가 필요하다고 말하고 있다.

여기서 논쟁 자체의 사회적 해석을 대조해 보는 것도 반드시 쓸데없는 일은 아닐 것이다. 요컨대 이 논쟁을 프랑스와 합중국이라는 구조적으로 다른 국가적 콘텍스트 안에서 좌익 세력이 직면하고 있는 다른 상황을 보여주는 상징적 지표로 생각하고자 하는 것이다. 프랑스에서의 전체화 비판은 '분자적', 요컨대 국소적이고 비전체적이며 당의 지도를 거부하는 정치 활동에 대한 호소와 손을 잡고 있다. 계급과 당의 전통적인 관계 형태는 기각되지만, 거기에 반영되어 있는 것은 프랑스에서의 (제도 및 그 제도에 반대하는 측 쌍방을 지배하고 있는) 중앙 집권화의 역사적 중압이며, 나아가 우선 '반구조적'이라고 부를 수 있는 운동의 뒤늦은 등장이고, 그것과 축을 같이 한 낡은 세포 가족 장치의 파탄 및 하위 집단(subgroup)이나 대항적인 '라이프스타일'의 증가이다. 이에 반해 합중국에서는 프랑스의 대항 세력이 목표로 하고 있던 사회적 단편화는 이미 상당한 정도로까지 진전되어 있기 때문에, 역으로 좌익 또는 '반체제' 힘들이 하나로 통합되어 장기적이고 효과적인 투쟁을 확산하는 것이 어렵게 되었던 것이다. 민족 그룹, 근린 조직 운동, 페미니즘, 다양한 '대항 문화적', 요컨대 대안적인 생활양식을 요구하는 그룹, 일반 조합원에 의한 반대 투쟁, 학생 운동, 싱글 이슈(single issue) 운동——합중국에서는 이런 다양한 운동이 이론적인 면에서 다른 것과의 일치점을 발견할 수 있을 것 같지 않은, 또한 얼마간의 실천적인 정치 기반에 서서 협조할 수 없을 것 같은 요소나 전략을 그저 함부로 내걸고 있을 뿐이라는 인상을 주었다. 그런 까닭에 만일 오늘날의 아메리카의 좌익이 발전할 수 있다면, 그때 특권화되어야 할 형식은 '정치적 연대'이어야만 한다. 이러한 정치적 자세는 이론적인 면에서의 전체화 개념을 모조리 그대로 실천의 장으로 치환한 것이다. 이렇게 생각할 수 있다면, 실제로 '전체성' 개념을 공격하는 일은 아메리카의 틀 안에서는 이 나라에 진정한 좌익을 탄생시킬 수 있는 유일한 현실적인 조건을 무너뜨리고 각하하는 것에 다름 아니다. 따라서 이론적 투쟁을 그것이 발생한 본래의 국가적 상황——여기서는 프랑스——과는 다른 상황에 이입하고 번역하는 것은 크게 문제가 된다. 본래의 의미 내용이 이입과 번역에 의해 확 바꾸어버리기 때문에, 예를 들어 프랑스에서는 지역의 자립을 지향하는 운동, 여성 해방 운동, 근린 조직 운동은 다양한 형태로 생겨나고 있지만, 합중국과는 달리 포괄적인, 이른바 '몰(mole)화된 분자'를 중시하는 전통적인 좌익 대중 정당이 그러한 운동들을 억압해 버리거나 운동의 싹을 제거해 버리는 것으로 간주되고 있다. (『정치적 무의식政治的無意識』, 오하시 요이치大橋洋一 외 옮김, 平凡社)

이것은 사실 루카치의 '전체성' 이론과는 달리 기본적으로 트랜스크리티컬한 인식이다. 그런데 제임슨이 아메리카에 대해 말한 현상은 이미 아메리카에 고유한 것이 아니다. 1990년대 이후에는 세계적으로 그렇게 되어 있는 것이다. 선진 자본주의 나라에서 반시스템적 운동은 계속되고 있지만, '전체화', 즉 중심화나 대표제를 두려워하기 때문에 다양한 운동은 서로 고립되어 있는 동시에 내부에서 분열되어 있다. 그 이유는 분명하다. 예를 들어 여성, 동성애자, 에스닉·마이너리티 등의 운동은 각각 하나의 주제 아래 모여 있다. 그것들은 생산 관계나 계급 관계를 우위에 두는 종래의 운동에 맞서 그것들로 환원될 수 없는 차원을 집어 들었다. 그러나 개개인은 어디까지나 다양한 사회적 관계의 차원에서 살아가고 있는 것이어서, 그것들을 환원함으로써 성립한 운동에서는 사상된 것이 개인들을 통해 다른 형태로 회귀해 오지 않을 수 없는 것이다. 그래서 하나의 차원에서의 동일성을 기반으로 한 운동이, 그것이 괄호에 넣은 다른 차원에서의 차이가 회귀함으로써 내부적 대립에 빠지게 된다.[13] 또한 앞에서도 말했듯이 많은 지역에서 소비자 운동은 노동자 운동과 대립하고 있다. 그리고 상호 대립하고 고립되어 있는 이들 분자적인 운동들을 통합하는 것은 결국 사회 민주주의적인 정당이다. 이리하여 중심화를 거부하고 대표되는 것을 거부한 운동은 국가 권력의 일환인 정당으로 '대표'되든가, 그렇지 않으면 국지적인(local) 반항에 머물 수밖에 없다. 다시 말하면 그것은 자본=네이션=스테이트로 회수되어 버리든가 그것을 그대로 방치하게 된다.

대항 운동이 출발하는 것은 개인들로부터이다. 그러나 그들은 추상적인 개인들이 아니라 사회적인 관계들 안에 놓인 개인들이다. 개인들은 젠더나 섹슈얼리티, 에스닉, 계급, 지역, 그 밖의 다양한 관심 차원에서 살아가고 있다. 그런 까닭에 대항 운동은 각각의 차원의 자립성을 인정하면서, 따라서 개인들의 그것들에 대한 다중적 소속을 인정하면

••••

13_ 아나르코-생디칼리스트는 지식인으로 대표되는 것을 부정하고, 노동자 자신에 의한 운동을 주장했다. 노동자 자신이 노동자를 대표해야만 한다는 것이다. '대표'를 거부하는 것은 노동자 이외의 운동을 거부하는 것이 된다. 그러나 그들 자신은 어디까지나 소수파이고, 이를테면 총체로서의 노동자 계급을 '대표'하고 있다. 동일한 것이 마이너리티 운동에 대해서도 말해질 수 있다. 마이너리티의 해방은 마이너리티 자신에 의해 이루어져야만 한다는, 일면에서 올바른 인식은 그렇지 않은 협력자를 배제하는 결과가 되기 십상이다. 그 때문에 운동 자체가 끝나고 만다. 또한 실제로 개인들은 다양한 차원에서 살아가고 있는 것이어서, 하나의 차원에서는 마이너리티라고 하더라도 다른 차원에서는 그렇지 않다. 그것이 마이너리티 운동을 더욱더 분열시킨다.

서, 그러한 다수의 차원들을 종합하는 세미래티스(semilattice) 형 시스템으로서 조직되어야만 한다.[14] '어소시에이션의 어소시에이션'은 트리 형의 조직이 전혀 아니다. 하지만 그것은 '중심'을 갖지 않으면 서로 고립되고 이산하며 대립하는 것이 될 뿐이다. 그 경우 중심이 단지 초월론적 통각 X로서 있을 뿐이므로 실체적인 중심이 권위적으로 물상화되어 버리는 것이 시스템적으로 회피되고 있다면, '중심화'를 두려워할 필요는 조금도 없다. 구체적으로 말하자면, 그것은 각각의 차원의 대표들로 구성되는 중앙평의회에 의해 종합된다. 그 경우 그것들의 대표 선출에서 선거만이 아니라 제비뽑기가 도입되어야 한다. 그것에 의해 중심이 있음과 동시에 중심이 없는 조직이 가능해질 것이다. 자본과 국가에 대항하는 운동이 그것들을 넘어서는 원리를 스스로 실현하고 있지 못할 때, 그것이 장래에 자본과 국가를 지양할 수 없다는 것은 자명하다.[15]

마지막으로 되풀이 하는 것이지만 자본과 국가에 대한 내재적 투쟁과 초출적 투쟁은 유통 과정, 즉 소비자=노동자의 장에서만 연결된다. 왜냐하면 거기에서만 개개인이 '주체'가 될 수 있는 계기가 존재하기 때문이다. 그리고 어소시에이션은 어디까지나 개개인의 주체성에 기초한다. 그러나 앞에서 말한 것과 같은 세미래티스 형 조직에서는

. . . .

14_ 이 세미래티스적인 구조에 대해서는 『은유로서의 건축』(「정본 가라타니 고진 전집」 제2권, 岩波書店), 또는 Kojin Karatani, *Architecture As Metaphor*, MIT Press, 1995를 참조하기 바란다.

15_ 앞에서 말했듯이 생산-소비 협동조합의 어소시에이션에 관료제가 발생하지 않는다고는 말할 수 없다(이 책의 제2부 제1장 5 참조). 왜냐하면 거기서도 능력의 차이에 수반되는 위계질서나 대표제의 고정화가 생기기 때문이다. 그것을 막기 위해 선거+추첨제가 채택되어야 한다.

개인들의 의지를 넘어선, 그리고 개인들을 조건짓는 다차원의 사회적 관계들은 결코 사상되지 않는다.

정본판 후기

나는 2001년 여름, 아사다 아키라浅田彰와 나이토 유지內藤裕治와 함께 생산 협동조합으로서 시작한 히효쿠칸샤批評空間社로부터 『트랜스크리틱』을 출판했다. 그러나 생각지도 못한 나이토 씨의 죽음에 의해 우리의 기획은 모두 중지되지 않을 수 없었다. 새롭게 출판함에 즈음하여 나는 이 책을 고 나이토 유지에게 바치고자 한다.

덧붙이자면, 2003년 MIT 프레스에서 이 책의 영어판을 출간할 때 상당히 가필했지만, 이 책의 간행에 즈음하여 좀 더 원고를 고쳐 썼다. 따라서 이 책을 '정본'으로 한다.

2004년 2월, 뉴욕에서
가라타니 고진

이와나미 현대문고판 후기

이 책의 최초의 판은 2001년에 간행되었다. 그 이래로 약 10년이 지나갔다. 이 책의 토대가 되는 연재 에세이(탐구 Ⅲ)를 잡지 『군조群像』에 쓰기 시작한 것은 1992년이었다. 내게는 어제처럼 생각되지만, 이 책을 처음 대하는 독자들에게는 먼 옛날로 보일 것이다. 그러므로 서문에서도 썼던 것이지만, 새삼스럽게 이 책을 구상한 시기의 일을 돌이켜 보고자 한다.

『트랜스크리틱──칸트와 맑스』는 '맑스를 칸트로부터 읽고, 칸트를 맑스로부터 읽는' 작업이다. 하지만 그것은 이 두 사람을 나란히 해서 비교하는 것이 아니다. 그들 사이에는 헤겔이라는 철학자가 있었던 것이다. 맑스를 칸트로부터 읽고, 칸트를 맑스로부터 읽는 것은 오히려 헤겔을 그 전후의 사상가로부터 읽는 일이다. 요컨대 그것은 헤겔 비판을 새롭게 시도하는 것을 의미하는 것이다. 내가 뼈저리게 그 필요를 느낀 것은 동구의 혁명으로 시작되어 소련의 해체에 이른 1990년경이다.

그 무렵 아메리카 국무성의 관료로 신헤겔주의자인 프랜시스 후쿠야마가 말한 '역사의 종언'이라는 말이 유행하고 있었다. 그것은 1989년의 동구 혁명이 자유·민주주의의 승리라는 것, 또한 그것은 최종적인 것으로 이 이후에 이제 근본적인 혁명은 없다는 것을 알리는 것이었다. 이와 같은 생각을 비웃는 사람들은 적지 않았다. 확실히 이것을 아메리카의 궁극적 승리로서 본다면 어리석은 일이다. 실제로 아메리카의 신자유주의는 일단 승리한 것처럼 보였지만, 얼마 지나지 않아 파탄되지 않을 수 없었다. 그 결과 각 나라에서 취하게 된 것은 사회민주주의적 정책이다. 그것은 자본주의적 시장 경제를 인정하고, 다만 그것이 초래하는 모순들을 민주적인 절차를 거친 데 기초하여 국가에 의한 규제와 재분배에 의해 해결하는 체제야말로 최종적인 것이라고 하는 생각이다. 나는 이와 같은 체제를 '자본=네이션=국가'라고 부르고 있다.

하지만 이것은 후쿠야마가 말한 '역사의 종언'을 넘어서는 것이 아니다. '역사의 종언'은 오히려 현재에 심화되고 있다. 그러나 그것에 대한 자각이 없다. 다시 말하면 자본=네이션=스테이트의 회로 안에 갇혀 있다고 하는 자각이 없이 사람들은 그 안에서 빙빙 돌고 있는 것만으로 역사적으로 전진하고 있다고 착각하는 것이다.

내 생각으로는 자본·네이션·국가를 상호 연관적인 체계에서 파악한 것은 『법의 철학』에서의 헤겔이다. 그것은 또한 프랑스 혁명에서 주창된 자유·평등·우애를 통합하는 것이기도 하다. 헤겔은 감성적 단계로서 시민 사회 또는 시장 경제 안에서 '자유'를 발견한다. 다음으로 지성적 단계로서 그와 같은 시장 경제가 초래하는 부의 불평등이나 모순들을 시정하여 '평등'을 실현하는 것으로서 국가=관료를 발견한다. 마지막으로 이성적 단계로서 '우애'를 네이션에서 발견한다. 헤겔은 어떠한 계기도 배척하지 않고서 자본=네이션=국가를 삼위일체적인 체계로서 변증법적으로 파악했던 것이다.

　헤겔은 영국을 모델로 하여 근대 국가를 생각하고 있었다. 그런 까닭에 거기에 이르는 혁명은 이후에도 각지에서 있을 것이다. 그러나 이러한 삼위일체적인 체제가 완성된 후에는 본질적인 변화가 있을 수 없다. 그러므로 거기서 역사는 끝난다고 하는 것이 헤겔의 생각이다. 물론 헤겔 이후에도 역사는 있었다. 그러나 본질적인 변화는 존재하지 않는다고 말할 수밖에 없다. 『법의 철학』은 지금도 유효한 것이다. 여기서 만약 역사가 끝난 것이 아니라고 한다면, 이런저런 사건들이 있다고 하는 것만이 아니라 자본=네이션=스테이트를 넘어서는 것이 가능하다는 것을 보여야만 한다.

　내가 이 책에서 시도한 것은 그와 같은 헤겔에 대한 비판이다. 물론 나는 정면에서 헤겔을 다루지 않았다. 그렇게 하는 대신, 칸트와 맑스를 논했던 것이다. 칸트를 맑스로부터 읽는 것이란 칸트를 헤겔에게 극복된 사람이 아니라 헤겔이 극복할 수 없는 사람으로서 읽는 것이다. 맑스를 칸트로부터 읽는 것이란 칸트가 지니고 있었지만 헤겔에 의해 부정되어 버린 과제들의 실현을 맑스 안에서 읽는 것이다.

　그러나 내가 헤겔의 일을 새삼스럽게 의식한 것은 『트랜스크리틱』을 일본에서 출판한 후 얼마 되지 않아 일어난 사건, 즉 2001년 9·11 사건과 이라크 전쟁에서이다. 이 시기 아메리카의 네오콘은 유럽이 지지한 국제 연합을 칸트주의적인 몽상이라고 하여 비웃었다. 그들은 후쿠야마와는 다른 유형의 헤겔주의자였다. 헤겔은 칸트가 말하는 국가 연합에게는 그것에 대한 위반을 군사적으로 제재할 실력을 지닌 국가가 없기 때문에 비현실적이라고 말했던 사람이다. 이때 나는 새삼스럽게 칸트에 대해, 특히 『영원한 평화』의 문제에 대해 생각하게 되었다.

이 책에서 나는 국가가 단순한 상부 구조가 아니라 자율성을 가진 주체(agent)라고 쓰고 있다. 그것은 국가가 무엇보다도 우선 다른 국가에 대해 존재한다는 점에서 온다. 따라서 다른 국가가 있는 이상, 국가를 그 내부로부터만 지양할 수는 없다. 그런 까닭에 한 나라만의 혁명은 있을 수 없다. 맑스도 바쿠닌도 사회주의 혁명은 '세계 동시 혁명'으로서만 있을 수 있다고 생각했다. 그러나 이 책을 쓸 때 나는 이 문제를 그다지 심각하게 생각하지 않았다. 각 나라에서의 대항 운동들이 어딘가에서 자연스럽게 연결될 것이라고 생각했던 것이다. 2001년 이후의 사태가 보여준 것은 아무것도 하지 않는다면, 각 나라의 대항 운동들은 자본과 국가에 의해 반드시 분단되고 말 것이라는 점이다.

그런데 한 나라만으로 성립하지 않는 것은 사회주의 혁명만이 아니다. 루소적인 시민 혁명도 그렇다. 예를 들어 프랑스 혁명은 곧바로 외국들로부터의 간섭과 침입에 부딪쳤다. 그 점이 내부에서 공포 정치를 초래하고, 다른 한편으로 혁명 방위 전쟁으로부터 (나폴레옹에 의한) 정복 전쟁으로 발전해 갔던 것이다. 칸트는 그 과정에서 『영원한 평화를 위하여』(1795)를 발표했지만, 그보다 훨씬 전에 루소적인 시민 혁명이 그와 같은 방해를 만난다는 것, 그런 까닭에 그것을 막기 위해 국가들의 연합이 필요하다고 하는 것을 생각하고 있었다. 요컨대 '영원한 평화'를 위한 구상은 단순한 평화론이 아니라 이를테면 '세계 동시 혁명'론으로서 구상되었던 것이다. 바로 그렇기 때문에 헤겔은 칸트에게 반대하여 나폴레옹 전쟁을 통해 유럽 각지에서 태어난 자본=네이션=국가야말로 최종적인 사회 형태라고 생각했다.

나는 이 책에서 교환 양식으로부터 사회 구성체의 역사를 보는 시점, 나아가 자본=네이션=스테이트를 넘어서는 시점을 제기했다.

그러나 나는 그것이 아직 맹아적인 것에 지나지 않는다는 점을 인정한다. 이후의 나의 작업은 그것을 좀 더 상세하게 전 인류에서 해명하는 것이었다. 그 때문에 10년 정도의 시간이 필요했다. 그것은 『세계사의 구조』(이와나미쇼텐岩波書店, 2010)라는 책이다. 『트랜스크리틱』의 속편으로서 읽혀질 수 있다면 다행이다.

2009년 11월 16일, 도쿄에서

가라타니 고진

옮긴이 후기

    도서출판 b '가라타니 고진 컬렉션'의 제9권을 이루는 이『트랜스크리틱 ─ 칸트와 맑스』는 2010년 이와나미쇼텐岩波書店에서 현대문고판으로 나온 가라타니 고진의『トランスクリティーク─カントとマルクス』를 완역한 것이다. 본래『트랜스크리틱』은 가라타니가 아사다 아키라淺田彰・나이토 유지內藤裕治와 함께 시작한 생산 협동조합 출판사 히효쿠칸샤批評空間社에서 2001년에 처음으로 출간되었다. 그리고 이것이 상당히 수정되고 가필되어 2003년 MIT출판부에서 영어판이 간행되었고, 2004년에는 그것이 또다시 대폭적으로 수정되어 이와나미쇼텐에서『정본 가라타니 전집』전 5권 중 제3권으로 출판되었다. 가라타니는 그것을『트랜스크리틱』의 '정본'으로 하고 있다. 지금 이 번역이 대본으로 하고 있는 현대문고판은 그 '정본'판 그대로이다.

    『트랜스크리틱』은 2005년에 이미 우리말로 옮겨져 가라타니의 주저로서 많은 이들에 의해 읽혀져 왔다. 그런데 그것은 2001년판을 원본으로 하되 영어판을 준비하는 과정에서 수정된 내용들을 일정 부분 반영하는 것이었다. 그래서 독자 여러분께서는 지금 이『트랜스크리틱』에서 2005년의 번역판과는 상당한 차이를 발견할 수 있을 것이다. 옮긴이는 번역하는 과정에서 수시로 2005년판을 참조하고 그 번역본이 지니는 장점을 놓치지 않으려고 노력했다. 다만 그에 대해 제기된 여러 번역 비평들의 지적들이 고려되어야 했으며, 특히 번역 용어들의 선택에서는 우리 학계에서 그 사이에 이루어진 변화들을 반영했다. 어쨌든 번역에서의 원칙은 원문에 충실하되 잘 읽힐 뿐만 아니라 오해의 여지가 없게 하는 것이었다.

『트랜스크리틱』 텍스트의 역사와 저작의 의도 및 구상이 지니는 맥락에 대해서는 이미 가라타니 자신이 현대문고판 후기에서—특히 『트랜스크리틱』과 가라타니의 또 다른 주저인 『세계사의 구조』가 서로에 대해 지니는 연관도 포함하여—해명해 주고 있다. 더 나아가 「서론—트랜스크리틱이란 무엇인가?」에서는 저작 전체의 내용이 이를테면 간명하게 요약되고 있다. 그런 까닭에 옮긴이로서는 이 저작의 내용에 대해 따로 언급하지 않고자 한다. 또한 『트랜스크리틱』의 영향 작용사와 관련해서도 슬라보예 지젝의 "현대 자본 제국에 대한 대항의 철학적 · 정치적 기초를 다시 주조하는 가장 독창적인 시도 가운데 하나"라든지 프레더릭 제임슨의 "이 책은 맑스주의와 아나키즘을 새롭게 종합함과 동시에 맑스와 칸트를 새롭게 연결시킨 지극히 야심적인 이론적 대작"이라는 평가는 우리에게 이미 잘 알려져 있다. 따라서 옮긴이로서는 우리나라에서도 『트랜스크리틱』에 대한 맑스주의적 입장에서의 다양한 이해 시도와 이론적 · 실천적 돌파구를 마련하고자 하는 다양한 입장에서의 전유 노력이 이루어지고 있는 사실이 보여주듯이 『트랜스크리틱』이 현재에도 계속해서 살아 움직이는 텍스트임을 지적하는 데 그치고자 한다.

476

그럼에도 불구하고 옮긴이에게 『트랜스크리틱』이 어떤 의미와 문제로 다가왔는지에 대해서는 그것이 이를테면 옮긴이 자신의 번역 활동에 대한 정당화를 위해 필요 불가결한 일인 까닭에 어떻게라도 언급하지 않을 수 없을 것이다. 그것은 요컨대 사상가 내지 철학자로서의 가라타니 고진의 문제의식의 총체적 연관과 그것이 예시하는 학문적·실천적인 함의를 이해하는 것이었다. 다시 말하면 그것은——두서없이 제시하는 것이지만——'트랜스크리틱', '초월론적 방법', '시차적 관점', '형이상학 비판', '규제적 이념', '가치형태론', '교환양식론', '코뮤니즘과 아나키즘', '증여', '어소시에이션', '세계공화국', '세계사의 구조' 등이 전체적으로 어떤 철학적 원칙 하에서 이해되어야 하고 또 어떤 철학적 전개 방향을 지시하는 것으로 파악되어야 하는가 하는 것이었다. 이러한 옮긴이의 생각이 그저 추상적이거나 뜬금없는 것이 아니라는 것은 최근 가라타니 고진 자신의 저술이 『철학의 기원』이나 『자연과 인간』으로 시도되고 있는 데서 어느 정도 정당화될 수 있을 것이다. 물론 옮긴이로서는 이 문제에 대해 뾰족한 대답을 지니고 있지 못하지만, 그럼에도 옮긴이에게는 이와 관련해 어렴풋한 한 가지 물음이 떠오른다. 그것은 주체의 문제를 '위치'의 문제로 해소한다든지 '생산양식'을 소홀히 여기고 '교환양식'의 관점에서 '세계사의 구조'를 꿰뚫고자 하는 것이 이를테면 주체와 객체와 상호 객체성이라는 철학의 근본적인 삼원성 가운데 주체와 객체의 문제를 상호 객체성으로 환원하는 어떤 일면성을 드러내는 것은 아닌가 하는 것이다. 물론 이러한 물음은 가라타니 고진에 대한 이해에 있어 한갓된 외재적 관점의 제기일 수 있겠지만, 적어도 옮긴이로서는 그것이 지니는 함축이 가라타니에 대한 이후의 독해와 또 다른 연관들에서 그 모습을 확연히 드러냈으면 하는 바람을 지니고 있다.

도서출판 b에서의 작업은 언제나 즐거운 일이다. 작업을 거듭하며 두터워지고 있는 조기조 대표와 심철민 박사와의 우정은 답답한 세상 살이에서의 청량제이다. 탁월한 번역자들이자 명민한 연구자들인 도서출판 b의 기획위원들, 이성민 선생, 이충훈 교수, 정지은 교수, 조영일 선생은 이 『트랜스크리틱』의 작업 과정에서도 귀중한 조언을 아끼지 않았다. 편집부의 백은주 선생은 겸손하면서도 날카로운 손길로써 이런저런 잘못을 바로잡아 주었고, 김장미 선생은 필요한 사항들을 정성을 다해 돌보아 주었다. 위의 여러분들께 진심으로 감사드린다.

2013년 9월 9일
이신철

트랜스크리틱
- 칸트와 맑스

초판 1쇄 발행 | 2013년 10월 10일
　　2쇄 발행 | 2017년 3월 30일

지은이　가라타니 고진 | 옮긴이　이신철 | 펴낸이　조기조
기획　이성민, 이신철, 이충훈, 정지은, 조영일 | 편집　김사이, 김장미, 백은주
인쇄　주)상지사P&B
펴낸곳　도서출판 b | 등록　2003년 2월 24일 제316-12-348호
주소　08772 서울특별시 난곡로 288 남진빌딩 401호 | 전화　02-6293-7070(대)
팩시밀리　02-6293-8080 | 홈페이지　b-book.co.kr / 이메일　bbooks@naver.com

ISBN 978-89-91706-77-4　03300
정가 | 26,000원